L'ESPRIT DES INSTITUTES

DE

L'EMPEREUR JUSTINIEN.

AVIS DES ÉDITEURS.

L'OUVRAGE que nous publions présente à-la-fois les avantages d'une traduction et d'un commentaire ; mais il acquiert un plus haut degré d'intérêt par la conférence qu'il renferme du droit des Romains avec notre droit civil : ce qui le rend non-seulement utile à ceux qui désirent embrasser l'étude des lois, mais encore à la majeure partie des magistrats, des jurisconsultes, des avoués et des notaires.

Chaque exemplaire sera manuellement signé par l'un de nous ; et comme nous avons rempli toutes les formalités voulues par la loi, qui assure aux auteurs leur droit de propriété, nous déclarons que nous poursuivrons les contrefacteurs, et d'avance, nous assurons la moitié de l'amende portée par la loi, à celui qui nous les fera connaître.

L'ESPRIT DES INSTITUTES

DE

L'EMPEREUR JUSTINIEN,

CONFÉRÉ

AVEC LES PRINCIPES DU CODE NAPOLÉON;

ENRICHI

DE NOTES EXPLICATIVES ET RAISONNÉES,

PUISÉES DANS LES LOIS DU DIGESTE, DU CODE ET DANS LES NOVELLES :

Suivi d'une Table des Titres, et d'une Table générale des matières, par ordre alphabétique.

Dédié à Son Altesse Sérénissime le Prince CAMBACÉRÈS *, Archi-Chancelier de l'Empire, Grand-Officier de la Légion d'honneur, décoré des Grands Cordons de l'Empire, et Membre de l'Institut :*

PAR M. DESQUIRON,

Jurisconsulte, membre de l'Académie de Législation et de plusieurs Sociétés littéraires.

TOME SECOND.

A PARIS,

CHEZ
- N. RENAUDIERE, Imprimeur-Libraire, rue des Prouvaires, n°. 16 ;
- LENORMAND, imprimeur-libraire, rue des Prêtres-St.-Germain-l'Auxerrois;
- GARNERY, libraire, rue de Seine ;
- CAPELLE et RENAND, libraires, rue Jean-Jacques Rousseau ;
- Mme. VANRAEST, libraire, rue de la Harpe, n°. 117 ;
- Mme. DUFRESNE, libraire, Palais de Justice.

1807.

L'ESPRIT DES INSTITUTES

DE

L'EMPEREUR JUSTINIEN.

LIVRE III.

TITRE PREMIER.

DE HÆREDITATIBUS QUÆ AB INTESTATO DEFERUNTUR.

Ou l'hérédité est testamentaire ou elle est légitime; la première est celle qui nous vient par testament, autorisée par la loi ; la seconde est celle que la loi seule nous donne lorsque quelqu'un meurt *intestat*; elle est déférée par préférence aux plus proches parens du défunt, parce qu'ils sont censés, à ne consulter que la nature, être ceux qu'il doit le plus chérir; c'est donc en leur faveur qu'il semble tacitement manifester sa volonté, et leur laisser, pour ainsi dire de son aveu, sa succession en mourant *intestat*, *leg. conficiuntur*, § 1°., *ff. de jur. cod. leg.* 1ᵃ., § *sciendum*, *ff. de leg.* 3°.

On est réputé mourir *intestat* si l'on n'a pas fait absolument de testament, ou si cet acte n'a pas été revêtu de toutes les formalités prescrites par la loi, comme si le testateur n'avait pas la faction active de tester, ou qu'il n'eût pas été appelé le nombre des témoins requis : on peut encore mourir *intestat*, quoique le testament ait été fait dans les bonnes formes, s'il vient à être cassé par survenance de quelque agnat ou adrogé, *ut sup. quib. mod. test. inf.*, *in ppio* ; s'il vient à être annullé par le changement d'état du testateur, *sup. quib. mod. test. inf.*, § *non tamen*, *ff. de verb. sig.*, *leg. intestatus*; s'il est attaqué par la querelle d'inofficiosité, *ut sup.*, *liv.* 2, *tit* 18 ; si le préteur accorde la possession des biens *ut inf.*, *titre* 10, et *cod. de colla*, *leg. ut liberis*; et enfin si l'héritier institué n'a pas voulu accepter l'hérédité, *leg.* 1ᵃ. *de suis et legit. hœred. et leg. intestatus*, *ff. de verb. sig* Lorsque l'hérédité n'est point acceptée, le testament ne peut valoir d'aucune manière pour aucune des dispositions qu'il contient, *si nemo. ff. de test. tut.*, *leg. si nemo*, *ff. de reg. jur.*, tandis que dans les autres cas le testament peut avoir quelque vigueur par le moyen de la clause codicillaire.

§ Iᵉʳ. Les héritiers siens sont les premiers appelés par la loi des douze tables, à la succession *ab intestat*, *leg.* 1ᵃ., § 1°., *ff. de suis et legit.* Nous disons les héritiers siens ou descendans, parce qu'il est prétendu que les liens qui unissent les ascendans aux descendans, sont naturellement plus forts que ceux qui unissent les descendans aux ascendans ; d'où il suit que la succession doit plutôt descendre que monter ; mais si elle ne peut descendre, elle remonte alors; et dans le cas où elle ne le puisse, elle se répand par les côtés, *ad latus divergere*, *nov.* 118, *in ppio*. A défaut de toutes ces personnes, les époux doivent être appelés, *auth. praeterea*, *cod. undè vir et uxor*; et en dernier lieu, le fisc qui représente le peuple, c'est-à-dire le père de tous, *populus omnium parens vacantia tenere debet*.

§ II. On appelle héritiers siens ceux qui se trouvent en la puissance de quelqu'un au tems de sa mort, comme le fils, la fille, le petit-fils et la petite-fille par mâles, l'arrière-petit-fils et l'arrière-petite-fille aussi par mâles, et ainsi des autres descendans mâles, ou femelles issus des mâles, *ut sup. de patr. potest.*, § *filius.* Il est indifférent qu'ils soient enfans légitimes ou adoptifs (1).

On peut aussi mettre au nombre des héritiers siens, 1°. ceux qui, n'étant pas nés d'un mariage légitime, ont été donnés par leurs parens pour servir dans les curies (2). Les empereurs *Théodose* et *Léon* donnèrent à ces enfans, dans leurs constitutions au code *ut cod. de nat lib*, *leg. si quis et leg. quoniam, nov.* 89, *chap* 2, les mêmes droits qu'aux héritiers siens ; 2°. ceux qui se trouvent compris dans les constitutions de l'empereur *Justinien*, *ut cod. de nat. lib.*, *leg cùm quis*, par lesquelles il fut établi que celui qui aurait eu commerce avec une femme, d'où il fût provenu des enfans, sans être liés par les nœuds d'un mariage qu'il leur aurait été possible alors de contracter, et que, dans la suite, l'affection de l'un et de l'autre, devenant insensiblement plus étroite, ils se soient réellement unis par les liens d'un mariage légitime, *ut sup. de nuptiis*, § *fin.*, les enfans qu'il aura eus de cette femme seront légitimes et dans sa puissance, non-seulement ceux qui seront nés postérieurement au mariage, mais encore ceux qui étaient nés auparavant et qui avaient donné aux derniers l'occasion de naître enfans légitimes. Lorsque nous avons dit ci-dessus que le petit-fils et la petite-fille, l'arrière-petit-fils et l'arrière-petite-fille sont héritiers siens, il faut l'entendre dans le cas où ils ne seront précédés de personne (3), et qu'ils se trouveront for-

____

(1) Il y a cependant une différence entre l'enfant naturel et légitime émancipé, et l'enfant adoptif émancipé ; en ce que celui-là succède en vertu du droit *pretorien*, et non pas celui-ci qui en est entièrement exclus, *inf. cod.*, § 11, *et ff. de suis et legit. hœred*, *leg.* 1ª., § *suis*; le préteur l'avait ainsi établi par un esprit d'équité naturelle, *ut inf.*, § 9, *et leg.* 1ª., § 7 *et* 19, *et l. g.* 2 *et* 4, *ff. undè liberis.*

(2) La curie était un corps d'officiers dans chaque ville pour l'expédition des affaires. Le fils naturel qui était offert ou qui s'offrait lui-même, après la mort de son père, à cette curie, devenait légitime ; il le devenait encore si dans son testament le père lui ordonnait de servir dans les curies, *nov.* 74, *quib. mod. natus effici sui*, § *quod verè*, *et* § *si quis igitur.*

(3) Cette préférence doit s'entendre seulement du père et de ses enfans ; car l'oncle paternel, quoiqu'il soit à un degré plus proche, n'exclut pas le neveu représentant son père, frère de l'oncle ; il est héritier sien ensemble avec le fils de l'aïeul, *ut inf.*, § 6.

mer le premier degré de la ligne descendante, *sup. de hæred. qualit. et differ.*, § *sui* ; c'est-à-dire si la personne qui les précédait a cessé d'être en la puissance de son père, soit par la mort naturelle ou civile, ou par l'émancipation (1), *ut sup. quibus modis jus patr. potesta. sol.*, § *si ab hostibus*, *et ff. de suis et legitimis hæred.*, *leg.* 1ª., § *si filius* ; car si un père a son fils en sa puissance au tems de sa mort, *leg. si scripto ff.*, le petit-fils de cet aïeul ne peut être son héritier sien, parce que son père, le précédant d'un degré, l'exclut du droit d'héritier sien : ce qu'on doit entendre aussi à l'égard des autres descendans. On doit compter parmi les héritiers siens, non-seulement les enfans déjà nés, mais encore les enfans à naître, c'est-à-dire les posthumes (2) qui se seraient trouvés en la puissance de leur père, s'ils étaient nés de son vivant, *leg. intestato, cod. de suis et legitimis*, *leg.* 3ª. *de injust. rup. test. ff.*, parce qu'ils sont réputés nés, toutefois qu'il s'agit de leur avantage, *ff. de statu lib.*, *leg. qui in utero.*

§. III. La succession passe aux héritiers siens, même sans qu'ils puissent le savoir, (3) aussitôt après la mort du père, quand même les héritiers siens seraient furieux ; parce que dans les cas où l'acquisition se fait *ipso jure*, et sans que nous en ayons connaissance ; les furieux peuvent valablement acquérir, *ff. de act. et oblig.*, *leg. si à furioso, in ppio :* de cela que les héritiers siens sont héritiers *ipso jure, leg.* 14, *ff. de suis et legitimis hæred.*, il suit que la possession

---

(1) On fondait anciennement la succession légitime sur la conservation des familles ; en sorte qu'on n'y avait plus aucun droit dès qu'on avait cessé d'en faire partie.

(2) Les posthumes, appelés proprement *posthumes*, sont ceux qui naissent après la mort du père ; car ceux qui naissent après la faction du testament, ne sont posthumes qu'improprement, *ff. de injust. rup. test. leg.* 3ª., § 1°.

(3) Autrefois les héritiers siens étaient obligés de demeurer héritiers malgré eux ; le préteur leur permit seulement dans la suite de s'abstenir, *sup. de hæred. qual. differ.*, § *suis*, *ff. si quis omiss. caus. test.*, *lege* 1ª. ; ce bénéfice du préteur avait lieu sans l'interposition de l'autorité du juge ; et pour en jouir, il suffisait de ne pas s'immiscer, *leg.* 12 *ei qui se non*, *ff. de acq. hæred.*

des

des choses est en quelque sorte continuée sur la tête des fils dès la mort du père , *leg.* 11 *in suis,, ff. de lib. et posth. , , ff. de acq.' poss. , lege Pomponius ,* § *praetereà,* § *si jussu et seq.* , puisque de leur vivant, par une fiction de droit, ils sont censés ne faire qu'une seule et même personne, *cod. de impub. et aliis substitut. , leg. fin. ,* § *fin. ;* de là vient que les pupilles n'ont pas besoin de l'autorité de leur tuteur, ni les furieux du consentement de leurs curateurs, dès que l'hérédité leur est acquise par la seule disposition du droit , avant même l'ouverture du testament, s'il y en a , *leg.* 3^a. , *cod. de jur. delib.* , et sans avoir besoin d'aucune adition ; au lieu que , lorsqu'il s'agit de toute autre succession que de celle du père , on n'est héritier que par l'adition ; et l'on ne peut transmettre à ses héritiers, qu'après qu'elle est faite, *leg. apud hostes, cod. de suis et legitimis lib.* Il est même nécessaire que l'autorité du tuteur, ou le consentement du curateur, intervienne , si l'hérédité est déférée à un pupille ou à un furieux , *cod. de jur. delib. , lege potuit , leg. si infanti,* § *parente , de tutoribus et curatoribus datis ab his , leg. impuberi , et ff. de acq. vel omitt. haered. leg.* 8.

§ IV. Il arrive aussi quelquefois que , quoiqu'on ne soit pas en la puissance de son père au tems de sa mort , et par conséquent son héritier sien, on le devienne dans la suite ; comme si , ayant été pris par les ennemis , le fils revient après la mort de son père , *leg.* 1^a. , § *si filius, ff. de suis et legitimis ,* en vertu du droit de retour, qui feint que celui qui revient a toujours demeuré dans ses foyers.

§ V. Il peut arriver au contraire que , quoiqu'on soit dans la famille du défunt au tems de sa mort , on ne soit pas pour cela son héritier sien ; comme si le père, après sa mort, est déclaré coupable de lèze-majesté, et que sa mémoire soit condamnée et flétrie (1). Le fils ne peut alors être son héritier sien, puisque le fisc lui succède , *leg.* 1^a. , § *interdum , ff. de suis et legitimis ;* mais il faut en ce cas l'entendre de cette manière, que

---

(1) Le crime, celui de lèze-majesté excepté , s'éteint par la mort du coupable.

le fils n'en est pas moins héritier sien de droit, après le crime commis, et après la mort du père, par la seule disposition des lois, quoiqu'il cesse de l'être par l'effet de l'exécution de la sentence.

§ VI. Par le moyen de la représentation introduite dans notre droit, les degrés les plus proches dans l'ordre des successions n'excluent pas les degrés plus éloignés, issus d'une autre branche de la même famille par mâles : par exemple, le fils, la fille, le petit-fils et la petite-fille, issus d'un autre fils (1), sont appelés (2) également à la succession de l'aïeul ; car il est juste que les petits-fils et petites-filles aient le droit de succéder à la place de leur père, *leg. in suis, ff. de lib. et posth., leg. 1ª, § largius, auth. quib. mod. nat., ff. sui.* Il en doit être de même des petits-fils et petites-filles par mâles, et à l'égard des arrière-petits-fils et arrière-petites-filles aussi par mâles, et ainsi des autres descendans à l'infini, *nov.* 118, *chap.* 1er. : par suite des mêmes principes, on a jugé équitable (3) que l'hérédité fût partagée entr'eux, non par têtes, mais par souches (4) ; en sorte que le fils, tenant le premier degré, eût la moitié, et les enfans de l'autre fils décédé, l'autre moitié, *ut inf., § fin., ff. de inoff. test., leg. Papinianus, § proinde ex duobus, et cod. de suis et legitimis, lege nepotis.* Il en serait de même s'il existait des petits-fils et des petites-filles de deux fils ; savoir, un seul enfant de l'un et quatre enfans de l'autre, la succession alors se divise en deux portions

---

(1) Les petits-fils issus d'une autre fille, sont aujourd'hui appelés à la succession de l'aïeul, *ut leg. legat., cod. de legitim. hæred., et nov.* 118, *chap.* 1er.

(2) Il en serait de même s'ils étaient appelés à la possession des biens, parce qu'ils y sont toujours appelés, soit qu'il y ait un testament, soit qu'il n'y en ait pas, *ff. de contr. tab. leg.* 1ª., *§ vocantur.*

(3) Afin qu'ils n'eussent pas au-delà de ce que leur père aurait s'il était vivant ; c'est-à-dire *nemo plus juris transmittere potest, quam ipse habet, leg. traditio, ff. de acq. rer. dom.*

(4) Parce qu'ils ne succèdent pas à un droit qui leur soit propre, mais par un droit propre à un autre droit qui leur a été transmis, c'est-à-dire auquel ils ont succédé, et qui ne doit pas par conséquent changer.

égales; l'une appartient au seul petit-fils d'un fils, et l'autre aux quatre fils de l'autre fils : en sorte que les fils succèdent par tête, et les petits-fils par souche, *§ haec haereditas, lege* 2e., *ff. de suis et legitimis, novella* 116, *chap.* 1, *et auth. in success., cod. eod.*

§ VII. Lorsqu'il est question de savoir si quelqu'un peut être héritier sien du défunt, afin de lui succéder comme tel, quoiqu'il ne le fût pas de de son vivant, il faut examiner le tems auquel il est certain qu'il est mort *intestat* : ce qui peut arriver de plusieurs manières, *ut in ppio hujus tit.*; entr'autres, par la désertion du testament, c'est-à-dire si l'héritier institué n'a pas voulu de l'hérédité: par exemple, si un père, n'ayant qu'un fils, l'a exhérédé en instituant un héritier étranger, que ce fils exhérédé décède, et qu'il demeure certain dans la suite que l'héritier institué n'est point héritier, soit parce qu'il est mort avant l'acceptation, soit qu'il ait refusé d'accepter l'hérédité, le fils de l'exhérédé, mort, se trouve alors héritier sien de l'aïeul, parce qu'il est certain qu'au tems que l'aïeul est réputé mort *intestat*, son petit-fils se trouve seul héritier sien, puisque, dans ce moment, il n'y a personne qui le précède, *ut sup.,* § 1°., *in fin. vers. ita demùm.*

§ VIII. Quoique le petit fils ne soit né qu'après la mort de l'aïeul, si toutefois il avait été conçu de son vivant, si son père décédait, et que l'héritier refusât d'accepter, il serait toujours héritier sien à l'aïeul par la règle *qui in utero est, pro jam nato habetur quoties de ejus commodo agitur, leg. qui in utero, ff. de statu hominis,* parce que le père, étant mort avant l'adition de l'hérédité, il n'a pu intenter la querelle d'inofficiosité. Le droit qui aurait pu venir au secours du fils, après la mort de son père, pour agir aussi par inofficiosité, est demeuré en suspens et incertain, parce qu'il n'aurait pu avoir lieu et se déterminer qu'après l'adition de l'hérédité, auquel tems seulement il aurait été libre au petit-fils d'attaquer le testament, *leg. filius,* § *videamus, in fin.,ff. de bon. poss. contr. tab., leg.* 1e., § *post. suos,ff. de suis et legitimis haered.* : mais l'héritier venant à refuser l'hérédité, le testament de l'aïeul demeurant désert, le petit-fils n'a plus besoin de la querelle d'inofficiosité, puisqu'il se trouve héritier sien de l'aïeul précisément au moment qu'il est certain qu'il est mort *intestat*, dès qu'il n'y a personne qui le précède. Il en serait bien autrement si le petit-fils n'avait été conçu qu'après la mort de l'aïeul ; car le père venant à mourir, et le testament devenant désert, il ne serait pas héritier sien de l'aïeul, comme dans le cas précédent, parce qu'il n'a jamais été joint à lui par aucun lien de parenté, puisqu'il était dans le néant du vivant de l'aïeul : de-là *Marcellus* a posé en principe que celui qui serait conçu après la mort de l'aïeul ne devrait être admis à l'hérédité ou possession des biens, ni comme héritier sien, ni comme petit-fils, c'est-à-dire légitime ou agnat, *ut leg.* 1ª., *§ si quis proximior, ff. unde cognat. et leg. item praetor de suis et legit.*, parce que *la suite* ou cognation présuppose une existence, et qu'on ne peut pas nommer héritier sien celui qui, du vivant de l'aïeul, n'était pas dans la nature des choses, *leg.* 1ª., *§ si quis proximior, ff. unde cognat.*

Par la même raison qu'un petit-fils conçu après la mort de l'aïeul, ne peut pas être son héritier sien (1), de même on ne doit point compter parmi ses enfans celui qu'un fils émancipé aurait adopté après son émancipation : de-là vient que puisque ces sortes d'enfans conçus et nés après la mort de l'aïeul, ou adoptés par le fils après son émancipation, ne peuvent être appelés comme héritiers siens à la succession déférée par le droit civil, ils ne peuvent non plus demander comme plus proches cognats, c'est-à-dire comme agnats, la possession des biens, en vertu du droit prétorien, *leg.* 6, *si quis filia, § 1°., ff. de injust. rupt. test.*

§ IX. La succession légitime, ayant pour fondement le droit civil, il s'en suit qu'on en est privé en perdant les liens civils qui nous unissaient au défunt : ce qui arrive par l'émancipation ; on devient alors inconnu au droit civil ; car on n'est plus héritier sien, dès qu'on a cessé d'être sous la puissance paternelle. La loi des douze tables n'appelait à la suc-

---

(1) La *novelle* 118 a apporté un grand changement à ces dispositions ; elle range tous les enfans indistinctement à la succession des ascendans, qu'ils soient descendus par mâles ou par femelles, émancipés ou non émancipés, conçus ou nés avant ou après leur mort ; parce que sans avoir égard aux liens civils, on ne regarde que la seule cause naturelle, comme cela se pratiquait par le droit *prétorien, ut § sequent.*, *et ff. de suis et legit.*, *leg. Titius, et leg. penult.*

cession que les enfans pouvant jouir du droit d'héritier sien(1), le préteur au contraire, ne considérant que la cause naturelle, par des motifs d'équité, regardait les émancipés comme héritiers siens, et les appelait à la possession des biens, nommée *unde liberi*, tout comme s'ils eussent été en la puissance de leur père au temps de sa mort, *leg.* 1^a. *et* 2^a., *ff. unde liberi*, qu'ils fussent seuls héritiers, ou qu'ils eussent à concourir avec d'autres : de-là vient que si, de deux enfans, l'un est émancipé et l'autre demeuré sous la puissance paternelle, celui-ci succède seul en vertu du droit civil, c'est-à-dire comme héritier sien, et le fils émancipé, admis par le droit *prétorien*, succède pour une partie, c'est-à-dire pour la moitié, *ff. de verb. sig.*, *leg. nomen filiarum*, § *portionis*:

§ X. Il ne s'en suit pas pourtant que tous les émancipés soient appelés, en vertu du droit *prétorien*, à la succession de leur père ; car ceux qui, après avoir été émancipés, se sont donnés en adrogation, ne sont point admis à la possession des biens de leur père naturel, en qualité d'enfans, lorsqu'au tems de sa mort, ils sont encore dans la famille et sous la puissance du père adoptif : si cependant, du vivant de leur père naturel, ils ont été émancipés par le père adoptif, ils sont alors admis à la possession des biens du père naturel, ainsi et comme s'il les avait lui-même émancipés, et qu'ils n'eussent jamais été adoptés, en sorte qu'ils ne sont plus regardés dans la famille du père adoptif que comme étrangers, *sup. de exhaered. lib.*, § 4 (2) : dans le premier cas dont nous venons de parler, c'est-à-dire lorsque l'on a été émancipé, après la mort du père naturel, par le père adoptif, on est réputé à l'égard de ce dernier comme étranger, et l'on n'est pas également compté parmi les enfans du père naturel pour en obtenir la possession des biens ; ce qui a été ainsi établi, parce qu'il était injuste qu'il dépendît du père adoptif

---

(1) On appelle aussi les patrons à celle des affranchis, et les agnats au défaut d'héritiers siens.

(2) Il en serait autrement si l'on ne devenait *sui juris* que par la mort de l'adoptant, l'on reprendrait ses premiers droits naturels, *ff. de grad.*, *leg. si filium*.

de faire passer les biens du père naturel', ou à ses agnats, ou à ses enfans ; car si le père adoptif n'émancipe point les enfans qu'il a adoptés , il est certain qu'ils ne succèdent point à leur père naturel, puisqu'ils sont à sa mort dans la famille de l'adoptant, et que ce sont les agnats qui lui succèdent, *ut ff. unde lib.*, *leg.* 1ª. : si au contraire le père adoptif les émancipait du vivant du père naturel, ils succédaient à ce dernier, à l'exclusion des agnats. Cette règle a eu lieu , parce qu'il était absurde que les dernières volontés des pères fussent livrées au caprice d'un tiers.

§ XI. Il résulte de ce que nous venons de dire , que les enfans naturels émancipés ont un bien plus grand avantage que les enfans adoptifs émancipés ; car les premiers, quoique émancipés, retiennent par le droit prétorien le nom et le degré d'enfans, quoiqu'ils viennent à le perdre, en vertu du droit civil, par l'émancipation ; au contraire, les enfans adoptifs, émancipés par leur père adoptant, perdent à son égard (1) le degré d'enfans que le droit civil leur avait donné , sans que le préteur vienne à leur secours comme pour les enfans naturels (2). La raison de cette différence vient de ce qu'une raison civile ne peut éteindre et anéantir les droits naturels, *sup. de leg. agn. tut.*, § *fin.*, *ff. de reg. jur.*, *leg. nihil tam*, parce que, de ce qu'on cesse d'être héritier sien , il ne s'en suit pas qu'on puisse cesser d'être réellement, selon la nature des choses, fils ou fille,

---

(1) Nous disons *à son égard*, parce que s'ils sont émancipés avant la mort de leur père naturel, le préteur leur rend le droit d'héritier sien du père naturel, en vertu duquel ils ont la possession des biens appelée *unde liberi* ; et ce dans le cas où ils auraient été émancipés par le père naturel, avant qu'ils se fussent donnés en adrogation ; car au contraire , si le père naturel , sans émancipation préalable, les eût donnés en adoption , et que le père adoptif vînt à les émanciper avant la mort du père naturel, ils rentraient dans la famille de ce père naturel , comme ils étaient avant l'adoption, sans avoir besoin d'aucuns secours du préteur ; s'ils étaient émancipés après la mort du père naturel, ils étaient appelés à sa succession, *ut inf.*, § 13 , *hoc tit.*

(2) A moins que les enfans adoptifs ne fussent des enfans naturels du père adoptant au deuxième ou troisième degré ; comme si l'aïeul avait adopté pour son fils, son petit-fils, et qu'il l'eût ensuite émancipé ; auquel cas le préteur donne à cet émancipé, sur les biens de l'adoptant, les mêmes droits qu'aux enfans naturels émancipés.

petit-fils ou petite-fille ; au lieu que les enfans adoptifs émancipés, commencent aussi-tôt d'être étrangers à la famille du père adoptant, de qui ils ont reçu l'émancipation, parce que c'était une raison civile, c'est-à-dire l'adoption qui leur avait donné le nom de fils ou de fille, et que c'est une autre raison civile qui le leur a fait perdre, c'est-à-dire l'émancipation.

§ XII. Ce que nous venons d'observer sur la possession des biens qu'on appelle *unde liberi*, concernant les émancipés, doit également avoir lieu à leur égard pour la possession des biens, qu'on appelle *contr. tab.*, que le préteur accorde contre le testament du père aux enfans prétérits (1), c'est-à-dire qui n'ont pas été institués héritiers, ou qui n'ont pas été exhérédés valablement. Ils n'étaient pas valablement exhérédés lorsque les enfans mâles, au premier degré, ne l'avaient pas été nommément, ainsi que les filles et les autres enfans : ce qu'on appelle *inter caeteros, ut sup. de exhaered. lib.*, *in ppio* ; car le préteur donne alors cette possession des biens, tant à ceux qui étaient en la puissance du testateur au tems de sa mort (2), qu'à ceux qui avaient été émancipés : il la refuse seulement à ceux qui étaient dans une autre famille en adoption au tems de la mort du père naturel ; quant aux enfans adoptifs, émancipés par le père adoptant, de cela que le préteur ne les appelle pas à sa succession *ab intestat*, à plus forte raison ne les appelle-t-il pas à la possession des biens

---

(1) Les enfans prétérits dans le testament de la mère, ne peuvent attaquer son testament, parce que la prétérition faite par la mère est regardée comme une exhérédation, *sup. de exhaered. lib.*, § *ult.* ; ils ne peuvent non plus demander la possession des biens, contre la teneur du testament, parce qu'elle n'est point accordée pour l'exhérédation : la raison en est qu'il peut arriver quelquefois qu'elle ait une juste cause ; il faut alors avoir recours à la plainte d'inofficiosité, tant pour l'exhérédation faite par la mère que par tous autres, *leg.* 4, § *ad test.*, *ff. hoc tit.*, *leg.* 15, *cod. de inoff. test.*, *sup. tit.* 13, § *ult.*, *et tit.* 18, *in ppio*.

(2) Le préteur accorde cette possession de biens aux héritiers siens, qui, quoiqu'en droit d'annuller le testament de leur père, par respect pour sa volonté, ne veulent point l'attaquer, *l. g.* 1^a. *et* 2^a., *cod. cod.* : les émancipés ne pouvaient annuller un testament par prétérition, parce qu'ils pouvaient être prétérits suivant le droit civil.

contre la teneur du testament, parce qu'ils ont cessé, par l'émancipation, d'être comptés au nombre de ses enfans.

§ XIII. Il faut remarquer que les enfans qui se trouvent en adoption lors de la mort de leur père naturel, et qui ensuite ont été émancipés par leur père adoptant, ne sont pas exclus de toute sorte de droit sur les biens de leur père naturel; car, quoique le préteur ne les admette point dans cette partie de l'édit, où il appelle à la possession des biens *unde liberi*, les enfans émancipés par leur père naturel, cependant les enfans émancipés par l'adoptant après la mort du père naturel, sont admis par une autre partie de l'édit à une autre possession de biens, qu'on appelle *unde cognati*, si toutefois il n'existe point d'enfans héritiers siens, ou émancipés, ou enfin des agnats qui puissent leur porter obstacle; car le préteur appelle en premier lieu tant les enfans héritiers siens que les émancipés (1); ensuite les héritiers légitimes, c'est-à-dire les agnats, *ut inf. tit. seq., in ppio;* et en troisième ordre, les plus proches parens qu'on appelle cognats, *ut ff. si tab. test., leg.* 1ª. *et ff. quis ordo in bon. poss. servetur.*

§ XIV. C'est ainsi que cela s'observait dans l'ancienne jurisprudence que *Justinien* réforma par sa constitution au code *de adopt., leg. penult.*, touchant les enfans donnés en adoption : il la réforma, 1º. en ce que, dans certain cas, les enfans perdaient par l'adoption la succession des pères naturels : ce qui pouvait arriver facilement par le moyen de l'émancipation faite après la mort du père naturel, et qui anéantissait l'adoption ; en sorte qu'ils n'étaient appelés ni à la succession du père naturel, ni à la succession du père adoptif, comme ne se trouvant plus dans la famille de l'un ni de l'autre. Il fut donc établi pour corriger cet abus, que, lorsqu'un père naturel donnerait son fils en adoption, ce fils conserverait dans sa famille tous ses droits comme s'il fût resté en la puissance du père naturel, et qu'il n'y eût absolument pas eu d'adoption, à moins que l'adopté ne fût dans le cas de pouvoir être admis à la

---

(1) Parce que, suivant le préteur, ils sont aussi héritiers siens, quoiqu'ils n'aient point cette qualité par le droit civil, *sup.* § 9.

succession de l'adoptant avec ses enfans naturels, comme si c'était quelque ascendant, *ut leg.* 5, *cod. de suis et legit.* (1). Hors ce cas, si le père adoptif fait son testament, les adoptés ne pourront rien demander de son hérédité, ni par le droit civil, parce qu'ils ne seront pas en sa puissance, ni par le droit prétorien, parce que le préteur ne donne son secours qu'aux émancipés par le père naturel, *ut sup. de exhaered. lib.*, *§ emancip.*, *et final.*, *et sup.*, *hoc tit.*, *§* 9, ainsi qu'à ceux qui sont en sa puissance, *ut sup.*, *§* 12; en sorte qu'ils ne pourront avoir ni la possession des biens contre la teneur du testament, ni avoir recours à la plainte d'inofficiosité, puisque le père adoptif n'est tenu ni de les exhéréder, ni de les instituer, par la raison qu'il n'est uni à eux par aucun lien naturel. Il en serait de même si l'adopté avait été pris et choisi d'entre trois frères, en vertu du S.-C. *Sabinien* (2); il n'aurait ni la quarte que ce sénatus-consulte lui réservait, ni aucune action pour en poursuivre le paiement; *Justinien* ayant seulement excepté dans sa susdite constitution le cas où un ascendant aurait pris en adoption un descendant, *ut ff. de grad. adfin.*, *leg. juris-consult.*, *§ parentis*; auquel cas, cet empereur a voulu conserver tous les anciens droits à l'adoption, *cod. de adopt.*, *§ quae in filio*, parce que les droits naturels et légitimes concourent dans cette hypothèse en la même personne, selon les expressions de la loi, *ad eum solum respiciat filius cui eum natura agregavit, et lex per adoptionem assignavit, cod. de adopt.*, *leg. penult.*, *§ si verò pater*. *Justinien* a encore excepté le cas où un père de famille se serait donné en adrogation; il lui a conservé aussi les anciens droits de l'adoption, *cod. de adopt.*, *leg. penult. § fin.*, ainsi qu'on peut plus amplement s'en instruire par la lecture de cette ordonnance au *cod. de adopt.*

---

(1) Quoiqu'on puisse concourir en ce cas avec les enfans naturels, néanmoins on ne peut succéder à ces derniers, parce qu'on est alors considéré comme étranger, *cod. de adopt.*, *leg.* 1°, *§* 11, *in fin.*

(2) Ce sénatus-consulte ne nous a point été transmis; il ordonnait que celui qui adopterait un des trois frères sur lesquels le choix lui aurait été donné, ce qui se faisait avec beaucoup de solennité, serait tenu de lui laisser la quatrième partie de ses biens, *ut cod. de adopt.*, *leg. penult.*, *§ quæ autem.*

§ XV. Après avoir réformé le droit ancien pour ce qui était relatif aux enfans du premier degré, on réforma ce qui concernait les degrés ultérieurs ; car suivant l'ancienne jurisprudence, les enfans provenant de la ligne masculine, étaient les plus favorisés ; on n'appelait à la succession d'un défunt *intestat*, à défaut des héritiers siens, que les petits-fils et petites-filles, descendans par mâles ; préférence qu'on leur donnait sur les autres par droit d'aguation : les petits-fils au contraire, descendans de la ligne féminine, et les arrière-petits-fils, nés de ces petits-fils, étaient rangés dans l'ordre des cognats, qui n'étaient appelés qu'à défaut des agnats, même pour la succession des ascendans en ligne féminine, soit qu'il s'agît de la succession de l'aïeul ou bisaïeul maternel, soit qu'il s'agît de la succession de l'aïeule ou bisaïeule paternelle ou maternelle. Les empereurs *Valentinien* et *Théodose*, *ut cod. de suis et legit., leg. si defunctus, et cod. de collat., leg. illam, circa principium, et leg. 4, cod. de suis et legit. haered.*, ne laissèrent pas subsister une injustice si contraire à la nature (1) sans y apporter quelque changement ; c'est pourquoi le nom de petit-fils et de petite-fille étant commun aux descendans par mâles et aux descendans par les filles, ils donnèrent, tant aux uns qu'aux autres, le même degré et le même ordre dans la manière de succéder, ainsi et comme les héritiers siens, au nombre desquels ils furent mis, avec quelque modification ; car ceux qui avaient pour eux et la nature et l'autorité de l'ancien droit, *v. g.* les agnats, eurent un plus grand avantage dans la succession que ceux qui n'avaient que la nature à faire valoir, *v. g.* les cognats ; ce qui diminuait la portion des uns pour augmenter celle des autres ; c'est-à-dire que les descendans par les femmes prenaient un tiers de moins que n'aurait eu leur mère, leur aïeule ou leur aïeul, soit paternel, soit maternel. Cette manière de succéder doit s'entendre ainsi, *v. g.*, que si les petits-fils d'une fille concouraient avec les héritiers siens par droit de représentation, c'est-à-dire avec leurs oncles ou tantes ma-

---

(1) Parce qu'il était contre nature d'avoir un sentiment plus fort pour les descendans par mâles que pour les descendans par filles, *leg. 4 maximum, cod. de lib., præter et in glosâ.*

ternels, ils succèdaient *ab intestat* à l'aïeul ou aïeule maternelle, sous la déduction de la troisième partie de la portion que leur mère aurait eue, de manière que cette troisième partie accroissait aux oncles ou tantes maternels, § *item vetustas, leg. si defunctus, cod. Theod., de leg. haered., leg. illam., cod. de collat.* Que si les petits-fils d'une fille concouraient avec les héritiers légitimes, c'est-à-dire les agnats, et non avec les héritiers siens, ils succèdaient *ab intestat* sous la déduction de la quatrième partie, *cum diminutione quadrantis*, qui accroissait aux agnats, *leg. si defunctus, cod. Theod., de leg. haered.*; si au contraire les descendans par filles se trouvaient seuls à apréhender la succession, elle leur était acquise à l'exclusion des agnats en ligne collatérale, lorsque ceux-ci se trouvaient à un degré plus éloigné qu'eux, *leg. fin., cod. de suis et legit.*

De même que la loi des douze tables, après la mort du fils, appelle les petits-fils et petites-filles, arrière-petits-fils et arrière-petites-filles, pour succéder à sa place à leur aïeule, de même, les deux empereurs appellent les cognats à la place de leur mère ou de leur aïeule, mais avec la diminution du tiers dont nous avons parlé.

§ XVI. Mais comme il restait encore quelque difficulté entre les agnats et les petits-fils cognats, en ce que les agnats pouvaient prendre par-dessus, et à l'exclusion des cognats, la quatrième partie des biens du défunt, *Justinien* ne voulut pas que l'ordonnance des empereurs *Théodose* et *Valentinien* fût insérée dans son code; il dérogea au contraire à cet ancien droit par sa constitution au code *de suis et legit., leg. fin.*; et il ordonna que les agnats n'auraient plus à l'avenir aucune préférence à la succession du défunt sur les descendans, c'est-à-dire sur les petits-fils d'une fille ou sur les arrière-petits-fils d'une petite-fille, etc., afin que les collatéraux, *hi qui veniunt ex transversâ lineâ, ut nov. 2, § cùm igitur*, quoique agnats, ne fussent pas plus favorisés que ceux qui descendaient en ligne directe, quoique par les filles, de celui de la succession duquel il s'agissait, comme le petit-fils et arrière-petit-fils en ligne féminine; il fut même ajouté à cette constitution, à l'exemple des dispositions portées dans laloi des douze tables, *ut cod. de suis et legit.. leg. 3ª.*, qui voulaient que les fils et les petits-fils, nés d'un autre fils, partageassent entr'eux par souche et non pas par tête; *Justinien*, dis-je, établit la même règle à l'égard des fils et des petits-fils nés d'une fille ; comme aussi à l'égard des arrière-petits-fils et arrière-petites-filles ou autres descendans en degré plus éloigné ; de manière que les descendans en ligne féminine étaient admis sans aucune diminution (1), ainsi que les descendans par mâles, à la succession des ascendans, c'est-à-dire à la même portion qu'aurait eue leur père ou leur mère, leur aïeul ou aïeule ; en sorte que, s'ils n'étaient qu'un ou deux d'un côté, et trois ou quatre de l'autre, les premiers avaient la moitié, et ceux de l'autre branche, l'autre moitié.

CODE CIVIL.

OBSERVATIONS.

Nomb. 40. Nous avons vu que par le droit Romain, les successions *ab intestat* appartenaient aux héritiers siens : en France, tous les héritiers sont réputés héritiers siens, et les successions *ab intestat*, par une règle générale, sont déférées aux enfans et descendans du défunt, ou à ses ascendans, ou enfin à ses collatéraux, (art. 731).

Chez les Romains, lorsque le défunt laissait un fils et une fille, un petit-fils et une petite-fille nés d'un autre fils, ils venaient tous à la succession, et le plus proche en degré, n'excluait pas les autres : de même en France, les enfans ou leurs descendans succèdent à leurs père et mère, aïeul ou aïeule ; s'ils sont tous au premier degré, c'est-à-dire enfans du défunt, ils partagent par tête : s'il en est au contraire

------

(1) Parce qu'autrefois, comme nous l'avons vu ci-dessus, les agnats avaient une quatrième partie de la succession au-delà des cognats : mais la différence de l'agnation et de la cognation a été abolie, de même que la différence de la puissance paternelle produite par l'émancipation, *nov.* 127 *auth. cessante, cod. de legitim. hæredib.* ; en sorte que les agnats et les cognats concourent aujourd'hui ensemble sans aucune sorte d'avantage ni de préférence les uns sur les autres, *leg. ult., cod. de legitim. hæredib., nov.* 118, *chap.* 4.

parmi eux du second degré, c'est-à-dire qui viennent par représentation, le partage se fait par souche, (art. 745.)

E X E M P L E :

M AE V I U S.

mort

de cujus.

SEMPRONIUS. — CAIUS —— JULIE.
mort.

LABEO. —— LUCIEN.

La succession doit être ici partagée, en trois portions égales, entre
Sempronius, *Julie*, *Labeo* et *Lucien*, ces deux derniers représentant
leur père *Caïus*; en sorte que *Sempronius* et *Julie* auront les deux tiers,
et *Labeo* et *Lucien* chacun un sixième; ce droit de représentation
a lieu ainsi à l'infini dans la ligne directe descendante, (art. 740.)

En France comme à Rome, une succession est déclarée ouverte
ab intestat, ou par la mort naturelle, ou par la mort civile du défunt, lorsqu'il n'a pas fait de dispositions testamentaires, (art. 718);
dans le cas même où il existe un testament, la succession peut être
réputée ouverte *ab intestat*; 1°. par la répudiation, (articles 784
et 785); 2°. par l'indignité de l'héritier, (article 727); 3°. par
l'omission de quelques formalités, lors de la confection du testament,
(article 1001.)

Selon le droit Romain , le petit-fils né après la mort de l'aïeul , s'il n'avait été conçu de son vivant , n'était point héritier sien. Parmi nous , nul n'est habile à succéder, s'il n'existe à l'instant de l'ouverture de la succession , (article 725) : néanmoins , *propter spem hominis* , l'enfant qui n'est encore que conçu , est considéré comme déjà né , et comme s'il existait, si toutefois il y va de ses intérêts, *loc. cit.*

A Rome , les enfans émancipés n'avaient aucun droit à prétendre sur les biens de leur père ou autre ascendant, que par une fiction du droit *prétorien :* il n'en est pas de même en France ; l'émancipation ne fait pas perdre les droits de famille ; et les enfans émancipés, plus libres dans l'administration de leurs affaires , n'en demeurent pas moins habiles à succéder à leurs père , mère et autres ascendans.

Nous avons vu que par l'ancien droit des Romains , les fils donnés en adoption perdaient tous leurs droits dans la succession de leur père naturel ; que par un droit nouveau, *Justinien*, touché de cet abus , avait établi que le fils donné en adoption par son père naturel , conserverait toujours ses droits à l'égard de sa succession : parmi nous , le législateur a consacré ce dernier principe ; le fils adoptif restera dans sa famille naturelle , et y conservera tous ses droits, (article 348.)

Selon leur ancien droit , les Romains distinguaient dans les successions , les enfans descendans par mâles, des enfans cognats descendans par les filles. Cette distinction , qui était un outrage fait à la nature , n'a pu être admise parmi nous ; les enfans succèdent à leurs père , mère, aïeul ou aïeule, sans distinction de sexe ni de primogéniture , (article 745.)

TITRE II.

DE LEGITIMA AGNATORUM SUCCESSIONE.

~~~~~~~~

A défaut des héritiers siens, et de ceux que le préteur mettait au nombre des héritiers siens, *loco suorum haeredum*, et de ceux que les constitutions des empereurs appelaient aussi au nombre des héritiers siens pour apréhender la succession, en vertu du droit civil ou du droit prétorien, l'hérédité était alors déférée, suivant la loi des douze tables, aux agnats (1), c'est-à-dire au plus proche parent par mâles, *leg.* 1ª., *§ post suos, leg.* 2ª., *ff. de suis et legit.*, si toutefois il n'avait souffert aucun changement d'état, *ut ff. de suis et legit. haered.*, *leg. capitis.*

§ Iᵉʳ. On appelle agnats les parens collatéraux par mâles, *agnati per virilis sexus personas conjuncti*, ainsi appelés comme nés tous ensemble d'un même père, *quasi à patre agnati* (2); d'où il suit que deux frères

____

(1) Les héritiers sont aussi des agnats, *leg. filium*, *ff. de suis et legit. hœred.*, *leg.* 1ª., § 10, *ff. de grad. et adfi.*, *leg. de bonis*, § *huic autem*; mais il y a cette différence entre les agnats héritiers siens et les agnats proprement dits, qu'on appelle aussi *gentiles*, (voyez le premier *Nota* à la page suivante,) pour les distinguer des autres, que ceux-ci divisent l'hérédité par têtes, et ceux-là par souches : dans ceux-ci, la différence du sexe forme une différence dans la manière de succéder, *ut sup. tit. prec.*, § 15, ce qui n'a pas lieu à l'égard de ceux-là, ils ne souffrent aucune diminution : ceux-ci deviennent héritiers par l'adition ; ceux-là, au contraire, sont faits héritiers lors de l'adition, à l'exception qu'on ne donne point la possession des biens *undè legitimi* à ceux-ci, s'ils ont souffert quelque changement d'état ; au lieu qu'on donne à ceux-là la possession des biens qu'on appelle *undè liberi*. Les héritiers siens sont appellés *légitimes*, ainsi que les agnats ; mais on donne plus communément ce nom à ceux-ci.

(2) La cognation est un genre qui convient à tous les parens ; l'agnation est une espèce
~~~~~~~~

nés d'un même père sont agnats l'un envers l'autre, ainsi que les frères consanguins; car la consanguinité forme la fraternité; les frères utérins ne sont frères que fort improprement. *ff. de suis et legit.*, *leg.* 2ᵉ. *sup. de succ. cog.*, § *vulgò* : de-là vient qu'il n'est pas nécessaire qu'ils soient nés d'une même mère pour qu'ils soient consanguins ; ainsi l'oncle et le fils du frère sont agnats l'un envers l'autre : il en est de même des fils des deux frères qu'on appelle *fratres patrueles*, ou autrement, d'une manière fort impropre, cousins, *consobrini, ut inf. de grad. cog.*, § 4, et ainsi des autres degrés d'agnation. Le droit de consanguinité est aussi acquis à ceux qui sont nés après la mort de leur père, à l'égard de leurs autres frères, de même que le droit d'agnation à l'égard des autres agnats, s'ils ont été conçus toutefois du vivant de celui de la succession duquel il s'agit, *ff. de suis et legit. haered., leg. Titius, et ff. und. cogn.*, *leg* 1ᵉ., § *si quis proximior, et sup., tit. præced.*, § 8. Quoique la loi des douze tables appelle les agnats à la succession, ce n'est pas à dire qu'elle les appelle tous généralement et indistinctement ; mais il faut entendre ceux-là seulement qui se trouvent former le degré le plus proche au tems qu'il est certain que le défunt est mort *intestat, ut sup.*, § 7, *in ppio.* S'ils sont plusieurs de même degré, ils sont tous appelés par têtes à une portion virile, *leg.* 2ᵉ., § *haec haereditas, ff. de suis et legit.*

§ II. L'agnation a aussi lieu par l'effet du droit civil, *id est*, par l'adoption, ainsi que par le droit naturel, c'est-à-dire entre enfans natu-

---

qui ne convient qu'aux parens par mâles ; ce qui fait que tout agnat est cognat, mais que tout cognat n'est pas agnat.

Nota. Gentiles sunt qui inter se eodem nomine sunt, qui capite non sunt minuti; non capitis diminutio tollit gentilitatem quæ per agnatos, id est masculos propagatur, ut Tull. in topic.

Nota. A défaut d'héritiers siens, les frères consanguins étaient appelés ; mais les frères cognats, c'est-à-dire utérins, n'étaient point appelés à la succession de leur frère mort *intestat*, parce qu'ils étaient inconnus au droit ancien, c'est-à-dire à la loi des douze tables. Par le droit nouveau, les frères germains sont préférés aux unilatéraux, *nov.* 118, *chap.* 2, *auth. defuncto, cod. ad Tertul.*, *nov.* 127, *chap.* 1, *auth. cessante, cod. de leg. hœred.*

rels

rels non émancipés, *ut ff. de grad. et adsi. leg. si filium*, et les enfans que leur père a adoptés ; c'est cependant fort improprement, comme il est aisé de le comprendre, qu'on appelle ceux-ci consanguins, *leg.* 1ª., *§ ult., ff. de suis et legit. haered., leg.* 2ª., *§ sed etsi ipsi, ff. ad S.-C. Tertul.* La même chose a lieu à l'égard des autres agnats ; comme si votre frère ou votre oncle paternel, ou tout autre parent dans un degré plus éloigné, prend quelqu'un en adoption, il n'est point douteux que l'adopté ne devienne agnat ou parent par mâles des héritiers siens de l'adoptant, *quibus quasi agnascitur, ff. de adopt., leg. qui in adoptionem*, parce qu'ils sont dans sa famille, et l'adopté pourrait succéder à ses héritiers siens comme plus proche agnat; autrement la parenté, par l'adoption, ne s'étend pas au-delà de la famille où se trouve l'adopté, *leg.* 23, *ff. de adopt.* Mais aujourd'hui cela n'a lieu qu'autant que l'adopté passe en la puissance de l'adoptant, qui doit être pour cela un ascendant; car si l'adoptant est un étranger, l'adopté ne passe pas en sa puissance, et ne devient pas agnat des autres agnats de l'adoptant, c'est-à-dire de ses enfans naturels légitimes, ses héritiers siens, auxquels il ne succède point, mais seulement à son père adoptif mort *intestat, cod. de adopt., leg. penult.*

§ III. Suivant la loi des douze Tables, les seuls agnats ou leurs enfans étaient admis à la succession, exclusivement aux cognats. La succession se divisait entr'eux de part et d'autre, par droit d'agnation, quoiqu'ils fussent dans un degré fort éloigné, *v. g.* au dixième degré, le dernier pour les agnats : quant aux femmes, elles n'étaient admises à succéder, quoiqu'elles descendissent des mâles en ligne collatérale, qu'autant qu'elles avaient droit de consanguinité, c'est-à-dire que leur agnation ne s'étendait pas au-delà du premier degré, savoir, si elles étaient sœurs du défunt; celles qui étaient à un degré plus éloigné, n'y pouvaient prétendre, tandis que les mâles, dans tous les cas, étaient admis à la succession, quoiqu'ils fussent dans un degré fort éloigné ; d'où il suivait que je pouvais avoir la succession de la fille de mon frère, de mon oncle paternel, de ma tante paternelle, etc., sans que la mienne pût leur appartenir; ce qui avait été établi, afin que les successions fussent le plus souvent dévolues aux mâles, en considération de ce que les races et les familles se conservaient par eux; au lieu que les successions qui advenaient aux femmes, se perdaient aussitôt en passant dans une autre famille, parce que la femme forme en même-tems le commencement et la fin de sa famille, *leg. pronunciatio, in fin., ff. de verb. sig.* Cela ne subsista pas long-tems; car le préteur trouvant fort injuste que les femmes, malgré qu'elles descendissent par mâles en ligne collatérale, et qu'elles fussent par conséquent au nombre des agnats, fussent ainsi généralement exclues, comme si elles eussent été étrangères, par un motif de justice et d'humanité, leur accorda la possession des biens. Dans cette partie de l'édit où il promet la possession des biens en vertu de la proximité, c'est-à-dire de la cognation, qu'on appelle *undè cognati*, le préteur les appela à cette possession des biens, sous cette restriction toutefois que ce ne serait qu'au cas où il n'y aurait aucun héritier sien, aucun agnat, ni aucun cognat, c'est-à-dire aucun parent par femmes, plus proche en degré qu'elles. Le droit qui n'admettait que les sœurs du défunt à la succession, n'avait été introduit par la loi des douze Tables, que parce que cette loi, esclave de la simplicité, appelait également tous les agnats, soit mâles, soit femelles, et en quelque degré qu'ils fussent, de la même manière qu'elle appelait les héritiers siens entre eux. C'était de la loi *Voconia* que venait cette moyenne jurisprudence postérieure à la loi des douze Tables, et antérieure aux constitutions des empereurs, *cod. de leg. haered., leg.* 12 : par le moyen de cette subtilité dont nous venons de parler en faveur des mâles, cette loi avait établi une si grande différence entre les agnats mâles et les agnats femelles, que ceux-ci étaient entièrement exclus de la succession des agnats, sans être admis à aucune autre succession; car, même au défaut des agnats, on appelait sans eux les cognats; ce qui dura jusqu'à ce que les préteurs préposés pour tempérer la rigueur du droit civil (1) et pour suppléer ce qui pouvait manquer aux dispositions des lois,

---

(1) C'est-à-dire de la jurisprudence moyenne, qu'on appelle aussi *droit civil, ut ff. de orig. jur., leg.* 2ª., § *hæc disputatio.*

ajoutèrent à leur édit un autre ordre de successions, auquel effet ils introduisirent une nouvelle ligne de parenté, sous le titre de proximité, et donnèrent aux femmes qui se trouvaient au nombre des agnats, la possession des biens appelés *undè cognati*. *Justinien* s'en tenant à la loi des douze tables, et suivant en cette partie ses dispositions, donnant en même-tems des éloges à l'humanité des préteurs, quoiqu'ils n'eussent pas entièrement remédié à la rigueur exercée envers les agnats du sexe féminin, en ce que dans le concours d'un seul et même degré naturel, sous les mêmes titres d'agnation, qui compétait tant les femmes que les mâles, ils appelaient ces derniers à la succession de tous les agnats, et en excluaient absolument les agnats du sexe féminin, excepté ceux qui se trouvaient au premier degré, c'est-à-dire les sœurs; *Justinien* voulut, dis-je, rendre toutes ces différentes dispositions uniformes (1), auquel effet il établit par sa constitution au code *de leg. haered.*, *leg. duodecim tabularum*, que toutes les personnes légitimes, c'est-à-dire les agnats ou descendans par mâles, de quelque sexe qu'ils fussent, auraient indistinctement les mêmes droits aux successions légitimes *ab intestat*, chacun selon la proximité de son degré, sans que les sœurs utérines pussent en aucun cas en être exclues, sous le prétexte qu'elles n'ont pas, comme les sœurs germaines ou consanguines, les droits de consanguinité.

§ IV. *Justinien* ne pensa pas devoir s'arrêter à ce qu'il venait de réformer concernant les personnes du sexe féminin, il voulut encore ajouter à cette constitution, en établissant un nouveau degré de parens pour la succession légitime, auquel effet il voulut, par sa constitution au code *de legit. haered.*, *leg. penult.*, § 1º. et § *in his*, qu'on admît à la succession légitime réservée pour les agnats, ceux qui forment le premier degré de cognation, c'est-à-dire les parens par filles; de manière

---

(1) Par la loi des douze tables, les agnats étaient légitimes, soit qu'ils fussent mâles ou femelles, qu'ils le fussent par le droit naturel ou seulement par le droit civil, c'est-à-dire par l'adoption : la loi *Voconia*, au contraire, ne regardait comme légitimes que les agnats du sexe masculin.

qu'on appelait à la succession de l'oncle paternel, non-seulement les fils et les filles d'un frère, mais encore les fils ou les filles des sœurs germaines consanguines ou utérines, à la succession de leur oncle maternel, restreignant cette concession, au premier degré exclusivement, à tous les autres cognats ou parens par filles se trouvant dans des degrés plus éloignés; en sorte qu'après la mort de l'oncle paternel ou maternel, les neveux de l'un et de l'autre côté étaient admis également à sa succession légitime, ainsi que s'ils étaient tous descendans par mâles; si toutefois il n'y avait pas de frère ou sœur survivans; car, de cela qu'ils étaient dans un degré supérieur, en acceptant la succession, ils excluaient tous les degrés ultérieurs, *leg. consanguinitatis*, *cod. de leg. haered.*, parce que le droit de représentation n'a pas lieu en ligne collatérale (1); il faut observer que l'hérédité de l'oncle ne se divise pas entre les neveux paternels et maternels par souche, mais par tête, *leg. penult. vers. in his*, *cod. de leg. haered.*; ce qui a été encore maintenu et renouvellé par la *novelle* 118, *chap.* 3.

§ V. S'il y a plusieurs degrés de parens par mâles, *auth. in successiônem*, *cod. de suis et leg. lib.*, *et ff. de suis et legit.*, *leg.* 2ª., § *haereditas*, celui qui se trouve au degré le plus proche d'entre eux, est appelé à la succession par la loi des douze tables; par exemple, s'il y avait le frère du défunt, le fils d'un autre frère ou un oncle, le frère se trouvant au plus proche degré, excluerait sans contredit les autres (2); il n'y a point de doute, quoique la loi des douze tables se serve du nombre singu-

---

(1) Ce qui a été abrogé par la *novelle* 118, *chap.* 3; car aujourd'hui, s'il y a des sœurs et des frères, et des enfans de frères et de sœurs morts, les premiers n'excluent pas les enfans de leurs frères et sœurs morts, et les neveux concourent au contraire avec leurs oncles et leurs tantes, par souche, et non par tête, *auth. defuncto*, *cod. ad. Tertul.*, et *auth. cessante*, *cod. de leg. hæred.*, parce que le droit de représentation a été introduit en faveur des fils des frères seulement, *nov.* 118, *chap.* 3, *auth. post fratres*, *cod. cod.* En règle générale, toutes les fois que le droit de représentation a lieu, la manière de succéder se fait par souche.

(2) Ce qui a été abrogé par la *novelle* 118, suivant laquelle le droit de représentation a lieu en faveur des fils des frères.

lier en appelant le parent le plus proche, que tous ne dussent être admis si plusieurs se trouvaient former le plus proche degré; tout comme, quoique le mot *plus proche* s'entende proprement du plus proche de plusieurs degrés; néanmoins, s'il ne restait qu'un seul degré d'agnats, l'hérédité ne leur appartiendrait pas moins.

§ VI. On est réputé le plus proche parent pour succéder, lorsqu'il n'y a point de testament, quand on l'est au tems de la mort de celui des biens duquel il s'agit; s'il y a testament, au contraire, il faut pour succéder se trouver le plus proche parent, au tems qu'il est certain que le défunt est mort *intestat*, c'est-à-dire qu'il n'y a aucun héritier en vertu du testament, comme si l'héritier s'était refusé à accepter, ce qu'on ne reconnaît souvent que long-tems après la mort du testateur, pendant lequel tems il arrive que le parent qui se trouvait au degré le plus proche, étant mort, celui qui vient après se trouve le plus proche, et succède, quoiqu'il ne fût pas dans ce degré lors de la mort du testateur.

§ VII. Suivant la loi des douze tables, on n'observait point pour les agnats, cet ordre dans la manière de succéder, quoique le parent le plus proche en degré eût renoncé à l'hérédité, ou qu'il fût mort avant de l'avoir apréhendée, les agnats au second degré n'étaient pas pour cela appelés pour succéder : la raison en est que cette loi n'admettait point de droit successif (1). Les préteurs corrigèrent cette disposition de la loi,

----

(1) Ce droit n'était pas admis par le droit civil, *ut leg.* 12 *Tab.*, à l'égard des héritiers siens, *leg.* 1ª., § *sciendum*, *ff. de suis et legit. hæred.* ; en sorte que si un aïeul mourait *intestat*, laissant un fils et un petit-fils de ce fils survivant, l'hérédité était d'abord déférée au fils; mais si le fils s'abstenait, le petit-fils ne devenait pas pour cela l'héritier sien de son aïeul, parce que, comme nous l'avons déjà dit, pour être héritier sien, il faut que personne ne nous précède; quoique le fils s'abstienne ici, il n'en conserve pas moins le nom d'héritier, *leg.* 6, § *si filius*, *ff. de bon. libert.* Le droit successif n'avait pas lieu non plus à l'égard des héritiers légitimes, c'est-à-dire des agnats : après les héritiers siens, l'hérédité était bien déférée au plus proche agnat; mais le plus proche agnat venant à manquer, l'hérédité n'était pas déférée au degré suivant, mais à l'ordre suivant, qui est l'ordre des cognats, le préteur lui donnant seulement alors la possession des biens, non comme agnat, mais comme cognat, *Ulp. libro regul. tit.* 26. Les cognats, au contraire,

mais d'une manière fort imparfaite ; ils ne laissèrent cependant pas les agnats qui se trouvaient privés de succéder comme agnats, sans aucuns moyens de venir à la succession ; ils les appelèrent dans l'ordre des cognats, et leur donnèrent la possession des biens *unde cognati* ; par la raison que la loi des douze tables les excluait du droit d'agnation. *Justinien* ne voulant pas laisser d'imperfection dans un droit parfait en lui-même, excité par un motif d'humanité, ordonna dans sa constitution grecque, touchant le droit de patronage, *ut cod. de bon. lib. et jur. patron.*, *leg. fin.*, § 9, qu'il y aurait un droit successif dans les successions légitimes des agnats (1), étant absurde que le préteur refusât à ceux-ci ce qu'il accordait aux cognats qui avaient le droit de succéder d'un degré à un autre ; c'était d'autant plus injuste et ridicule, que si pour les tutelles le premier degré des agnats venait à manquer, le degré suivant lui était substitué, *leg. 3, § suis, ff. de legit. tutor.* ; d'où il suit, contre la règle *ubi est onus, ibi emolumentum esse debet*, que ce qui avait lieu pour les charges, n'était pas permis lorsqu'il s'agissait de quelque avantage.

§.VIII. Le premier objet dans la succession d'un *intestat*, sont les enfans par préférence aux ascendans ; car ceux-ci ne succèdent qu'au défaut de ceux-là, *leg. 3, cod. de bon. quae liber.*, parce que les ascendans ne sont admis à la succession de leurs enfans que par un motif de piété, *vel miserationis* ; au lieu que les enfans sont appelés par le vœu commun, et des pères et de la nature, suivant laquelle ils sont censés devoir leur survivre, *leg. script., ff. si Tab. test. null. ex Tab.* Autrefois un père qui émancipait son fils ne lui succédait point *ab intestat* si

---

succédaient d'un degré à l'autre jusqu'au dixième degré, § *fin. inf. de succ. cogn.*, *auth. de success.*, *cod. de suis et legit.*, et *ff. de success. edict.*, *leg.* 1ª., § *quibus.* Le préteur enfin, après les cognats, à l'exclusion du fisc, appelait le mari ou la femme : c'est de-là que nous tenons la possession des biens *unde vir et uxor*, *leg. unicâ*, *ff. unde vir et uxor*, § *etiam*, et *inf. de bon. poss.*, et *ff. ut si Tab. test.*

(1) Nous entendons ici par droit successif, le droit de succéder d'un degré à un autre dans le même ordre.

l'émancipation n'avait pas eu lieu, *contractâ fiduciâ*; ce qui se faisait par le moyen d'une vente imaginaire. *Justinien*, par sa constitution au code *leg. ult.*, *cod. de emancip. lib.*, abrogea toutes les solennités inutiles de l'émancipation, en conservant néanmoins aux pères le droit qui leur était accordé par l'ancien droit, savoir d'être admis à la succession de leurs fils, comme l'étaient les patrons à la succession de leurs affranchis, § 6, *sup. quib. mod. jus pat. pot. sol.;* en sorte que cet empereur a voulu que les émancipations fussent toujours censées faites tacitement par le père, *contractâ fiduciâ*, sans qu'il fût nécessaire de l'exprimer, c'est-à-dire sous la réserve du droit de succéder à ses enfans et à leurs descendans : le père jouissait dans ce tems-là du droit de patronage, exclusivement aux frères et sœurs de l'émancipé, auquel il succédait seul : ce qui a été changé par la *novelle* 118, *chap.* 2 ; car les frères et sœurs, s'ils sont joints au défunt par le double lien, *id est*, s'ils sont germains, concourent par tête avec les pères et mères. Il en est de même des enfans des germains par le droit de représentation, *nov.* 127, *chap.* 1 ; cela se pratique ainsi aujourd'hui, savoir, 1°. si un fils meurt sans enfans, les ascendans, s'il n'y a pas de sœurs ni de frères, lui succèdent sous la préférence du degré ; c'est-à-dire que le père est préféré à l'aïeul ; et ils succèdent par ligne, *nov.* 88, *chap.* 2, *sine bonorum discrimine ;* 2°. si le fils émancipé passe son père sous silence dans son testament, il reste à ce dernier la possession des biens qu'on appelle *contra tab.* ; parce que, quoique suivant la nature, la succession des enfans ne soit pas due aux pères, néanmoins, à cause du désir qu'ils ont que leurs enfans leur survivent, et à raison de leur amour naturelle pour eux, l'ordre de la mortalité venant à être bouleversé, il ne doit pas être permis aux enfans de faire moins à l'égard de leurs pères, qu'il n'est permis aux pères de faire à l'égard de leurs enfans, *leg. nam et si, ff. de inoff. test. ;* 3°. si les ascendans concourent avec les frères et sœurs du défunt, ils succèdent par portions viriles : la différence de sexe et de puissance paternelle n'ayant plus lieu, *auth. defuncto, cod. ad Tertull.*, les sœurs utérines sont admises ainsi que les enfans émancipés.

CODE CIVIL.

OBSERVATIONS.

Nomb. 41. L'agnation et la cognation sont inconnues en France.

Cependant, comme les Romains, nous reconnaissons plusieurs ordres de successions.

L'ouverture de la succession *ab intestat* saisit, selon nos principes, les héritiers légitimes de plein droit, (article 724); en quoi nous différons du droit des Romains, qui n'étaient saisis des biens de l'hérédité qu'après l'adition.

En France, à défaut des descendans, la loi défère les biens aux ascendans et aux parens collatéraux du défunt; (article 731.)

A défaut de tous héritiers légitimes, les biens passent aux enfans naturels; ensuite à l'époux survivant; et s'il n'y en a pas, à la république, (article 723.)

Par le nouveau droit, à Rome, les agnats étaient admis à la succession légitime, sans aucune différence du sexe, et sans distinction des sœurs utérines germaines et consanguines : cette règle est admise parmi nous en cas de prédécès des père et mère, d'une personne morte sans postérité. Les frères, sœurs, ou leurs descendans, sont appelés à la succession, à l'exclusion des ascendans et autres collatéraux, (article 750.) Les parens utérins ou consanguins ne sont pas exclus par les germains, mais ils ne prennent part que dans leur ligne, (article 733.)

A Rome, l'adopté sortait absolument de sa famille, et acquérait dans la famille du père adoptif, les droits d'agnation.

De même en France, l'adopté jouit de tous les droits d'un enfant

légitime,

légitime, (article 35o) ; il exclut tous les ascendans et tous les collatéraux , (article 745.)

Le reste des dispositions contenues dans ce titre, ne peut recevoir aucune application parmi nous.

TITRE III.

DE SENATUS-CONSULTO TERTULLIANO.

LA loi des douze tables donnait tant de préférence aux agnats pour les successions, et laissait aux femmes si peu de droit d'y prétendre, qu'elle n'admettait pas même la mère à l'hérédité du fils ou de la fille, ni le fils ou la fille à l'hérédité de la mère, *Ulp. in frag. tit.* 26, § 7: la mère ne succédait point à ses enfans, parce que cette loi ne connaissait que les héritiers siens et les agnats, et que la mère ne se trouvait ni leur agnate ni leur cognate; elle était seulement regardée comme quasi-cognate (1); auquel effet les préteurs appelèrent à la succession légitime les uns des autres, tant les enfans que la mère, en leur appropriant, *eis accommodando* (2), la possession des biens qu'on appelle *undè cognati, leg.* 2ª., *ff. undè cognati,* introduite en faveur des plus proches parens par femmes, *introducta ex proximitate cognatorum.*

§ Iᵉʳ. Cette rigueur de droit fut dans la suite modérée : l'empereur *Claude* fut le premier qui, pour donner quelque consolation à la mère de la perte de ses enfans, lorsqu'elle en avait eu quatre, l'admit à leur succession légitime (3).

----

(1) La parenté entre les enfans et la mère était regardée comme une cognation nécessaire; auquel effet on les appelait respectivement cognats nécessaires, *ff. de just. et jur.*, *leg. fin.*

(2) *Accommodari ea dicuntur quæ non directo jure competunt, sed benignè indulgentur.*

(3) Il en était de même de la dot qu'un père avait donnée à sa fille en mariage; elle lui revenait entière, car il eût été trop dur qu'il supportât en même-tems et la perte de sa fille et celle de ses biens, *leg. jure succursum, ff. de jur. dot.*

§ II. Il fut ensuite pleinement pourvu par le sénatus-consulte *Tertullien*, émis sous le règne de l'empereur *Adrien*, à la manière dont la mère serait appelée à la funeste succession de ses enfans ; on l'appelait *funeste* à cause d'une perte aussi touchante pour elle. Ce sénatus-consulte ne faisait point mention de l'aïeule , parce qu'elle n'était point encore appelée à la succesion de ses petits-fils , *leg.* 2 *,ff. hoc tit.* (1) : il fut dès-lors établi que la mère ingénue qui aurait trois enfans , et la mère affranchie qui en aurait quatre, leur succéderaient, s'ils décédaient *intestat* ; et ce , quand même elles se trouveraient sous la puissance paternelle (2) ; car dans ce cas elles devraient seulement accepter l'hérédité de l'ordre de celui dans la puissance de qui elles se trouveraient , *leg.* 6 *, ff. hoc tit.*

§ III. Quoique la mère fût admise à la succession de ses enfans , lorsqu'elle en avait le nombre déterminé , ce n'était cependant que sous certaines restrictions ; car les enfans fils du défunt lui étaient préférés ; savoir, ceux qui étaient héritiers siens , ou qui étaient mis au rang des héritiers siens , *necnon illi qui loco suorum sunt* , qu'ils fussent au premier degré ou dans des degrés ultérieurs, comme les petits-fils et arrière-petits-fils : le père du défunt ou de la défunte était encore préféré à la mère (3); mais il n'en était pas de même de l'aïeul

---

(1) Ce qui a été changé ; car aujourd'hui le fils mort sans enfans , la mère et l'aïeule sont appelées à la succession légitime, *salva gradus prærogativa* , *nov.* 118 *, chap.* 2 ; *auth. defuncto , cod. hoc tit.*

(2) Suivant le droit Romain , la femme n'était point sous la puissance du mari , mais sous la puissance paternelle , lorsque le mariage avait été fait *sine coemptionis ritu* ; et que , suivant l'usage , elle s'était absentée trois nuits dans l'année de la maison maritale , auquel effet elle acquérait même alors pour son père ; c'est pourquoi le sénatus-consulte fait ici une exception. Cet ordre pour accepter n'est plus nécessaire aujourd'hui que pour ce qui nous advient du côté des pères, *in solis profectitiis,* mais non pour ce qui vient d'ailleurs, *id est in adventitiis , cod. de bon. quæ lib.* , *leg. fin.* , § *sive contrario, et in glosa in fin.*

Nota. Nuptiæ non tollunt patriam potestatem filii , filiæve , leg. si uxorem , cod. de cond. insert. , leg. 2 *, ff. solut. matrim. et leg. secunda de lib. exhib.*

(3) Aujourd'hui, si le père et la mère sont seuls, ils succèdent ensemble à leurs fils morts sans enfans, par portions viriles , *nov.* 118 *, chap.* 2 , *auth. defuncto , cod. hoc tit.*

55 *

ou du bisaïeul; lorsqu'ils se rencontraient seuls (1) avec la mère, ils n'étaient point préférés : les frères consanguins excluaient la mère, mais les sœurs consanguines concouraient avec elle, *leg.* 2ª., *ff. hoc tit.* : si cependant la mère qui aurait eu trois ou quatre enfans, se trouvait avec les frères consanguins et les sœurs consanguines, elle était exclue par le frère, et les biens de l'hérédité étaient divisés en deux portions égales entre le frère et la sœur.

§ IV. Mais *Justinien* ayant égard au droit naturel, et à l'enfantement qui met très-souvent la mère en danger de mort, regardant comme un attentat à la religion qu'on fît tourner au détriment de la mère une chose qui ne dépendait que du hasard, en la privant de succéder à ses enfans, à moins qu'elle n'eût trois enfans si elle était libre, et quatre si elle était affranchie, *Justinien*, dis-je, donna à cet effet une constitution, *cod. de jur. lib.*, *leg.* 2ª., par laquelle il favorisa la mère d'un droit légitime et des plus étendus, pour succéder à ses enfans *intestats* et morts sans enfans, soit qu'elle fût ingénue ou affranchie, soit qu'elle eût moins de trois ou quatre enfans, soit enfin qu'elle n'en eût d'autre que celui ou celle des biens duquel il s'agît, *cod. de jur. lib. leg.* 2ª., *leg. ult.*, *cod. hoc tit.*

§ V. Par la raison que les anciennes ordonnances qui précédaient la constitution de *Justinien*, *ut leg.* 1ª., 2ª. *et* 7ª., *cod. Theod. de leg. hæred.*, traitant des droits de la succession légitime, favorisaient en partie la mère, et lui préjudiciaient en même-tems; en sorte qu'elle n'était jamais appelée à la succession entière de ses enfans; car il était des cas où elle était privée de la troisième partie de la succession, pour en avantager d'autres héritiers légitimes; il en était d'autres où tout au contraire on ne donnait que le tiers à la mère (2); *Justinien* or-

---

(1) C'est-à-dire lorsqu'il n'y avait que l'aïeul et la mère ; car s'il y avait l'aïeul, le père et la mère du défunt, l'aïeul était préféré à la mère et même au père; l'aïeul succédait alors pour son fils, par droit de puissance paternelle, *ff. ad S. - C. Tertullian.*, *leg. æquissimum.*

(2) Suivant les constitutions des princes, *leg.* 1ª., 2ª., *et* 7ª., *cod. Theod. de leg. hæred.*, la mère ne succédait jamais pour le tout à ses enfans morts *intestats*; *v. g.* celle

donna par sa constitution au code *ad Tertullian.*, *leg. fin.*, que la mère serait préférée à tous les agnats pour succéder à ses enfans, sans aucune diminution, à moins qu'il y eût des frères et sœurs consanguins, germains ou utérins, qui dans ce cas étaient appelés au partage de la succession avec elle. Si cependant il n'y avait que des sœurs consanguines ou utérines, il fut réglé qu'elles n'auraient que la moitié, l'autre moitié demeurant réservée pour la mère, *ut auth. de nupt.*, *§ penult.*, *et § et quoniam;* mais si au contraire un ou plusieurs frères du fils ou de la fille décédée, se rencontraient avec la mère, la succession se partageait alors entre eux tous par têtes, *leg. ult.*, *cod. hoc tit.;* ce qui est conforme en cette partie à la *novelle* 118, *chap.* 2, *auth. defuncto, cod. hoc tit.;* car suivant le droit nouveau, les frères et sœurs germains du défunt concourent ensemble avec le père et la mère indistinctement en portions viriles, *pleno jure*, en toute propriété et jouissance, c'est-à-dire sans aucune rétention d'usufruit, quand-même ils seraient sous la puissance du père avec qui ils succèdent, le père étant privé en ce cas de l'usufruit sur cette partie des biens de ses enfans.

§ VI. Par la raison qu'il a été pourvu à l'intérêt des mères, il a été jugé équitable qu'elles veillassent à l'intérêt de leurs enfans. *Justinien* a donc voulu que dans l'année qui suivrait le décès de leur mari, elles fussent tenues de faire donner un tuteur à leurs enfans impubères, ou de le faire remplacer, si leur premier tuteur avait été destitué comme suspect, ou exempté de cette charge par quelque excuse légitime. Si les enfans meurent impubères et sans avoir été pourvus de tuteur dans le délai prescrit, elles sont exclues de la succession, *leg.* 2ᵃ., *§ si mater, ff. hoc tit.*, *leg.* 2ᵃ., *§ div. Severus, ff. qui pet. tut.*, *leg. ult.*, *cod. eod.;*

---

qui avait ce qu'on nommait *jus liberorum*, concourait avec les agnats du premier ou du deuxième degré; en sorte que si elle se trouvait concourir avec le frère du défunt, ou à son défaut, avec l'oncle paternel du défunt, elle retirait les deux tiers de la succession, et la troisième partie demeurait au frère ou à l'oncle paternel; tous les autres agnats en degrés inférieurs étaient exclus par elle; au contraire, si la mère n'avait pas ce qu'on appelait *jus liberorum*, elle n'excluait pas alors les agnats, elle avait seulement la troisième partie de la succession; les deux autres tiers demeuraient réservés aux agnats.

d'où il suit que si l'enfant meurt *pubère*, quoiqu'il n'ait pas été pourvu de tuteur, la mère ne doit pas moins lui succéder, *leg. si mater, cod. hoc tit.*; il en est de même, si elle n'a rien négligé pour la dation de tutelle, quoique cependant elle n'ait pas eu lieu, *cod. qui pet. tut.*, *leg. càm à matribus*; si même elle est mineure, et qu'on lui impute de la négligence, elle peut en être relevée, *cod. si advers. deli.*, *leg. 2ᵃ.*; il lui est permis aujourd'hui de prendre elle-même la charge de la tutelle, *nov.* 118, *chap. 5.*

La même peine a lieu contre l'héritier légitime et le substitué de l'impubère, s'il décède avant d'avoir atteint la puberté, *leg. sciant qui, cod. de leg. haered.* Par les constitutions des princes, c'est-à-dire avant *Justinien*, si la mère passait à de secondes noces avant la mort du fils, elle lui succédait *pleno jure*, en une portion virile, avec les frères et sœurs du défunt, pour les biens adventifs; et quant aux biens profectices, *id est bonis paternis*, elle avait seulement l'usufruit de sa portion, *leg. matre*, *cod. hoc tit.*

2°. Si elle passait à de secondes noces après la mort du fils, elle n'avait que l'usufruit de sa portion de succession, tant sur les adventifs que sur les profectices, *leg. faeminae*, § *ult.*, *cod. de secundis nupt.*

3°. Depuis *Justinien*, si la mère passe à de secondes noces, avant ou après la mort du fils, elle a seulement l'usufruit de sa portion des biens profectices, et elle acquiert en pleine propriété sa portion des biens adventifs, *nov.* 22, *chap.* 47, *auth. ex testamento*, *cod. de secund. nupt.*

4°. Si la mère se marie dans l'an de deuil, elle devient infâme, et elle est privée de succéder à ses enfans nés de son premier mariage, *leg. 1ᵃ.*, *cod. eod.*

5°. Il en est de même si elle mène une vie deshonnête, *nov.* 22, *chap.* 40, *auth. eisdem paenis*, *cod. de secund. nupt.*

6°. Ou même, si après l'an de deuil, elle ne répare sa faute par un mariage subséquent, *leg. qui eâ ment.*, *ff. de furt. et leg. ult. vi bon. rap.*; nous croyons même que le mariage subséquent ne la purgerait pas,

7°. Les cognats qui viennent du côté de la mère qui a malversé, comme les utérins, sont privés de succéder, *quia veniunt ex infecta radice, leg. ult., cod. de natur. lib.*

8°. Si elle passe à de secondes noces sans avoir fait nommer de tuteur à ses enfans impubères, sans avoir rendu compte ou payé le reliquat, *leg. penult., cod. hoc tit.; leg. penult., cod. in quib. caus. pig., auth. iisdem pœnis, cod. de secund. nupt.*

§ VII. La mère succède en vertu du sénatus-consulte *Tertullien*, non-seulement aux enfans nés d'un mariage légitime, mais encore à ses enfans bâtards, *spuriis et vulgò quaesitis; leg.* 2ª., § 1°,, *hoc tit.*, excepté les incestueux et les adultérins ; en sorte qu'un de ces enfans venant à mourir *intestat*, son hérédité ne peut appartenir à personne par droit d'agnation, qui ne peut être produite que par le père, *ex quo retinetur generis nobilitas*; ces enfans étant réputés n'avoir d'autre père que l'état, on donne seulement à la mère, par droit de cognation, la possession des biens, *undè cognati*, sur la succession de ces enfans bâtards, *leg. si spurius, ff. undè cognat.*; par la même raison, suivant le sénatus-consulte *Orphitien*, l'enfant bâtard est en droit de succéder à la mère, *leg.* 1ª., § *sed et vulgò quaesitos, ff. hoc tit.*; parce que les droits de succession sont ordinairement réciproques, et que ces lois, en ce cas, n'ont pas en vue les liens civils, mais seulement les liens naturels, *leg. ut., leg. ff. de cap. minut.* Suivant l'*auth. licet patri, cod. de natur. lib.*, ni le père ni la mère ne peuvent succéder par testament à ces sortes d'enfans naturels, soit *vulgò quaesitis*, soit *naturalibus*; ils ne peuvent non plus succéder à leurs parens : on peut seulement leur laisser à titre d'alimens une modique pension, *arbitrio boni viri*; le droit canon y est aussi conforme, *cap. cùm haberet de eo qui duxit in matrimonium.*

<h2 style="text-align:center">CODE CIVIL.</h2>

O B S E R V A T I O N S.

Nomb. 42. Par le droit nouveau des Romains, la succession des descendans était déférée aux pères et mères, à l'exclusion des collatéraux; les frères et sœurs germains étaient seuls exceptés, et demeuraient en concours avec les pères et mères : de même en France, les pères et mères survivans, ou l'un d'eux, succèdent à l'exclusion de tous autres; et dans aucun cas, ils ne sont en concours qu'avec les frères et sœurs, ou leurs descendans, (art. 748.)

A Rome, par le droit des *novelles*, les neveux concouraient avec les ascendans survivans : il en est de même parmi nous, puisque les frères ou leurs descendans sont appelés, *loc. cit.*

A Rome, les frères germains étaient seuls appelés à concourir avec les ascendans. En France, le législateur n'a fait d'autre distinction entre les frères germains, les consanguins et les utérins, si ce n'est que les premiers prennent part dans les deux lignes, et les deux derniers dans une seule, (art. 733.)

Chez les Romains, les frères et les sœurs concouraient avec tous les ascendans, à quelque degré qu'ils se trouvassent : il ne peut y avoir parmi nous de concours qu'en faveur des pères ou mères, et s'ils sont décédés, tous autres ascendans sont exclus par les frères ou sœurs du défunt, (art. 750.)

En vertu du sénatus-consulte *Tertullien*, la mère, à Rome, succédait à son enfant naturel; dans aucun cas, le père n'avait ce droit : selon nos lois, la succession de l'enfant naturel décédé sans postérité, est dévolue au père ou à la mère qui l'a reconnu, ou par moitié à tous les deux, s'il a été reconnu par l'un et par l'autre, (art. 765.)

TITRE IV.

TITRE IV.

DE SENATUS-CONSULTO ORPHITIANO.

Par la loi des douze tables, ni la mère ni les enfans ne succèdaient les uns aux autres, parce que cette loi ne connaissait que les héritiers siens et les agnats, et que la mère n'a point d'héritier sien , *leg. nulla* , *ff. de suis et legit.*, *leg.* 4, *§ ad testamenta de bon. poss. contr. tab.* , puisqu'elle n'a point ses enfans en sa puissance ; cependant , à l'exemple du sénatus-consulte *Tertullien* , qui appelait les mères à la succession de leurs enfans , fut donné le sénatus-consulte *Orphitien* , qui appelle les enfans à la succession légitime (1) de leur mère, quelque soit leur sexe, qu'ils soient *sui juris* ou sous la puissance d'autrui ; et ce, par préférence aux frères consanguins et agnats de la mère, *leg. penult.*,*ff eod.* Ce sénatus-consulte fut émis sous le consulat d'*Orphitius* et de *Ruffus*, sous le règne de l'empereur *Marc-Aurèle*.

§ Ier. Ce sénatus-consulte n'appelait cependant que les enfans au premier degré ; c'est-à-dire que les fils et les filles ; les petits-fils et les petites-filles n'étaient pas appelés à la succession de leur aïeule : ce qui fut ensuite changé par les constitutions des empereurs, *leg.* 4, *si defunctus*, *cod. Theod. de legit. hæred.*, qui appelait, à l'exemple des fils et des filles , les petits-fils et les petites-filles (2) ; de manière cependant qu'ils prenaient moins d'un tiers que les enfans du premier degré , *leg.* 4, *cod. Theod.*, *de leg. hæred.* ; mais par le droit nouveau , ils succèdent

---

(1) On l'appelle *légitime*, quoiqu'elle n'ait pas lieu en vertu du droit civil, c'est-à-dire de la loi des douze tables , mais parce que les sénatus-consultes avaient force de loi ; *leg.* 9, *ff. de legib.* , *tit.* 13 , § 6 et 7.

(2) Si toutefois ils étaient conçus au tems de la mort de l'aïeule.

tous également, *nov.* 118, *cap.* 1, et prennent la même portion qu'aurait eue leur père ou leur mère.

§ II. Les successions qui ont lieu en vertu des sénatus-consultes *Tertullien* et *Orphitien*, ne se perdent point par le petit changement d'état, comme l'émancipation, l'adoption : la raison en est que les nouvelles lois n'en souffrent aucune atteinte, mais bien la loi des douze tables, *ff. de cap. dimi.*, *leg. tutelas*; cette différence vient de ce que la loi des douze tables ne regarde que les liens civils, au lieu que ces sénatus-consultes n'ont en vue que les liens naturels, et que le changement d'état détruit les droits de suite et d'agnation, qui ne sont que des liens civils ; au lieu qu'il ne peut détruire les droits de cognation, qui sont des liens naturels, *leg. tutelas*, *ff. de cap. dimi. et leg.* 8, *ff. de reg. jur.*

§ III. Nous observerons que le sénatus-consulte *Orphitien* admet encore à la succession de leur mère les enfans nés de femme publique ou d'une concubine, et qu'ils succèdent avec les enfans légitimes, *leg.* 2ª., *ff. unde cognati*, à moins cependant que ceux-là ne soient nés d'une femme illustre, *cui castitatis observatio praecipuum debitum est*, *leg. penult.*, *cod. hoc tit.*, auquel cas les légitimes excluent les bâtards, *leg.* 5, *cod. ad S.-C. Orphitianum* (1) ; ils sont exclus encore s'ils sont les fruits de l'adultère ou du sacrilège, *auth. licet patri, cod. de natura lib. liber.*, *ff. solu matrim.*, *leg. si ab hostibus* (2); si cependant l'enfant avait un père naturel, il lui succédait *ab intestat* pour deux onces, qui devaient être partagées avec leur mère ; mais dans ce cas, il était nécessaire que le père naturel n'eût ni femme ni enfant légitime ; car s'il avait l'une ou l'autre, l'enfant était inhabile à succéder, *Novell.* 89, *cap.* 2, § 4.

§ IV. Ce dernier paragraphe regarde toutes les successions *ab intestat* dont nous avons parlé aux titres précédens, *leg. si ex plurib.*, *ff. de*

---

(1) Si les bâtards ne sont point exclus par les enfans légitimes, et qu'ils aient été prétérits dans le testament de leur mère, ils peuvent recourir à la plainte d'inofficiosité, *leg. si suspec.*, § 1º., *ff. de inof. test.*

(2) Le père n'est pas même tenu de lui donner des alimens, *nov.* 89, *chap. dernier.*

suis, et leg. hæred. ; il porte, que si parmi plusieurs héritiers légitimes, certains n'apréhendent point l'hérédité , soit parce qu'ils sont morts avant l'adition , ou parce que la condition sous laquelle ils ont été institués , manque , ou parce qu'ils ont pensé qu'elle était onéreuse ; leur portion accroît à ceux qui ont accepté (1), *leg. cùm pater, § libert., vers. caeterùm*, à proportion de la part pour laquelle chacun aurait été institué, *cod. de cad. toll., § his ita, et sup. tit.* 15 , quand même ils seraient morts avant que l'accroissement fût survenu , c'est-à-dire avant que la répudiation eût été faite ; l'accroissement serait transmis à leurs héritiers, si toutefois ils avaient accepté la même portion de leur auteur.

CODE CIVIL.

OBSERVATIONS.

Nomb: 43. En France, comme à Rome, les enfans sont admis à la succession de leurs père, mère, aïeux ou aïeules, à l'exclusion de tous autres, (art. 745.)

A Rome, le droit qu'avait le fils de succéder à sa mère , à son aïeul ou aïeule, ne pouvait se perdre par le petit changement d'état ; il en est de même en France, l'adopté conserve tous ses droits dans sa famille naturelle, (art. 348.)

Par le droit Romain, les enfans naturels succédaient à leur mère ; ce principe a été consacré parmi nous : mais la loi exige que l'enfant naturel

---

(1) Le droit d'accroissement est un droit réel ; une portion accroît à une autre portion , et non aux personnes ; car, dans ce cas, l'accroissement se diviserait entre elles, *leg. si Titio , § ult. , ff. de usuf.* ; il a lieu tant à l'égard de l'héritier que du fidéicommissaire universel, parce qu'il est à la place de l'héritier, *leg. Papinianus, ff. ad Treb. , leg. si totam , de acq. hæred. , leg. unica, § his ita, cod. de cad. toll.* Il en est autrement du droit de substitution ; si le substitué meurt avant d'en avoir acquis le droit, *leg. si in plurib., ff. de suis et legit. ,* il ne peut le transmettre à ses héritiers : la raison en est que ce qui ne nous est pas encore parvenu, n'est pas dans nos biens, et que ce qui accroît, au contraire, semble être dans nos biens avant même que l'accroissement arrive , comme le tout nous étant laissé dans le commencement, *solido relicto , sup., tit.* 20 , § 8 , *de legatis* : la substitution est transmise aux héritiers, lorsque le substitué est un ascendant, *leg. unica , cod. de his qui ante apert. tab.*

56 *

ait été légalement reconnu ; dans aucun cas , il ne succède comme héritier ; ce n'est pas une hérédité qu'il recueille , mais des biens sur lesquels il a des droits, (art. 756.) En France comme à Rome, les enfans incestueux et adultérins n'ont aucun droit à la reconnaissance des pères et mères, (art. 335) ; la loi ne leur accorde que des alimens, (art. 762.)

Selon les dispositions du droit Romain, il y avait lieu au droit d'accroissement entre plusieurs héritiers légitimes. Parmi nous, par suite de la règle *le mort saisit le vif*, il faut distinguer ; ou l'héritier légitime est mort avant de pouvoir accepter, et alors ses héritiers peuvent accepter ou répudier la succession de son chef, (art. 781) ; ou il a renoncé, et alors sa part accroît à ses co-héritiers ; s'il est seul de son degré, la succession est dévolue au degré subséquent, (art. 786.)

TITRE V.

DE SUCCESSIONE COGNATORUM.

Aprés les héritiers siens, et ceux que les préteurs et les constitutions mettent au nombre des héritiers siens, et après les héritiers légitimes, dans l'ordre desquels sont les agnats, et ceux que les sénatus-consultes dont nous venons de parler ont mis au nombre des agnats, le préteur appelle enfin en dernier ordre à la succession légitime, les plus proches parens par les femmes (1), *proximos cognatos*, eu égard à la proximité où l'on se trouve au tems où la possession des biens est déférée, ou peut être demandée, *ff. unde cognati, leg.* 1ª., § *proximus, et* § *gradatim, et leg.* 2ª.

§ Iᵉʳ. Il les appelle dans cette partie de l'édit où il n'est question que de la parenté naturelle, *de naturali cognatione* : de-là vient qu'il appelle aussi dans cet ordre les agnats qui ont souffert le petit changement d'état, *v. g.* les émancipés que la loi des douze tables n'admet point au nombre des parens légitimes, à l'exception des frères et sœurs émancipés, que la loi *Anastasienne*, postérieure à la loi des douze tables, sans admettre leurs enfans, appela avec les frères non émancipés, *integri juris,* à la succession légitime d'un frère ou d'une sœur, *leg. de emancip., cod. de leg. haered., et leg.* 4, *cod. de legit. tut.* Cette loi (2) ne les appelait pas même à une

---

(1) La *nov.* 118, *chap.* 4, a aboli toute différence entre les parens collatéraux ; elle les admet tous également aux successions suivant la prérogative des degrés ; en sorte que si le parent par les femmes est plus proche en degré que le parent par mâles, il est préféré.

(2) La constitution de l'empereur *Anastase*, qui ne nous est point parvenue, portait que les frères non émancipés devaient avoir le double que les frères émancipés ; mais cette cons-

portion égale avec les frères non émancipés, mais sous une certaine diminution ; en sorte qu'on préférait ainsi les frères émancipés aux autres agnats des degrés ultérieurs, et à plus forte raison aux cognats.

§ II. Tous les parens collatéraux par femmes, sont encore appelés par le préteur au troisième ordre de succession, et cela à titre de proximité, c'est-à-dire par la possession des biens qu'on appelle *unde cognati*, *leg.* 1ª. *et* 2ª. *, ff. und. cognat.* ; c'est pour ce seul ordre qu'on a envisagé la proximité : pour les autres ordres au contraire, savoir, l'ordre des héritiers siens et l'ordre des agnats, on n'examine point celui qui se trouve le plus proche selon le droit naturel, *id est jure cognationis*, mais celui qui se trouve héritier sien ou agnat ; car il arrive souvent que l'héritier sien exclut celui qui se trouve dans un degré plus proche ; comme le petit-fils et l'arrière-petit-fils du défunt excluent ses frères, son père et sa mère ; de même l'agnat, quoique dans un degré plus éloigné, exclut le cognat, quoiqu'il se trouve dans un degré plus proche ; comme le petit-fils et l'arrière-petit-fils de l'oncle paternel, excluent l'oncle maternel et la tante maternelle, *ut inf.*, *tit.* 7, § *ult.*

§ III. Les enfans qui ont souffert une autre espèce de changement d'état que par l'émancipation, *ut sup.* § 1º., c'est-à-dire qui sont passés dans une autre famille par le moyen de l'adoption, sont aussi admis dans ce troisième ordre à la succession de leur père naturel, de la manière et comme nous avons vu, *sup. de haered. quae ab intest.*, § 13.

§ IV. De ce que nous venons de dire, il suit par conséquent que les enfans nés d'une femme publique, ne peuvent avoir d'agnats, puisque l'agnation vient du père, et la cognation de la mère ; et que ces sortes d'enfans sont censés n'avoir point de père dès qu'ils sont nés d'un père

---

titution a été changée par l'ordonnance de *Justinien* au code *de leg. hœred.*, *leg. ult.*, qui fait concourir les frères et sœurs émancipés avec les héritiers siens, c'est-à-dire avec ceux non émancipés, et par égales portions ; enfin, par la *novelle* 118, il a été établi *chap.* 2, *et auth. defunto*, *cod. ad Tertull.*, que si les frères et sœurs émancipés concourent avec le père et la mère, ils succèderont avec eux en toute propriété et usufruit en portions viriles.

incertain, *leg. vulgò quaesitis, ff. de stat. hom.* ; ils ne peuvent même être consanguins entre eux, parce que la consanguinité est une espèce d'agnation *consanguine*, qui n'a lieu qu'entre les frères qui ont un père certain, *ff. de suis et legit.*, *leg.* 2ª., *et sup. de leg. agnat. suc.* § 1°. ; ils sont seulement cognats entre eux comme ils le sont à leur mère, et à ceux qui leur sont unis par leur mère, *ff. unde cognati, leg. si Spurius* (1); de-là vient que dès qu'ils n'ont point d'agnats, ils ne peuvent avoir d'héritier légitime ; c'est pourquoi le préteur les appelle ainsi que leur mère et leurs autres frères, nés de cette même mère, à la succession les uns des autres par cette partie de l'édit où il appelle par droit de proximité à la possession des biens qu'on appelle *unde cognati, ff., und. cog., leg. hac parte.*

§ V. Nous avons déjà vu que la succession des ascendans et des descendans a lieu jusqu'à l'infini, *leg. ult., et auth. in success., cod. de suis et legit.* ; nous verrons maintenant jusqu'à quel degré a lieu la succession *ab intestat*, en ligne collatérale à l'égard des ascendans et descendans collatéraux : 1°. les agnats sont admis à la succession légitime, *jure agnationis*, jusqu'au dixième degré inclusivement, soit en vertu de la loi des douze tables, soit en vertu de cette partie de l'édit où le préteur appelle à la possession des biens tous les héritiers légitimes ; 2°. quant aux cognats, ils ne sont admis généralement par le préteur à la possession des biens que jusqu'au sixième degré, faisant seulement une extension particulière pour les enfans des cousins issus de germains qu'il admet au septième degré. Il est encore d'autres cas où le droit de succéder ne s'étend pas si loin ; 1°. les agnats et les cognats du patron ne succèdent aux affranchis que jusqu'au cinquième degré seulement, § 3, *inf. de success. lib.* ; 2°. les agnats et les cognats ne succèdent à ceux qui ont contracté un mariage incestueux, que jusqu'au troisième degré, *leg. si quis incesti, cod. de incest. nupt.* ; 3°. les héri-

---

(1) Autre chose est la cognation civile, autre chose est la naturelle ; la première n'a lieu que par un mariage légitime ; la seconde peut avoir lieu par une union illégitime *leg.* 4, *cognationis, et* § *sciendum, ff. de grad. et affin.* ; d'où il suit que dans les successions qui n'ont lieu que par droit de cognation, c'est-à-dire de proximité, on ne regarde que les liens naturels, que la cognation naturelle, § 1°. *sup. in ppio.*

tiers légitimes ne succèdent au militaire mort *intestat*, pour les biens *castrenses*, que jusqu'au cinquième degré, *leg. 2ᵉ. , ff. de veteran. et milit. success.* ; mais aujourd'hui qu'il n'y a plus de différence entre les agnats èt les cognats, *nov.* 118, *chap.* 4, *et cod. de suis et leg., auth. in successione,* les collatéraux de l'un et de l'autre sexe seront admis jusqu'au dixième degré inclusivement, et même au - delà, *etsi longissimo sint gradu, ut sup. , § 3, de leg. agn. success.* S'il n'y a point d'héritiers, le fisc s'emparera alors des biens vacans, *leg.* 1ᵉ., *§ divers. , ff. de jur. fisci, leg. quidam, § quoties, de leg.* 1º., *leg.* 1ᵉ., *leg. vacantia, cod. de bon. vacant.* ; car il succède toujours par un droit qui lui est propre, et qu'on appelle droit de *deshérence*, c'est-à-dire par défaut d'héritier.

CODE CIVIL.

OBSERVATIONS.

Nomв. 44. Le troisième ordre de succession était à Rome celui des cognats, c'est-à-dire la succession des collatéraux : c'est aussi parmi nous le troisième ordre de succession *ab intestat;* en d'autres termes, celle que la loi défère aux parens les plus proches, au défaut des descendans et des ascendans, (art. 750) : en règle générale, les parens qui sont de leur chef ou par représentation, les plus proches du défunt, excluent ceux qui sont à des degrés plus éloignés , sans distinction aucune , ni quant aux personnes, ni quant aux biens, (art. 732.)

Par l'ancien droit Romain , on distinguait entre les agnats et les cognats, pour l'ordre des successions. En France, nous n'admettons aucune différence entre la parenté qui provient des femmes et celle qui provient des mâles , (art. 745.)

A Rome, les enfans naturels étaient appelés à la succession les uns des autres. Parmi nous, si l'enfant naturel légalement reconnu , décède sans postérité , les père et mère lui succèdent , (art. 765); à défaut des père et mère, les biens qu'il en avait reçus passent aux frères ou sœurs légitimes , et le surplus aux frères et sœurs naturels ou à leurs descendans, (art. 766.)

Par

Par le droit Romain, les cognats ne succédaient que jusqu'aux sixième et septième degré ; en France , les parens collatéraux succèdent jusqu'au douzième degré inclusivement, mais pas au-delà, (art. 755) ; car il ne reste plus alors aucune trace de la parenté.

TITRE VI.

DE GRADIBUS COGNATIONUM.

De cela qu'on appelle à la succession *ab intestat*, celui qui se trouve dans le degré (1) le plus proche, il est nécessaire de connaître la différence des degrés, et comment ils doivent se compter, *ff. eod. de grad. ad fin.*, *leg. jurisconsultus.* Nous observerons premièrement, que la cognation ou parenté se divise en ligne (2) directe et en ligne oblique ; la ligne directe se divise en ligne ascendante et descendante ; la ligne oblique, qu'on appelle aussi *transversale*, c'est-à-dire de travers ou de côté, a aussi des ascendans et des descendans : la cognation supérieure comprend ce qu'on appelle les *parens;* l'inférieure, les enfans ; et la transversale, les frères, les sœurs et leurs descendâns; elle comprend donc aussi en remontant, l'oncle paternel, *patruus*, et la tante paternelle, *amitta;* l'oncle maternel, *avunculus;* et la tante maternelle, *matertera.*

La ligne directe ascendante et descendante commence par le premier degré ; la transversale, au contraire, ne commence qu'au second degré, parce que les enfans, à l'égard du père, ne font avec lui qu'un degré, en quelque nombre qu'ils soient ; mais les frères entre eux font deux degrés, c'est-à-dire qu'ils se trouvent au deuxième degré en remontant au père, et en descendant ensuite jusqu'au frère, qui forme alors le deuxième degré. Entre les frères et les sœurs se trouve la personne du père et celle de la mère, par le moyen desquels ils sont unis, *leg. ult.*, § *nam quoties*, *ff. eod.*

---

(1) Le degré est la distance des parens entre eux.

(2) La ligne est une suite de personnes descendantes d'une souche commune.

§ Ier. Le père et la mère forment donc le premier degré de la ligne ascendante, et le fils et la fille le premier degré de la ligne descendante, quoiqu'ils ne forment qu'un seul et même degré ; savoir, le père à l'égard du fils, et le fils à l'égard du père ; car c'est respectivement aux autres degrés des lignes ascendantes et descendantes, qu'ils forment séparément un degré, le père en montant, et le fils en descendant.

§ II. L'aïeul et l'aïeule font le second degré en montant ; le petit-fils et la petite-fille, le second en descendant ; et le frère et la sœur du père de ce petit-fils et petite-fille se trouvent par conséquent au deuxième degré en ligne collatérale.

§ III. Dans le troisième degré quant aux ascendans, sont le bisaïeul et la bisaïeule ; quant aux descendans, sont l'arrière-petit-fils et l'arrière-petite-fille ; et quant aux collatéraux au troisième degré, ce sont les fils ou les filles du frère ou de la sœur, et par conséquent l'oncle paternel et la tante paternelle, l'oncle maternel et la tante maternelle.

On appelle *patruus* le frère du père, *avunculus* le frère de la mère, *amitta* la sœur du père, *matertera* la sœur de la mère.

§ IV. Dans le quatrième degré sont, quant aux ascendans, le trisaïeul et la trisaïeule ; quant aux descendans, sont les sur-arrière-petits-fils et les sur-arrière-petites-filles que les jurisconsultes appellent *abnepos et abneptis* ; et quant aux collatéraux, ce sont pour les descendans les petits-fils et petites-filles d'un frère ou d'une sœur ; et pour les ascendans, le grand-oncle paternel, la grande-tante paternelle et le grand-oncle maternel et la grande-tante maternelle, c'est-à-dire, les frères des aïeux et aïeules, les cousins germains *consobrini*, ou les cousines germaines *consobrinæ*, ou en d'autres termes, les enfans des frères et des sœurs (1). Quelques jurisconsultes ont prétendu que le texte employait ici improprement le mot *consobrini*, parce qu'il ne convient qu'aux enfans de deux sœurs, comme dérivant de *cum* et de

---

(1) Quoiqu'il y ait *consobrini* au texte latin, ce terme ne veut pourtant pas dire cousin germain, qui regarde le troisième degré : il faut le prendre d'une manière générique, exprimant les descendans des frères et sœurs.

sororinus, et qu'il y a d'ailleurs d'autres termes propres à désigner les
fils nés de deux frères, *fratres patrueles*; les filles nées de deux sœurs
sorores patrueles, et les enfans d'un frère et d'une sœur *amittini*. Cependant, communément les enfans des frères et sœurs se nomment
consobrini; d'où il suit que les enfans de votre tante peuvent vous
appeler *consobrinus*, quoique vous soyez descendu d'un frère; tandis
que vous pouvez nommer *amittini* les enfans de votre tante. Les enfans
de cette tante peuvent aussi nommer *amittini* les enfans du frère, parce
que ce nom est commun aux uns et aux autres.

§ V. Dans le cinquième degré sont, quant aux ascendans, le quatris-
aïeul et la quatrisaïeule ; quant aux descendans, les petits-fils appelés
atnepotes et *atneptes*; et quant aux collatéraux, sont, en descendant,
les arrière-petits-fils et arrière-petites-filles des frères et sœurs *pronepotes*
et *proneptes*; et en remontant, *propatruus*, *proamitta*, *proavunculus*,
promatertera, c'est-à-dire le frère et la sœur du bisaïeul ou de la bisaïeule, et les descendans des fils des frères, ou des filles des sœurs, et
les descendans des fils d'un frère et d'une sœur, qu'on appelle *sobrini* (1).
On appelle encore *propria sobrinus* et *propria sobrina*, proche cousin
ou proche cousine, le fils ou la fille du grand-oncle paternel, de la grand-
mère paternelle ; ces proches parens sont au cinquième degré de la ligne
collatérale des ascendans collatéraux, *ff. eod.*, *leg. 1ᵃ. in fin. et leg. 2ᵃ.*

§ VI. Dans le sixième degré sont, en montant, le quinquaïeul et la
quinquaïeule, *tritavus* et *tritavia*; en descendant, sont ce qu'on appelle
trinepos, *trineptis*; et quant aux collatéraux, ce sont, en descendant,
les sur-arrière-petits-fils et les sur-arrière-petites-filles des frères et des
sœurs, *abnepos* et *abneptis*; et en remontant, ce qu'on appelle *abpatruus*,
abamitta, *abavunculus*, *abmatertera*, c'est-à-dire le frère du trisaïeul et de
la trisaïeule paternels et maternels, ainsi que les fils du frère des bisaïeul

---

(1) Le nom qui convient proprement aux cousins germains, c'est *frater patruelis* et
soror patruelis, s'ils descendent de deux frères; ou *amittini*, s'ils descendent d'un frère
et d'une sœur; ou *consobrini*, s'ils descendent de deux sœurs ; et l'on nomme *sobrini* les
enfans des cousins germains, *sobrini dicuntur filii fratrum et sororum patruelium, amittino-
rum et consobrinorum.*

et bisaïeule paternels et maternels, et encore les fils du proche cousin ou proche cousine, et les enfans des cousins et des cousines, *sobrinorum* et *sobrinarum*, c'est-à-dire les enfans des cousins issus des germains, soit qu'ils descendent des germains, qu'on appelle *fratres patrueles* et *sorores patrueles*, soit qu'ils descendent des germains, qu'on appelle *consobrini*, soit enfin qu'ils descendent des cousins, qu'on appelle *amittini*.

§ VII. La manière de compter les degrés, qui vient d'être exposée, paraît suffisante pour mettre à même de connaître la manière de compter les degrés ultérieurs, avec d'autant plus de raison, que personne ne peut se méprendre en suivant cette règle, que chaque personne engendrée forme un degré, c'est-à-dire qu'il y a toujours autant de degrés qu'il y a de générations (1) ; de manière qu'il est beaucoup plus aisé de savoir

---

(1) Ainsi le fils, respectivement au père, est éloigné d'un degré, parce qu'il y a une personne engendrée ; le petit-fils est éloigné de son aïeul de deux degrés, parce qu'il y a deux personnes engendrées ; savoir, le fils et le petit-fils : par la même raison, le frère est éloigné de son frère de deux degrés, parce qu'entre les deux frères et la souche commune, qui est le père, il y a deux personnes engendrées, qui sont les deux fils, entre lesquels se trouve la personne du père ; il en doit être ainsi des autres. Cette manière de compter, suivant le droit civil, ne s'accorde pas avec celle introduite par le droit canon ; ces deux droits suivent bien la même méthode pour ce qui regarde la ligne directe ascendante et descendante, en sorte qu'il y ait autant de degrés que de générations, *leg.* 1 et 9, *ff. hoc tit.* : mais il n'en est pas de même dans la ligne collatérale ou oblique ; le droit canon diffère du droit civil, en ce qu'il ne compte entre les collatéraux, qu'autant de degrés ou de générations qu'il y en a de l'un d'eux à la souche commune, sans y comprendre la personne qui forme la souche, *chap.* 7, *extrâ de consang. et aff.* En ce cas même, il distingue la ligne égale et la ligne inégale ; dans la première, on suit cette règle, qu'on est éloigné d'autant de degrés qu'on compte de soi jusqu'à la souche commune : de-là vient que, suivant ce principe, le frère n'étant éloigné de la souche commune, qui est le père, que d'un degré, il n'est éloigné de son frère que d'un degré, *can. ad sedem* 35., *quest.* 2. Dans la ligne inégale, le droit canon suit cette autre règle, que les personnes sont éloignées entr'elles d'autant de degrés que celle dont on recherche la parenté se trouve elle-même éloignée en degrés de la souche commune ; la sœur de mon aïeul, suivant ce principe, est éloignée de moi de trois degrés, tandis que, par le droit civil, il y a quatre degrés entre nous : en règle générale, il se forme deux degrés, par le droit civil, d'un seul degré du droit canon ; car celui-ci n'envisage que les progrès du sang depuis la souche commune jusqu'au parent le plus éloigné, ou à égale distance que celui dont on

en quel degré de parenté quelqu'un se trouve, que de le désigner par un nom qui soit propre au degré de parenté où l'on se trouve soi-même, parce qu'au-delà de celui qu'on appelle *tritavus* et *trinepos*, il n'y a point de termes dans le droit particulier pour les autres degrés. On les désigne sous une dénomination générale; savoir, les ascendans par le terme *majores vel superiores*, et les descendans par le terme *inferiores, ff. eod. , leg. fin. , § parentes*.

§ VIII. Les degrés d'agnations se comptent de la même manière que les degrés de cognations, c'est-à-dire que chaque génération forme un degré.

§ IX. La vérité s'imprimant mieux dans la mémoire des hommes par les yeux que par l'ouïe, après avoir décrit les différens degrés, nous avons pensé qu'il ne serait pas inutile d'en joindre ici la figure, afin que les jeunes gens pussent plus facilement en acquérir une pleine connaissance.

---

recherche la parenté; au lieu que le droit civil envisage les progrès du sang faits de chaque côté des parens; le droit canon ne considère qu'un côté; le droit civil les considère tous les deux : on suit la computation de droit canon pour le mariage : on suit au contraire la computation de droit civil pour les successions; il faut même observer que, s'il y a divers collatéraux de diverses branches, prétendant à une même succession, il n'est pas nécessaire, pour savoir le degré de chacun d'eux, de remonter jusqu'à la souche qui leur est commune à tous, comme s'il y avait des ascendans collatéraux; mais chacun est seulement tenu de remonter à la souche qui lui est commune avec le défunt, parce que ce n'est pas la parenté qu'on recherche entre collatéraux, mais le degré où chacun d'eux se trouve avec le défunt, afin de connaître le plus proche en degré auquel la succession est dévolue.

Pour les degrés d'affinité, on peut suivre cet axiome, *quoto gradu mihi aliquis cognatus est, eodem gradu ejus conjux mihi adfinitate junctus censetur.* Le mariage est prohibé au premier degré d'affinité seulement, *ut nov. glos.* 4, *in capite non debet extrà de grad. et affinit.*

Nota. Suivant le droit canon, chaque degré renferme deux personnes, parce que, pour le mariage, il faut le concours de deux personnes : suivant le droit civil, chaque personne forme un degré, parce qu'une personne suffit pour recueillir une succession.

Suivent les Figures.

FIGURE.

ASCENDENTES

in linea directa.

Tritavus 6 Tritavia.
Atavus 5 Atavia.
Abavus 4 Abavia —
Proavus 3 Proavia —
Avus 2 Avia —
Pater 1 Mater —

Ascendentes collatérales.

Abpatruus 6 Abamitta —
Propatruus 5 Proamitta —
Patruus magnus 4 Amitta magna —
Amitta 3 Patruus —

Ascendentes collatérales.

Abvunculus 6 Abmatertera.
Proavunculus 5 Promatertera.
Avunculus magnus 4 Matertera magna.
Avunculus 3 Matertera.

Ascendentes ex latere.

Patruus 3 Amitta —
Patruus Magnus 4 Amitta magna —
Propatruus 5 Proamitta —
Abpatruus 6 Abamitta —

Ascendentes ex latere.

Avunculus 3 Matertera.
Avunculus magnus 4 Matertera magna.
Proavunculus 5 Promatertera.
Abavunculus 6 Abmatertera.

DESCENDENTES

in linea directa.

Filius 1 Filia.
Nepos 2 Neptis —
Pronepos 3 Proneptis—
Abnepos 4 Abneptis —
Atnepos 5 Atneptis —
Trinepos 6 Trineptis—

Descendentes ex latere.

Frater 2 Soror —
Filius fratris 3 Filius sororis —
Nepos et neptis 4 Fratris et sororis —
Fratris et sororis 5 Pronepos —
Fratris et sororis 6 Atnepos —

Descendentes ex latere.

Frater 2 Soror.
Filius fratris 3 Filius sororis —
Nepos et neptis 4 Fratris et sororis — Avunculus magnus 4 Matertera magna.
Fratris et sororis 5 Pronepos —
Fratris et sororis 6 Atnepos —

AUTRES FIGURES.

ASCENDENTES IN LINEA DIRECTA.

Pater	1	Mater.
Avus	2	Avia.
Proavus	3	Proavia.
Abavus	4	Abavia.
Atavus	5	Atavia.
Tritavus	6	Tritavia.

DESCENDENTES IN LINEA DIRECTA.

Filius	1	Filia.
Nepos	2	Neptis.
Pronepos	3	Proneptis.
Abnepos	4	Abneptis.
Atnepos	5	Atneptis.
Trinepos	6	Trineptis.

ASCENDENTES EX LATERE.

Patruus amitta	3	Avunculus matertera.
Patruus magnus, amitta magna	4	Avunculus magnus, matertera magna.
Propatruus, proamitta	5	Proavunculus, promatertera.
Abpatruus, abamitta	6	Abavunculus, abmatertera.

DESCENDENTES EX LATERE.

Frater	2	Soror.
Filius fratris	3	Et sororis, id est consobrini.
Nepos fratris	4	Et sororis, id est sobrini.
Pronepos fratris	5	Et sororis.
Abnepos fratris	6	Et sororis.

CODE CIVIL.

CODE CIVIL.

OBSERVATIONS.

Nomb. 45. L'expérience de plusieurs siècles avait trop bien prouvé l'excellence de la législation romaine sur la supputation des degrés par le droit civil, pour que les rédacteurs du Code ne l'adoptassent dans son entier ; ce serait donc se livrer à des répétitions inutiles, que d'entreprendre de conférer les dispositions du Code civil avec le texte de *Justinien*.

Nous nous bornerons à faire remarquer les points principaux de la matière que notre Code définit de la manière la plus claire et la plus précise : la parenté est une liaison entre deux personnes qui descendent d'une même souche, ou qui descendent les unes des autres : la proximité de parenté s'établit par le nombre des générations, (art. 735).

Chaque génération s'appelle un degré, (*loc. cit.*)

La suite des degrés forme la ligne,

Il est une ligne directe et une ligne collatérale ; la première est la suite des degrés entre personnes qui descendent les unes des autres.

La seconde est la suite des degrés entre personnes qui ne descendent pas les unes des autres, mais qui descendent d'un auteur commun.

La ligne directe se subdivise en directe descendante et en directe ascendante.

La première est celle qui lie le chef avec ceux qui descendent de lui.

La seconde est celle qui nous lie avec ceux dont nous descendons, (art. 736.)

On compte en ligne directe autant de degrés qu'il y a de générations entre les personnes ; ainsi le fils est à l'égard du père au premier degré, le petit-fils au second, et réciproquement du père et de l'aïeul, à l'égard des fils et petits-fils, (art. 737.)

Les degrés se comptent en ligne collatérale par les générations depuis l'un des parens, jusques et non compris l'auteur commun, et depuis celui-ci, jusqu'à l'autre parent.

Ainsi deux frères sont au deuxième degré ; l'oncle et le neveu sont au troisième ; les cousins germains au quatrième , ainsi de suite. (*Vide* les figures qui précèdent.)

Observons avec l'orateur *Siméon* , que la manière de supputer les degrés par le droit canonique, n'est propre aujourd'hui qu'à régler la discipline intérieure du rit de l'église romaine, et que ce droit n'a point d'autorité extérieure : cette manière est donc pour jamais proscrite de notre législation pour faire place à celle du droit civil , dont la computation doit être uniformément suivie.

TITRE VII.

DE SERVILI COGNATIONE.

Voyons maintenant la parenté qui se trouve entre les personnes de condition servile et leur manière de succéder. Autrefois les esclaves, quoique devenus personnes libres, ne succédaient point ; c'était leur patron qui succédait à leur place ; car, suivant le droit civil, les esclaves n'étaient comptés pour rien, *leg. quod attinet, ff. de reg. jur.*, comme s'ils n'eussent point existé, *leg. servitutem, eod. tit.*, parce qu'ils n'ont rien de commun avec le droit civil, ni avec le droit prétorien, *leg. qui testamento* § *servus, ff. qui test. fac. poss.* De-là vient que les enfans nés d'une femme libre et d'un esclave, ne sont regardés que comme des enfans bâtards, *leg. ex libera, cod. de suis et leg.* Les esclaves n'ont ni le droit de parenté, ni par conséquent le droit de succéder en vertu de leur parenté naturelle : de-là vient qu'ils ne sont point appelés par cette partie de l'édit du préteur, où la possession des biens est donnée à titre de proximité : il n'est pas même de loi qui fasse mention de cette espèce de parenté purement naturelle, *leg.* 1, § *pertinet, ff. unde cognati.* Cependant, si l'on considère le droit naturel, il y a parenté entre les esclaves, comme entre les personnes libres, parce que, suivant le premier état de nature, tous les hommes sont égaux, *leg. quod attinet, ff. de reg. jur.* : car ce n'est que pour ce qui regarde la loi que la cognation servile n'a point lieu, *leg.* 10, § *non parcimus, ff. de grad. et affinit.*, c'est-à-dire si l'on considère ce qui regarde le droit civil, par exemple, le droit de succéder, parce que les esclaves, même affranchis, en sont exclus ; il en est cependant tout autrement dans certains cas où la cognation servile doit être considérée : par exemple, dans le mariage, le père ne peut épouser sa fille, le frère sa sœur, ni le fils de sa sœur, etc., parce que le droit naturel et la pudeur, c'est-à-dire l'honnêteté publique, doivent toujours être respectés, *leg. adopt.*, § *serviles, ff. de ritu nupt.*, et *suprà*

de nuptiis, § 1°. *Justinien*, par un esprit d'humanité pour les personnes
que le sort avait placées dans la plus basse des conditions, par sa constitution au code *de bon. lib. et jur. patro.*, § 8, n'envisageant que les droits
naturels, ordonna que l'esclave qui d'une union servile aurait eu un ou
plusieurs enfans d'une femme libre ou d'une femme esclave, et réciproquement une femme esclave qui aurait eu d'un homme libre ou esclave
des enfans de l'un ou de l'autre sexe, s'ils venaient à être affranchis,
ainsi que leurs enfans, ces derniers auraient droit à la succession *ab
intestat* de leurs père et mère, à l'exclusion des patrons, voulant que le
droit de patronage demeurât sans effet à cet égard. *Justinien* admit non-
seulement ces enfans à la succession de leurs père et mère, mais encore
spécialement à la succession les uns des autres, c'est-à-dire à la succession
réciproque des pères et mères aux enfans, des enfans aux pères et mères,
et des frères entr'eux, qu'ils fussent nés antérieurement ou postérieurement à l'obtention de la liberté de leur père ou de leur mère, qu'ils
fussent nés d'un même père, d'une même mère, ou d'un autre mariage,
c'est-à-dire qu'ils fussent entr'eux consanguins, utérins, ou germains
naturels.

§ Ier. Revenant sur ce que nous avons dit aux titres précédens sur
la succession *ab intestat*, nous observerons qu'il ne s'en suit pas, de ce
que plusieurs personnes se trouvent au même degré de parenté, qu'elles
soient également appelées, ni que celle qui se trouve la plus proche en
degré soit toujours préférée ; par exemple, les héritiers siens et
ceux qu'on met au nombre des héritiers siens (1), faisant le premier objet
de la succession *ab intestat* ; les arrière-petits-fils et les sur-arrière-
petits-fils doivent passer avant le frère, le père ou la mère du défunt ; quoique le père et la mère soient au premier degré de parenté ;
les frères, au second ; les arrière-petits-fils, au troisième ; et les sur-
arrière-petits-fils, au quatrième, sans distinguer s'ils sont ou s'ils
ne sont pas, par le moyen de l'émancipation, en la puissance du
défunt au tems de son décès ; s'ils sont nés d'un enfant émancipé ou

---

(1) Comme les enfans donnés aux curies et les émancipés, *ut suprà*, *de haered. quæ
ab intest.*, § 1°. 2°. et 9°.

s'ils ne sont descendans du défunt que par les femmes (1). Lorsqu'il n'y a ni héritiers siens, ni aucun de ceux qu'on met au nombre des héritiers siens, l'agnat qui n'a souffert aucun changement d'état, *qui integrum jus habet agnationis, ut suprà de succes. cognat. in fin.* (2), quoiqu'il soit dans un degré très-éloigné, est ordinairement (3) préféré aux parens par les femmes, malgré qu'ils se trouvent au degré le plus proche ; car, par exemple, les petits-fils et arrière-petits-fils de l'oncle paternel *patrui*, quoique au cinquième ou sixième degré, sont préférés, parce qu'ils sont agnats, à l'oncle maternel *avunculo*, et à la grand-mère maternelle *materterae*, quoique ceux-ci soient au troisième degré ; ainsi, toutes les fois qu'il est dit que le degré le plus proche doit être préféré, ou que les cognats doivent également être appelés à la succession *ab intestat*, il faut l'entendre, que ce n'est que lorsqu'il n'y a ni héritiers siens, ni aucun de ceux qui sont mis au nombre des héritiers siens, ni aucun de ceux qui méritent la préférence par le droit d'agnation (4), *ut cod. commun. de succ., leg. 6, et*

---

(1) Les descendans par femmes succédaient ainsi que les agnats, mais sous une certaine modification, *ut suprà , de hæred. quæ ab intestat,* § 15. Ce qui a été changé par la novelle *de triente et semis.* § *nec non.*

(2) Il en serait autrement s'il avait souffert quelque changement d'état, parce que les successions qui sont déférées par la loi des douze tables, n'ont lieu qu'en faveur des personnes qui sont *integro statu, suprà de sen.-c. Orphi.,* § 2, *et de succ. cog.,* § 1°.

(3) Nous disons *ordinairement,* 1°. parce que les frères et sœurs émancipés sont également admis à la succession de leurs frères et sœurs, quoiqu'ils aient perdu leur droit d'agnation par l'émancipation; 2°. parce qu'il y a des cognats qui sont appelés ainsi que les agnats, *ut suprà, de legitima ag. succ.,* § 4; 3°. à cause du père qui, quoiqu'il ait émancipé son fils, est néanmoins admis à sa succession légitime, *de leg. ag. succ.* § *fin.*

(4) Le droit d'agnation a été aboli et confondu avec la cognation, par la *novelle* 118, qui a formé trois ordres de successions; le premier est celui des descendans qui sont préférés à tous autres, en quelque degré qu'ils soient jusqu'à l'infini ; le second est celui des ascendans qui viennent au défaut des descendans, encore ne sont-ils appelés à la succession que par la proximité des degrés de cognation; en sorte qu'ils n'excluent pas tous les collatéraux, car s'ils succèdent avec les frères germains, ceux-ci sont préférés aux unilatéraux, *quia adeos est idem sanguis, eadem radix :* le troisième est celui des collatéraux qui se succèdent par droit de proximité, à moins que les enfans des frères, joints par le double lien,

und., *lib. leg.* 2, excepté les frères et les sœurs, qui, quoiqu'ayant perdu le droit d'agnation par l'émancipation, sont néanmoins appelés à la succession de leur frère et de leur sœur, et ce, par préférence aux

---

ne viennent avec leur oncle germain à la succession par droit de représentation, et qu'ils ne soient préférés aux frères du défunt, qui n'étaient joints à lui que du côté paternel ou maternel, et par conséquent à leurs enfans, pourvu qu'il y ait un oncle unilatéral pour les aider à monter à leur degré. Les collatéraux légitimés, ou adrogés, ou adoptés pleinement, c'est-à-dire par des ascendans, succèdent ainsi que les collatéraux légitimes; ils sont comme consanguins aux parens par mâles *agnatis*, mais non pas aux cognats, parce que, par l'adoption, la parenté ne se forme pas du côté des femmes, puisqu'elle est un effet de la puissance paternelle, qui ne réside que sur les mâles, *leg.* 2ᵃ., § 3, *ff. de suis et legi.* Les collatéraux illégitimés sont héritiers légitimes des cognats, auxquels ils sont joints du côté de leur mère, *suprà de S.-C. Orph.* § 3, *et de succ. cog.* § 4.

De successione conjugum.

Au défaut des cognats, autrefois les époux qui se survivaient, étaient appelés par l'édit du préteur à la possession des biens qu'on nommait *unde vir.* et *uxor.* Par le droit nouveau, l'époux survivant succède avec les descendans, même avec les ascendans et collatéraux; si cet époux survivant est pauvre, et que l'époux défunt fût riche, *non solum uxor succedit, sed etiam maritus*, nov. 53, *chap.* 6 : s'il y a plus de trois héritiers, l'époux pauvre succède à une portion virile; s'il y en a moins de trois, à la quatrième partie; s'il est en concours avec des enfans, il ne succède qu'en usufruit : l'époux survivant succède également de la même manière, quand bien même l'époux défunt serait mort après avoir entièrement disposé de ses biens, *nov.* 53, *chap.* 6.

De successione fisci.

S'il ne reste enfin aucun successeur légitime, le fisc s'empare des biens reconnus vacans depuis quatre ans, à l'exclusion des parens par alliance *affinium*, des tuteurs, des nourriciers et des nourrices, *nutritorium, leg.* 1ᵃ., *in principio, ff. de succ. edict., leg.* 1ᵃ. *et* 4ᵃ., *cod. de bon. vac., leg.* 1ᵃ., § 2, *ff. de jur. fisc., leg.* 2, 4 *et* 10, *cod. de succ. edict.* Au défaut de cognats, il est cependant plusieurs cas où le fisc est exclus; 1°. par les époux; 2°. lorsque le prince a donné quelque chose à deux personnes; car si l'un des associés décède, sa portion accroît à l'autre, à l'exclusion du fisc, *leg. unica, cod. si liberat. imper. soc. sin. hœred. decess.*; 3°. l'église est préférée lorsqu'il s'agit de recueillir les biens d'un clerc, *leg.* 20, *cod. de episcop. et cleric.*; 4°. la compagnie ou le régiment pour les biens des militaires, *leg.* 2ᵃ., *cod. de hœred. decurion.*; 5°. les collèges et les communautés, *in bonis collegiati et corporati, leg.* 1ᵃ., *cod. de hœred. decurion.*

autres agnats des degrés ultérieurs , *ut suprà de succ. cog.*, §. 1°., et succèdent même avec les autres frères et sœurs non émancipés.

CODE CIVIL.

OBSERVATIONS.

Nomb. 46. Nous avons déjà dit que nous n'avions point d'esclaves ni par conséquent d'affranchis en France; il suit de-là que tout ce qui est contenu dans ce titre et les deux suivans, ne peut être appliqué à nos usages.

TITRE VIII.

DE SUCCESSIONE LIBERTORUM.

Ce titre traite de la succession des affranchis et des droits que les patrons ont sur leurs biens. Suivant la loi des douze tables, le patron n'avait des droits sur les biens de son affranchi qu'autant qu'il décédait *intestat*, et sans avoir laissé aucun héritier sien, en sorte que l'affranchi pouvait impunément passer sous silence son patron, dans son testament, sans crainte qu'il fût attaqué par *inofficiosité*, *leg. 3, ff. de suis et legit.* (1). Si donc l'affranchi mourait *intestat*, laissant un héritier sien, naturel ou adoptif, le patron n'avait absolument rien à prétendre sur ses biens. Cette disposition était juste, sans doute, lorsqu'il y avait des héritiers naturels; mais elle était inique, lorsqu'il n'y avait que des enfans adoptifs.

§. Ier. C'est à quoi il fut pourvu dans la suite, par le préteur, qui corrigea cet abus, en ordonnant que l'affranchi qui n'aurait point d'enfans naturels légitimes, fût tenu de laisser à son patron la moitié de ses biens; et dans le cas où il en eût laissé moins que la moitié, le patron était admis alors à la possession des biens pour cette moitié, par l'édit du préteur, contre la teneur du testament, *bonorum possessio dimidiae partis contra tabulas testamenti*. Si l'affranchi décédait au contraire *intestat*, sans enfant naturel légitime, ne laissant après lui que des enfans adoptifs, le patron avait encore la possession des biens pour la moitié, *leg. 1ª. ff. de bon. lib.* Il n'y avait donc que les enfans naturels légitimes qui pussent servir à l'affranchi, pour exclure le patron de sa

---

(1) Suivant la loi des douze tables, on pouvait à son gré faire son testament, *libera erat testamenti factio, leg. verbis, ff. de verb. sig.*

succession,

succession. Il ne fut fait de changement par le préteur, à l'ancienne loi, c'est-à-dire à celle des douze tables, qui admettait l'héritier à la succession *intestat* de l'affranchi, à l'exclusion du patron, qu'à raison des enfans adoptifs ; autrement, les enfans naturels excluaient le patron, soit qu'ils fussent sous |la puissance de leur père au tems de sa mort, soit qu'ils fussent émancipés ou donnés en adoption ; il suffisait qu'ils eussent été institués par leur père, en quelque part ou portion de son hérédité ; quand même ils auraient été passés sous silence, et pourvu qu'ils demandassent la succession prétorienne ou possession de biens, contre les tables du testament, ils excluaient le patron. Cependant, si les enfans naturels avaient été exhérédés dans le testament, ils étaient considérés comme n'existant pas ; d'où il suit qu'ils ne pouvaient exclure le patron, *nov.* 1ᵃ. §. 4, *exhæredatos, ff. de conjungend. cum emancip. lib.*, *leg.* 1ᵃ. §. *si pater*, *leg. si pater natus*; §. *si quis*, *ff. de bon. lib.*

§. II. Postérieurement à cet édit du préteur, fut donnée la loi *Papia*, qui étendit les droits des patrons sur les biens de leurs affranchis riches ; il fut établi que le patron serait appelé à une portion virile de la succession de son affranchi, si ce dernier avait , dans son patrimoine , cent mille sesterces (1), et moins de trois enfans, soit qu'il eût fait un testament, soit qu'il fût mort *intestat ;* de manière que si le patron avait laissé pour héritier un seul fils, ou une seule fille, le patron avait la moitié de ses biens, comme s'il était mort *intestat* sans enfans (2) : que s'il laissait deux enfans, le patron n'avait que le tiers ; s'il en laissait trois, ou au-delà, le patron alors était totalement exclus de la succession.

§. III. *Justinien*, dans sa constitution grecque, au code *de bonis lib.*, réforma cet ancien droit, et il établit, 1°. que si l'affranchi avait moins de cent mille sesterces, c'est-à-dire moins de cent écus d'or, le patron n'aurait aucun droit sur sa succession, s'il existait un testament, que l'affranchi eût ou n'eût pas d'enfans, pourvu qu'il eût disposé

____

(1) On appelle *sesterce* une petite monnaie d'argent valant deux as et demi, la quatrième partie du denier romain.

(2) Le texte s'explique mal , puisque si l'affranchi mourait sans enfans , le patron avait la totalité des biens, parce qu'il était regardé comme enfant de l'*affranchi*.

en faveur de quelqu'un étranger, ami ou autre, *disponent ut voluerint, si centum numeris minorem substantiam habeant liberti*, Cod. *de bon. libert.*, *leg. fin. vers. quod si centum*. Et si, au contraire, l'affranchi mourait *intestat*, et sans enfans, le patron aurait en entier le même droit que la loi des douze tables lui donnait ci-devant de succéder *ab intestat*.

2°. Que si les affranchis avaient plus de cent écus d'or, et qu'ils eussent des enfans héritiers siens, ou qui eussent droit à demander la possession des biens, *ut sup. de haered. quae ab intest.* §. 9, quelque fût leur nombre, leur sexe et leur degré, l'entière succession leur apartiendrait, à l'exclusion des patrons et de leurs enfans.

3°. Que si, au contraire, les affranchis mouraient sans enfans, il fallait distinguer s'ils étaient morts *testats* ou *intestats*; dans ce dernier cas, leurs patrons seraient appelés à l'entière succession. Dans le cas où, au contraire, ils auraient testé en faveur des étrangers, en passant sous silence leurs patrons, soit qu'ils eussent des enfans exhérédés, ou qu'ils n'en eussent point du tout, ou enfin qu'ils eussent été prétérits par leur mère ou par un aïeul maternel; ce qui équivaut à une exhérédation, *sup. de exhaered. lib.* § *fin.*; de manière qu'il ne leur fût point laissé la faculté d'attaquer le testament par inofficiosité; dans tous ces derniers cas, les patrons ont le droit, en vertu de la constitution grecque, *Cod. de bon. quae lib.*, de demander la possession des biens *contra tabulas* (1), laquelle possession des biens n'emporte pas la moitié de la succession comme auparavant, mais la troisième partie; ou bien, si l'affranchi avait laissé à son patron, dans son testament, au-dessous de la troisième partie de ses biens, ce dernier aurait le droit de demander, *condictione ex lege, ut ff. de condict. ex leg. lege* 1ª., que cette portion lui fût parfaite (2). Cette troisième partie doit même lui appar-

---

(1) Il n'y a que les patrons, leurs enfans et leurs descendans, jusqu'au cinquième degré, qui puissent ainsi attaquer le testament de l'affranchi, et demander cette possession de biens, *contra tabulas*, cod. *de bonis lib.*, *leg. fin. in fin.*: les parens collatéraux du patron *non habent impugnationem testamenti*.

(2) Le droit de patronage a encore d'autres avantages que celui de succéder; car, outre

tenir, sans être tenu d'aucune charge , *ut nov. de hæred. et fal. §. non autem* ; car il serait injuste qu'il fût obligé de payer les legs ou les fidéicommis faits en faveur des enfans de son affranchi (1), qui naturellement doivent être à la charge des cohéritiers.

Il fut encore établi, par la constitution de *Justinien*, que le patron, *ff. de bon. lib. , leg. patrono ,* et ses enfans, *ff. de bon. lib., leg. si*

---

celui-là , l'affranchi ne peut citer son patron en justice , sans en avoir auparavant obtenu la permission du juge, *cod. de in jus. voc. , leg. 2ª.* ; 2°. il est tenu de le nourrir, s'il se trouve sans aucune ressource, *ff. de lib. agn., leg. si quis à liberis, § solent;* 3°. il ne peut proposer contre lui une exception, ou diriger une action qui portent atteinte à sa réputation, *ff. de dol. mal. except., leg. apud celsum, § adversus, ff. de obse., leg. honoris et leg. parens;* 4°. il peut être obligé à rentrer en servitude de l'ordre de son patron, s'il a été ingrat envers lui, *nov. ut liber. de cætero, § 1°.* ; 5°. Il est enfin tenu de saluer respectueusement son patron dans tous les lieux où il le rencontre , *ff. de in jus. vocando , leg. generaliter.*

Ces droits peuvent être détruits de plusieurs manières: 1°. si le patron en fait remise à l'affranchi , *nov. ut liber. de cætero, § illud* ; 2°. s'il a engagé l'affranchi à ne point se marier , ou à ne point prendre une affranchie pour épouse , *ff. de jur. patron., leg. qui contra legem et leg. adigere;* 3°. s'il lui refuse des alimens, *ff. de bon. lib., leg. si patronus non aluerit;* 4°. à cause de la concession de la troisième partie des biens de l'affranchi, *ff. de bon. lib., leg. etiam ;* 5°. si l'un d'eux a été relégué ou déporté, *ff. de jure patronatus , leg. sive;* 6°. si l'affranchi a obtenu les droits d'ingénuité, *natalibus est restitutus, ff. de bon. lib., leg. etiam, § 1°.;* 7°. si le patron a extorqué de l'affranchi une rétribution, *pro futuris oper., ff. de agna. lib., leg. si quis, § si quis;* 8°. si l'affranchi a vengé la mort de son maître, *ff. de jur. patro., leg. penult.;* 9°. si le patron a accusé son affranchi d'un crime capital, *ff. de bon. lib., leg. qui cùm major, in principio ;* 10°. s'il n'avait pas été acheté des deniers du patron , ou qu'il eût obtenu du prince une pleine liberté de tester , *ff. de bon. lib., leg. etiam, § 2°.*

(1) Il peut arriver que l'affranchi ait des enfans, et qu'il ait institué des étrangers , comme si ces enfans s'étaient rendus coupables d'ingratitude , auquel cas ils n'excluent pas le patron; ou bien si ces enfans étaient petits-fils de l'affranchi, qui, se trouvant alors précédés de leur père, ne pouvaient être héritiers siens , mais seulement légataires ou fidéicommissaires , *ff. lib. præter, leg. 1ª., § generaliter.*

(2) Nous disons *cohéritiers*, parce que, s'il y a plusieurs héritiers, ils ne sont point tenus chacun solidairement pour le tout, mais chacun pour sa portion , *ff. de legatis 3°., leg. fin. et de vulgari subst. leg. et si contra tab.*

pater exhaeredato, et lege si ex patronis, § *Julianus*, même ses parens collatéraux jusqu'au cinquième degré (1), seraient appelés à la succession des affranchis ; ensorte que s'il y avait des descendans d'un patron de plusieurs degrés, ceux qui se trouveraient les plus proches seraient seulement appelés à la succession des affranchis (2), qui se diviserait entre eux par tête et non par souche : il en serait de même à l'égard des parens collatéraux des patrons qui viendraient à succéder aux affranchis ; car l'oncle paternel exclut le fils du frère, *ff. de bon. lib.*, *leg. si libertus praeterito*, § *si libertus*, *in fin.* ; les mêmes droits qui règlent la manière de succéder pour les ingénus, ont presque (3) également lieu pour les affranchis.

§ IV. Nous observerons en finissant qu'il faut entendre par les affranchis, dont nous venons de parler, ceux qui avaient acquis une pleine liberté et qui jouissaient par conséquent du titre de citoyen Romain ; tels étaient ceux qui étaient affranchis d'une manière solennelle ; il n'y en eut point d'autres sous le règne de *Justinien* ; car la liberté latine fut abolie par la loi unique au code *de latina lib. tollenda.*, et la liberté dédititiènne par la loi au code *de lib. dedititia* : les affranchis qu'on appelait *dedititii* ne jouissaient point de la liberté ; ils servaient pendant toute leur vie, et ne retiraient d'autre avantage de leur affranchissement que d'être réputés morts libres et de transmettre leurs biens

---

(1) De manière que celui qu'on appelle *Trinepos*, et le fils qu'on appelle *Trinepotis*, ne seraient point admis à la succession de l'affranchi, leur ascendant.

(2) Quoique les enfans du patron, pour succéder à l'affranchi, n'aient pas besoin d'être héritiers de leur père, ils doivent cependant avoir la capacité nécessaire pour succéder à leur père et à leur mère.

(3) Nous disons *presque également*, parce qu'il y a quelque différence dans la manière de succéder aux affranchis, et dans la manière de succéder aux ingénus. 1°. Les enfans et parens collatéraux ne succèdent aux affranchis, que jusqu'au cinquième degré, au lieu qu'ils peuvent succéder aux ingénus jusqu'au dixième degré ; 2°. on ne succède aux affranchis que par tête, le droit de représentation n'y ayant pas lieu ; au lieu qu'on succède aux ingénus et par tête et par souche, *suprà*, *de hæred. quæ ab intestat.*, § 6 : en sorte qu'un fils du patron exclut les enfans d'un autre fils ; ce qui ne se pratique pas pour les ingénus.

à leurs héritiers; les affranchis latins jouissaient au contraire de la liberté pendant leur vie, mais ils mouraient esclaves et n'avaient pas le droit de tester; car quoiqu'ils eussent vécu comme des personnes libres, ils étaient censés perdre leur liberté avec le dernier souffle de vie; après leur mort, leurs patrons s'emparaient de leurs biens en vertu de la loi *Junia Norbana*, et de la même manière que ceux des autres esclaves; car outre que les affranchis latins ne pouvaient disposer de leurs biens, leurs enfans ou leurs autres parens n'étaient point admis à leur succession; postérieurement à cette loi *Junia Norbana*, il avait été établi par le sénatus-consulte *Largian*, que les enfans du patron qui n'auraient pas été exhérédés nommément, seraient préférés pour la succession des affranchis latins, aux héritiers étrangers de leur père: l'édit de l'empereur *Trajan* survint ensuite, portant des variations dans l'état des affranchis; ce qui engagea *Justinien* à donner à tous les affranchis le droit de citoyen Romain; et pour faciliter le moyen de se conformer à sa nouvelle constitution, il ajouta, non-seulement de nouvelles manières d'affranchir, mais il voulut encore que celle pratiquée pour la liberté latine, servît pour acquérir une pleine liberté, *ut dicta lege unica, vers. his tantum, codice de lat. lib. toll.* (1).

____

(1) La loi la plus récente doit toujours être observée, *leg. Aviani, cod. de hœred.*

TITRE IX.

DE ADSIGNATIONE LIBERTORUM.

Nous avons vu comment les patrons et leurs enfans succèdent aux affranchis; nous [allons voir maintenant, en peu de mots, comment les patrons peuvent assigner à leurs enfans le droit de patronage : nous observerons d'abord que quoique, suivant la loi de douze tables, les biens des affranchis appartinssent également et fussent communs à tous les enfans du patron qui se trouvaient au même degré, *leg. 3, ff. de suis et legitimis*, néanmoins le sénatus-consulte *Claudien* a voulu qu'il fût permis à un père d'assigner (2) un affranchi à un de ses enfans en particulier, et qu'après sa mort cet enfant seul eût le droit de patronage à l'exclusion de tous les autres enfans, *leg. 1ª., ff. de assig. lib.*, sous la faculté cependant de rentrer dans leurs premiers droits, si l'enfant, sur la tête de qui l'assignation avait été faite, décédait sans enfans.

§ Iᵉʳ. On peut assigner seulement un affranchi, mais encore une affranchie, et l'assignation peut en être faite, non-seulement sur un fils ou petit-fils, mais encore sur une fille ou petite-fille et autres degrés, même sur des posthumes, *ff. de assig. lib., leg. fin.*

. § II. Cette liberté d'assigner est donnée au père qui a deux ou plusieurs enfans en sa puissance au moment de l'assignation ; ce qui a donné lieu à la question de savoir si le fils, à qui un affranchi ou affranchie avait été assigné, venant dans la suite à être émancipé, perd le droit de l'assignation; l'affirmative a été décidée, parce qu'en émancipant son fils, le père est censé avoir changé de volonté; ce qui est conforme au sentiment de *Julien* et autres jurisconsultes; d'où il suit qu'il ne peut

---

(1) *Assignare libertum est testificari cujus è liberis libertum esse velit*, leg. libertum, ff. de verb. sig.

se faire d'assignation sur la tête d'un émancipé, *leg.* 1ª., § 1º., *et leg. fin.*, *ff. hoc tit.*

§ III. L'assignation peut être faite, non-seulement par testament et *ab intestat*, mais encore en toute sorte de termes, pourvu que la volonté du patron demeure manifestée, *ff. eod. leg.* 1ª., § *assignare*. C'est ainsi que cela est porté par le sénatus-consulte *Claudien*, émis sous le règne de l'empereur *Claude*; et sous le consulat de *Sabellius - Ruffus* et *Darterius - Scapula*, cette assignation avait encore lieu, lorsqu'elle était faite sous condition, *ff. eod.*, *leg. assignare*.

TITRE X.

DE BONORUM POSSESSIONIBUS.

ON définit la possession des biens (1) le droit de poursuivre et de retenir le patrimoine d'un défunt, tel et de même qu'il se trouvait au moment de sa mort, *ff. eod.*, *leg.* 3, § *bonorum ;* ce droit a été introduit par le préteur pour corriger, ou pour mieux dire, pour ajouter au droit civil et le tempérer, *ff. leg.* 7, *de just. et jur.*, § 1. ; il est établi, non-seulement pour les successions *ab intestat*, mais encore pour les successions testamentaires ; car quoiqu'autrefois le posthume étranger qui avait été institué ne pût point accepter suivant le droit civil, puisque l'institution n'était pas valable comme faite à une personne incertaine, il devenait néanmoins possesseur de biens *secundùm tabulas*, en vertu de droit honoraire, c'est-à-dire, lorsque le préteur venait à son secours (2), *leg.* 3, *ff. de bon. poss. sec. tab.* : il est aussi valablement institué aujourd'hui, en vertu du droit civil, par une constitution grecque qui ne nous est point parvenue (3) : il est des cas aussi où le préteur donne la possession des biens, non pour réformer ou pour détruire le droit civil, mais pour le confirmer et lui donner

---

(1) Autre chose est *bonorum possessio*, autre chose est *possessio bonorum* ; *bonorum possessio* est plutôt un droit que quelque chose de réel, *magis juris quàm corporis* : *possessio bonorum* est la possession réelle et corporelle des choses, à laquelle on parvenait plus promptement par l'interposition du préteur.

(2) Car il était des cas où le préteur le refusait, en y dérogeant expressément selon l'exigence des cas, *ut leg. non est*, § *ubicumque*, *ff. hoc tit.*

(3) Car les constitutions font partie du droit civil, *ff. de jus. et jur.*, *leg. jus autem civile*, *et* § *sequenti.*

ainsi

ainsi plus d'autorité, en prêtant son secours à ceux qui pourraient s'en
passer, comme lorsqu'il donne la possession des biens à des héritiers
valablement institués suivant le droit civil, *leg.* 2e. *et passim*, *ff. de
bon. poss. sec. tab.*; car les héritiers valablement institués demandaient
souvent au préteur la possession des biens *sec. tab.*, afin que par son
autorité ils fussent plus facilement mis en possession, parce que l'adition de l'hérédité ne leur donnait qu'un droit de propriété *dominium*,
et qu'ils n'obtenaient la possession que par l'apréhension corporelle
des choses, qui ne pouvait se faire que par l'interposition du préteur,
leg. cùm haeredes, *ff. de acq. poss.* : par la loi des douze tables, l'hérédité était déférée *ab intestat* aux héritiers siens, et ensuite aux agnats ;
le préteur appelle également à la possession des biens les héritiers siens,
ad bonorum possessionem unde liberi; et après eux, les agnats, *ad
bonorum possessionem unde agnati*, *leg.* 1e. *et* 2e., *ff. de suis et
legitimis* ; l'objet du préteur était d'ouvrir, par ce moyen, plusieurs
voies aux successeurs *ff. de leg.* 2e., *leg. cùm filius*, § *variis*, puisque
s'ils ne voulaient point recourir à la possession des biens, ils n'en étaient
pas moins héritiers par le droit civil.

§. Ier. On ne regarde pas comme héritiers de droit, ceux qui ne sont
appelés à l'hérédité que par le droit prétorien, comme les émancipés,
les cognats, parce que le préteur ne peut pas directement faire un
héritier ; ce n'est qu'obliquement, en considération du rapport qu'ont
ceux qui ont besoin de son secours, avec ceux qui peuvent s'en passer,
et en considération de l'équité naturelle et de l'intérêt public ; car il
n'y a d'héritiers, proprement dits, que ceux qui le sont en vertu de la
loi civile, où des constitutions qui sont réputées une même chose,
comme les sénatus-consultes et ordonnances des princes, *leg. obvenire*,
ff. de verb. sig. Ceux, au contraire, qui sont mis par le préteur en
possession des biens, sont censés à la place des héritiers qu'ils ont droit
de représenter, suivant le droit naturel ; *leg.* 1 *et* 2 ,*ff. hoc titulo, leg.
praetor bonorum* ,*ff. de regulis juris*; mais ils ne sont que des héritiers
improprement dits ; c'est pour cela qu'on les appelle *possesseur des
biens*.

Le préteur appelle encore à la possession des biens, plusieurs autres
degrés qui ne l'étaient point par la loi des douze tables, dans le dessein

de pourvoir à ce que personne ne pût mourir sans succession ; il a étendu, autant que l'équité et l'exactitude le lui permettaient, le droit de succéder, qui se trouvait, par la loi des douze tables, renfermé dans des bornes très-étroites, car elle ne connaissait queles héritiers siens et les agnats, *jus integrum habentes, id est non emancipatos, sup. de haered. quae ab, et de leg. agn. succ. in ppio.*

§. II. Suivant le droit ancien, il y avait dix espèces différentes de possessions de biens ; deux avaient lieu, lorsqu'il existait un testament : la première était appelée *bonorum possessio contra tabulas* ; elle était en faveur des enfans du testateur, prétérits dans son testament, *leg.* 1ª. §. *sui juris, ff. de bon. poss. cont. tab.* ; la seconde était appelée *bonorum possessio secundùm tabulas* ; elle était en faveur des héritiers valablement institués ; *leg.* 2ª., *cod. de bon. poss. secund. tab.* ; les huit autres avaient lieu pour les successions *ab intestat.* La première était celle qui était donnée aux héritiers siens, et à ceux qui étaient mis au nombre des héritiers siens ; *ut suprà de haered. quae ab intest.*, §. 2ª. et 9ª. ; on l'appelait *unde liberi* (1), *leg.* 1ª., §. *sed. videndum, ff. de succ. edict.* La seconde était celle qu'on donnait aux héritiers légitimes, c'est-à-dire aux agnats, et à ceux qui étaient mis à la place des agnats, *ff. unde, leg.* 2ª., §. *hoc autem* : on appelait cette possession des biens, *unde legitimi.* Les agnats étaient nommés héritiers légitimes, parce qu'après les descendans *post liberos*, ils étaient admis par la loi des douze tables à la succession *ab intest.*, et ils étaient par conséquent successeurs légitimes, *leg.* 1ª., *ff. unde legit.* La troisième est celle

---

(1) Par la même raison, le père avait sur les biens de son fils émancipé décédé sans enfans, la possession des biens qu'on appelait *unde parentes, vel unde liberi utiliter* ; car le père est également appelé à la succession du fils, *ut ff. de inoff. test., leg. nam et si, et ff. unde lib., leg. scripto* : si cependant le père avait émancipé son fils *contractâ fiduciâ*, il avait alors sur la succession de son fils la possession des biens *unde legitimi* : le fils n'a point la possession des biens *unde liberi* sur les biens de la mère ; il n'a que la querelle d'inofficiosité à intenter contre le testament, parce que la prétérition de la mère équivaut à l'exhérédation, *cod. de suis et legit. haered., leg. fin.* ; tous les descendans du père peuvent demander sur sa succession, la possession des biens *unde liberi* ; la raison en est qu'à quelques degrés qu'ils soient, ils sont toujours ses enfans, *ff. de verb. sign., leg. liberi, in ppio.*

qu'on appelait *unde decem personae*, elle était donnée à dix personnes (1) préférées à l'affranchisseur étranger (2). Ces dix personnes
étaient le père, la mère, l'aïeul, l'aïeule, tant paternels que maternels ;
le fils, la fille, le petit-fils, la petite-fille, nés d'un fils ou d'une fille ;
le frère et la sœur, consanguin ou utérin d'un émancipé. La quatrième,
qu'on appelait *unde cognati*, était déférée au plus proche cognat ; la
cinquième, qu'on appelait *tanquam ex familiâ*, était déférée aux patrons et à ceux qui étaient de sa famille, c'est-à-dire aux agnats ; *et iis
qui erant de familiâ patroni, leg. cùm pater, §. fidei, ff. de legatis
secundo, leg. ult., cod. de verb. sig.* ; la sixième, qu'on appelait
unde patroni, était celle qu'on donnait aux patrons, et à leurs enfans
et à leurs pères et mères, *parentibus* (3), sur les biens de l'affranchi
mort sans enfans ; la septième, qu'on appelait *unde vir et uxor*, était
déférée au mari ou à la femme réciproquement, lorsqu'ils mouraient
sans descendans, ascendans, ni parens collatéraux, *deficientibus liberis,
parentibus et propinquis, dum mortis tempore in justo matrimonio
vixissent*, et cela à l'exclusion du fisc (4) ; *leg.* 1ª., *ff. unde vir et uxor*;

---

(1) Ces dix personnes, qui par l'édit du préteur, sont préférées au fisc, sont les mêmes
que celles énoncées en la loi première, *au cod. de sec. nupt.*

(2) C'est-à-dire à l'accepteur imaginaire qui était appelé à l'émancipation des enfans sous
condition d'affranchissement, *ut sup. quib. mod. pat. pot. solv.*, § 6.

(3) C'est par une erreur qui s'est glissée dans l'édit du préteur, qu'on vient de parler plus
haut de la possession des biens accordée aux agnats du patron, avant de parler de la possession des biens accordée au patron et à ses enfans ; cet édit en renferme encore d'autres.

(4) Ceci se pratiquait postérieurement à la loi des douze tables, d'après laquelle les époux,
par suite des conventions matrimoniales, se succédaient réciproquement, s'ils venaient à
mourir sans enfans, à l'exclusion de tous autres héritiers, *per coemptionem seu conventio-
nem in manum*, parce que la femme, qui s'était soumise à la puissance maritale, était à la
place d'un héritier sien ; en d'autres termes, d'une fille ; et le mari tenait alors la place
du père, *mulier quæ convenerat in manum erat loco sui hæredis, seu filiæ loco, et maritus
erat mulieri loco patris, Ulp. lib. regul., tit.* 23. Aujourd'hui, si la femme est sans dot et
pauvre, ayant un mari riche, elle lui succède en la quatrième partie, *in quod autem*, soit
avec les enfans qu'elle a eus avec lui, soit avec les enfans d'un premier mariage, s'ils sont
seulement trois, ou un plus petit nombre : si au contraire, il y avait plusieurs enfans, la mère

leg. 1ᵃ., *cod. unde vir et uxor*; la huitième, qu'on appelait *unde cognati manumissoris*, était enfin déférée aux cognats du patron.

§. III. *Justinien* ne voulant rien laisser d'inutile dans le droit, réforma et abolit par ses constitutions, qui ne nous ont été transmises qu'en langue grecque, celles des possessions des biens introduites par le préteur, qui pouvaient être inutiles ; il laissa subsister, comme nécessaires, celles qu'on appelait *contra tabulas et secundùm tabulas, unde liberi et unde legitimi* ; mais il abolit celle qui faisait l'objet de la cinquième disposition de l'édit, qu'on appelait *unde decem personae*, comme absolument inutile, en ce qu'elle était accordée à dix personnes, par préférence à l'affranchisseur étranger, même au père qui avait émancipé, *non contractâ fiduciâ* ; ce qui n'avait plus lieu depuis que la constitution au *cod. de emancip. lib., leg. fin.* réputait toutes les émancipations des fils de famille faites *contractâ fiduciâ.* Cette cinquième possession des biens étant abrogée ; la sixième, qu'on appelait *unde cognati*, fut mise à sa place. *Justinien* abolit encore par sa constitution au *cod. de bonis lib. et jur. patr., leg. fin.*, §. 12, la possession des biens qu'on appelait *tanquam ex familiâ*, qui formait la septième disposition de l'édit du préteur, et celle qu'on appelait *unde liberi patroni, patronaeque et parentes eorum*, qui formait aussi la huitième disposition de l'édit ; ces deux possessions des biens n'étant plus utiles, dès qu'il fut ordonné que la succession des affranchis aurait lieu de la manière de celle des ingénus, *ut sup. de success lib.*, §. 3 ; sous cette modification pourtant, afin qu'il y eût quelque différence entre les affranchis et les ingénus, que la succession des affranchis ne s'étendrait que jusqu'au cinquième degré. Ce qui a rendu suffisant aux agnats et aux cognats du patron (1), d'avoir les possessions des biens *unde legi-*

———

n'avait qu'une portion virile, de manière que la propriété demeurât toujours à ses propres enfans : s'il n'y avait point d'enfans de l'un ni de l'autre mariage, la femme succédait alors à une portion virile, tant en propriété qu'en jouissance, sur laquelle devaient être imputés les legs, s'il lui en avait été fait par le mari, *nov.* 117, *chap.* 5.

(1) Lesquels excluent les agnats et les cognats de l'affranchi, *ut leg. liberto sine liberis, ff. de bon. lib.*

timi (1), *et unde cognati* (2), en vertu desquelles ils peuvent revendiquer leurs droits sans avoir à recourir à l'embarrassante subtilité des possessions de biens *tanquam ex familiâ et unde patroni ,* abolies avec raison par la susdite constitution.

Justinien conserva la possession des biens *unde vir* et *uxor ,* qui se trouvait au neuvième rang, et qui fut mise au sixième : mais il supprima par le même motif d'équité, celle qu'on appelait *unde cognati manumissoris* ; ce qui réduisit les successions prétoriennes, *possessiones bonorum ,* au nombre de six ; elles sont nommées *ordinaires ,* parce qu'elles sont déférées par ordre *gradatim* : on les nomme encore *edictales ,* parce qu'elles sont accordées à des personnes certaines dénommées dans l'édit, et sans connaissance de cause , *leg.* 3ª. , § 1º. , *ff. de acq. haered.*

§ IV. Il est encore une autre possession des biens , qu'on nomme *extraordinaire ;* elle peut avoir lieu, soit d'après un testament , soit *ab intestat* ; le préteur n'en est pas l'auteur ; elle concerne ceux en faveur de qui une loi, un sénatus-consulte , ou tout autre droit, l'accorde expressément (3) ; le préteur n'est, dans ce cas, que le ministre de la loi : cette succession se nomme encore *décrétale ,* parce qu'elle est donnée par décret du préteur, *extra ordinem, id est ,* après en avoir pris connaissance dans son tribunal , *ut lege secundâ ,* § 1º. , *ff. quis ordo in bon. poss.,* et *leg.* 1ª. *in principio , leg.* 3ª. *de carb. edict.* (4).

---

(1) Qui forme maintenant la quatrième partie de l'édit.

(2) Qui forme maintenant la cinquième partie de l'édit.

(3) La loi première, au *ff. de veteran. et milit. succ.*, nous fournit un exemple de cette succession; si un soldat est condamné à mort , y est-il dit, pour un délit militaire, sa succession appartient à ses plus proches parens ; ce qui est confirmé en la loi suivante , où le jurisconsulte *Papinien* dit que la possession des biens est accordée aux parens de ce soldat , jusqu'au cinquième degré : pour que cette possession ait lieu, il faut, 1º. qu'une loi porte qu'elle doit être donnée ; 2º. qu'on ne puisse point succéder en vertu du droit civil, car autrement on aurait droit à celle qu'on nomme *unde legitimi , ut ff. unde legit.,* leg. 3 , et *ff. ut ex legib. et leg.* 1ª. , § *fin.*

(4) Par la raison que le droit prétorien concernant la possession des biens à l'égard des

§ V. Comme il avait été introduit par le préteur différentes possessions des biens, qui devaient avoir lieu suivant chaque ordre de successions, et qu'il se trouvait dans chaque ordre plusieurs prétendans ou
ayant droit d'y prétendre en degré inégal, il fallut fixer un délai pour
former la demande en possession des biens, afin de ne pas priver trop
long-tems les créanciers de l'exercice de leurs actions, de leur faire connaître ceux contre qui il fallait les diriger, et enfin pour empêcher qu'ils
ne fussent mis trop facilement en possession des biens du défunt ; le tems
fut limité à une année pour les descendans et ascendans, tant naturels,
adoptifs, qu'émancipés ou émancipateurs ; et pour les agnats et les
cognats, le délai fut seulement de cent jours ; les premiers devant avoir
un plus grand avantage, à raison de la proximité du sang, qui paraît ne
les appeler qu'à des biens qui leur sont propres, et que la nature leur
donna, *leg.* 1ᵃ., § *intra et largius, de succ. edict.*, *ff.*

§ VI. Si plusieurs personnes de même degré ont droit à la possession des biens, et que quelqu'un d'entr'eux laisse passer le tems fixé
sans former sa demande, sa portion accroît aux autres, *ff. de bonorum
possessione, leg. si quis ex his,* § *ult. lege unicâ, codice quando non pet.*
Il en est du droit d'accroissement, entre les possesseurs des biens,
comme entre cohéritiers, parce qu'ils suivent la même condition, *leg.*
2ᵃ., *ff. hoc tit.* : cela est si vrai, que sous la dénomination d'héritiers, se trouvent aussi compris les possesseurs des biens, *leg. de haered.,
ff. de verb. sign.* Si au contraire il ne s'en trouve aucun du degré
le plus proche, qui forme sa demande, elle est alors déférée au degré
suivant, en vertu de l'édit successif, de la même manière que s'il n'y
avait personne qui occupât le degré supérieur, *leg.* 1ᵃ., § *quibus ex
edicta, ff. de succ. edicta* (1). Si quelqu'un de ceux qui forment le

---

enfans, n'avait été principalement introduit qu'en faveur des émancipés, il se trouve aboli
par le fait de la disposition de la *novelle* 118, *in principio*, et chap. 4, suivant laquelle
l'affinité, l'émancipation, l'agnation et la cognation, sont confondues et dirigées par le
droit civil.

(1) Suivant la loi des douze tables, le droit successif n'avait pas lieu à l'égard des héritiers siens, c'est-à-dire des agnats, *locus non erat successioni de personâ in personam, id*

degré le plus proche, répudie la possession des biens avant que le tems fixé pour former la demande soit passé, le degré suivant y est admis, aussi - tôt qu'elle est répudiée, par l'édit du préteur, *ex edicto successorio*, *leg.* 1ª., § *quibus ex edicto*, *ff. de succ. edict. et codice*, *leg. fin.*

§ VII. Il est à remarquer que dans le tems fixé pour former la demande en possession des biens, on ne compte que les jours utiles, *leg.* 2ª., *ff. quis ord. in poss. serv.* On appelle jours utiles, ceux auxquels il est libre de se faire rendre justice, *leg.* 1ª., *ff. de div. et temp. praescript.*, *leg.* 3ª. *in fin. de accus.*, *leg.* 6, *ff. quae in fraud. cred.* Le tems ne commence même à courir, que du jour auquel on a pu demander la possession des biens, c'est-à-dire du jour auquel on a appris que le défunt était mort *intestat* ; en sorte que le délai pour demander la possession des biens déférée aux impubères ou à un pupille, court du jour auquel le père ou le tuteur ont su que le pupille avait été institué héritier, *leg.* 7, § *ult.*, *ff. de bon. poss.* Les jours continus au contraire, courent sans interruption, *sive fastus, sive nefastus, leg.* 7, *ff. quemadmodum serv. amitt.*

§ VIII. Autrefois le préteur seul donnait la possession des biens qu'il fallait même demander avec une certaine solennité (1) et à jours certains ; ce qui fut abrogé par les constitutions des princes antérieurs à *Justinien*, en sorte qu'il fut permis de l'accepter de quelque manière qu'on voulût et devant quel juge que ce fût, même pardevant les decemvirs, *sufficit quocumque modo fieri testatio, seu declaratio agnoscendae haereditatis, et apud quemlibet judicem, etiam apud decemviros*, pourvu toutefois que ce fût dans le délai fixé, *intra statuta tempora.*

---

est, de gradu in gradum : si les plus proches agnats n'avaient pas la succession, les suivans n'étaient point appelés, et les biens étaient déférés aux cognats, par le secours du préteur ; alors, les agnats entraient dans l'ordre des cognats, et succédaient par tête.

(1) On observait aussi des solennités dans les aditions d'hérédité ; ce qui fut aussi abrogé par la constitution, *ut cod. de jure delib.*, *leg. cretionum* 17.

CODE CIVIL.

OBSERVATIONS.

Nomb. 47. Les successions prétoriennes ne sont point connues en France : tout ce qui est relatif à la manière de succéder et aux ordres divers des successions y est réglé par le droit civil ; aussi n'avons-nous point d'observations à faire sur ce titre.

TIT. XI.

TITRE XI.

DE ACQUISITIONE PER ARROGATIONEM.

Indépendamment des manières d'acquérir dont nous avons parlé, on connaît encore l'adrogation et l'adjudication des biens du défunt. Voyons d'abord la manière d'acquérir par l'adrogation; elle n'a été introduite ni par la loi des douze tables, ni par le droit honoraire, *ut sup.*, *tit.* 2, § 7, *liv.* 1, mais par le droit appelé non-écrit, c'est-à-dire, établi par un long usage, *ut sup.*, *tit.* 2, § 9, *liv.* 1.

§ Ier. Lorsqu'un père de famille se donnait en adrogation, tout ce qui lui appartenait demeurait indistinctement acquis de plein droit à l'adrogateur, meubles, immeubles, dettes et actions, *ut sup. de adopt.* § 11, si toutefois l'adrogé avait atteint l'âge de la puberté lors de l'adrogation; car il en était autrement, si l'adrogé était impubère et qu'il mourût en bas âge, *ut sup. de adopt.*, § 3, conformément au droit ancien, suivant lequel tout ce que le fils acquérait à l'exception des pécules castrense ét quasi-castrense entrait dans le patrimoine du père, *leg. si paterfamil.*, *ff. de adopt.*, *et leg. qui ex lib.*, § 2, *ff. de bon. poss. sec. tab.* (1). Il était cependant quelques droits que l'adrogateur n'acquérait point; car l'adrogation étant un petit changement d'état, *ut sup. de cap. dim.*, § 3, il s'en suivait que les devoirs officieux (2) que les

____

(1) Par la constitution de *Justinien*, au *cod. leg. cùm oportet de bon. quæ lib.*, le fils n'acquiert au père qu'autant que les biens acquis viennent de la substance du père; car sur ceux qui ne viennent point de la substance du père, *quæ non ex substantiâ veniunt*, il n'a que l'usufruit.

(2) *Obligationes officiales sunt cujuscumque artificii operæ quas patrono libertus officii causâ præstat, et quæ debentur patrono libertatis causâ, id est quas libertus, postulante*

affranchis devaient au patron, si toutefois l'adrogé avait affranchi des esclaves, *leg.* 10, *cod. de oper. lib.*, *leg.* 9, § 1, *ff. de oper. lib.*, et le droit d'agnation (1) *sup. de leg. agn. tut.*, § *ult. et de cap. dimin.*, § 6, ne pouvaient lui être acquis : l'usage et l'usufruit se perdaient aussi jadis par tout changement-d'état ; ce qui a été réformé par *Justinien* dans sa cons-titution au code, *leg. corruptionem penult. de usufruct.*

§. II. *Justinien* a réformé cet ancien droit par sa constitution , au *cod. leg.* 6, *cùm oportet de bonis quae lib.* ; il a réduit l'acquisition qui se faisait par l'adrogation, à la manière de celle qu'il avait établie à l'égard des ascendans naturels. Ainsi, les ascendans naturels ou adoptifs n'ont plus que l'usufruit sur les biens que les fils de famille acquièrent d'autre part que de la substance de leurs pères, c'est-à-dire sur les biens adventifs dont la propriété est assise sur leur tête , et passe néanmoins à l'adrogateur, si l'adrogé se trouve, au tems de sa mort, dans la famille adoptive, sans laisser des personnes qui l'excluent du droit d'y succé-der, suivant la constitution , au *cod. communia de succ.*, *leg. final* , d'après laquelle le père naturel ou adoptif est exclus par les enfans et frères de l'adrogé (2).

---

patrono præsenti , jurat vel promittit in ipso tempore manumissionis , sine quibus libertas data non esset , leg. in lib. , ff. de sol. et libertus præstare debet operas quas sibi indixerit patronus, quia ex commodo patroni edendæ sunt, nec debentur antequam petantur , operæ promissæ ex juramento et stipulatione, vel pacto debentur jure civili.

Operæ aliæ sunt obsequiales , aliæ artificiales, aliæ fabriles ; 1°. obsequiales sunt quæ consistunt in faciendo vel non faciendo , v. g. in jus non vocando ; 2°. artificiales sunt quæ certi artificii, v. g. fabri si sit faber medici , si libertus sit medicus picturæ, si sit pictor; 3°. fabriles incertæ , sed rediguntùr ad hæc de quibus est capax libertus pa-tronus stipulari potest, vel obsequiales tantùm , vel artificiales , vel fabriles , vel omnes simul : omnes illæ operæ vocantur officiales , quia officium est diurnum ; leg. 1ª. et 3 , ff. de oper. lib. : vocantur tamen generaliter operæ fabriles illæ quæ promissæ fuerunt extraneo, vel patrono ut extraneo non libertatis causâ stipulanti, tunc illæ certæ operæ non pereunt adrogatione , et transeunt ad adrogationem cùm debentur adrogatori.

(1) C'est-à-dire le droit de succéder, qu'on acquiert par le droit d'agnation.

(2) Il a été dérogé à cette constitution par la *novelle* 118, chap. 2 , d'après laquelle les frères, même germains, ne sont plus préférés au père qui succède concurremment , même à l'exclusion des frères unilatéraux ; ce qui doit s'entendre tant du père naturel que du père adoptif.

§. III. Quoique, dans certains cas, l'adrogateur succède à l'adrogé, il n'est pas tenu de droit, c'est-à-dire en son nom, *tanquam ex proprio contractu*, de payer les dettes que l'adrogé aurait pu avoir faites avant qu'il se donnât en adrogation ; mais il peut cependant être actionné au nom de son fils adoptif, comme étant son défenseur né ; et dans le cas où il refusât de le défendre, ses créanciers peuvent être autorisés par les magistrats à s'emparer des biens qui eussent appartenu au fils adoptif, non-seulement quant à la propriété, mais encore quant à l'usufruit, s'il ne se fût point mis sous la puissance d'autrui, et d'en disposer selon qu'il est permis par les voies légitimes ; *lege Fulcinius*, §. *si quis actione*, *ff. ex quibus causis in poss. eatur.*

CODE CIVIL.

OBSERVATIONS.

Nomb. 48. L'adrogation est absolument inconnue parmi nous, et par conséquent la manière d'acquérir par son moyen ; il suit de-là que tous les principes contenus dans ce titre n'ont aucun rapport avec notre droit.

TITRE XII.

DE EO CUI LIBERTATIS CAUSA BONA ADDICUNTUR.

LE quatrième moyen d'acquérir à titre universel, *ut sup. per quas personas nob. acq.*, *§. fin.*, est celui qui a été établi par le rescrit de l'empereur *Marc-Aurele*, en vertu duquel les esclaves auxquels un testateur aurait donné la liberté dans son testament, pouvaient demander à être admis à l'adjudication des biens de leur maître, pour conserver leur liberté, dans le cas où son hérédité ne fût pas acceptée, *leg. haereditas, leg. ult., cod. de test. manum.* (1).

§. Ier. Voici le rescrit de l'empereur *Marc*, tel qu'il l'envoya à *Pompilius - Ruffus* : « S'il n'y a personne qui succède *ab intestat* à
» *Virginius-Valentin*, qui a laissé la liberté, dans son testament, à
» plusieurs esclaves, et qu'on soit dans la nécessité de vendre ses biens
» pour satisfaire les créanciers, vous n'avez qu'à vous adresser aux
» juges à qui en appartient la connaissance, leur exposer vos motifs, et
» vous faire adjuger les biens, dans l'objet de conserver les libertés
» laissées directement, et celles laissées par manière de fidéicommis,
» après avoir donné suffisante caution aux créanciers (2) de leur payer

---

(1) Ces successions étaient regardées comme onéreuses ; ce qui donna lieu à cette constitution.

(2) *Fidejussoribus datis, vel pignoribus, vel fide habitâ, id est, cui fides habita est, de fid. lib., leg.* 4, § *addici.*

» leur entier dû. Ainsi, les esclaves à qui le testateur aurait légué la
» liberté directement, seront libres de la même manière que si l'hérédité
» eût été acceptée (1); et ceux qui n'avaient reçu la liberté que par
» fidéicommis, c'est-à-dire que l'héritier était chargé d'affranchir,
» seront affranchis par vous, si même vous ne voulez point que les
» biens vous soient adjugés, si ce n'est à la charge que ceux à qui le
» testateur avait laissé la liberté directement, deviennent des affranchis.
» Nous consentons que votre volonté soit exécutée, si toutefois les esclaves
» y consentent aussi ; *leg. 4, § hi qui ad, ff. de fideicom. libertatib.* (2) ;
» mais afin que le bien que nous avons en vue dans notre rescrit, ne
» devienne pas sans effet par quelque moyen imprévu, comme si le
» fisc voulait s'emparer de cette hérédité jacente, nous voulons que
» nos administrateurs sachent bien que la cause de la liberté est toujours
» préférable, et qu'elle doit l'emporter sur un intérêt pécuniaire ; à cet
» effet, ils seront tenus de prendre les biens du défunt, et de les réduire
» de telle sorte, que la liberté soit conservée à tous ceux qui auraient
» pu la recevoir par testament et de la même manière que si la suc-
» cession avait été appréhendée (3). »

§. II. Il a été pourvu par ce rescrit, tant à la conservation des libertés
qu'à l'honneur dû à la mémoire du défunt, en ce que les créanciers
sont empêchés de se mettre en possession des biens, et de les faire
vendre au nom du défunt ; cette adjudication des biens étant un moyen
sûr pour éviter la vente faite en justice, puisque l'adjudicataire se trouve

---

(1) On appelle les esclaves *Orcini*, ainsi que dans l'espèce du § *penult. suprà*, *de sing. reb. per. fid. relict.*

(2) En supposant qu'ils refusassent leur consentement, l'adjudication se faisait égale-ment, à la différence qu'ils auraient pour maître celui qu'ils auraient refusé pour patron, *cod. de manum. test.*, *leg. fin.*, § 4.

(3) Autrefois le fisc était admis à recueillir les biens qui n'avaient point été acceptés, pourvu qu'ils fussent suffisans pour satisfaire entièrement les créanciers.

le légitime défenseur du défunt, en donnant caution aux créanciers de leur payer leur entier dû, *ut §. praeced.*

§ III. Il suit de ce que nous venons de dire, que le rescrit ci-dessus rapporté doit avoir lieu : 1°. toutes les fois qu'il a été laissé des libertés par testament ; c'est ce qui amène la question de savoir si la faveur qui y est accordée à la liberté, aurait lieu dans les cas où quelqu'un mourrait *intestat*, ayant laissé des libertés dans des codicilles, et qu'il n'y eût aucun héritier légitime, c'est-à-dire *ab intestat*, qui acceptât l'hérédité : on a décidé pour l'affirmative, *cùm petere eam nemini dubium est.*

§ IV. 2°. Toutes les fois qu'il n'existe point d'héritier *ab intestat* ; d'où l'on peut conclure que l'effet du rescrit devra cesser tant qu'il sera incertain s'il n'y a ou s'il y a pas d'héritier, et qu'il devra avoir lieu alors qu'on sera certain que l'hérédité ne sera pas apréhendée, soit qu'on ait répudié, ou que le délai fixé pour l'apréhension soit expiré.

§ V. Cela est si vrai que, quand bien même celui qui n'aurait point voulu de l'hérédité, aurait droit de se faire restituer en entier, on pourrait également mettre le rescrit à effet, et faire de même l'adjudication des biens, *ut ff. de fid. lib., leg.* 4, § 1° ; et si, dans la suite, il venait à se faire restituer en entier, cette restitution ne pourrait s'étendre aux libertés, parce que, dès qu'elles ont été une fois acquises, elles ne sauraient être révoquées.

§ VI. Le rescrit de l'empereur *Marc* n'a été introduit qu'en faveur des libertés ; il ne doit donc avoir lieu qu'autant qu'il en a été laissé, soit entre-vifs, soit par donation à cause de mort, soit par testament, ou *ab intestat* dans des codicilles : nous disons *soit entre-vifs, soit par donation à cause de mort*, parce que si quelqu'un avait disposé de cette manière en faveur de ses esclaves, et qu'ils craignissent quelque contestation, le motif pris de ce que le don de leur liberté aurait été fait *in fraudem creditorum*, ils seraient fondés à demander que les biens leur fussent adjugés ; car, quoique le rescrit ne s'en explique pas dans ses dispositions, il est équitable de la leur accorder, l'esprit de la loi devant être suivi, ainsi que ses paroles.

§ VII. *Justinien*, pour suppléer à ce que le rescrit de l'empereur Marc laissait d'imparfait, fit une ordonnance dans laquelle il renferma plusieurs points, qui sont, dans cette succession, un droit parfait, ainsi qu'il est facile de s'en convaincre par la connaissance qu'on peut en prendre au code *leg. final. de testam. manumiss.*

TITRE XIII.

DE SUCCESSIONIBUS SUBLATIS QUAE FIEBANT PER BONORUM VENDITIONES ET EX SENATUS-CONSULTO CLAUDIANO.

OUTRE les manières d'acquérir dont nous venons de parler , il y en avait d'autres en usage, telle que l'achat des biens d'un débiteur qui ne pouvait avoir lieu sans une foule de formalités toujours embarrassantes (1). On observa ces règles au tems que les jugemens ordinaires étaient en usage ; mais aussitôt qu'ils furent remplacés par les jugemens extraordinaires (2),

---

(1) Lorsqu'on voulait autrefois intenter une action , il fallait obtenir du juge une certaine formule , qui consistait en une conception de mots : s'il y avait erreur d'une syllabe , l'action était rejetée , *ut codice de formulis juris et imp. act. subl.* Les formalités dont nous parlons se pratiquaient ainsi : si le débiteur par fraude prenait la fuite , et que personne ne se présentât pour prendre sa défense , les créanciers , pour la conservation et sûreté de leur créance , étaient mis en possession des biens dont ils faisaient ensuite procéder à la vente , *leg. Fulcinius , ff. quib. ex causis in poss. eat.* On nommait un curateur pour veiller à ce que la vente des biens se fît sans fraude , *leg. ult. , ff. de curator. bon. dand.* ; et pour trouver plus facilement des acquéreurs , on faisait mettre des affiches aux endroits les plus exposés et les plus pratiqués de la ville ; lesquelles affiches faisaient mention du relâchement fait par les créanciers au débiteur : ces publications faites , les biens étaient adjugés aux enchères à l'un des créanciers ou à un étranger plus haut surdisant ; et celui qui demeurait l'adjudicataire , était appelé l'acquéreur des biens , *bonorum emptor dicebatur* , *leg. Fusidius , ff. de reb. aut. judic. possid.* On mettait cette acquisition des biens au nombre des manières d'acquérir à titre universel , parce que les actions , tant actives que passives , étaient transmises sur la tête de l'acquéreur , de la même manière qu'elles l'auraient été sur la tête d'un successeur universel.

(2) Les jugemens ordinaires sont ceux qui étaient rendus avec les solennités et les for-

cette

cette vente de biens n'eut plus lieu : il fut seulement permis aux créanciers de celui qui se tenait caché et demeurait sans défense, d'entrer en possession de ses biens par l'autorité du juge, et d'en disposer selon qu'il leur paraissait convenable, *leg. cùm proponas, cod. de bon., auth. jud.*

§ Ier. Il était encore une manière d'acquérir à titre universel, qu'on appelait la triste acquisition ; elle se faisait en vertu du sénatus-consulte *Claudien*, suivant lequel une femme libre, qui s'était laissée entraîner par les fureurs d'un amour infâme pour l'esclave d'autrui, et qui, après trois dénonciations, persistait à vivre dans cette union, *in eo contubernio*, était réduite à l'esclavage par le préteur qui la faisait passer dans la puissance du maître de l'esclave, avec la totalité de ses biens, *totam mulieris substantiam acquirebat* : ce que *Justinien*, trouvant indigne de son siècle, abolit par sa constitution au code *de sen.-cons. Claud. toll.*, *leg. unic.*

CODE CIVIL.

OBSERVATIONS.

NOMB. 49. A Rome il était permis aux créanciers de s'emparer des biens de leurs débiteurs insolvables, et d'en disposer à volonté. Il n'en est pas de même parmi nous ; les créanciers ont seulement le droit de poursuivre l'expropriation des biens immobiliers de leurs débiteurs, (art. 2204.) Cette poursuite doit être précédée d'un jugement de condamnation

---

mules prescrites pour proposer son action, *ut infrà, liv. 4, tit. 15, in ppio.* Les jugemens extraordinaires étaient ceux qui étaient rendus sans les solennités et les formules qu'on était obligé d'employer dans les jugemens ordinaires, et qui furent abrogées par la constitution au code *de formul. juris et impet. act.*

et d'un commandement, à la requête du créancier, à la personne du débiteur ou à son domicile, (art. 2217.)

Le reste des dispositions contenues dans ce titre nous est absolument étranger.

TITRE XIV.

DE OBLIGATIONIBUS.

~~~~~~~

Nous avons vu jusqu'ici tout ce qui forme les deux premiers objets du droit civil, c'est-à-dire, les personnes et les choses. Il sera question maintenant de la troisième et dernière partie, c'est-à-dire, des actions qui prennent leur source dans les obligations que nous allons développer. L'obligation est définie, un lien de droit qui nous astreint envers une personne (1) à lui donner, à faire ou à ne pas faire quelque chose (2) : ce lien, pour être obligatoire, doit être formé suivant les principes du droit Romain (3); on l'appelle *lien*, parce que les obligations sont dans leur commencement volontaires, et qu'elles deviennent nécessaires pour leur perfection, sans qu'on puisse s'en écarter, *leg. sicut initio, cod. de obligat. et act.* On distingue trois différentes espèces d'obligations; celles qui sont purement naturelles, celles qui sont purement civiles et celles qu'on appelle *mixtes :* celles qui sont purement naturelles sont destituées d'action, c'est-à-dire, qu'elles ne donnent pas à celui envers qui on les contracte

---

(1) Il faut entendre ici les obligations mixtes, parce que certaines sont civiles, d'autres sont prétoriennes, *ut inf.*, § 1°.

(2) Nous disons *quelque chose*, parce que c'est un terme général qui se rapporte à l'obligation de donner, de faire, ou de ne pas faire, *leg. rei, ff. de verb. sig.*, *leg. 3, ff. de oblig.*, *leg. 1ª., in fin., ff. si cert. petat.*

(3) Nous disons *suivant les principes du droit Romain*, parce que les obligations qui y sont contraires, ne lient pas, *v. g.*, comme celle de faire une mauvaise action, ou une action tout au moins deshonorante, *leg. generaliter, leg. velut 26 et 27, ff. de verb. oblig.* On est tenu aussi d'employer les actions préposées par le droit civil, de les diriger pardevant les juges compétens, *ut cod. si act. non competent judic., leg. fin.*; il faut de plus que l'obligation soit du nombre de celles qui prennent leurs liens dans le droit civil.
~~~~~~~

le droit d'en demander le paiement en justice ; telles sont celles que contractent les fils de famille, les pupilles sans l'autorité de leur père ou de leur tuteur, une femme sans l'autorité de son mari. Les principes du droit naturel font bien une loi de satisfaire à ces sortes d'obligations, *jure naturali pacta sunt servanda;* mais le droit civil ne vient point au secours des demandeurs, *his obligationibus non adsistit jus civile, dantur tamen exceptiones*, en vertu du simple pacte ou de la convention, *ex nudo pacto;* mais elles ne donnent point d'action, *sed non dant actionem* : telles sont encore toutes les obligations qui naissent des conventions, et qui ne sont revêtues ni de la qualité du contrat, ni de la forme de la stipulation (1), *ut inf. de verb. oblig.* : elles étaient laissées à l'équité naturelle des contractans, *quid enim tam congruum fidei humanae quàm ea quae inter eos placuerunt servare, leg.* 1ᵃ. *ff. de pactis.* On appelait pactes simples ces sortes de conventions; et si elles étaient destituées d'action , c'est à la politique vénale des praticiens qu'on en devait attribuer la faute ; car pour leur intérêt particulier , ils avaient fait dépendre le droit d'action des formules dont seuls ils avaient connaissance, afin d'obliger les Plébéiens à recourir à eux dans leurs affaires et de les tenir ainsi dans leur dépendance ; mais à cela près, elles avaient tous les effets des obligations civiles ; non - seulement le paiement de ce qui était dû par une obligation naturelle , était valable et non sujet à répétition, *leg. Stichum , § naturalis, ff. de solut. , leg. si non sortem , § libertus de condict. indeb. ,* mais on pouvait encore , suivant les principes du droit Romain , opposer contre l'action du créancier la compensation de ce qu'il devait de sa part par une obligation purement naturelle , *leg. 6, ff. de comp.* Les fidéjusseurs pouvaient aussi contracter une obligation civile qui accédât à une obligation naturelle, *leg* 16, § 3, *ff. fidej.;*

---

(1) On les appellait *pactes, leg.* 19, *ff. de novat.* : les Romains ne contestaient pas que ces pactes ne dussent être observés , car ils regardaient comme un malhonnête homme celui qui n'accomplissait pas sa foi ; mais ils ne donnaient pas d'action , parce qu'ils voulaient que les conventions fussent conformes à la sanction des lois ; de manière que par le droit civil, celui qui avait promis sans lier sa foi par un contrat, *per civilem modum*, était censé n'avoir pas voulu sérieusement s'engager.

d'où il suit qu'une obligation purement naturelle pouvait servir de matière à une novation en une obligation civile, *leg.* 1ª., § 1°., *ff. de novat.*

Les obligations purement civiles sont celles que le droit civil permet d'exiger : elles sont contraires au droit naturel; car si quelqu'un, par crainte, par séduction ou autrement, a promis une certaine chose ou une certaine somme par stipulation, ou a déclaré avoir reçu une somme qui ne lui aura pas été comptée; par la présomption du droit, il n'en est pas moins obligé à donner ce qu'il a promis, ou à rendre ce qu'il a déclaré avoir reçu; il est néanmoins vrai de dire qu'il n'est pas équitable de donner ce qu'on n'a promis que par force, et de rendre ce qu'on n'a pas reçu.

Les obligations mixtes sont celles qui sont conformes à l'équité naturelle, et qui sont autorisées par les lois, comme la vente ; dans cé contrat le vendeur se trouve obligé, et par le droit naturel et par le droit civil, à livrer la chose vendue, et l'acquéreur à en payer le prix.

§ Iᵉʳ. On divise les obligations mixtes en obligations civiles, et en obligations prétoriennes ou honoraires.

Les premières sont celles qui sont établies par le droit civil, comme l'obligation *ex stipulatu ;* les obligations introduites par la loi *Acquilia, ut inf. de leg. Acquil. in ppio ;* l'obligation *de pauperie* et celle du vol non manifeste, *ff. si quad. paup. fec. dic.*, *leg.* 1ª. *inf. de noxal.*, § 4; et celles qui, ayant été introduites par le droit des gens, *ut sup. de jur. nat.*, § 2, ont été autorisées par le droit civil, *ut ff de just.* et *jur.*, *leg. jus civile, et leg. ex hoc jur.* ; telles sont celles que nous appelons *emptio, venditio, locatio, conductio, mutuum, depositum, commodatum.*

Les obligations prétoriennes sont des obligations naturelles, autorisées par le droit prétorien, *leg. obligamus, ff. de oblig. et act.* : comme l'obligation qu'on appelle *constitutae pecuniae, leg.* 3, § *si quis de const. pecun.* ; celle du vol manifeste, *infrà de perpetuis et temp. act.*, § 1, de la rapine, etc., *ut ff. de just. et jur.*, *leg. jus autem civile*, § *jus praetorium.*

§ II. Les obligations civiles et les obligations prétoriennes se divisent encore en obligations qui naissent d'un contrat, d'un délit ou quasi-délit (1).

. Pour se faire une juste idée des contrats, il faut nécessairement connaître leur différence d'avec les pactes, et comment ils ont été distingués ; les termes, conventions ou pactes sont des termes généraux, qui conviennent à toutes les obligations ; on définit le pacte ou convention, le consentement volontaire de deux ou de plusieurs personnes pour le même objet, *duorum vel plurium in idem placitum consensus, leg.* 1ª., § 2ᵘ., *ff. de pact. id est de resolvendâ vel faciendâ vel praestandâ.*

Ces sortes de conventions étaient valables suivant l'équité et le premier état de nature ; mais elles furent pour ainsi dire dénaturées par le droit civil, qui ne voulut donner son autorité et faire produire d'action pour en exiger l'accomplissement, qu'à celles qui auraient été contractées dans les formes qu'il avait prescrites, et à celles qu'il aurait désignées par un nom particulier. Il fut établi, d'autre côté, une action générale pour celles qui avaient une cause civile, et qui, à cause de leur diversité, n'avaient pu être nommées séparément : toutes les conventions autorisées par le droit civil, produisant une action générale ou particulière, furent connues sous le nom de contrats. Les pactes ne changèrent point de nature ; ils continuèrent d'être nommés comme par le passé.

D'où vient que le pacte ne doit être autre chose qu'une convention sans nom et pour ainsi dire sans cause, *id est nuda rei vel facti in futurum promissio*, c'est-à-dire où il n'est intervenu que le seul consentement des parties. Nous disons *sans nom*, parce que ce terme convient à toutes les obligations : nous disons *pour ainsi dire sans cause*, parce qu'il n'intervient ni tradition ni aucun des faits exigés par le droit civil pour lui faire produire une obligation civile, *leg.* 7, § 4, *de pactis* : d'où il suit que, selon le droit civil, le seul consentement ne suffit pas dès que les simples

------

(1) C'est ce qu'on appelle dans le droit *faits obligatoires*, et qu'on divise en licites et en illicites ; les premiers sont les contrats et quasi-contrats ; les seconds sont les délits et quasi-délits : dans toutes les obligations, nous sommes immédiatement liés par le droit naturel et médiatement par le droit civil.

conventions ne peuvent produire de leur nature d'obligation civile : il leur faut pour cela une cause, c'est-à-dire une tradition ou l'accomplissement de la convention, au moins du côté d'une des parties, suivant la maxime que là où est autre chose que le consentement , on trouve un contrat, à moins qu'il ne s'agisse des contrats-nommés, où le seul consentement suffit, *ut inf., tit.* 23 : d'où il résulte que les simples pactes ne peuvent regarder que les contrats inconnus et ceux qui ne se trouvent soutenus ni par le droit civil ni par le droit prétorien, *ut inf.*, *liv.* 4, *tit.* 6, § 15.

Les contrats sont donc au contraire, suivant ce que nous venons de dire, des conventions qui ont un nom ou une cause présente, produisant par sa nature une obligation civile , *leg.* 7 , § 1º. , *et seq.* , *ff. de pactis.*

Nous remarquerons qu'il est pourtant des pactes qui produisent des actions ; ainsi, pour les distinguer de ceux qui n'en produisent pas, nous les diviserons en pactes simples et en pactes non simples , *pacta nuda et pacta non nuda.* Les premiers sont ceux qui ne produisent point d'action, mais seulement une exception , *leg.* 7 , § 4 , *ff. de pact.*, *leg.* 10 , 21 *et* 28 , *cod. de oblig.* Les seconds sont ceux qui produisent une action , 1º. ou par la loi ; 2º. ou par l'autorité du préteur, *leg.* 6 , *ff. de pact.* , qui vient toujours au secours de l'équité naturelle ; 3º. ou parce que le pacte a été fait dans l'instant de la perfection du contrat, comme si je vous vends un meuble, et que je stipule de vous que vous me le prêterez, ce pacte n'a lieu que dans les contrats de bonne foi, comme l'achat, le louage, etc., *ut inf. de actionib.* , § 28. On regarde la condition du prêt, et autres ainsi apposées, comme une loi ajoutée au contrat, du consentement des parties ; ce qui leur est permis jusqu'à ce qu'il ait acquis sa perfection. Le premier pacte se nomme *pactum legitimum ;* le second, *pactum praetorium ;* et le troisième, *pactum adjectum.* On appelle légitime tout ce qui est confirmé par la loi civile, comme les pactes dotaux, *leg.* 6 , *cod. de dot. promiss. ;* le pacte de donner, *pactum donationis,* *leg.* 35 , *cod. de donat. ;* certains pactes touchant les intérêts , *pacta quaedam de usuris, leg.* 30 , *ff. de usur.* , *leg.* 7 , *ff. de nautic. fœnor.,* *leg.* 12 , *cod. de usuris, nov.* 136 , *chap.* 4.

Les pactes au contraire, confirmés par le droit prétorien, sont les hypothèques, *leg.* 17 , § 2, *ff. de pact.* ; les pactes, *constitutae pecuriae, leg.* 1ª. , *ff. de const. pecun.* (1) ; la convention d'assurer la chose par la religion du serment , *conventio de jurejurando praestando* , § 11, *inf. de act.*

En revenant aux contrats proprement dits, nous observerons que le consentement respectif de toutes les parties est absolument nécessaire pour les former valablement ; tandis que les autres appelés *quasi-contrats,* n'ont pour fondement que l'équité et l'utilité commune qui en font présumer le consentement , pris de ce que nul ne doit faire sa condition meilleure aux dépens d'autrui, *leg.* 14 , *ff. de condict. indeb.* ; ils obligent malgré soi, et sans qu'on en ait connaissance, *inf. de oblig. quae ex quasi-cont.* , §. 1º.

Les contrats , proprement dits , ont un nom, ou une cause civile seulement (2) ; ceux-là sont appelés *contrats nommés* (3), et ceux-ci *contrats innommés, v. g. , do ut facias, do ut des , facio ut des , facio ut facias ;* ces quatre sortes de contrats n'ayant pas de nom qui leur soit propre, n'ont point par conséquent des actions distinctes comme les contrats nommés ; c'est pourquoi il a été introduit une action générale qui s'étend à tous ces contrats, *v. g., actio in factum vel praescriptis verbis, leg.* 1ª. , *2, 3, 5, et leg.* 17, § *ult.,* *ff. de praescript. verb.* , *leg.* 7, §. 2, *ff. de pact.* ; d'où il suit que les contrats innommés ne sauraient subsister sans une cause civile, c'est-à-dire sans quelque fait ou tradition, à moins de demeurer dans la nature des pactes.

---

(1) Ce pacte est une convention par laquelle le débiteur assigne à son créancier un certain jour ou un certain tems pour se libérer.

(2) Ils ont un nom propre , *v. g.* , *emptio , venditio , locatio, conductio, leg. labeo, ff. de verb. signi.* ; ils ont une cause sans nom , *v. g. do ut des , do ut facias , facio ut des , facio ut facias* ; il y a une cause civile, lorsqu'il y intervient une tradition ou un fait ; ce qui les distingue des pactes où il n'y a ni nom, ni tradition, ni fait , *ut* § 3º. *in fin. vers. adeo , leg.* 1ª. , *ff. de pact.*

(3) Parmi les contrats nommés, il y en a qui ont un nom et une cause, *ut tit. seq.* ; d'autres qui sont également valables , avec un nom seulement , comme tous les contrats consensuels.

Le

Les contrats-nommés, au contraire, tirent leur substance, les uns de la tradition, les autres des paroles, d'autres de l'écriture, d'autres enfin du seul consentement : on les divise en unilatéraux et bilatéraux.

Les premiers comprennent ordinairement les contrats qu'on nomme en droit *stricti juris, v. g.*, *mutuum*, *solutio indebiti*, *stipulatio litterarum*, *obligatio.*

Les seconds sont ceux qu'on appelle *bonae fidei, v. g.*, *commodatum*, *pignus*, et tous les contrats consensuels, comme la vente, le louage, le mandat, etc.

Les contrats *stricti juris* et les contrats *bonae fidei* diffèrent de plusieurs manières ; 1°. dans les premiers, on ne doit payer des intérêts qu'autant qu'il en a été stipulé ; dans les seconds, la seule demeure les fait courir, *leg.* 3, *cod. de usur;* 2°. le dol n'annulle point les contrats *stricti juris;* on peut seulement les faire rescinder par restitution, pour cause de dol ou de violence, *leg.* 36, *ff. de verb. oblig.* ; le dol, au contraire, dans les contrats de bonne foi, rend nulle l'obligation, *leg.* 7, *in ppio, ff. de dolo;* 3°. la compensation n'avait lieu autrefois, pour les contrats *stricti juris*, que par l'exception *doli mali* ; elle avait au contraire lieu, *ipso jure*, dans les contrats de bonne foi : ce qui a été changé par *Justinien*, par sa constitution au *cod. de comp.*, *leg. fin. et inf. de act.*, §. 3°.

CODE CIVIL.

OBSERVATIONS.

NOMB. 5o. L'obligation est parmi nous un lien du droit civil qui astreint une personne envers une autre, ou pour lui donner, ou pour faire, ou pour ne pas faire. Ce mot obligation doit, dans l'usage, être pris pour l'acte par lequel une personne s'oblige envers une autre ; en sorte que l'obligation est un contrat qui a été défini par les rédacteurs du code civil, une convention par laquelle une ou plusieurs personnes s'obligent envers une ou plusieurs autres, etc. (Art. 1101.)

Tome II.   63

Les Romains divisaient les obligations en civiles et prétoriennes ; cette division est inconnue parmi nous , elle ne pouvait convenir à nos usages.

De même que chez les Romains, les obligations naissent parmi nous d'un contrat ou d'un quasi-contrat, d'un délit ou d'un quasi-délit, (art. 1081, 1371, 1382.)

Nous avons vu qu'à Rome on distinguait dans les conventions les naturelles, les civiles et les mixtes. Nous avons vu que certaines d'entre elles n'étaient point obligatoires, parce qu'elles n'étaient point autorisées par le droit civil. Il n'en est pas de même parmi nous; tous les pactes et conventions que font les hommes entr'eux, s'ils ne sont point contraires à l'honnêteté publique, sont obligatoires.

En France , le contrat est valable si la partie obligée a donné son consentement, si elle avait la capacité de contracter, si un objet certain forme la matière de l'engagement et si l'obligation a une cause licite, (art. 1108.)

Dans les contrats qui, parmi nous, ont une dénomination propre, on distingue :

1°. Le contrat synallagmatique, ou bilatéral, (art. 1102.)

2°. Le contrat unilatéral, (art. 1103.)

3°. Le contrat commutatif, (art. 1104.)

4°. Le contrat de bienfaisance, (art. 1105.)

5°. Et le contrat à titre onéreux, (art. 1106.)

Dans le premier, les contractans sont réciproquement engagés les uns envers les autres.

Dans le second, il n'y a qu'une des parties qui soit engagée.

Dans le troisième, il se fait une sorte d'échange d'un objet certain pour un objet aussi certain.

Dans le quatrième, l'une des parties procure à l'autre un avantage purement gratuit.

Dans le cinquième, les deux parties sont assujéties à donner ou à faire.

Chacun de ces contrats produit une action, soit qu'il ait été formé par acte authentique, ou sous signature privée, à la différence que le demandeur est tenu, avant de former son action en vertu de celui-ci, de faire procéder en justice à l'aveu de la signature, que le défendeur est obligé d'avouer ou de désavouer formellement, (art. 1323.)

63 *

TITRE XV.

QUIBUS MODIS RE CONTRAHITUR OBLIGATIO.

~~~~~~~

Il ne s'agit dans ce titre que des contrats-nommés, qui, par leur nature, exigent la tradition des choses ; on les appelle à cet effet réels. Il y en a de quatre espèces, le prêt de consomption, le commodat, le prêt et le gage.

Le prêt de consomption *mutuum ad abusum*, consiste dans les choses fungibles, c'est-à-dire, celles qui peuvent se peser, compter, mesurer, comme le vin, l'huile, le froment, l'argent monnayé, etc., *leg.* 2, § 1º., *ff. de reb. cred.*, que nous livrons dans le dessein d'en transférer la propriété. Il est tacitement convenu dans ce contrat qu'il ne nous sera point rendu les mêmes choses en espèces, puisqu'elles se consomment, mais d'autres de même nature et de même qualité, *leg.* 3, *ff. de reb. cred.*, *leg* 1ª., § 1º. ; de-là vient qu'on appelle en latin ce contrat *mutuum*, par la raison que la chose cesse d'être au prêteur pour appartenir à l'emprunteur (1), *leg.* 2, § 2, *leg.* 16, *et leg. penult.*,

______

(1) C'est en quoi le prêt diffère du commodat par lequel on prête une chose qui ne se consume point par l'usage, comme un cheval, une tenture ; l'emprunteur est obligé de la rendre en même espèce ; en sorte que le commodataire n'a pas précisément besoin d'être le propriétaire de la chose qui fait l'objet du commodat : il n'en est pas de même de celui qui fait le prêt à usage qu'on appelle *mutuel*, puisque c'est une sorte d'aliénation, *leg.* 2, § 2 et 4, *leg.* 16, *leg. penult.*, *ff. de reb. cred.* : ainsi, si celui qui ne peut aliéner, *ut sup. quibus alien. licet vel non*, ou qui n'est pas le propriétaire de la chose, fait un prêt à usage, dans le cas où la chose existe, il lui est libre de la revendiquer, *ut inf.*, § 15, *de act.* ; si la chose a été consommée de bonne foi, il peut agir par l'action *condictio de benè depensis* ; mais si elle avait été consommée de mauvaise foi, il peut agir par l'action *ad exhibendum* ; comme si la chose existait, *leg.* 13 *et* 24, *ff. de reb. cred.* ; il en est de même si quelqu'un, par fraude, donne à un autre, à titre de prêt, l'argent d'autrui sans mandat du proprié-
~~~~~~~

ff. de reb. cred. ita datur ut ex meo tuum fiat, leg. 2, ff. de reb. cred.; il naît de ce contrat une action personnelle qu'on appelle *condictio certi* (1), *cod. quib. non objic. long. temp. praesc., leg. 5.*

§. Ier. On regarde aussi comme une obligation réelle, celle que contracte celui qui reçoit le paiement d'une chose qui ne lui était pas due, et qui lui a été fait par erreur (2). Il a été introduit une action personnelle en faveur de celui qui a ainsi payé, appelée *condictitia actio*, en vertu de laquelle il peut poursuivre le remboursement de ses fonds, et contraindre celui qui a mal-à-propos reçu, par la formule *si apparet eum dare oportere*, usitée pour celui qui avait reçu à titre de prêt, auquel celui qui avait payé par erreur était assimilé, et dont on se servait pour les actions personnelles ; d'où il suit que puisque le paiement fait par

---

taire, *leg.* 11, § *ult.*, *leg.* 13, *ff. de reb. cred.* ; de cela que le prêt est gratuit de sa nature, il suit qu'on ne peut rendre une moindre valeur, ni en stipuler une plus forte, mais qu'on doit rendre la même quantité et qualité, *leg.* 99, *ff. de solut.* ; si la valeur de la chose est changée, on s'en rapporte au tems du contrat, à moins qu'il n'eût été convenu de la rendre en une certaine monnaie, *leg.* 5 et 22, *ff. de reb. cred.*

(1) C'est une action qu'on dirige contre son débiteur ou son héritier, afin d'obtenir la restitution de la chose prêtée, dans la même qualité et quantité ; et comme ce contrat est de droit étroit, les intérêts ne sont dus qu'autant qu'il en a été promis ; ce terme *condictio* est une expression générale qui convient à toutes les actions personnelles, *ut inf.*, § 15, *de act.*

(2) On doit entendre ici l'erreur de fait, et non pas de droit ; car celui qui paye par erreur de droit, ne peut avoir de répétition, *leg.* 10, *cod.*, *leg.* 9, *in ppio*, *ff. de jur. et fac. ignor.*, *leg.* 6 et 7, *cod. de cond. indeb.*, *leg.* 9, *cod. ad. leg. facild.* ; l'ignorance du droit est seulement permise aux mineurs et aux femmes, *leg.* 9, *ff. de jur. et fact. ignor.* ; comme si l'héritier payait les entiers legs, ignorant qu'il avait le droit de retenir la quarte falcidie, au cas que l'hérédité vînt à être épuisée, *leg. error. cod. ad leg. falcid. leg. cùm quis de jur. et fac. ignor.*, *leg. si per ignorantiam, et seq. cod. de cond. indeb.* ; celui qui, au contraire, paye par erreur de fait, a pour la répétition de la chose l'action *condictio indebiti* ; comme si l'héritier payait les entiers legs sans rétention de la quarte, croyant l'hérédité suffisante pour en être rempli ; mais si quelqu'un a payé sachant qu'il ne devait rien, il est censé avoir voulu faire un don ; ce qui le prive de toute action en restitution, *leg.* 53, *ff. de reg. jur.*, et *leg.* 1^a., § 1°., *ff. de condict. indeb.*

erreur d'une chose qui n'était pas due, est comparé au prêt, le pupille qui aurait reçu un pareil paiement, sans l'autorité de son tuteur, n'en pourra pas être poursuivi, de même qu'il ne peut pas l'être pour cause de prêt, à moins cependant que sa condition n'en soit devenue meilleure, c'est-à-dire que l'argent n'ait pas été diverti, *ut ff. de solut. lege in pupillo* ; car alors il se trouve lié, tant par le droit naturel que par le droit civil, *leg. naturaliter*, §. *fin.*, *et leg. seq.*, *ff. eod.*, *leg.* 3, *ff. commod.*, *leg. pupillus*, *ff. de autor. tut.*, *leg.* 3, §. *pupillus de negot. gest.*, *leg.* 13., §. 1°. *de cond. indeb.* Il est à remarquer que l'obligation qui se forme entre celui qui paye une chose non due et celui qui la reçoit, ne doit pas être considérée comme un véritable contrat, puisque celui qui donne dans l'intention de payer une chose qu'il croit devoir, est censé vouloir plutôt dissoudre que former une obligation. On ne peut donc proprement qualifier cette sorte d'obligation que de *quasi-contrat*, en ce que celui qui reçoit la chose est présumé la recevoir à titre de prêt, et par conséquent dans l'intention de la rendre, *ut inf. de oblig. quæ ex quasi-contr.*, §. 6; d'où il suit que l'action qui naît du prêt, diffère de celle qui naît du paiement de la chose non due, en ce que celle-là est donnée en vertu d'un contrat, et celle-ci à l'occasion d'un quasi-contrat (1).

§ II. Le commodat forme une autre obligation réelle ; elle consiste dans des clauses qui ne sont pas fungibles; elle a lieu lorsque quelqu'un livre quelque chose pour un certain tems et pour un certain usage, *leg.* 1ª., § 1°., *ff. de oblig. et act.* (2); elle produit une action qu'on appelle

---

(1) L'action du prêt est toujours *condictio certi*, et l'action de la chose non due *condictio indebiti;* elle est tantôt certaine et tantôt incertaine ; certaine lorsqu'on a à payer une chose non due; incertaine, lorsqu'on a promis de payer une chose non due; on emploie alors l'action *condictio incerti*, pour se faire décharger de cette obligation, parce que les droits, de même que les obligations, sont des clauses incertaines et incorporelles, *leg. indebiti*, § 1°., *leg. sed. et si*, § 1°.; *ff. de cond. indeb.*, *leg.* 5, *in fin. de act. empt.*, *leg.* 2ª., § *item si ei de donat.*

(2) D'où il suit que le commodataire ne peut s'en servir à d'autres usages qu'à celui pour lequel le commodat a été fait, sans se rendre coupable de vol, *inf. de oblig. quæ ex delict.*, § 6 et 7, *leg.* 54, § 1°., *ff. de furt.*, *leg.* 5, § 8, *in fin.*, *ff. commod.* ; il suit encore que

commodati : ce contrat diffère beaucoup du contrat réel , qu'on appelle prêt *ad abusum* , en ce que , 1°. dans le commodat, on ne transfère pas la propriété de la chose comme dans le prêt mutuel ; au contraire , on la retient toujours devers soi , *leg.* 8 *et* 9 , *ff. commodati* ; auquel effet le commodataire est tenu de rendre la chose dans le même état qu'il l'a reçue , *ut ff. commodat.* , *leg.* 3 , *§ si reddita* , *et leg.* 1ª. , *§ is quoque ;* 2°. celui qui reçoit un prêt mutuel n'est pas moins obligé de le rendre , quoiqu'il ait péri par quelque cas fortuit , *v. g.* par un incendie, ruine, naufrage , voleurs ou incursion des ennemis ; celui au contraire qui aurait reçu une chose à titre de commodat , n'est pas tenu des cas fortuits , *v. g.* la force majeure , *ut ff. de loco et cond. ad leg. si merces* , *§*

---

le commodat ne peut être révoqué avant que le tems préfixé ne soit expiré , *leg.* 17, *§* 3 , *ff.* , *leg.* 3 , *cod. commod.* ; si le commodataire ne pouvait utiliser la chose qu'autant que le propriétaire y voudrait consentir , ce ne serait plus un commodat , mais un contrat qu'on appelle *précaire ;* il est défini *precarium est quod precibus petenti utendum conceditur tamdiu quamdiu is qui concessit patitur ;* ce genre de libéralité a pris sa source dans le droit des gens : nous disons *libéralité* , parce qu'il a beaucoup de rapport avec la donation , *ut ff. de precario* , *leg.* 14 , *et de fur.* , *leg. eum qui* , *§ is qui precario ;* il diffère de la donation cependant en ce que celui qui donne , se dépouille de toute prétention à la chose , au lieu que celui qui donne à titre de précaire , conserve toujours le dessein et la faculté de redemander la chose à son gré ; ce contrat a beaucoup de rapport avec le commodat , en ce que dans l'un et dans l'autre , la propriété ne passe point à celui qui reçoit la chose , et qu'il n'a que le droit de s'en servir ; ils diffèrent cependant en ce que , 1°. l'un est donné pour un certain usage , ce qui n'est point observé dans le contrat à titre de précaire ; 2°. celui-là est révoqué à la volonté du commodat ; l'autre ne peut l'être qu'après l'expiration du tems fixe ; 3°. dans le commodat, on est tenu de la faute la plus légère ; à l'égard du précaire , on n'est tenu que du dol ou de la plus grande faute , *leg.* 8, *§* 3 *et* 5 , parce qu'il ne s'agit dans ce contrat que d'une pure libéralité , tant au commencement qu'à la fin , *ut ff.* , *leg.* 12 , *de prec.* ; au lieu que le commodat est dans le commencement une pure libéralité , et qu'il est dans la suite de nécessité , *ex post facto* , *ff. commod.* , *leg. incommodato* , *§ sicut autem.*

Ainsi , on est toujours censé tenir , à titre de précaire , toutes les fois qu'on a obtenu la possession d'une chose corporelle ou incorporelle , *v. g.* , une servitude , par cela seul qu'on a employé la prière pour obtenir la liberté de posséder , *leg.* 2ª. , *ff. de precario* , *§* 3°.

vis major, et autres cas qu'on ne peut prévenir (1) ; mais il est tenu de la faute la plus légère, c'est-à-dire d'apporter à la conservation de la chose la plus exacte diligence (2) ; car, si la chose périt, il ne suffit pas qu'il

---

(1) A moins que le commodataire n'eût consenti de prendre à sa charge les cas fortuits , il en serait alors tenu en vertu du pacte particulier , *leg.* 1ª. , *commodati* , *leg.* 23 , *de reg. jur.* , *leg.* 1ª. , § 35 , *ff. deposit.*

(2) Quoique le texte dise ici une *diligence exacte* , il est aisé de comprendre qu'il faut la diligence la plus exacte, *ut leg.* 1ª. , § 4 , *ff. de obl. et act.* , c'est-à-dire que le commodataire est tenu de la faute la plus légère.

Il peut nous être préjudicié de plusieurs manières, par le dol, par notre négligence et par le hasard , *dolo, culpâ et casu.*

On définit le dol toute espèce d'artifice dont on se sert pour tromper quelqu'un , *omnis calliditas , fallacia , machinatio ad decipiendum , fallendum , circumveniendum alterum adhibita , leg.* 1ª. , § *ff.* 2 *de dolo.*

La faute est un fait inconsidérément produit, par lequel une personne se trouve préjudiciée , *est factum inconsultum quo alter injuriâ lœditur , vel quod cum ab diligente provideri potuerit , non sit provisum , leg.* 31 , *ff. ad leg. acquil.*

Le hasard est un évènement produit par la Providence , qu'il n'a pas été possible de prévenir , *casus est eventus à divinâ Providentiâ profectus , cui resisti non potest , leg.* 18, *in ppio , ff. commod.*

La faute se distingue de trois manières et par trois degrés différens ; la faute *grossière*, la *légère* , et la *très-légère* , *culpa lata , levis et levissima* ; la première , *lata culpa et dolo proxima* , est une excessive négligence qu'on apporte à la conservation des choses qui nous sont confiées ; elle est comparée au dol , *leg. quod nerva , ff. depositi.*

La faute légère est commise par ceux qui n'apportent pas à leurs affaires cette exacte diligence que les bons pères de famille ont l'habitude d'y apporter, *leg.* 32 , *ff. depositi* , *leg.* 1ª. , *ff. tut. et rat. distrah.*

La faute très-légère se commet lorsqu'on n'apporte pas à la conservation des choses , une très-exacte diligence , *leg.* 8 , *ff. commod.*

La loi 5, au code, a posé des règles pour fixer les cas auxquels les différens degrés des fautes devaient avoir lieu ; 1°. lorsque dans les contrats tout le désagrément est pour celui qui prête et tout l'agrément pour celui qui reçoit, celui-ci est tenu de la faute la plus légère, comme dans le commodat ; 2°. si au contraire tout l'avantage est pour celui qui prête, et le désavantage pour celui qui reçoit, celui-ci n'est tenu d'apporter que de la bonne foi à la conservation de la chose , c'est-à-dire qu'il n'est tenu que de son dol et de sa faute

ait

ait apporté à sa conservation le même soin qu'il est dans l'usage d'apporter aux choses qui lui appartiennent : si un autre plus diligent eût pu la conserver, en y apportant un plus grand soin, *leg.* 1ª., *quod verò*, *leg. in rebus*, *ff. commodati*, *leg.* 1ª., § 4, *de oblig. et act.*, *si culpa praecessit casum*. Nous avons dit qu'il n'était pas tenu des cas fortuits : mais il faut l'entendre dans le cas où il n'y a pas de sa faute ; comme si on lui avait prêté quelque chose pour l'utiliser seulement chez lui, et que, la faisant servir à ses voyages, elle ait été prise par les ennemis ou par des voleurs, ou enfin qu'elle ait péri dans un naufrage, il n'est pas douteux qu'il serait tenu de cette perte, *leg.* 18, *ff. commod.*, *leg.* 1ª., § 4, *ff. de oblig. et act.*, *leg.* 2, 3, 82, § 1º., 91, § 3, *ff. de verb. oblig.* Il est de la nature de ce contrat d'être gratuit comme le prêt mutuel ; car s'il intervenait quelque prix pour l'usage de la chose, ce ne serait plus un commodat, mais un louage, *ut inf. mandat.*, § *fin.* *et inf. locat.*, § 1º.

§ III. Le quatrième contrat réel est celui qu'on appelle dépôt ; il a lieu lorsqu'on donne en garde à quelqu'un des meubles, de l'argent ou autres objets dont il se charge gratuitement, et qu'il s'oblige de rendre

---

grossière, *dolo proxima*, comme dans le dépôt ; 3º. si le contrat concerne l'utilité commune des contractans, ils sont alors l'un et l'autre tenus de la faute légère, comme dans l'achat, le louage, la société ; 4º. ceux qui, de leur gré, contractent des obligations, pour l'exécution desquelles ils sont tenus d'apporter beaucoup d'industrie, sont assujettis à la faute la plus légère, *leg.* 13 *et* 21, *cod. mand.*, *leg.* 20 *de neg. gest.*, *leg.* 23, *ff. de reg. jur.* ; 5º. dans les contrats de pure libéralité, où l'une des parties, c'est-à-dire celle qui donne, conserve toute liberté ; celui qui reçoit n'est tenu que de son dol et de sa faute grossière, *culpa dolo proxima*, comme dans le précaire, *leg.* 8, § 3, *ff. de precario* ; l'exception du dol a lieu dans tous les contrats, la clause même par laquelle on conviendrait qu'on ne serait pas tenu du dol, est déclarée nulle et de nul effet, *leg.* 23, *ff. de reg. jur.* ; on pourrait tout au plus convenir ou s'accorder sur un dol qui aurait été déjà commis, *de praeterito dolo pactio valet*, *leg.* 27, § 3, *ff. de pact.*, *leg.* 5, § 7, *ff. de adm. tut.*

Quant aux évènemens de la Providence, *quo ad casus*, on n'en peut être tenu, à moins, par exemple, qu'un débiteur ne fût en demeure, *leg.* 2ª., *cod. de per. et comm. rei vend.*, ou que l'emprunteur eût pris de son gré à sa charge les périls et risques, ou que l'évènement fût arrivé par sa faute, *leg.* 1ª. *cod. commod.*, *leg.* 23, *ff. de reg. jur.*

dans la même espèce , à la volonté du déposant ; il naît de ce contrat l'action qu'on appelle *depositi* , par laquelle le déposant peut agir contre le dépositaire et ses héritiers , pour obtenir la restitution de la chose déposée , ou réparer le préjudice qui y serait survenu par dol ou faute grossière , sans qu'il puisse lui être opposé aucune compensation , ni toutes autres actions , *leg. penult.*, *cod. depositi*, *et leg. ult. fin.*, *in cod. de compens.* A l'occasion de cette action directe , il en naît une autre , qu'on appelle *contraire* , par laquelle le dépositaire peut agir contre le déposant et ses héritiers pour obtenir une indemnité , à raison des dépenses faites pour la conservation du dépôt. Le dépositaire n'est tenu que de son dol et de sa faute grossière (1) , *leg.* 32 , *ff. deposit.* Il n'est point tenu de ce qui arrive par sa négligence : on ne pourrait même s'en prendre à lui, si par son peu de soin la chose avait été volée, le déposant ayant seul à s'imputer d'avoir confié quelque chose en garde à un ami négligent, *leg.*, *cùm mandato* , § *fin.* , *ff. de minor. inf. de societ.* , § *fin. in fin.*

On divise le dépôt en volontaire et en nécessaire ; le volontaire se subdivise en régulier et en irrégulier; le régulier est celui qui se remet empaqueté et scellé; l'irrégulier est celui qui se remet sans être cacheté , et dont on laisse au dépositaire la liberté de se servir.

Le dépôt involontaire ou nécessaire, qu'on appelle aussi *misérable*, est celui qui se fait dans un tumulte, incendie, ruine ou naufrage , *leg.* 1ª., § 1º. , *ff. deposit.* Le dépositaire est tenu par son dol au double de la chose déposée , ainsi que son héritier, s'il s'est aussi rendu coupable de dol.

Il est une espèce de dépôt, qu'on appelle *séquestration*, *leg. unic. cod.*

---

(1) Le dépositaire encourt l'infamie par son dol ou sa faute grossière, de même que dans tous les contrats dont l'amitié et la confiance font le principal objet, *leg.* 10 , *cod. deposi.* , *leg.* 1ª. , § 1º. , *ff. de his qui not. inf.* , § 2 , *inf. de pœn. tem. litig.* , comme s'il a employé à son usage la chose déposée, auquel cas il est tenu des périls et risques, surtout s'il était en demeure ; le dépositaire ne peut prescrire en aucun tems, parce qu'il ne possède point pour lui, mais pour un autre , qui est le propriétaire , *leg.* 2ª. , § *quod vulgò* ; *ff. pro hœrede* , *leg. interesse poss.* , *leg. si duo* , § *creditores uti possidet.*

de proh. sequest. Il diffère de l'autre en ce que le simple dépôt se fait de plein gré de part et d'autre ; au lieu que la séquestration se fait par ordre du juge : ce qui arrive lorsque plusieurs contestent la propriété d'une chose, et que chacun prétend qu'elle lui appartient : le dépôt se fait alors, et le dépositaire est forcé à se charger de la chose, *leg.* 7, § *fin.*, *ff. qui satisdare cog.*: quelquefois cependant le demandeur ou le défendeur sont établis séquestres, lorsqu'ils en font la demande : on l'accorde ordinairement à ceux qui ont le droit le plus apparent, *ff. deposit.*, *leg. licet*, § *rei depositae*, et *ff. de acq. poss.*, *leg. interesse.* Ils diffèrent encore en ce que le dépôt simple n'a lieu que pour les meubles, et que la séquestration a lieu pour les meubles et pour les immeubles parce que le dépositaire simple n'est chargé que de la garde du dépôt ; au lieu que le séquestre est chargé de la garde, de la possession et des soins de culture, *leg.* 17, § 1°., *ff. deposit.*, *et leg.* 5, *cod. quor. appell.*

Il naît également de la séquestration deux actions ; l'une directe, et l'autre contraire. La première est donnée à celui qui a eu gain de cause pour agir contre le séquestre et ses héritiers, en restitution de la chose et de tout l'ensuivi, c'est-à-dire frais, intérêts, etc. *cum omni causâ, leg.* 5, § 1°., *leg.* 12, § 2, *ff. deposit.* La seconde est donnée aux séquestres pour obtenir l'indemnité, c'est-à-dire le remboursement des dépenses auxquelles ils ont été exposés, *leg.* 5, § 2, *ff. deposit.*

§ IV. Enfin le gage est encore du nombre des obligations réelles ; il a lieu lorsqu'un débiteur donne à son créancier quelque objet mobilier (1),

---

(1) Nous disons *meuble*, pour distinguer entre l'hypothèque, qui ne s'établit que sur les immeubles, d'où il suit que le gage ne peut avoir lieu que par la tradition de la chose ; et l'hypothèque établie par un simple pacte autorisé par le préteur, *leg.* 6, *ff. de pactis*, *leg. si alienam rem.*, *ff. de pignor. act.* ; elle affecte la chose sans tradition, quoiqu'elle demeure au pouvoir du débiteur, *leg.* 9, § 2, *ff. de pign. act.*, *leg.* 238, § 2, *ff. de verb. signi.* : à cela près, le gage et l'hypothèque sont presque la même chose, *leg. cùm tabernam*, *ff. de pignor. et hypoth.* ; l'un et l'autre peuvent avoir lieu, tant sur les choses appartenant au débiteur que sur celles appartenant à autrui, pourvu toutefois que dans ce dernier cas le propriétaire donne son consentement ou qu'il en ratifie la tradition, *leg.* 20, *de pignor. act.* ; mais ils ne peuvent avoir lieu sur des choses qui ne sont pas dans le commerce, *leg.* 9, § 1°., *ff. de*

pour la sûreté de sa créance, pour le rendre en nature aussitôt que la créance sera acquittée. Il en naît deux actions ; l'une directe, et l'autre contraire. La première est donnée au débiteur qui s'est libéré contre le créancier ou ses héritiers, en restitution de la chose engagée (1) ; la contraire est donnée au créancier contre le débiteur pour obtenir le remboursement des dépenses qu'il pourrait avoir faites pour la conservation de la chose, *leg.* 38, 9, 36, *ff. de pign. act.*

Le créancier n'est tenu, suivant les principes déjà posés, que de sa faute légère, c'est-à-dire de la plus exacte diligence pour la conservation de la chose, parce que ce contrat concerne l'avantage commun des deux parties ; du débiteur, en ce qu'il trouve plus facilement l'argent dont il a besoin ; du créancier, en ce qu'il trouve dans le gage une sûreté pour sa créance, *leg. si ut certo, § nunc videndum, ff. commod.* Si la chose venait donc à se perdre par cas fortuit, le prêteur n'en serait nullement responsable, et n'en serait pas moins en droit de demander ce qui fait l'objet de sa créance, *leg. quae fortuitis, leg. si nulla, cod. de pign. act., leg. sicut vim, cod. de pignor., leg. contractus, ff. de reg. jur.*

CODE CIVIL.

OBSERVATIONS.

Nomb. 51. Les rédacteurs du Code civil ont presque entièrement consacré les principes du droit romain sur les contrats du prêt, du dépôt et

---

pign. et hypoth., ni sur des choses litigieuses, *leg.* 1ª., § 2, *ff. quœ res pign.*, *leg.* 3, *cod. de pign. et hyp.*; le créancier ne peut se servir du gage, à moins que ce ne soit du consentement du débiteur, ou que l'usage du gage ne doive tenir lieu d'intérêts, *leg.* 11, § 1°. *de pign. et hypoth.* ; si la chose se perd, c'est au créancier à prouver qu'elle s'est perdue par cas fortuit, *cod. de pign. act.*, *leg. si creditor* ; et c'est au débiteur à prouver le dol ou la faute grossière du créancier, *leg. in exceptionibus*, et *leg. quòtiens, § qui dolo, ff. de probati.*

Nota. *Vide du gage et de l'hypothèque, au titre des Actions, § 7.*

(1) La chose engagée ne se prescrit point, parce que le créancier ne possède pas pour lui, mais pour le débiteur, *leg. usucapione, leg. nec creditores, leg. ult. cod. de pign. act.*

du gage ; aussi nous bornerons-nous à une courte analyse sur ces matières. On connaît en France , comme à Rome, deux sortes de prêts ;
le prêt à usage, ou commodat, et le prêt de consommation , (article
1874.)

Le prêt à usage est essentiellement gratuit, (art. 1876) : l'emprunteur est tenu de veiller en bon père de famille à la conservation de la
chose prêtée , (art. 1880.) Le prêteur ne peut retirer la chose prêtée
qu'après le terme convenu, ou, à défaut de convention, qu'après qu'elle
a servi à l'usage pour lequel elle a été empruntée, (art. 1888.)

Dans le contrat du prêt à intérêt, il est permis de stipuler un taux
qui peut excéder celui de la loi, quand il n'est pas prohibé par elle ,
(art 1907.)

Parmi nous , comme chez les Romains , le dépôt est volontaire ou
nécessaire , (art. 1920.)

Le dépositaire est tenu d'apporter à la garde de la chose déposée,
les mêmes soins qu'il apporte aux choses qui lui appartiennent , (art.
1927.)

La personne qui a fait le dépôt est tenue de rembourser au dépositaire
les dépenses qu'il a faites pour la conservation de la chose déposée ,
(art. 1947.) Le dépôt nécessaire peut être prouvé par témoins, quelque
soit la valeur de la chose déposée, (art. 1950.) Le dépôt volontaire ne
peut être prouvé que par écrit, si la chose est d'une valeur au-dessus de
150 francs, (art. 1923.)

A Rome, le séquestre était toujours judiciaire ; en France , il est
conventionnel ou judiciaire, (art. 1955.)

Le séquestre conventionnel est le dépôt fait par une ou plusieurs
personnes , d'une chose contentieuse, entre les mains d'un tiers , qui
s'oblige de la rendre, après la contestation, à la personne qui sera jugée
devoir l'obtenir, (art. 1956.)

Le séquestre judiciaire est celui qui est ordonné par la justice ,
(art. 1961.)

Le gardien est tenu d'apporter à la conservation de la chose les soins
d'un bon père de famille, (art. 1962.)

Le saisissant est tenu de payer au gardien, outre ses dépenses, le
salaire fixé par la loi *loc. cit.*

Par le droit Romain, on nommait *gage*, le meuble remis par le débiteur à son créancier, pour sûreté de sa créance ; et on nommait *hypothèque* la remise d'un immeuble en nantissement.

Parmi nous, le meuble remis au créancier s'appelle *gage*, (art. 2072) ; et l'immeuble remis s'appelle *antichrèse*, *loc. cit.*

Le gage confère au créancier le droit de se faire payer sur la chose qui en est l'objet, par privilége et préférence à tous autres créanciers, (art. 2073.)

Le gage peut s'établir sans écrit, si la chose n'excède pas la valeur de cent cinquante francs, (art. 2074.)

L'antichrèse ne peut s'établir que par écrit, (art. 2085.)

Le créancier répond de la perte ou de la détérioration du gage qui sera survenue par sa négligence ; de son côté, le débiteur doit lui tenir compte des dépenses utiles et nécessaires, faites pour la conservation du gage, (art. 2079.)

TITRE XVI.

DE VERBORUM OBLIGATIONIBUS.

Il est des obligations qui ne se forment que par les paroles, c'est-à-dire par interrogations et par réponses : on les appelle *stipulations*, *leg.* 11, *cod. de usuris*, *leg.* 5, §. *stipulatio*, *ff. de verb. oblig.* ; comme lorsque nous stipulons de donner, de faire ou de ne pas faire quelque chose, *leg.* 75, §. 7, *ff. eod.* ; la stipulation n'est donc qu'une formule comprenant certaines paroles solennelles, par lesquelles on promet de donner ou de faire quelque chose , *leg.* 5, §. *stipulatio*, *ff. eod.*, *leg. si fratres, cod. commun. utriusq. judic.*, *leg. stipulationes, cod. de contract. et commit. stipulat.* : elle se divise en certaine et en incertaine ; elle est certaine, lorsque, par la seule prononciation, on voit l'espèce, la qualité et la quantité, *v. g.* : Je vous promets un cheval, mon fonds *Fabien*, ma maison de la ville, *leg.* 74, *ff. eod.* Il naît de cette stipulation certaine, une action qu'on appelle *condictio certi.*

La stipulation incertaine est celle où l'on ne détermine que le genre, comme un fonds, un homme, *leg.* 75, §. 1º. *et* 7º. (1) ; il en naît aussi une action, qu'on appelle *condictio incerti*, ou bien *ex stipulatu* ; l'une et l'autre action ont lieu contre celui qui a promis , et contre ses héritiers, pour le contraindre à faire la chose, ou à la remettre (2).

___

(1) Parce qu'on ne s'expose en y manquant qu'à indemniser , à proportion de l'intérêt qu'on peut avoir à ce que la chose soit faite ou ne soit pas faite; ce qui est toujours incertain et arbitraire, puisque c'est au juge à le déterminer, et que ses décisions sont toujours incertaines, *ut inf.*, § *ult.*

(2) Il est des jurisconsultes qui prétendent que *stipulation* vient du mot latin *stipulum*, qui signifiait chez les Romains quelque chose de stable ; d'autres qu'il dérivait du mot *stipula*, qui

§. Ier. Il y avait autrefois trois manières différentes de contracter par paroles ; 1°. la manière solennelle qu'on employait pour établir la dot, qu'on remettait cachetée aux protecteurs de la loi, c'est-à-dire à certains magistrats, *Suet. in Claud., chap.* 26, *antiquit. Rom., liv.* 2, *tit.* 7, §. 4, *seq.* ; 2°. la promesse faite au patron par son affranchi, de faire certains ouvrages, *promissio operarum à liberto facta*, laquelle promesse était appuyée par la religion du serment ; 3°. la stipulation, qui seule demeura en usage, introduite, tant par le droit civil que par le droit prétorien, afin qu'il existât un moyen, par lequel ceux qui feraient quelque promesse, pussent être contraints de l'exécuter, *leg.* 27, *cod. de pactis.* Dans les premiers tems, la stipulation n'était valable qu'autant qu'on y avait employé certaines paroles solennelles, et qu'on y avait répondu de la même manière, *v g. spondes ? spondeo; promittis? promitto ; fidei committis ? fidei committo ; fide jubes ? fide jubeo ; dabis ? dabo ; facies ? faciam.* Toutes ces formalités furent abrogées par la constitution de l'empereur *Léon*, au *cod. leg.* 10, *de contrah. et committ stipulat.*, suivant laquelle il fut établi que la stipulation serait valable, de quelque manière que les stipulans se fussent exprimés, pourvu qu'il apparût qu'ils s'étaient entendus, et que l'un et l'autre avaient donné leur consentement ; d'où il suit qu'il est indifférent qu'on stipule en grec ou en latin, pourvu que l'un et l'autre stipulans entendent les langues dont ils se servent. Il suit encore que l'un peut stipuler en grec, et l'autre en latin, pourvu que la demande soit conforme à la réponse, *leg.* 1, § 6, *de verbor. obligat.* Il suit enfin que deux grecs pourraient contracter une obligation en langue latine (1).

§. II. La stipulation peut se faire ou purement, ou pour un certain

---

signifie *paille*, dont on se servait comme par fiction pour assurer les promesses et les résolutions, en coupant la paille et en la jettant au vent, feignant qu'il était impossible de retrouver les deux bouts pour pouvoir résoudre la promesse, *Isodoro* 5, *origin., cap.* 24, en les rejoignant.

(1) Depuis cette réformation de l'empereur *Léon*, on peut définir la stipulation un contrat unilatéral, par lequel on s'oblige à donner ou à faire quelque chose, en faisant de suite une réponse conforme à la demande qui vous est faite ; c'est ce qui distingue, malgré la réformation, les stipulations, des simples pactes, puisqu'il est de rigueur qu'il y ait une demande et une réponse.

jour

jour, ou sous condition. Elle se fait purement, lorsqu'il n'y a ni jour, ni condition ; comme si l'on a dit : me promettez-vous de me donner cinq écus d'or, et qu'on ait répondu simplement, je vous le promets ; le jour cède alors, et vient aussitôt, c'est-à-dire, que la chose promise est aussitôt due, et qu'on peut en former de suite la demande, *leg.* 213, *ff. de verb. sig. ;* elle se fait en un certain jour, *in diem*, lorsque l'on dit : me promettez-vous de me donner dix écus d'or, aux premières calendes de mars; la chose est due alors, dès le moment de la stipulation ; mais elle ne peut être exigée avant le premier jour des calendes (1), *leg.* 213, *ff. de verb. sig. ;* elle ne peut même être demandée le jour auquel se réfère la stipulation, le débiteur devant l'avoir en entier pour y satisfaire, *ff. de feriis, lege cedere diem , ff. de verb. sign.*, par la raison qu'avant que ce jour soit entièrement expiré, on ne peut pas dire que la chose promise n'a pas été livrée (2), *leg. quidquid, §. fin.*, *ff. eod. et de pign. act.*, *leg. si necessarias, §. si annua;* comme si on avait promis de faire un ouvrage, ou de payer à un certain lieu, on ne peut demander avant que le tems pour faire l'ouvrage ne soit expiré, ni dans tout autre lieu que celui désigné, *leg. si ita stipulatus, leg. eum qui, §. quotiens, leg. interdùm, leg. continuus, § cùm ita de verb. oblig.* (3).

§ III. Mais si la stipulation a eté faite jusqu'à un certain jour, *ad diem ;* comme si l'on a dit : me promettez-vous de me donner tous les dix ans dix écus d'or, durant ma vie, la stipulation alors est censée faite purement et simplement ; elle devient même perpétuelle, en ce que, suivant le droit civil, le tems n'étant pas un moyen d'éteindre une obli-

---

(1) D'où il suit qu'avant ce tems, elle ne peut pas être non plus sujette à compensation ; *leg. cum militi , § 1°., ff. de compens.*

(2) Si cependant le débiteur était suspecté de vouloir prendre la fuite ou d'être devenu insolvable depuis le contrat, il pourrait être tenu par le juge de payer le montant de son obligation, ou tout au moins de fournir un cautionnement, *leg. in omnibus, ff. de jud.*, *leg. quod si in diem, in ppio.*

(3) On peut pourtant se libérer avant le tems, *leg. stipulatio ista, § inter, ff. hoc tit.*, *leg. quod certa, ff. de solut.*

gation une fois contractée , c'est en vain qu'on la bornerait à un certain tems ; elle n'en serait pas moins perpétuelle (1), *leg. obligationum* , § 1°., *de oblig. et act.* , *et leg. cùm qui ita*, § *qui ita*, *ff. hoc tit.* Cependant, si l'héritier du stipulant venait, en vertu du droit civil, à réclamer le paicment des dix écus d'or , il en serait repoussé par l'exception du pacte , dans lequel le défunt n'avait stipulé que pendant sa vie , *leg. 56*, § 4, *hoc tit.* , *et leg.* 44 , § 1°. *et* 2, *ff. de oblig. et act.*

§ IV. La stipulation conditionnelle est celle dont l'exécution dépend de quelque évènement(2) , sans l'arrivée duquel elle ne peut produire aucun effet; comme si l'on stipule sous une condition, *v. g.*, si *Titius* est fait consul , me promettez-vous de me donner cinq écus d'or ; ou bien en termes négatifs, *v. g.*, me promettez-vous de me donner un cheval, si je ne monte point au capitole. Il en est de même en ce dernier cas , que si on eût stipulé pour le moment de sa mort , *leg. ita stipulatus*, § *sed*, *et si ita*, *ff. hoc tit.* Cette règle doit être observée généralement dans toutes les stipulations qui consistent à ne pas faire , parce qu'il nous est libre de faire tant que nous vivons, et de faire ainsi manquer la condition (3). Dans les obligations ou stipulations conditionnelles , le jour ne cède jamais avant l'évènement de la condition ; l'obligation est en suspens , en sorte

---

(1) Elle diffère en cela du legs fait jusqu'à un certain tems ; car on ne le considère pas comme *un* et perpétuel , comme la stipulation , *leg. si Sthicum*, § 1°. , *ff. hoc tit.* ; mais on le considère comme autant de legs qu'il peut y avoir d'années ; il est pur et certain la première année , mais il est conditionnel pour les suivantes, c'est-à-dire qu'il dépend de la condition si le légataire vit, *leg. si Sthicum*, *ff. hoc tit.*, *et leg.* 4 *de ann. leg.*

(2) Il ne faut pas cependant que la condition dépende entièrement de la volonté de celui qui s'oblige ; ce qui rendrait nulle la stipulation , *leg.* 17 , *leg.* 46 , § *ult.*, *ff. hoc tit.* , *leg.* 8, *ff. de oblig. et act.*

(3) Il en serait autrement s'il s'agissait d'une hérédité ou d'un legs laissés sous une condition négative ; car on pourrait aussitôt accepter l'hérédité ou demander le legs , en donnant caution qu'on accomplira la condition ; cette caution se nomme *mutienne* , du nom de *Mutius* , qui en fut l'inventeur, *leg. Mutianæ legis qui leg. Titio fundum*, *leg. hœres* , § *qui post*, *ff. de cond. et demonst.* ; cette caution n'a pas lieu pour les stipulations, *Cujas. observ. lib.* 14 , *caput.* 37.

qu'à proprement parler, il n'existe qu'une espérance d'obligation (1), *leg. conditionales*, *ff. de verb. signif.*, *leg. in quantitate*, § *magna ad leg. falcid.* Cette espérance passe aux héritiers, si le stipulant décède avant l'évènement de la condition : ce qui diffère essentiellement des legs et des hérédités qui ne passent dans aucun cas aux héritiers, si l'héritier ou le légataire décède avant d'avoir recueilli, *leg. unic.*, § 7, *de cad. toll.*, *leg.* 4, *in ppio*, *et leg.* 5, *quando dies*, *leg. ced. et leg.* 57, *ff. hoc tit.* La raison de la différence vient de ce que, dans les contrats, il intervient le fait des contractans qui ont en vue d'agir tant pour eux que pour leurs héritiers, *ff. de probat.*, *leg. si pactum* : d'où il suit que la volonté reprend toujours de nouvelles forces en remontant au jour du contrat, quoique cependant elle soit suspendue par l'effet de la condition, *leg. usuf.*, *ff. de stip. serv.* Mais aussitôt que la condition est arrivée, l'obligation a un effet rétroactif, et elle prend sa date du jour du contrat, *leg. necessario*, *ff. de peric. et commod. rei vend.*, *leg. qui balneum*, *leg. potior*, § *videamus*, *ff. qui potior in pignore* (2).

Dans les legs, il n'intervient au contraire aucun fait, parce que dans les dispositions de dernière volonté, on ne songe qu'à celui envers qui on exerce sa libéralité, et qu'on préfère à son héritier légitime, toutefois *sous une certaine condition* : de-là vient qu'on ne peut envisager que le tems auquel la condition arrive, *leg. si ita scriptum*, § *sub conditione*, *ff. de leg.* 2°.

§ V. Il arrive quelquefois que la stipulation entraîne des délais pour l'accomplissement, quoiqu'elle ait été contractée purement, comme

---

(1) C'est au point, que si par erreur de fait on payait avant l'évènement de la condition, on pourrait user de répétition comme d'une chose non due, *leg. sub conditione*, *ff. de cond. indeb.* ; et si la condition manque, il en est de même que s'il n'y avait pas eu de stipulation, *leg. necessario*, *ff. de pericul. et commod. rei vend.*

(2) En sorte que si un fils de famille avait fait quelque stipulation, l'action regarderait le père, quoique la condition arrivât après l'émancipation du fils ; la raison en est que l'obligation remonte au jour du contrat, *spectatur tempus contractûs in stipulationibus*, *leg. filius*, *ff. hoc tit.*, *leg. donationes*, *cod. de don. inter vir. et uxor.*, *leg. quæ legata*, *leg. non omne quod licet*, *ff. de reg. jur.*

lorsqu'on a fixé le lieu du paiement et si l'on avait dit : *me pro-mettez-vous de me donner vingt écus d'or à Carthage ?* quoique cette stipulation paraisse être faite purement , il est certain néanmoins qu'elle renferme un délai moral, afin que le débiteur puisse faire le paiement à Carthage, *leg.* 73 *interdum*, *ff. hoc tit. :* d'où il suit que si , étant à Rome , quelqu'un stipulait ainsi : me promettez - vous de me donner aujourd'hui un cheval à Carthage , la stipulation serait inutile par l'impossibilité qu'il y aurait d'accomplir la promesse, *inf. tit. seq.*, *leg.* 31 , *de oblig. et act. ff.* , *et leg.* 35ᵉ. *de verb. oblig.* , à moins que les contractans n'eussent été d'avance prévenus que la stipulation aurait lieu un tel jour , et qu'ils eussent donné des ordres pour l'accomplir, *leg. ult.* , § *si inter* , *ff. hoc tit.*

§ VI. Les conditions qui se réfèrent au tems présent ou au tems passé , infirment aussi-tôt l'obligation , ou la rendent aussitôt valable , *v. g.* , si *Mœvius* vit encore , me promettez-vous de me donner votre fonds *tusculan ;* car , si *Mœvius* est vivant, il demeure certain que la stipulation est valable dès l'instant qu'elle a été formée , quoique les conractans fussent dans le doute à cet égard : dans le cas où , au contraire , *Mœvius* soit décédé , la stipulation demeure aussitôt infirmée ; la raison en est que ce qui est certain dans la nature des choses , ne saurait suspendre les obligations , même les obligations incertaines, par rapport aux contractans qui sont dans l'ignorance sur le sort de la condition. Nous observerons cependant que ces sortes de conditions , qui se réfèrent au présent et au passé, ne sont que très-improprement appelées conditions, *leg.* 10 , § 1°. , *ff. de cond. instit.*, *leg.* 120 , *ff. de verb. oblig.*, si nous remontons à la définition que nous avons donnée de la condition , *ut sup.* , § 4 , *hoc tit.* , *et sup. tit* 14. , § 9. En effet, il n'y a point de condition proprement dite , qu'autant qu'elle suspend l'obligation par quelque évènement futur , *leg. cùm ad praesens et seq.* , *ff. de reb. cred.* On peut donc dire avec juste raison que ces conditions improprement dites , ne tirent leur qualité de condition que de la forme , à cause de la particule *si* , qu'on emploie pour exprimer ces sortes d'obligations.

§. VII. Les faits , ainsi que les choses, peuvent faire l'objet des stipulations; par exemple, lorsqu'on stipule de faire ou de ne pas faire, *v. g.*, de bâtir une maison, ou de ne pas l'élever plus haut; mais comme il y a cette différence entre les choses et les faits, que dans le cas où on a stipulé une chose, c'est la chose elle-même qui est due, et non pas sa valeur, *leg. ubi autem*, §. *ult.*, *ff. hoc tit.*, et que, dans le cas au contraire où on a stipulé un fait, on ne peut être contraint à l'accomplir, mais que l'on est seulement tenu des dommages et intérêts, *leg. quatenùs, ff. hoc tit.*, *leg. si quis* 13, §1°., *ff. de re jud.*, et *leg. 7ª. de cond. et demonst.* ; *Justinien* prévient ceux en faveur de qui on stipulera quelque chose, d'ajouter une peine à la stipulation des faits, afin qu'ils ne laissent pas incertaine la quantité de la stipulation, et qu'on se trouve ainsi dispensé d'en faire la preuve, *leg. fin.* ; *ff. de praetoriâ stipulat.*, *v. g.*, si vous n'accomplissez ce à quoi vous vous obligez envers moi, promettez-vous que vous me donnerez dix écus, par forme de peine : et dans le cas où la stipulation porte que l'on fera une chose, et qu'on s'en interdit une autre, *v. g.*, que vous irez habiter Rome, et que vous ne monterez pas au Capitole; la clause de la peine devra être ainsi conçue : promettez-vous de me donner dix écus d'or, par forme de peine, si vous montez au Capitole, ou si vous n'allez pas habiter Rome, *leg. quotiens*, *leg. cùm quid, ff. hoc tit.* L'effet de cette stipulation pénale est de rendre le stipulant débiteur de la peine, quoiqu'il ne résulte du défaut d'accomplissement aucun préjudice pour celui au profit de qui elle avait été stipulée; car, dans les stipulations pénales, on ne considère point l'intérêt qu'on a que la chose soit exécutée, mais bien la quantité ou condition de la stipulation, *leg. stipulatio ista,* § *alteri, ff. hoc tit.* : en sorte que, lorsqu'il a été promis une somme sous une peine, à un certain jour, quoique le débiteur soit mort avant le jour déterminé pour le paiement, la peine n'en est pas moins due, quand bien même l'hérédité n'aurait pas été encore acceptée, *leg. ad diem* 77, *ff. hoc tit.*

CODE CIVIL.

OBSERVATIONS.

Nomb. 52. Nous ne connaissons point en France de contrat qui se forme par des paroles solennelles : toutes les obligations contractées entre personnes, qui ont la capacité requise par les lois, y sont valables, et obligent toutes parties, si elles sont rédigées par écrit, à l'exception de celles qui n'excéderont pas cent cinquante livres, lesquelles pourront être prouvées par témoins, (art. 1341.)

Toute obligation sans cause, ou sur une fausse cause, ou sur une cause illicite, n'aura ni ne peut avoir aucun effet, (art. 1131.)

Parmi nous, les parties ne sont point, comme à Rome, assujéties à une solennité de paroles prononcées dans le dessein de contracter. De quelque manière qu'elles s'expriment, l'obligation est valable ; les mots ne sont que du style, et nullement de l'essence des obligations.

On jouissait à Rome de la faculté de stipuler en quelque langue que ce fût : il n'en est pas de même parmi nous ; tous les actes authentiques doivent être rédigés en français. Il sera seulement permis aux étrangers entr'eux, ou à un étranger avec un français, d'employer la langue de leur pays dans les actes sous signature privée ; lesquels seront traduits aux formes de droit en français, s'ils sont portés devant les tribunaux.

Les obligations sont consenties en France comme à Rome, ou purement, ou sous condition : en règle générale, elles servent de loi à ceux qui les ont faites, (art. 1134.)

L'obligation est pure, lorsqu'elle ne reçoit ni jour ni condition.

Elle est conditionnelle, lorsqu'on la fait dépendre d'un évènement futur et incertain, (art. 1168.) On la divise en obligation casuelle (art. 1169), potestative, (art. 1170.), et mixte, (art. 1171.)

La première dépend du hasard.

La seconde, d'un évènement qu'il est au pouvoir de l'une ou de l'autre des parties de faire arriver ; et la troisième dépend de la volonté d'une des parties, et de la volonté d'un tiers.

On reconnaît deux sortes de conditions, la suspensive et la résolutive, (articles 1181 et 1183.)

De même que chez les Romains, une des parties peut se soumettre parmi nous à une clause pénale pour assurer l'exécution de la convention, (art. 1226.)

Cette clause est considérée comme une compensation des dommages et intérêts dus à la partie qui a souffert de l'inexécution de la convention, (art. 1229.)

TITRE XVII.

DE DUOBUS REIS STIPULANDI ET PROMITTENDI.

La stipulation peut être faite, non-seulement avec un seul demandeur *stipulator*, et avec un seul promettant *promissor*, mais encore avec deux ou plusieurs de part et d'autre, ou avec un seul d'un côté et plusieurs de l'autre (1) ; comme si deux personnes ayant interrogé séparément celui qui s'oblige, il leur a été répondu : je promets que je paierai à tous deux ; car, s'il avait répondu à *Titius* et à *Mœvius* séparément, ce seraient des obligations différentes, et il n'y aurait pas deux co-stipulans. Les corrées, qu'on appelle *promittendi*, sont ceux au contraire qui promettent chacun séparément, par une expression différente, une même chose, à celui qui les a interrogés. Cette obligation se nomme solidaire. En voici une espèce : *Mœvius*, me promettez-vous dix écus d'or ; *Seïus*, me promettez-vous aussi les mêmes dix écus d'or ; *spondemus*, doivent répondre *Mœvius* et *Seïus*, *leg.* 4, *ff. hoc tit.*

§ Ier. L'effet des stipulations faites par plusieurs stipulans et promettans, est de les rendre entr'eux solidaires ; en sorte que les demandeurs sont chacun créanciers pour le tout, *leg.* 2, 3, *leg. eamdem*, *ff. hoc tit.* : et que les promettans sont chacun débiteurs pour le tout, de manière cependant que ces créances différentes n'en font qu'une, c'est-à-dire se réduisent à une seule ; et que, quoique chaque demandeur puisse exiger le tout, le paiement néanmoins fait à l'un d'eux par novation, compensation ou acceptation, *leg.* 2, *ff. de duob. reis*, *leg. si rem*, § 1°., *ff. de donat.*, éteint entièrement l'obligation et par conséquent le droit de

---

(1) On appelle les uns *correi stipulandi*, et les autres *correi promittendi*.

créance

créance qu'avaient tous les autres (1): par la même raison, quoique chacun des obligés puisse être poursuivi pour le tout, le paiement néanmoins, fait par l'un d'eux, éteint l'obligation, et libère par conséquent tous les autres débiteurs (2), *leg. 2 et 3, ff. hoc tit.*, *leg. si ex pluribus 16, ff. de acceptilat.*, *leg. 31, § 1º., ff. novat.*, *leg. 21, ff. ad senatus-con-*

---

(1) Il est libre au débiteur de payer à l'un des créanciers à son choix, tant que la chose est encore entière ; mais il ne jouit plus de cette faculté dès que l'un des créanciers a commencé les poursuites, *leg. 16, ff. de duob. reis;* la reconnaissance de la dette envers l'un des créanciers interrompt la prescription, et profite aux autres créanciers solidaires, *leg. fin., ff. de duob. reis.* Il est libre à un créancier, après avoir agi contre l'un des débiteurs solidaires, d'avoir recours contre tous les autres ; parce que, par le choix de l'un, la libération de tous les obligés ne s'est point opérée ; car il n'y a que le paiement qui éteigne l'obligation, *leg. 28, cod. de fidej.*

(2) En sorte que lorsqu'un débiteur avait payé le tout, et par conséquent la portion pour laquelle ses *corrées* auraient été tenus, s'il n'y avait pas eu clause de solidarité, il ne pouvait avoir aucun recours contre eux en répétition, parce que l'obligation ayant été entièrement éteinte par le paiement, demeurait sans force et ne pouvait produire aucune action, *leg. 36 et 39, ff. de fidej., et leg. 11, cod. de fidej.* ; si cependant le débiteur solidaire qui payait la créance entière, obtenait la subrogation aux droits du créancier, il pouvait agir solidairement contre ses corrées, de la même manière que le créancier son cédant, *leg. 17 et 36, ff. de fidej.* ; cette subtilité du droit Romain, si contraire à l'équité, fut réformée par la constitution au code *leg. 2ª. de duob. reis* ; il fut établi que celui qui aurait payé sans subrogation, pourrait agir contre chaque corrée, en particulier, pour l'obliger de payer sa part, tout comme il eût été obligé de le faire, s'il n'y avait pas eu de solidarité, auquel effet on introduisit l'action qu'on appelle *actio utilis negotiorum gestorum, leg. 1ª., § 13, ff. de tut. et rat.* ; car, quoiqu'en payant, le débiteur eût fait ses propres affaires, et se fût mis à l'abri des poursuites du créancier, il était néanmoins censé avoir fait utilement l'affaire des autres, puisqu'il les avait tous libérés ; de manière qu'il n'y eut depuis cette constitution d'autre différence du cas où il y avait subrogation, ou du cas où il n'y en avait pas ; si ce n'est que dans le premier, le débiteur ne pouvait agir que contre chacun des co-débiteurs pour la portion en laquelle ils étaient tenus ; au lieu que dans le second, il pouvait agir solidairement pour le tout contre un seul co-débiteur, ainsi et tout comme le créancier aurait eu le droit de le faire, et jouir de ses priviléges et hypothèques, *ut leg. 36, ff. de fidej.* Dans le cas de la subrogation, il a été mis en question si le débiteur cessionnaire pourrait agir solidairement contre ses co-débiteurs, sous la déduction de la part dans laquelle il était tenu pour lui-même, et pour laquelle il n'a pu être subrogé, ou s'il ne pourrait agir contre chacun d'eux que pour leur part ; la jurisprudence actuelle est conforme à ce dernier cas.

sultum velleïanum. Il suit de-là que l'obligation n'étant formée que de la part des promettans, à l'égard des stipulans, il ne peut y avoir d'obligation entre les obligés, respectivement les uns aux autres, pour que celui qui a payé le total puisse avoir son recours, afin d'obtenir la répétition de ce qu'il se trouve avoir payé pour ses corrées, *leg.* 36, *ff. de fidej.* Il ne peut y en avoir non plus contre les stipulans, afin que celui qui a reçu le total soit tenu d'en faire part à son corrée, *leg.* 16, *ff. de leg.* 2°, à moins cependant qu'il n'y eût entr'eux société, ou qu'il n'y eût convention expresse, *lege* 62, *in principio, ff. ad leg. falcid.* Mais par la novelle 99, et l'authentique *hoc ita*, au code *de duob. reis*, il a été établi qu'il n'y aurait de solidarité entre les débiteurs, qu'autant qu'elle aurait été expressément stipulée ; que même lorsqu'elle l'aurait été, ils pourraient réclamer le bénéfice de division, et contraindre le créancier de diviser sa créance entre tous les débiteurs solidaires, si d'ailleurs ils étaient tous solvables au tems de la demande en justice, *tempore litis contestatae*, et chacun pour leur part : si même il y avait quelque doute sur la solvabilité de quelqu'un d'entr'eux, ils pouvaient ne payer qu'après la discussion faite de ses biens ; le créancier était donc tenu de justifier de l'insolvabilité de ses débiteurs, à moins que ceux-ci n'eussent expressément renoncé au bénéfice de division et de discussion, *ut cod. de pact., leg. penult. et leg.* 12 Il n'est point fait mention dans la novelle 99 de la solidarité à l'égard des créanciers, ni du bénéfice de division lors du partage entr'eux de la créance : il faut donc penser que la solidarité a lieu entr'eux comme auparavant, c'est-à-dire que le débiteur peut anéantir l'obligation en payant à l'un d'eux sans division ni recours : cependant il s'est introduit par l'usage qu'il n'y aurait également de solidarité entre les créanciers, qu'autant que cela aurait été expressément stipulé.

Il est libre au créancier qui a plusieurs débiteurs solidaires, de recevoir d'un de ses débiteurs la part pour laquelle il serait tenu, s'il n'y avait pas de solidarité, *leg.* 23, *cod. de fidej.* Mais il faut qu'il demeure constaté qu'il a reçu expressément pour sa part, afin qu'on en présume une renonciation à la solidarité, *quia nemo facile donare praesumittur*; sans cette clause expresse *pour sa part*, la présomption n'existe pas, *leg.* 8, § 1°., *ff de leg.* 1° *Pomponius* décide, dans le cas où deux héritiers sont chargés solidairement de la prestation d'un legs, que si le légataire a demandé à l'un d'eux sa part, il n'est pas censé l'avoir pour cela déchargé de la solidarité, et qu'il peut exiger de lui le surplus, *quod si ab altero partem petierit, liberum erit ab alterutro reliquum petere, dictâ leg.* 8. Il faut cependant entendre cette loi, dans le cas où la volonté du débiteur n'a pas concouru avec celle du créancier, c'est-à-dire que cette demande de sa part, ne peut faire acquérir au débiteur aucun droit, tant qu'il n'y a point acquiescé; car rien n'empêche qu'avant cet acquiescement le créancier ne change l'objet de sa demande. La loi 8, précitée, ajoute : *idem erit, etsi alter partem solvisset*, c'est-à-dire qu'on peut demander également à l'un ou à l'autre *alternatìm,* quand bien même l'un d'eux aurait payé : on doit entendre cette dernière décision dans le cas où le créancier, sans avoir fait aucune demande, a reçu volontairement de l'un des débiteurs solidaires, la somme à laquelle monte ce qu'il devrait pour sa part, s'il n'y avait pas de solidarité, sans exprimer dans la quittance, qu'il reçoit pour sa part ; auquel cas on présume que le créancier n'a reçu cette part qu'à compte du surplus, et non pour le décharger de la solidarité.

Plusieurs jurisconsultes prétendent que, lorqu'un créancier qui a plusieurs débiteurs solidaires, donne sa quittance à l'un d'eux en y ajoutant expressément que c'est pour le paiement de sa part, ce débiteur est non-seulement déchargé de la solidarité, mais encore tous les autres : ils fondent leur opinion sur la loi *si creditores* 18 , *cod. de pactis ;* mais cette loi bien entendue n'est pas contraire à l'opinion de ceux qui pensent que, dans l'espèce, les autres co-obligés solidaires demeurent toujours chargés de la solidarité, parce qu'il a dépendu du créancier de favoriser l'un, sans renoncer à ses droits vis-à-vis des autres ; car il est presque absurde de prétendre qu'ayant voulu favoriser l'un, il est présumable qu'il a voulu faire le même avantage aux autres, d'autant qu'il est de principe constant que les conventions ne peuvent faire acquérir de droits qu'à ceux entre qui elles interviennent, *leg.* 27 , § 4, *ff. de pactis.* Nous avons dit que la loi *si creditores* n'est pas contraire à cette dernière opinion, et l'on peut s'en convaincre par l'espèce qu'elle contient : il ne s'agissait que de deux débiteurs solidaires, dont l'un avait payé pour sa part, et qui se trouvait déchargé de la solidarité par la clause *ex parte debiti* ; il demeurait donc certain que le créancier ne pouvait avoir son recours pour ce qui lui restait dû, qu'envers l'autre débiteur solidaire, *rector provinciæ pro suâ gravitate*, *ne alter pro altero exigatur providebit*. S'il y avait eu cependant au-delà de deux débiteurs, il est présumable que l'empereur *Dioclétien* ne se serait pas expliqué ainsi, et qu'il aurait dit: *rector provinciae providebit*, *ne unus pro cœteris exigatur*.

§ II. Rien n'empêche que deux corrées ne s'obligent différemment, quant à l'effet de l'obligation, c'est-à-dire l'un purement et l'autre sous condition; ils n'en sont pas moins solidaires, parce que la solidarité ne cesse que lorsqu'il y a de la différence dans l'obligation, *ff. eod.*, *leg. eamdem*, § *sed si quis*, c'est-à-dire dans la quantité ou dans la chose qui est due; d'où il suit que le jour, ou la condition apposée à l'obligation, n'empêchent pas qu'il y ait solidarité; en sorte qu'il sera libre au créancier, pendant l'évènement de la condition ou du jour, d'agir pour le tout contre celui qui est obligé purement et simplement, *leg. ex duobus*, *ff. hoc tit.* (1)

CODE CIVIL.

O B S E R V A T I O N S.

Nomb. 53. En France, comme chez les Romains, il n'y a point de solidarité entre les créanciers et entre les débiteurs dans un contrat, sans une clause expresse : la solidarité ne se présume point; il faut qu'elle soit expressément stipulée, (art. 1202.)

Par le nouveau droit des Romains, le débiteur qui avait payé l'entière créance, avait son recours contre ses co-obligés pour la répétition de leur part, *per actionem negotiorum gestorum utilem* : de même en France le

---

(1) Il y a pourtant cette différence entre le cas, où de deux co-obligés, l'un est obligé sous condition, et le cas d'un débiteur principal qui a fourni une caution; dans ce dernier cas, lorsque le débiteur principal est obligé à jour, ou sous condition, le fidéjusseur ne peut être obligé purement et simplement, parce qu'il ne peut être dans une pire condition que le principal obligé, *leg. grec.*, *leg. 16, fidej. ff. de fidej.*; ce qui rend le cautionnement nul, *omninò non obligatur.*

co-débiteur d'une dette solidaire qu'il a payée en entier , pourra répéter contre les autres la part et portion de chacun d'eux, (article 1214.)

A Rome le bénéfice de division et de discussion avait lieu, à moins qu'on n'y eût expressément renoncé : parmi nous , le créancier d'une obligation solidaire peut s'adresser à celui des débiteurs qu'il veut choisir, sans que celui-ci puisse lui opposer le bénéfice de division , (article 1203.)

En France, comme chez les Romains , l'obligation peut être solidaire , quoique l'un des débiteurs soit obligé conditionnellement, tandis que l'engagement de l'autre est pur et simple, (article 1201.)

TITRE XVIII.

DE STIPULATIONE SERVORUM.

Quoique la stipulation soit un acte civil, et que les esclaves soient incapables de contracter civilement, *quia pro mortuis habentur*, *ff. de reg. jur.*, *leg. servitutem*, *leg. ususfructus*, *ff. hoc tit.*, *leg. haereditas in fin.*, *ff. de acq.rer. dom.*, ils peuvent néanmoins stipuler pour leur maître, *ex personâ domini*, *leg.* 1ª., *ff. hoc tit.*, *quia dominus est caput servi*, *ut inf. de noxal.*, § *omnis* 5 (1) : en sorte que la stipulation faite par l'esclave héréditaire, après la mort du maître et avant l'adition, est acquise à l'hérédité, *ff. de injur.*, *leg.* 1ª., § *quotiens autem*, parce que, dans plusieurs cas, l'hérédité jacente représente la personne du défunt, *leg. haereditas*, *leg. mortuo*, *ff. de fidej.* (2) *sustinet vicem personae defuncti* : elle est de cette manière acquise à l'héritier qui accepte, *leg. servus haereditarius*, *ff. hoc tit.*

§ Iᵉʳ. Si donc l'esclave a stipulé pour lui, pour son maître ou pour son co-esclave, c'est-à-dire pour un autre esclave de son maître, ou qu'il ait stipulé sans faire mention de la personne au profit de qui il entendait stipuler, il est toujours censé l'avoir fait pour son maître, et avoir acquis

---

(1) Il n'y a cependant que l'esclave et le fils de famille qui puissent stipuler l'un pour son maître et l'autre pour son père, parce qu'ils sont censés ne faire qu'une seule et même personne ; *una eademque persona*, *ff.*, *leg. si Pamphilo sicut filius cum patre*, *ff. de lib. et posth.*, *leg. in suis*, *cod. de impub. et aliis subst.*, *leg. fin.*

(2) Nous avons dit *en plusieurs cas*, parce qu'il en est où l'hérédité jacente ne produit pas le même effet que si le défunt vivait : comme, par exemple, l'usufruit ne peut pas être stipulé par un esclave héréditaire, pour acquérir à l'hérédité, *ut ff.*, *leg. ususfructus*, *hoc tit.*, parce qu'il ne peut y avoir d'usufruit après la mort de l'usufruitier, *sine personâ cui accedit.*

pour lui , *leg. sive mihi* , *ff. hoc tit.* Le même droit à lieu en faveur des enfans qui sont en la puissance du père à l'égard des choses qu'ils peuvent acquérir pour lui, par la même raison, le frère pourrait stipuler pour son frère, comme lui sous la puissance paternelle, et acquérir ainsi pour le père , la voix du fils ou de l'esclave étant censée la voix du père ou du maître, toutes les fois qu'il s'agit de leur procurer quelque avantage, *ut infrà de stipulationibus inut.* , § 4 , *in fin.* et § 13.

§ II. Lorsque nous avons dit que toute stipulation faite par l'esclave était acquise au maître, cela doit s'entendre lorsqu'il s'agit d'une chose qui consiste *in dando ;* car lorsqu'un fait forme l'objet de la stipulation , *ut leg.* 38, *ff. de verb. oblig.*, elle ne peut s'étendre au-delà de la personne qui a expressément stipulé pour soi , *ut leg. qui haeredi.* , *ff. de cond. et demonst.* Il n'est pas alors indifférent , comme lorsqu'il s'agit de quelque droit, que l'esclave ait stipulé pour lui, pour son co-esclave ou pour le maître, etc. : car si , lorsqu'il s'agit d'un fait, l'esclave stipule pour lui, quoique ce droit qui résulte de la stipulation soit acquis au maître , et réside dans sa personne, de manière qu'il peut la résoudre , ou contraindre l'obligé à l'exécuter; néanmoins l'effet de l'obligation regarde personnellement l'esclave ; comme s'il avait stipulé qu'il lui serait permis de faire passer des chevaux par le fonds d'autrui, lui seul aurait le droit, à l'exclusion de son maître, d'exercer cette servitude.

§ III. De cela que l'esclave acquiert à son maître, par la stipulation, il suit que , si l'esclave appartient à un , deux, ou plusieurs maîtres, il doit acquérir pour tous au prorata de la portion que chacun a sur l'esclave (1), à moins qu'il n'ait stipulé par l'ordre de l'un de ses maîtres , ou que, sans ordre, il ait nommément stipulé pour l'un d'eux en le désignant par son nom propre, *ff. si certum petatur*, *leg. certum.* La stipulation est alors acquise à celui qui a donné l'ordre ou qui a été expressément désigné.

---

(1) Auquel cas il faut même distinguer si l'esclave a stipulé pour ses maîtres sous un nom appellatif ou sous leurs noms propres ; dans le premier cas , les maîtres doivent retenir , à proportion de la part que chacun a sur la personne de l'esclave ; dans le second cas , les maîtres doivent partager par égales portions , *leg.* 8 *ita liber.*, § 1°., *ff. de statu lib.*

Si la chose acquise par l'esclave commun ne pouvait appartenir à un de ses maîtres, elle passait alors toute entière à ses autres maîtres ; comme si la chose avait appartenu, avant la stipulation, à un de ceux qui avaient des droits sur l'esclave, celui-ci ne pourrait y avoir aucun droit ; parce que, lorsque je donne quelque chose qui m'appartient, je suis censé m'en dessaisir dans l'intention qu'elle ne sera plus dans mon patrimoine, *ut inf. de act.*, § 14.

CODE CIVIL.

OBSERVATIONS.

Nomb. 54. Nous n'avons point d'observations à faire sur ce titre ; la matière qu'il contient est inutile parmi nous.

TITRE XIX.

TITRE XIX.

DE DIVISIONE STIPULATIONUM.

Par la raison que les obligations qui n'avaient ni nom ni cause, qu'on appelait *simples pactes*, ne produisaient point d'actions, il fallut étendre la forme de la stipulation à toutes les conventions ou promesses dont on voulait qu'il résultât quelque lien.

Les stipulations furent introduites, les unes par le droit civil, les autres par le droit honoraire, *ut suprà de jur. nat.*, § 7. On les divisa en judicielles, prétoriennes, conventionnelles et communes.

§ Ier. Les judicielles étaient celles que les juges ordonnaient incidemment aux causes qui étaient pendantes pardevant eux, comme la caution de dol, par laquelle celui qui était condamné par le juge à restituer une chose, était obligé, *in limine litis*, de cautionner qu'il la rendrait avec toutes ses dépendances et sans fraude, *leg.* 45, *ff. de rei vind.*, *leg.* 9, § 5 et 7, *ff. quod metûs causâ*, *leg. creditor*, *cùm pignus*, *ff. de pignor.*, comme la caution *de perséquendo servo qui in fugâ est.* On citait devant le juge celui qui avait volé un esclave qui ensuite s'était enfui, et le juge l'obligeait à fournir caution qu'il poursuivrait cet esclave, ou qu'il en paierait le prix, *leg.* 14, § 11, *ff. quod metûs causâ.* Cette caution *de restituendo pretio* avait lieu aussi lorsqu'un testateur avait légué une certaine chose, et que, laissant plusieurs héritiers, chacun était tenu pour le tout; si l'un d'eux venait à être cité en justice pour accomplir la promesse du défunt, les autres héritiers étaient contraints par le juge à donner caution qu'ils indemniseraient l'héritier poursuivi chacun pour leur part, *leg.* 25, § 10, *ff. fam. erciscundae.*

§ II. Les stipulations prétoriennes avaient été introduites par le préteur ; elles avaient lieu indépendamment de toute contestation ; le préteur les ordonnait principalement, parce que sa jurisdiction n'était pas contentieuse : lorsqu'il survenait entre les parties quelque contestation, il les renvoyait devant le juge ordinaire, qui était obligé, dans ses sentences, de se conformer aux formules par lui prescrites : lorsqu'il les retenait, c'était juger à l'extraordinaire ; comme lorsque la maison d'un voisin menaçait ruine, et que les parties intéressées demandaient justice ; le préteur alors obligeait le voisin à donner caution, qu'il réparerait tous les préjudices que pourrait causer la chute de sa maison ; cette caution était appelée *cautio damni infecti*, leg. 13, *in ppio*, *ff. de damn. infect.* Le préteur ordonnait aussi la caution *legatorum servandorum causâ*, par laquelle l'héritier chargé de la délivrance d'un legs, à un certain jour ou à l'évènement d'une condition, était obligé de cautionner qu'il rendrait le legs sans aucune sorte de dol, *sine omni dolo malo*, lorsqu'il deviendrait exigible, *leg.* 1ª., *ff. ut leg. serv. caus.* : ce qui avait aussi lieu à l'égard du fidéicommissaire universel ou substitué, *leg. inter omnes*, *ff. qui satisd. cog.*, *leg. populus*, *ff. de praest. stipul.* Le père et la mère étaient exceptés de la règle générale ; ils n'étaient pas tenus de cautionner, à moins que le testateur ne l'eût expressément ordonné, ou qu'ils ne fussent passés à de secondes noces, *leg. jubemus*, *cod. ad Trebell.* Le préteur avait également introduit par son édit la caution *de novi operis nuntiatione*, par laquelle celui qui élevait un nouvel édifice était obligé de suspendre les travaux jusqu'à ce qu'il eût été jugé qu'il était en droit de bâtir ainsi, ou qu'il eût cautionné qu'il démolirait au cas qu'il fût jugé que son voisin avait le droit de s'opposer à son édification, *leg. stipulatio*, *ff. oper. nunt.* La caution *judicatum solvi* avait été aussi introduite par l'édit du préteur, par lequel le demandeur et le défendeur, qui poursuivaient pour autrui, étaient obligés de cautionner qu'ils paieraient tous les frais auxquels ils se seraient exposés pour parvenir au jugement, *datis fidejussoribus cavet de judicato faciendo seu praestando*, parce que, suivant le droit romain, quelque riche qu'on fût, on ne pouvait défendre pour autrui sans cette condition, *leg.* 5, *nunc videamus*, *ff. eod.*, *leg. minor.*, *et sequentibus de procurat.*, *et leg. filiusfam. qui satisdar. cog.* Ces deux espèces de cautions, quoique introduites par le préteur, peuvent cependant être mises au nombre des stipulations communes, dont il sera parlé *à la fin de ce titre.*

On doit comprendre dans le nombre des stipulations prétoriennes, celles des édiles *quae fiebant ex edicto edilium*, *leg. 5, ff. de verb. oblig.*, dont la jurisdiction faisait aussi partie du droit honorâire, *ut sup. de jur. nat.*, § 7 ; elle avait été principalement établie pour la vente des choses, en sorte que celui qui vendait un esclave, un animal, des meubles, etc., etc., cautionnait, pardevant les édiles, le double de la valeur de la chose vendue, au cas que l'acquéreur fût évincé, *leg. quod si nolit* 31 , § *quia assidua, ff. de edilit. edict.*, *et leg. si dictum de evict.*, ou que l'animal vendu eût quelque vice caché, *leg. itaque*, *leg. si venditor* 28, *ff. de edilit. edict.*

§ III. Les stipulations conventionnelles sont celles qui n'ont lieu ni par l'ordre du préteur ni par l'ordre du juge ordinaire, mais par le fait des parties contractantes. Il y a presque (1) autant d'espèces de ces stipulations, qu'il y a de différentes espèces de contrats ; la raison en est que dans la majeure partie des contrats, pour une plus grande solidité, les parties ajoutaient une stipulation qui était en quelque sorte le lien commun de toutes les obligations qui manquaient de quelque formalité.

§ IV. Les stipulations communes sont celles qui ont lieu tantôt par ordre du juge, incidemment à quelque cause ; on les nomme alors judicielles ; tantôt par ordre du préteur ; on les nomme alors prétoriennes, telles sont celles qu'on appelle *rem pupilli vel adolescentis salvam fore*, *leg.* 1ª. *et seq. , ff. rem pup. salv. fore* ; celle qu'on appelle *stipulatio de rato vel ratum haberi* ; elle était donnée par le procureur lorsqu'il survenait quelque doute sur son mandat, *leg.* 1ª. *cod. de procur.*, dans laquelle il s'obligeait à faire ratifier son traité par le mandant, *domino litis*, *leg.* 3 , *ff. ratam rem haber.*, *et leg. si procuratorem de procur.*

Il est à remarquer que, quoique le préteur eût introduit certaines

----

(1) Nous disons *presque*, parce qu'il est des stipulations qui ne sauraient avoir lieu, parce qu'elles deviennent inutiles, comme nous le verrons au titre *suivant.*

stipulations ou cautions , on les appelait néanmoins judicielles, et non pas prétoriennes, lorsqu'elles avaient lieu de l'ordre du juge ordinaire.

CODE CIVIL.

OBSERVATIONS.

Nomb. 55. Cette division nous est absolument étrangère , et l'on ne voit dans ce titre de relatif à nos usages, que les cautions dont nous parlerons à la fin du titre des fidéjusseurs.

TITRE XX.

DE INUTILIBUS STIPULATIONIBUS.

Iʟ est de principe que toutes les choses qui se trouvent dans le commerce des hommes, meubles ou immeubles, peuvent être l'objet des
stipulations ; d'où il suit que la stipulation est inutile, si la chose qui
en fait l'objet ne se trouve pas dans le commerce.

Les stipulations peuvent être inutiles, ou à raison des personnes, ou
à raison des choses et des faits, ou à raison de la forme.

Ratione rerum vel materiae.

§ Iᵉʳ. Les stipulations sont inutiles à raison des choses, lorqu'on a
stipulé une chose qui n'est point dans la nature des choses, comme un
esclave nommé *Stichus,* qui se trouvait décédé lors de la stipulation, et
qu'on croyait vivant, ou un hyppocentaure (1) qui ne peut exister, ou
enfin une condition impossible, *ut inf.,* § 11.

§ II. Elles sont inutiles lorsqu'on stipule des choses sacrées, saintes ou
religieuses, qu'on croyait être dans le commerce des hommes ; ou des
choses publiques, destinées aux usages journaliers du public, comme
une basilique, une place, un théâtre : il en est de même de la stipulation
faite d'un homme libre qu'on aurait cru esclave, *ff. de verb. oblig., leg.
inter stipulantem,* § *sacram, vers. casum,* ou d'une chose qu'on ne
pourrait acquérir (2), ou enfin d'une chose qui serait dans notre patri-

____

(1) *Hyppocentaure*, monstre de la fable, moitié homme et moitié cheval.

(2) Parce qu'il est des choses qui ne peuvent être acquises par certains hommes,
quoiqu'elles soient dans le commerce général, *v. g.*, un juif ne peut promettre un esclave

moine (1) : ces sortes de stipulations , nulles dans le principe , ne peuvent produire aucun effet dans la suite, *ex post facto*, par l'évènement des choses, *leg. inter stipulantem* , § *sacram* , *ff. de verb. oblig.* , *leg* 1ᵉ. , § *si id quod de oblig. et act.*, parce que , dans les stipulations, on ne regarde que le tems du contrat; en sorte que la stipulation est toujours inutile, quoique , par l'effet des circonstances , la chose publique devienne privée , ou qu'un homme libre eût été réduit à l'esclavage , ou que le stipulant eût dans la suite le droit d'acquérir la chose faisant l'objet de la stipulation , ou enfin que la chose qui était dans son patrimoine cessât de lui appartenir. Pareillement dans le sens contraire, quoiqu'une chose dans le principe puisse être utilement stipulée , l'obligation s'éteint si , dans la suite , sans le fait du promettant, elle tombe dans le cas des choses dont nous venons de parler ; comme si , par exemple , elle n'était ni sacrée ni publique lors de la stipulation , et qu'elle le devînt ensuite , parce que les choses utilement faites dans le commencement , deviennent inutiles dans le cas auquel elles ne pourraient pas prendre leur commencement : *v. g.*, me promettez-vous *Lucius Titius* lorsqu'il sera esclave ; ces sortes de stipulations ne vaudraient dans aucun tems, *nec statim ab initio , nec ex post facto* ; la raison en est que tout ce qui est de nature à ne devoir pas être dans notre commerce, ne peut faire l'objet d'aucune obligation ; d'où il suit qu'il doit en être autrement de la stipulation des fruits à cueillir , *leg.* 73, *ff. de verb. oblig.*

§ III. La stipulation est inutile lorsqu'on a stipulé pour un autre , c'est-à-dire qu'on a promis que *Mœvius* ferait ou donnerait ; la raison en est que nul ne peut promettre le fait d'autrui , s'il n'y a pas un intérêt

---

chrétien à un autre juif, parce qu'il est défendu aux hommes de cette nation d'en posséder, ainsi qu'aux payens et aux hérétiques , *cod. tit. ne christ. mancip. judæus* ; néanmoins , une stipulation faite par un chrétien avec un juif, serait valable , *ff. de verb. oblig.* , *leg.* 34 , *de leg.* 1ᵉ. *apud Julian.*

(1) *Quia quod nostrum est , plus nostrum fieri non potest, ut sup. de leg.* , § 5 , *inf. de act.* , à moins que ce ne fût à raison de la possession qu'un autre en aurait , *ut ff. de cont. empt.* , *leg. si empt.* , § 3 , ou qu'il y eût quelque condition , *ff. de verb. oblig.* , *leg.* 31 , *si rem meam , leg. existimo* , 88.

réel (1), *leg. stipulatio ista, in ppio, leg.* 2ª. 21, 22 *et* 38, § 11, *ff. de verb. oblig.* : ces sortes de stipulations ne sont valables qu'autant que l'on promet de faire de telle manière que *Mœvius* donne ou fasse.

Ratione personarum.

§ IV. Les stipulations nulles à raison des personnes contractantes, sont, 1°. lorsqu'on a stipulé pour d'autres que ceux en la puissance desquels on se trouve (2) ; il est néanmoins permis de stipuler de manière que le paiement de la chose puisse être reçu par tout autre que le stipulant, *v. g.*, promettez-vous que vous me donnerez ou à *Sejus*, votre esclave *Stichus*, l'obligation dans ce cas est acquise au stipulant ; mais le paiement peut être valablement fait malgré lui à *Sejus* (3). Le débiteur

---

(1) Les stipulations prétoriennes ne doivent pas tirer à conséquence pour le droit civil, parce que le préteur ne considère que l'équité principalement, sans avoir égard aux subtilités du droit, *leg. quod si ephes.*, *ff. de eo quod certo loco dari oportet* ; d'où il suit que dans les stipulations prétoriennes, la stipulation faite pour autrui est valable.

(2) On doit excepter plusieurs cas de cette règle ; 1°. la stipulation faite par une personne intéressée, comme le tuteur, qui stipule de ses co-tuteurs, *rem pupilli salvam fore, ut inf.*, § 19 *et* 20 ; celle faite par le maître pour son procureur ; celle faite par le débiteur pour son créancier, *inf.*, § 20, *ff. de ver. oblig.*, *leg. stip. ista*, § *si stip.*, *et* § *si quis insulam* ; les stipulations prétoriennes, *ff. de pret. stip.* ; celle faite par le procureur en présence de son commettant, *ff. de ver. oblig.*, *leg. si procur.* ; celle du curateur d'un furieux, *ff. de const. pecun.*, *leg. eum qui* ; celle du juge, du notaire et autres personnes publiques, *ff. de rem. pup. salv. fore*, *leg.* 2ª. 3ª. *et* 4ª. *in ppio* ; celle du créancier, *ff. de pign. act.*, *leg. si cum* ; celle de l'aïeul, pour la restitution de la dot à sa petite-fille, quoiqu'elle ne soit pas en sa puissance, *ff. de solut. matr.*, *leg. cujus. Sejus* ; celle du procureur du vendeur, *ff. de act. empt.*, *leg. Jul.*, § *si procur.* ; celle du déposant qui stipule la restitution du dépôt à un autre ; celle du préteur qui stipule de la même manière, *ff. depos.*, *leg. publia, cod. ad exhib.*, *leg. si res* ; celle du donateur qui stipule pour l'évènement de la condition, *cod. de don. quæ sub mod.*, *leg. quotiens* ; celle enfin du père qui stipule pour son fils, *ff. de verb. oblig.*, *leg. dominus servo* ; c'est dans ces seuls cas particuliers qu'on peut stipuler pour un autre, *per quas pers. nob. acq.*, *instit. in ppio*, sans qu'ils doivent tirer à conséquence pour la règle générale, *ut ff. de leg. et S.-C.*, *leg. quod verò*.

(3) La liberté qu'a le débiteur de payer à un autre, ne passe point à l'héritier de cet autre, *ff. de verb. oblig.*, *leg. cùm quis.*

dans ce cas est parfaitement libéré, et le créancier a droit d'exercer seulement l'action du mandat contre *Sejus*, pour obtenir la répétition de ce qu'il a reçu pour son compte, *leg. Julianus*, § 1º., *ff. de verb. oblig.*, *et leg. qui res*, § *qui stipulatus*, *ff. de solut.*

Il en serait tout autrement si quelqu'un avait stipulé pour lui et pour un autre en la puissance duquel il ne se trouve pas, *v. g.*, promettez-vous de donner à moi et à *Titius* dix écus d'or? la stipulation est valable; mais il a été mis en doute si les dix écus d'or devaient revenir entiers au stipulant, ou s'ils devaient être partagés entre lui et *Titius :* il a été fort judicieusement décidé que la stipulation d'une moitié faite pour autrui, étant, suivant notre principe, inutile, le stipulant ne devait avoir que cinq écus d'or (1), *ut ff. de verb. obl.*, *leg. simili.* Cette moitié ne lui a même été accordée que par la raison que, s'agissant de deux personnes, il s'agit aussi de deux obligations distinctes, dont l'une peut être inutile sans que l'autre subisse le même sort, *utile per inutile vitiari satis incongruum esset*, *ff. de verb. oblig.*, *leg.* 1ª., § *sed et simili.* Par la raison que la stipulation faite en faveur de celui sous la puissance duquel on se trouve est valable, par la même raison celle faite en faveur de celui qu'on a sous sa puissance est valable, de manière cependant que l'objet stipulé par le père pour son fils soit toujours acquis au premier; car la voix du père est réputée être la voix du fils, ainsi que la voix du fils est réputée être celle du père; cette voix s'étend aussi au maître à l'égard de son esclave, *inf.* § 13.

Ratione formae externae.

§ V. La réponse dans les stipulations devant être conforme à la demande, il suit qu'elles deviennent inutiles, si l'on promet une toute autre

---

(1) Ce qui est absolument contraire à la loi *fundus ille*, 64, *ff. de contrah. empt.*, suivant laquelle, si j'achete un fonds pour *Caïus* et pour moi, le contrat vaut pour le tout; la raison de la différence vient de ce que, dans les contrats, l'intérêt et la faveur de part et d'autre doivent être égaux; car il serait fort désagréable pour le vendeur d'avoir la moitié du fonds ou de la chose invendue. Dans la stipulation, au contraire, il est de l'avantage de l'obligé de n'être tenu que pour une partie, au lieu du tout, *semper expedit promissori quod stipulatio potius valeat in parte quàm in totum.*

chose

chose que celle demandée ; comme si quelqu'un ayant stipulé dix écus d'or, vous lui en ayez promis cinq ; ou bien s'il a stipulé purement et simplement , et que vous ayez promis sous condition , *v. g.* , *si navis ex Asiâ venerit* , ou au contraire si on a stipulé de vous sous condition , et que vous ayez promis purement, *v. g.* , promettez-vous de me donner un cheval si vous êtes nommé consul ; à quoi vous auriez répondu , je promets de vous donner le cheval aujourd'hui même : l'obligation alors n'est plus conditionnelle ; mais si vous aviez répondu seulement je le promets , vous êtes censé avoir accepté la condition apposée ; car il n'est pas nécessaire de répéter tout ce qui est exprimé par le stipulant ; et dès - lors vous ne serez point tenu du cheval, si vous n'êtes nommé consul.

Ratione personarum.

§ VI. Nous stipulons inutilement de ceux qui sont sous notre puissance ; il en est de même, s'ils stipulent de nous. La raison en est que le père et le fils ne faisant qu'une seule personne , tout se confond lorsqu'il s'agit d'acquérir sur la tête du père ; on fait pourtant cette différence entre l'esclave et le fils de famille ; que l'esclave ne peut non-seulement s'obliger envers son maître , mais encore envers tout autre (1) , et que le fils de famille peut valablement s'engager envers d'autres que son père ; la raison de décider ainsi est que les esclaves sont incapables des effets civils, et qu'ils ne peuvent s'obliger que naturellement, *leg.* 14 , *leg.* 43 , *ff. de oblig. et act.;* au lieu que les fils de famille majeurs, quoique sous la puissance paternelle, ayant état de citoyen , peuvent s'obliger civilement et être valablement poursuivis (2) du vivant du père . *leg.* 39, *de oblig. et act.*, *leg.* 57 , *ff. de judic.*, *leg. ult. de verb. oblig.* (3).

---

(1) Il peut cependant contracter des obligations naturelles envers son maître ou tout autre , *leg.* 64 , *ff. de cond. indeb.*

(2) Pour leur pécule adventice et profectice, le père même peut être poursuvi à raison du pécule de son fils , ou de ce qui a tourné à son avantage , *leg.* 2ª. *ff.* , *leg.* 57 , *ff. judic.*

(3) Il faut excepter le cas du prêt usuraire duquel le fils de famille est restitué par

§ VII. On met au nombre des stipulations inutiles, celles faites par les sourds et les muets, *leg.* 1ª., *hoc tit.*, *et leg.* 1ª. *in fin.*, *ff. de oblig. et act.*, parce que celui qui interroge doit pouvoir entendre la réponse de celui qui s'oblige, tout comme ce dernier doit entendre la demande du stipulant. Il faut remarquer cependant qu'en parlant des sourds et des muets, il ne faut pas l'entendre de ceux qui parlent ou entendent difficilement, mais de ceux qui ne peuvent absolument ni parler, ni entendre.

§ VIII. Le furieux est pareillement incapable de contracter aucune sorte d'obligation, ni de gérer aucune affaire, parce qu'il ne conçoit pas ce qu'il fait, *leg.* 1ª. *§ furiosus, ff. de oblig. et act.*; il en est de même du prodigue à qui l'on a interdit l'administration de ses biens, *ff. de verb. oblig., leg. is cui*, parce qu'il est comparé au furieux, *ff. de cur. fur., leg.* 1ª. *in ppio, ff. de reg. jur., leg. furiosi, leg. is cui bonis, ff. hoc tit.*; il en serait encore de même de celui qui est faible d'esprit, *mente captus, sup. de curat.* § 1º.

§ IX. Le pupille, c'est-à-dire, celui qui est proche de la puberté, *ff. de reg. jur., leg. in negotiis*, peut valablement contracter toute sorte d'obligations civiles; mais sous cette restriction qu'il doit être assisté de son tuteur toutes les fois qu'il est nécessaire (1), comme lorsqu'il contracte une obligation envers un autre; car lorsqu'au contraire on s'oblige envers lui, il n'a pas besoin d'être assisté de son tuteur, parce qu'il peut faire de lui-même sa condition meilleure, *§ pupillus, leg. obligari, ff. de aut. tut.*

§ X. Nous avons dit qu'il fallait entendre des pupilles ceux qui ont déjà quelque entendement; car celui qui est dans l'enfance ou qui

---

le sénatus-consulte *Macédonien*, introduit en haîne des usuriers, *leg.* 1ª., *ff. ad Maced.*, à moins cependant que le prêt n'eût été fait pour les études et des besoins pressans, *leg.* 5, *cod. ad sen.-cons. Maced.*

(1) Lorsque le tuteur est nécessaire, le pupille ne peut s'obliger civilement sans son assistance; s'il contracte alors sans appeler son tuteur, l'obligation n'est que naturelle, encore même faut-il, pour en être tenu, qu'il ait fait sa condition meilleure, *leg. naturaliter,* § 1º., *et leg. seq., ff. de oblig. et act.*

est proche de l'enfance (1), ne diffère pas beaucoup du furieux, parce qu'à cet âge il n'est aucun entendement. Cependant, pour leur avantage, il a été décidé par les interprêtes que ceux qui sont près de l'enfance auraient la même faculté que ceux qui sont proche de la puberté, lorsqu'il s'agirait d'obliger quelqu'un en leur faveur, *alium sibi obligare*: quoique le pupille puisse s'obliger avec l'autorité de son tuteur, néanmoins l'impubère qui est sous la puissance paternelle, ne peut s'obliger même avec l'autorité de son père (2): la raison de la différence vient de ce que, 1°. le tuteur est donné principalement aux affaires du pupille, et que le père est tenu seulement de veiller à la personne de son fils ; 2°. comme le fils ne peut acquérir pour lui-même avec l'autorité de son père, il n'est pas juste par la même raison qu'il puisse s'obliger envers d'autres ; 3°. de ce que l'impubère ne pourrait avoir aucun recours contre son père, au cas que l'obligation lui fût préjudiciable, tandis qu'il aurait un recours valable contre son tuteur pour son indemnité, *cod. de bon. quae lib., leg. cùm oportet, § sub hac tamen, vers. non autem hypothecum.*

Ratione formae internae.

§ XI. Les conditions impossibles sont aussi un moyen de rendre nulles les stipulations : on les regarde comme impossibles lorsqu'elles blessent l'ordre naturel des choses ; comme si l'on disait, me promettez-vous votre fonds, *Flavien*, si je touche le ciel avec ma main (3) ; il en serait

---

(1) On est dans l'enfance jusqu'à sept ans ; on est hors de l'enfance, c'est-à-dire proche de l'enfance, jusqu'à dix ans et demi pour les mâles, et neuf ans et demi pour les filles ; après cette dernière époque, on est proche de la puberté. En règle générale, celui qui est dans l'enfance, n'entend pas ce qu'il dit ; celui qui est proche de l'enfance, entend ce qu'il dit, et n'entend pas ce qu'il fait ; et celui qui est proche de la puberté, entend l'un et l'autre.

(2) Cependant, malgré cette disposition des institutes, suivant la loi dernière, au *cod.*, § 4, *de bon. quæ lib.*, le père, comme légitime administrateur de ses enfans même impubères, peut s'obliger, ou les faire obliger pour leur intérêt.

(3) Dans les actes de dernière volonté, les conditions impossibles sont regardées comme non écrites : il est aussi des stipulations qu'on appelle *perplexes*, c'est-à-dire qui se con-

autrement, s'il était question négativement d'une condition impossible; comme si l'on disait, me promettez-vous votre fonds *Flavien*, si je ne touche pas le ciel avec ma main? la stipulation est alors censée purement faite, au point d'en pouvoir exiger aussitôt l'accomplissement, parce que cette condition est plutôt regardée comme nécessaire que comme impossible.

Ratione formae externae.

§ XII. Il faut que les parties soient présentes lors de la stipulation, d'où il suit qu'elle ne saurait avoir lieu en faveur des absens; mais attendu que cette disposition donnait lieu à ceux qui aimaient le litige, d'opposer que la stipulation avait été faite en leur absence, *Justinien*, pour une plus prompte expédition des affaires, fit une constitution par laquelle il fut établi qu'il serait ajouté foi entière aux actes qui déclareraient que les parties étaient présentes, *leg.* 14, *cod. de contract. vel commit. stip.*, à moins qu'il ne fût justifié par des preuves écrites ou des témoins irréprochables, que l'une des parties se trouvait en un autre lieu, le jour même que l'obligation avait été contractée, *cod. de prob., leg. cum. precibus, inf.* § 17, *et inf. tit.* 1°., § *fin.* (1).

Ratione formae internae.

§ XIII. Nul ne pouvait jadis stipuler d'un autre, qu'il lui serait donné une telle chose après sa mort ou après la mort de celui qui s'obligeait; il en était de même de celui qui était sous la puissance d'autrui, il ne pouvait stipuler pour après la mort de son père ou de son maître,

---

tredisent et s'entre-choquent; elles sont conçues de telle manière qu'il est impossible qu'elles puissent sortir à effet, *v. g.*, si vous donnez à *Titius* tout le fonds tusculan, me promettez-vous de donner le même fonds à *Mævius*? elles ne sont pas même valables dans les dispositions de dernière volonté, *leg.* 16, *ff. de cond. et demonst.*, *leg.* 188, *ff. de reg. jur.*

(1) On n'admet point de témoins contre une écriture, à moins qu'elle ne soit arguée de faux, *leg.* 1ª., *cod. de test.*, *et leg. in exercendis, cod. de fid. instrum.*; ou qu'on ne veuille prouver l'alibi; ce qui est notre cas.

parce que la parole du fils est réputée être la parole du père, et la parole de l'esclave être celle du maître, *ut cod. de impub. et aliis subst.*, *lege fin.* : il en était de même de la stipulation faite pour le jour de devant la mort; promettez-vous que vous me donnerez un cheval le jour de devant ma mort ou le jour d'avant votre mort; mais comme les stipulations ne devaient dépendre que de la volonté et du consentement des contractans, *ex mente et consensu*, *Justinien* voulut que la stipulation fût valable, quoiqu'elle eût été faite pour être accomplie avant ou après la mort du stipulant ou de l'obligé (1), *cod. de contract. et commit. stip.*, *leg. fine puto.*

§ XIV. Pareillement était nulle autrefois la stipulation dont l'effet avait lieu avant l'évènement de la condition : on la nommait par cette raison *præpostere*, c'est-à-dire postérieure à l'effet, *v. g.*, me promettez-vous de me donner aujourd'hui votre cheval, s'il vous arrive demain un vaisseau d'Asie ? Une stipulation semblable intervertissait l'ordre naturel des choses, suivant lequel la condition devait arriver avant l'effet; mais comme l'empereur *Léon* avait établi, par sa constitution au code *leg. præposteri*, 25 *de testam.*, que les stipulations *præposteres*, faites à l'occasion de la dot, seraient valables entre le mari et la femme, *ut cod. de jur. dot.*, *leg. si mulier*, *Justinien* ordonna que ces sortes de stipulations seraient reçues dans toutes les affaires, sous cette modification que, quoique la chose fût promise avant l'évènement de la condition, on ne pourrait toutefois l'exiger auparavant, *leg. præposteri in fin.*, *cod. de testam.*

§ XV. Les stipulations qui se réfèrent à la mort de l'une ou de l'autre des parties, sont valables, *v. g.*, promettez-vous que vous me donnerez votre maison de campagne, quand je mourrai ou quand vous mourrez ? *leg. quodcumque*, § 1º. , *ff. de verb. oblig.*, *lege Julianus de jur. dot.*, parce que le tems de la mort est réputé appartenir plutôt à la vie qu'à la mort, *leg. qui duos*, § 1º. , *ff. de manum. test.*, *leg. 1ª.*, § *si ab ipso de collationibus* : de-là vient qu'on regarde comme *æs hœreditarium*, c'est-

---

(1) C'est depuis ce tems que les actions passent aux héritiers, *cod. ut act. ab hœrede et contra hœred.*, *leg. 1ª.*

à-dire comme dette héréditaire, ce que le défunt aurait promis de donner au tems de sa mort, *leg. hæreditarium*, *ff. de reb. auct. jud. possid.* Cette stipulation *cùm morieris*, n'a lieu que par la mort naturelle, et non par la mort civile, *ut deportatione*, *leg. ex eâ parte*, § *pen.*, *ff. de verb. oblig.*

§ XVI. Ainsi qu'on peut stipuler pour après la mort du stipulant ou de l'obligé, de même on peut stipuler pour après la mort d'un tiers, *v. g.*, me promettez-vous votre fonds tusculan après la mort de *Titius* ?

Ratione formae externae.

§ XVII. Nous observerons que toutes les fois qu'il conste par écrit, dans un acte, que quelqu'un a promis, il en est de même que s'il avait répondu ; car le mot promettre fait présupposer une interrogation précédente. (1)

§ XVIII. Lorsqu'on a compris plusieurs choses dans une même stipulation, et que l'obligé répond seulement je promets, *dare spondeo*, il est obligé pour toutes : si au contraire il a répondu qu'il n'en donnerait qu'une ou plusieurs, il n'y a d'obligation que pour celles qu'il a promises ; en sorte que d'entre plusieurs stipulations, il peut arriver qu'il n'y en ait qu'une ou certaines seulement de valables ; c'est pourquoi il faut stipuler chaque chose, et l'on doit aussi promettre à chaque interrogation.

Ratione personarum.

§ XIX. Nous avons dit ci-dessus qu'on ne pouvait stipuler pour autrui, excepté dans certains cas que nous avons détaillés ; car les obligations tirent leur force et leur origine de l'intérêt qu'ont les contractans à ce qu'elles sortent à effet, c'est-à-dire, que chacun acquière seulement pour soi ce qu'il a intérêt d'avoir en son pouvoir ; d'où il suit que les obligations demeurent sans force, en stipulant pour autrui ; car peu importe au stipulant (à prendre les choses dans le sens abstrait) qu'il

---

(1) Il n'en serait pas de même d'une preuve testimoniale, *ut cod. de usuris*, *leg.* 1ª. *in glosâ penult.*

soit fait un avantage à un autre. On peut cependant donner quelque force à ces sortes de stipulations ; car si le stipulant y fait intervenir un véritable intérêt pour lui, en y ajoutant une peine , dont l'utilité rejaillisse sur lui ; comme, par exemple, si vous ne livrez pas à *Caïus* le cheval que j'ai stipulé de vous, vous me donnerez votre maison de campagne : en ce cas, lorsque la peine a été encourue pour le profit du stipulant, on lui adjuge l'objet désigné pour la peine. Si donc quelqu'un stipule simplement : me promettez-vous de donner à *Titius* ; la stipulation est inutile ; mais s'il a été ajouté une peine conditionnelle, *v. g.*, si vous ne donnez pas à *Mœvius* votre fonds Flavien , me promettez-vous cent écus d'or ; la stipulation de la peine a son effet, si le fonds n'a pas été livré à *Mœvius*. Nous remarquons que si l'obligé donne à *Mœvius* le fonds stipulé , il ne s'en suit pas que la stipulation pour autrui soit valable , puisque ce n'est que la crainte où l'on est d'encourir la peine, qui lui fait produire son effet, *cod. de arbit.*, *leg.* 1ᵃ.

§ XX. La stipulation faite pour un autre est valable , sans qu'il soit ajouté de peine, quand le stipulant est intéressé à ce qu'elle soit exécutée ; par exemple, celui qui, ayant commencé d'administrer la tutelle , et qui , étant empêché de la continuer pour raisons légitimes, en cédant l'entière administration à son co-tuteur , stipule de lui une caution pour l'indemnité du pupille, s'il y a lieu ; une telle stipulation est valable, par la raison qu'il est d'un grand intérêt que ce qu'il a stipulé soit accompli, car il est responsable envers son pupille du tort qui pourrait lui être fait par le co-tuteur, *ut sup. de satisd. tut. vel. cur.*, § 2, *et ff. de mag. con.*, *leg.* 1ᵃ., § *penult.* Il en serait de même de la stipulation faite par le mandant pour son procureur , et de celle faite par le débiteur , au profit de son créancier , à cause de son intérêt particulier, soit pour ne pas encourir une peine à laquelle il se serait soumis, soit pour empêcher la vente de ses biens hypothéqués en faveur du créancier.

§. XXI. Par la raison que la stipulation faite pour un autre n'est pas

---

Nota. La stipulation faite au profit des églises et des hôpitaux , est valable , quoique faite pour autrui , selon le sentiment de *Balde* sur la loi *illud*, *cod. de sacrosanct. eccles.*

valable, celui qui aurait promis le fait d'autrui, s'il n'a ajouté une peine ou une promesse, n'est point obligé.

Ratione rerum.

§ XXII. On ne peut stipuler sa propre chose, parce que ce qui est une fois à nous, ne saurait nous appartenir à un autre titre, *inf. de act.*, § *sic itaque ;* d'où il suit que nous ne pouvons stipuler une chose d'autrui pour le tems auquel elle nous appartiendra (1), parce que la stipulation ne peut remonter à l'époque du contrat.

§ XXIII. Pour la validité des stipulations, le consentement des con-tractans doit concourir respectivement sur une même chose, *in idem placitum consensus ;* car si le stipulant demande un cheval, et que celui qui s'oblige promette par erreur ou volontairement une toute autre chose, la stipulation n'est pas valable : il en est de même si dans le tems qu'on a stipulé de vous, *Stichus*, vous avez promis *Pamphile*, que vous croyez se nommer *Stichus*.

§ XXIV. Les stipulations qui ont pour objet des choses honteuses ou illicites, sont nulles ; comme si quelqu'un avait promis de commettre un homicide ou un sacrilège, *ff. de verb. oblig.*, *leg. generaliter*, *leg. veluti*, *leg. si plagii ;* et ce, quand bien même il aurait été ajouté quelque peine ; car le droit regarde ces sortes de stipulations comme impossibles, *ff. de cond. inst.*, *leg. filius.*

§ XXV. Le droit qui provient des stipulations, ainsi que l'obligation qui en résulte, passent aux héritiers ; en sorte que si quelqu'un a sti-pulé sous quelque condition, quoiqu'il décède avant l'évènement de la condition, si elle arrive après sa mort, son héritier pourra en poursuivre l'exécution, *ut sup. de verb. oblig.*, § 4, *in fin.*, *leg.* 57, *ff. de verb. oblig.*, parce que la condition a un effet rétroactif au jour de la stipu-

---

(5) Il est cependant permis de stipuler une chose qui nous appartient pour le tems auquel elle pourra cesser de nous appartenir, *leg. si rem meam*, *ff. de verb. obl.*, et *leg. nemo, in ppio de verb. obl.*, et *leg.* 1ª., § *sed quod diximus*, *ff. ususf. quemadmod.*

lation,

lation , qui est alors censée faite purement : il en serait de même de l'héritier de l'obligé qui serait tenu envers le stipulant. (1)

§ XXVI. Le terme apposé pour l'accomplissement des conditions doit toujours se prendre dans toute son étendue ; ainsi celui qui a stipulé qu'on lui donnerait dans une telle année ou dans un tel mois, ne peut rien exiger qu'après l'expiration de l'année ou du mois, parce que le délai, ainsi exprimé, est censé être stipulé en faveur de l'obligé, *leg. qui hoc anno*, *ff. de verb. oblig.* (2) Les obligations entraînent de droit le tems qu'il faut pour se procurer la chose promise, dès que celui avec qui on contracte est instruit qu'on ne l'a pas en son pouvoir, ou qu'il faut un intervalle pour en faire la tradition ; c'est pourquoi celui envers qui l'on s'est obligé à donner un fonds ou un esclave, ne peut agir qu'après avoir laissé passer le tems suffisant pour que le débiteur ait pu se procurer le fonds ou l'esclave, *leg.* 137, *ff. de verb. oblig.*, *leg.* 105 ,*ff. de sol.* La loi *pecun. const.* donne dix jours pour le paiement , lorsque l'époque n'a point été fixée.

CODE CIVIL.

OBSERVATIONS.

NOMB. 56. En France, de même que chez les Romains, il n'y a que les choses qui sont dans le commerce qui puissent être l'objet des conventions, (art 1128.)

---

(1) Il en est autrement des dispositions de dernière volonté , car les légataires et les fidéicommissaires ne transmettent point à leurs héritiers, *cod. de cod. toll.* , *leg. unic.* , § *sin autem aliquid.* , *ff. de manum. test.* , *leg. si ita scriptum fuerit*, *in fin.*, *et ff. de peric. et commod. rei* , *leg.* 8, § *quod si pendente conditione.*

(2) Dans les dispositions de dernière volonté , les legs annuels se paient au commencement de chaque année ; il en est de même de la stipulation , lorsqu'elle est annuelle , *ff. de cond. et demonst.* , *leg. si annos;* mais si l'on a promis de payer tous les ans , le paiement se fait par fin d'année ; d'où il suit qu'il faut distinguer *annuus* de *hoc anno* , ou *quolibet anno*,

A Rome la stipulation était inutile lorsque *Mœvius* avait promis que *Sempronius* donnerait une telle chose : de même en France les conventions n'ont d'effet qu'entre les parties contractantes ; elles ne nuisent point aux tiers, (art. 1165.)

Parmi nous, comme chez les Romains, on peut stipuler au profit d'un tiers lorsque telle est la condition d'une stipulation que l'on fait pour soi-même, (art. 1121.) Dans tous les autres cas, les stipulations ne profitent pas aux tiers, (art. 1165.)

Par le droit romain, le sourd, le muet, le furieux et l'impubère ne pouvaient valablement contracter : en France, les sourds et les muets ne sont point déclarés par la loi incapables de contracter ; d'où il suit qu'ils peuvent valablement s'obliger, s'ils ont d'ailleurs toutes les autres qualités requises, (art. 1123.) Mais les mineurs et les interdits, pour cause de démence ou de fureur, sont incapables de former une convention, (art. 1124.)

Chez les Romains, les conditions impossibles rendaient nul l'acte auquel elles étaient apposées : parmi nous toute condition d'une chose impossible, ou contraire aux bonnes mœurs, ou prohibée par la loi, est nulle et rend nulle l'obligation qui en dépend, (art. 1172.)

A Rome, pour stipuler valablement, il fallait être présent à l'acte : parmi nous l'absent peut être représenté par un fondé de pouvoir. On peut même stipuler pour autrui en promettant le fait de celui-ci, sauf l'indemnité due au stipulant, si le tiers refuse de ratifier et de tenir l'engagement, (art. 1120.)

En France, comme chez les Romains, les choses futures peuvent être l'objet d'une obligation, (art. 1130.)

Chez les Romains, on s'arrêtait plutôt à l'intention des parties qu'aux expressions que contenait l'acte qu'elles avaient passé : il en est de même parmi nous : on recherche plutôt dans les conventions, quelle a été la commune intention des contractans, que l'on ne s'arrête au sens littéral des termes, (art. 1156.)

A Rome, la stipulation dans laquelle les parties n'étaient point convenues de la chose, était nulle : de même en France l'obligation est nulle, si elle n'a pas d'objet. Il n'y a pas de consentement, s'il a été donné par erreur, (art. 1109); et dès-lors il n'y a pas de contrat ; car le consentement est une condition esssentielle pour la validité des conventions, (art. 1108.)

Selon le droit des Romains, la promesse d'une chose deshonnête était nulle : de même en France il n'y a point d'obligation, si elle a une cause illicite, *loc. cit.*

En France, de même que chez les Romains, on est censé avoir stipulé pour soi, pour ses héritiers et ayans-cause, à moins que le contraire ne soit exprimé, ou ne résulte de la nature de la convention, (art. 1122.)

TITRE XXI.

DE FIDEJUSSORIBUS.

Nous allons parler des obligations accessoires, c'est-à-dire, de celles qui arrivent toutes les fois qu'un tiers intervient à une obligation principale, pour en répondre et la faire valoir comme le principal obligé ; c'est ce qu'on appelle *fidéjusseurs*, que les créanciers sont dans l'usage d'exiger de leurs débiteurs, pour une plus grande sûreté de leur créance, *leg. si rem alienam, § omnis, ff. de pign. act., leg. ut res de contrah. empt.* (1) Ce qui a lieu pour les obligations, soit dans le moment qu'elles

---

(1) Le cautionnement et l'obligation principale, sont presque la même chose ; l'un et l'autre se forment par une véritable stipulation, *leg. 12, cod. de fidej.* ; on n'appelle l'une *principale*, et l'autre *accessoire*, que parce que le principal obligé voit toujours rejaillir sur lui tout l'effet de l'obligation ; tandis que l'autre n'a aucun avantage à en attendre ; à cette différence près, ces deux obligations sont les mêmes et n'en font qu'une seule respectivement au créancier.

Le fidéjusseur diffère du mandant *pecuniæ credendæ*, en ce que le contrat que j'ai passé avec vous n'est pas le même que celui que j'ai passé avec celui à qui j'ai prêté une certaine somme ; le premier est un contrat de mandat, et le second un contrat de prêt ; ils ont par conséquent une cause différente, tandis que le contrat que j'ai passé avec le fidéjusseur et le principal obligé est le même ; d'où il suit que le paiement fait par l'un éteint l'obligation de l'autre ; au lieu que j'ai toujours une action contre mon débiteur, quoique j'aye été payé par mon mandataire, et qu'il ait ainsi anéanti la créance que j'avais sur lui en vertu de son mandat *ex causâ metui*, non pas à l'effet de pouvoir exiger ce qui m'a été payé *ex causâ mandati, leg. 57, ff. de reg. jur.*, mais à l'effet de pouvoir céder mes droits au mandant lorsqu'il le requerra, *ut leg. 28, ff. mandat.*

Le fidéjusseur diffère de celui qu'on appelle *expromissor*, en ce que celui-ci prend sur lui toute l'obligation par une novation, *leg. et eleganter, § servus pactionis, ff. de dol. mal., et leg. aliquand. in ppio ad Velleïan.*

sont contractées, soit pour le tems auquel elles se contracteront , *ff. de jud.* , *leg. non quemadmodum.*

§ Ier. On prend des fidéjusseurs , soit que l'obligation consiste dans la tradition de la chose , dans les paroles , dans l'écriture , dans le seul consentement des parties , dans un délit ou quasi-délit, *leg. graecè sed etsi ex delicto*, *ff. hoc tit.* , sans même qu'il soit nécessaire de distinguer si l'obligation est civile ou naturelle ; d'où il suit que, quoique l'esclave ne puisse cautionner, *ff. hoc tit.*, *leg. servus in scio.* , il suffit qu'il puisse s'obliger naturellement , *ut ff. de cond. indeb.* , *leg. si id quod.* , pour qu'il puisse avoir un fidéjusseur , et qu'on puisse cautionner pour lui, soit qu'un étranger exige une caution pour l'esclave d'autrui , soit que le maître l'exige lui-même pour ce qui lui serait dû naturellement par son esclave.

§ II. Celui qui s'oblige comme fidéjusseur , s'oblige non-seulement lui-même, mais encore oblige ses héritiers, *ff. de oblig. et act.* , *leg. ex contractibus ; et leg. 4, hoc tit.*

§ III. Le fidéjusseur peut précéder , comme suivre l'obligation , c'est-à-dire, intervenir avant ou après, *v. g.* , je cautionne pour ce que vous avez prêté à *Lucius* , ou pour ce que vous lui prêtez, ou enfin pour ce

---

Il diffère encore de celui qu'on appelle *reus constitutœ pecuniœ* , qui accède à l'obligation d'un autre, non par stipulation , mais par l'intervention d'un pacte ; parce qu'en s'obligeant de payer pour un autre, indépendamment et postérieurement à l'obligation principale déjà existante , il contracte lui-même par ce simple pacte une obligation principale et non accessoire ; et de cela qu'il n'y a pas eu de stipulation de la part de l'autre obligé , on peut comparer cette sorte d'obligation au mandat dont nous avons déjà parlé.

L'exception de division a lieu aussi pour les obligés *constitutœ pecuniœ*,*leg. fin.* , *cod. de pecun. const.* , ainsi que le bénéfice de discussion , suivant la *nov. 4, chap.* 1 , sous le mot grec αντωφκοιατης , qu'on traduit par les mots *constitutœ pecuniœ reus* ; ce pacte *constitutœ pecuniœ* a lieu souvent pour fortifier , en faveur du créancier , une obligation principale qu'on aurait soi-même contractée.

En un mot , toutes ces obligations accessoires ont presque le même effet que le cautionnement, et peuvent pour ainsi dire leur être comparées, soit pour le recours , soit pour le bénéfice de division et de discussion.

que vous lui prêterez, *ut ff. de usuf. ear. rer. quae usuc. consum.*, *leg.*
quoniam, § *fin.*

§ IV. Les fidéjusseurs, quelque soit leur nombre, forment respectivement au créancier autant de débiteurs particuliers, de manière que
chacun est tenu pour le tout, et qu'il dépend de la volonté du créancier
de répéter sa créance de celui d'entr'eux qu'il veut : cela ne se pratique
ainsi que lorsqu'on a renoncé au bénéfice de division et de discussion,
leg. penult., *cod. de pactis*. A défaut de cette renonciation, le créancier est tenu de diviser son action contre chacun des fidéjusseurs, pour
leur part et portion ; mais si au tems de la contestation en cause, l'un
des fidéjusseurs est insolvable, tous les autres sont tenus de sa portion.
Si l'un des fidéjusseurs paie l'entière créance, l'insolvabilité du principal obligé retombe sur lui, parce qu'il doit s'imputer de n'avoir pas
demandé à jouir du bénéfice porté dans le rescrit de l'empereur *Adrien*,
et de n'avoir pas forcé le créancier à diviser son action, de telle sorte,
qu'il ne fût tenu que pour une portion (1).

§ V. Il est à remarquer que les fidéjusseurs ne peuvent s'obliger de
manière à être tenus au-delà de ce à quoi est tenu le principal obligé,
parce que leur obligation n'est qu'un accessoire de l'obligation principale :
rien n'empêche cependant que leur obligation ne puisse être moindre que
celle du débiteur principal, parce que cela n'est pas contraire à l'ordre naturel des choses ; en sorte que si le débiteur est obligé pour dix, le fidéjusseur pourra valablement s'obliger pour cinq ; mais le cautionnement
serait nul, si le débiteur était obligé pour cinq, et que le fidéjusseur fût
obligé pour dix. Pareillement le débiteur principal peut s'obliger purement, et le fidéjusseur seulement sous condition ; mais le cautionnement
serait nul dans le sens contraire, car l'obligation la plus onéreuse se trouve
non-seulement dans la quantité, mais encore dans le tems donné pour
l'exécution. En effet, il est sensible qu'il est plus onéreux d'être obligé

---

(1) C'est en quoi les fidéjusseurs diffèrent des co-obligés solidaires, parce que ceux-ci
étant tous obligés principalement, c'est-à-dire chacun pour soi et non pour les autres,
ne peuvent renvoyer à discuter les autres, le bénéfice de discussion n'ayant lieu en leur
faveur que dans le cas où quelqu'un d'entre eux serait insolvable.

de donner tout de suite , qu'il ne l'est d'être obligé de donner après un certain tems, *ff. de verb. sign. , leg. si cui , § fin. inf. de act., § plus autem, ff. de solut. , leg. solidum. , ff. de solut. mat. , leg. si constant. , § quotiens.*

§ VI. Si le fidéjusseur a payé pour le débiteur principal, il a contre lui l'action du mandat pour obtenir la répétition de ses avances (1) , *leg. 6, ff. hoc tit. , leg. qui fid., et leg. ex mandato, ff. de mand.* ; soit qu'il ait payé volontairement, ou après avoir été cité en justice , *leg. idemque , § fidejussores , ff. mand.* , le remboursement doit lui être fait , tant en capital, intérêts que frais, et encore en intérêts des intérêts qui lui sont dus , comme formant à son égard un capital , *leg. si verò , § si mihi, ff. eod., leg. qui negotiationem , § si ex duobus, § ult. de administ. tut. , leg. 8 , § mand. , ff. mandat.*

§ VII. Les cautionnemens étant mis au nombre des stipulations , et les stipulations pouvant avoir lieu en toutes sortes de langues , pourvu que les parties s'entendent, *ut sup. de verb. oblig., §°. 1* , rien n'empêche que les fidéjusseurs ne puissent s'obliger en langue grecque ou autrement, *legis graecè , ff. eod. et inf. quib. mod. oblig. , § 1°. (2).*

§ VIII. En règle générale, de quelque manière qu'on se soit expliqué en cautionnant, l'on est obligé en qualité de fidéjusseur, pourvu qu'il apparaisse de la volonté des parties contractantes ; ce qui doit s'entendre , lorsqu'elle demeure constatée par écrit : c'est pourquoi , s'il conste d'un acte qu'une personne a cautionné, on présume que l'acte a été fait avec toutes les formalités voulues par la loi , qu'on a regardé comme inutile de rapporter dans l'instrument. Sans cette présomption, la stipulation serait nulle, *quia fidejussio sine stipulatione non constat. , leg. 5, satis acceptio, de verb. oblig.*

---

(1) A supposer que le fidéjusseur ait cautionné du consentement du débiteur, et à sa prière; car si le cautionnement avait été fait à l'insçu du débiteur , le fidéjusseur n'aurait pas contre lui l'action *negotiorum gestorum , leg. ex mandato , ff. mand.*

(2) Puisque le cautionnement est une véritable stipulation , ceux qui ne peuvent s'obliger, sont aussi incapables de cautionner.

CODE CIVIL.

OBSERVATIONS.

Nomb. 57. Les cautions s'obligent parmi nous, sans qu'il soit besoin d'aucune solennité de paroles, ni de la présence du débiteur.

En France, comme chez les Romains, les engagemens des cautions passent à leurs héritiers, (art. 2017).

Il est de principe parmi nous, que la caution peut intervenir avant ou après l'acte d'obligation. Chez les Romains, si plusieurs fidéjusseurs intervenaient pour une même obligation, ils étaient tous obligés solidairement pour le tout. De même, en France, lorsque plusieurs personnes se sont rendues cautions d'un même débiteur, pour une même dette, elles sont obligées chacune pour le tout, (art. 2025).

L'empereur *Adrien*, à Rome, avait introduit le bénéfice de division en faveur des fidéjusseurs, en vertu duquel le créancier était obligé de poursuivre chacun des fidéjusseurs pour leur part. Ce bénéfice est admis en France, et les cautions, si toutefois elles n'ont point, par exprès, renoncé au bénéfice de division, peuvent exiger que le créancier divise préalablement son action, et la réduise à la part de chaque caution, (art. 2026).

Parmi nous, conformément à ce qui était pratiqué chez les Romains, lorsque, dans le tems où la division a été prononcée, il y a une ou plusieurs cautions insolvables, les autres sont tenues, chacune pour leur part, de ces insolvabilités, *loc. cit.*

A Rome, le co-fidéjusseur qui avait payé le tout, s'il n'y avait en sa faveur une cession du créancier, ne pouvait exercer aucun recours contre ses co-fidéjusseurs. Parmi nous, l'équité l'emporte sur la rigueur du principe. La caution qui a acquitté l'entière dette, a recours contre les autres cautions, chacune pour sa part et portion, (art. 2033).

Chez les Romains, les fidéjusseurs ne pouvaient être obligés pour une plus forte somme que les débiteurs principaux, sous peine de la nullité de l'acte. En France, le cautionnement ne peut excéder ce qui est dû par

le

le débiteur, ni être contracté sous des conditions plus onéreuses; mais le cautionnement qui excéderait la dette, ne serait point nul; il serait seulement réductible, (art. 2013).

En France, la caution qui a payé la dette, est subrogée à tous les droits qu'avait le créancier contre le débiteur, (art. 2029.) A Rome, dans ce cas, le fidéjusseur n'avait que l'action du mandat pour obtenir son remboursement : la dette avait été éteinte par le paiement.

En France, comme chez les Romains, il est de principe constant que foi entière est due aux actes, lorsqu'ils sont d'ailleurs revêtus des solennités requises.

TITRE XXII.

DE LITTERARUM OBLIGATIONIBUS.

DANS les premiers tems, les obligations par écrit se contractaient ainsi qu'il suit : Les capitalistes qui désiraient retirer un profit de leur argent, le déposaient chez des banquiers expressément préposés, *ut leg. 7 , § 2°. quotiens, ff. de pos. , et leg. 9 ,ff. de pactis , vers. plures.* Les emprunteurs se rendaient dans ces bureaux , où ils faisaient la demande des sommes qui leur étaient nécessaires : les banquiers alors, selon que ces emprunteurs étaient solvables, leur prêtaient ou sans caution ou avec caution, et leurs noms étaient inscrits sur un registre qui faisait pleine foi en justice. De-là vient que , comme toute la force de l'obligation consistait dans les noms des débiteurs, pour les distinguer des autres obligations , on les appelait les obligations qui se faisaient par les noms *quae nominibus fieri dicebantur.* On les nommait aussi *nomina debitorum* , c'est-à-dire le droit qui résultait pour le créancier, du nom retenu en sa faveur chez le banquier public ; droit qui résultait de la preuve qu'on inférait de la foi due au registre : cette preuve ainsi constatée donnait lieu à l'action introduite à cet effet pour agir contre les débiteurs (1). Cette manière d'établir les droits des créanciers, ne fut pas long-tems en usage ; elle était même inconnue du tems de *Justinien.* La mauvaise foi des banquiers fit abroger cette manière d'établir les créances ; et dèslors il n'y eut que les écrits privés , signés de la partie qu'on voulait

---

(1) On appelait capitalistes ceux qui avaient remis leur argent chez des banquiers, *Argentarii* ; et ceux qui n'avaient point recours aux banquiers, et qui prêtaient leur argent chez eux, en observant les solennités des stipulations, *rei stipulandi , cum pecunia numerabatur de domo ex arcâ*, leg. lecta 4 , *in principio , ff. de reb. cred. , et dict. leg. si plures ,ff. de pactis.*

rendre obligée, pour constater les obligations ; mais comme il arrivait souvent qu'on s'obligeait d'avance dans l'espérance de recevoir le montant de l'obligation , et que certains créanciers consentaient des quittances , dans l'espoir d'être remboursés ; ce qui exposait les parties à être trompées, il fut introduit contre celui qui demandait sans avoir compté les fonds , l'action *non numeratae pecuniae*. Cette exception devait être opposée dans un certain tems, comme on peut le voir au code *de non numeratâ pecuniâ*; de telle sorte que, lorsque le tems fixé s'était écoulé sans qu'on l'eût proposée, l'obligation sortait à effet, quoiqu'on n'eût rien reçu, et il en naissait l'action *condictio certi ex mutuo*, pour en poursuivre l'exécution. Ce tems était autrefois fixé à cinq années ; mais *Justinien* trouvant ce délai trop long , le limita à deux années (1) inclusivement (2), afin que les créanciers ne fussent point privés pendant un trop long tems de leur argent; car il arrivait souvent que les vrais débiteurs, pour obtenir des délais, opposaient impudemment cette exception, quoiqu'ils eussent réellement reçu le montant de leur obligation.

---

(1) Ce tems doit s'entendre lorsqu'on exceptait d'une manière négative, *de non numeratœ pecun.*; mais il en était autrement si l'on exceptait d'une manière affirmative , comme si l'on assurait avoir payé l'argent qu'on avait reçu , le délai était alors fixé à trente années , *leg.* 1ª., *cod. de non num. pecun.*

(2) Cette exception peut être opposée dans ce délai , quand bien même le créancier ne formerait pas sa demande; le débiteur peut alors agir contre le créancier, afin qu'il le décharge de son obligation par l'action *condictio sine causâ, leg.* 7, *cod. de non num. pec.*, en justifiant devant le juge qu'il n'a point reçu l'argent porté dans le titre, *leg.* 8, 9 et 14, § 4, *cod. de non num. pec.*; il est des cas où cette exception n'a pas lieu ; par exemple, lorsque le débiteur a déclaré peu de tems après l'obligation, dans un acte séparé , que la numération des espèces avait été faite, *leg. pen.*, *cod. de pact.*, *leg.* 4 *et* 22 , *cod. ad sen.-consult. Velleïan.*

Nous observerons que l'exception *non numeratœ pecun.* , diffère des autres exceptions, en ce que la numération des espèces doit être prouvée par le créancier.

Cette exception ne peut être opposée que dans le prêt; elle ne serait reçue dans aucun contrat, comme le dépôt et autres obligations chirographaires, à moins qu'on n'eût des preuves de la dernière évidence, comme un écrit contraire, *leg.* 5, 6, 8, 13, 14, *cod. de non num. pecun.*

CODE CIVIL.

OBSERVATIONS.

Nomb. 58. Parmi nous l'exception *non numeratae pecuniae* n'a point lieu : il suffit d'avoir reconnu par acte public ou par acte sous signature privée, qu'une somme nous a été prêtée, pour qu'il soit présumé que nous l'avons reçue : il n'y a que l'inscription de faux qui puisse l'emporter.

TITRE XXIII.

DE OBLIGATIONIBUS EX CONSENSU.

Le seul consentement des parties forme le contrat d'achat, de vente, de louage, de la société et du mandat : la raison en est que ces contrats ne requièrent point la solennité de l'écriture; qu'ils peuvent être formés tant entre présens qu'entre absens, par lettres ou par des personnes envoyées à l'effet de contracter.

Les contrats consensuels diffèrent des autres contrats, en ce qu'ils sont nommés contrats de bonne foi, *contractus bonae fidei*, et qu'ils engagent une partie envers l'autre pour ce qui paraît juste et équitable, quoiqu'il n'en ait point été fait mention dans la convention : par exemple, le vendeur est tenu à la garantie, quoique cela n'ait point été exprimé. Dans le prêt à usage, l'emprunteur est tenu de la faute la plus légère, quoique cela n'ait pas été convenu; au lieu que, dans les stipulations qu'on appelle contrats *stricti juris*, on ne supplée rien à ce qui a été convenu, et l'obligé n'est tenu que de ce qui a été promis, *ff. de negot. gest., leg. si pupilli, in fin., et leg. quià tantum dem., ff. de verb. oblig., leg. ita stipulatus.*

CODE CIVIL.

OBSERVATIONS.

Nomb. 59. Nous n'avons point d'observations à faire sur ce titre : il suffit de rappeler qu'en France, toutes les conventions qui ne sont contraires ni aux lois ni aux bonnes mœurs, sont obligatoires.

TITRE XXIV.

DE EMPTIONE ET VENDITIONE.

L'achat et la vente étant un contrat consensuel, il s'en suit que le contrat doit être parfait aussi-tôt qu'il a été convenu du prix de la chose vendue, quoiqu'il n'ait été rien compté, pas même des arrhes, *ut ff.*, *cod. de contrah. empt.*, *leg. empti fid.*, *leg. quod saepè*, *in principio*, *leg. 5*, *cod. de act. et oblig.*, *leg. non idcircò*, *codice de contrah. empt.*, *et leg. necessario*, *ff. de peri. et cum rei vend.* : car les arrhes ne peuvent servir à autre usage qu'à concourir à la preuve de la confection du contrat, au cas qu'elle soit contestée; ce qui doit s'entendre des achats et des ventes qui se font sans écrit, que *Justinien* a laissés subsister comme auparavant, sans y rien innover; mais il a ordonné, par sa constitution au code *leg. contractus de fide instrument.*, que les contrats qu'on aurait convenu de rédiger par écrit, n'acquerraient leur perfection que par l'écriture (1), soit de la propre main des contractans, soit d'une main étrangère, signée par les parties; et dans le cas où ce fût un notaire qui eût été chargé de rédiger les conventions par écrit, l'acte ne serait parfait qu'autant que toutes les formalités requises auraient été observées (2), et qu'il aurait fait signer la minute par les parties; en sorte que, tant qu'il manque quelque chose à la perfection de l'instru-

---

(1) Il faut cependant que l'intention des parties ait été de faire dépendre la perfection du contrat de la rédaction en acte public, car cette clause par elle-même n'est pas de la substance du contrat.

(2) L'acte est revêtu des formalités requises, lorsqu'il a reçu la forme d'instrument public, comme lorsqu'il contient le jour, le consulat, la souscription des témoins, et qu'il a été écrit sur le papier propre aux actes, sans aucune rature, *in chartâ purâ et mundâ*, *nov.* 44, *chap.* 2.

ment, il est libre au vendeur ou à l'acheteur, sans craindre d'encourir aucune peine de dommages et intérêts, de renoncer à la vente ou à l'achat ; ce qui doit s'entendre, si lors de la convention faite il n'a point été donné des arrhes ; car s'il en avait été donné, l'acquéreur ne pourrait se refuser à mettre le sceau au contrat sans perdre ses arrhes ; et le vendeur, au cas de refus, serait obligé de rendre le double de ce qu'il aurait reçu (1), ce qui doit avoir lieu *ipso jure*. Les parties n'ont même le droit de se rétracter que parce que les conventions faites sous la réserve qu'elles seront rédigées par écrit, sont regardées comme des conventions conditionnelles ; autrement, lorsqu'il n'y a pas de réserve, quand bien même il n'aurait point été donné d'arrhes, on est obligé à l'exécution ; la raison en est que les arrhes ne sont pas de la substance des obligations, mais qu'elles en servent seulement de preuve, *leg. quod saepè* 35 , *ff. de contrahend. empt.* C'est pour cela qu'on donnait autrefois un anneau, pour dire que le contrat avait reçu sa perfection, *leg. 5, si institor. , ff. de institor. act. :* car si lors de la perfection du contrat il n'a été nullement fait mention d'écriture , et qu'ensuite il plaise aux parties de le faire rédiger par écrit, cela ne saurait y porter aucune atteinte , *scriptura nequaquam pertinet ad perfectionem contractûs, sed tantum ad probationem , leg. cum te , cod. de trans. , leg. cum res , cod. de probat.* De-là vient que la perte que faisait le créancier de l'instrument qui établissait sa créance , ne pouvait lui nuire, si d'ailleurs il avait des preuves pour y suppléer, *leg.* 1ª. *, cod. de fid. instru.*

§ Iᵉʳ. Outre le consentement des parties , il faut encore qu'il ait été établi un prix à la chose vendue ; car il ne peut y avoir de vente sans prix , *ff. eod. , leg.* 2ª. *, et cod. eod. , leg. ult. ,* quoique la numération n'en soit pas absolument nécessaire, *leg.* 2ª. *, § 1º. , ff. de contrahen. empt. , lege empti fidei, cod. eod.* Le prix doit être déterminé , car nos anciens

---

(1) Le vendeur est soumis à une plus forte peine que l'acheteur , parce que le premier a donné lieu au contrat, en proposant la vente à laquelle l'acheteur se prête le plus souvent avec trop d'ardeur, poussé par le désir d'agrandir ses possessions , *leg. ita ut omnes , § 1º. , ff. mand. , et leg.* 9, *in principio , ff. de publican. et vectigalib.*

avaient mis en doute, si une vente dans laquelle il avait été convenu que le prix en serait déterminé par un tiers, pouvait être valable ; comme, par exemple, si l'acquéreur était convenu de donner de la chose le prix que *Titius* l'estimerait. *Justinien* prononça là - dessus, dans sa constitution au code *de contrahen. emp.*, *leg. fin.*, en établissant que toutes les fois qu'il aurait été formé quelque vente avec adjection d'un tiers (1) pour en déterminer le prix, le contrat demeurerait valable, sous cette condition que l'acquéreur serait tenu de se conformer à l'estimation de l'arbitre et d'en payer l'entier montant, et le vendeur de faire la délivrance de la chose pour remplir l'effet de la vente ; ce à quoi ils pourraient être contraints ; l'un par l'action qu'on appelle *ex empto*, donnée à l'acheteur, *ff. de act. empt.*, *lege ex empto* ; l'autre par l'action *ex vendito*, donnée au vendeur, *leg. Julianus*, § *ex vendito*, *ff. de act. empt.* ; mais si la personne chargée de la détermination du prix ne voulait ou ne pouvait s'en acquitter, la vente demeurait résolue et annullée comme ayant été faite sans stipulation du prix : il en est de même des contrats de louage et de conduction, *leg. si merces*, *ff. locat.*

§ II. Il est aussi de l'essence du contrat de vente, que le prix consiste

---

(1) L'arbitre doit être nommé par les parties, lors du contrat, sous peine de nullité ; la raison en est qu'il pourrait s'élever de grandes difficultés sur le choix, *ff. de arbitr.*, *leg. item si unus*, § *si in duo.* La loi 3 , *si cum ea*, *cod. de dot. promiss.* paraît contraire ; mais le cas qu'elle renferme ne doit pas tirer à conséquence, parce que c'est un privilége accordé à la faveur des mariages. La loi *venditio 7* , *ff. contrah. empt.*, paraît aussi contraire, mais elle ne regarde que les causes accidentelles au contrat ; au lieu qu'il s'agit ici du prix qui tient de la substance du contrat, *ff. pro socio*, *leg. si ita*, *leg. si societatem* ; la loi dernière au code *commun. de leg.*, § *sed et si quis*, paraît aussi contraire ; mais c'est une faveur accordée aux dernières volontés.

L'acquéreur ne peut être l'arbitre du prix, *leg. quod sœpe 35*, § 1°., *ff. de contrah. empt.* ; l'exécution ne doit pas dépendre de l'une des parties, *ff. act. et oblig.*, *leg. sub. hac*, *de verb. oblig.*

L'arbitre est forcé de décider lorsqu'une fois il a accepté l'arbitrage, *leg. 3*. , *leg. 11* , *et leg. non distinguemus*, *ff. de arb.*

en argent monnoyé, malgré le sentiment de *Sabinus* et de *Cassius* (1), qui prétendaient que le prix pouvait consister en d'autres choses, comme un esclave, un fonds, des terres, etc. etc. ; d'où l'on concluait que le contrat d'achat ou de vente pouvait être confondu avec la permutation, et ne faire qu'une seule espèce de contrat, *leg.* 1ª., *ff. de contrah. empt.*, considérant la permutation comme le plus ancien des contrats, et le premier qui ait eu lieu parmi les hommes. Ils prouvaient cette ancienneté par un passage d'*Homère*, poète grec, dans le septième livre de son Illiade, dans lequel il rapporte, qu'une partie de l'armée des Grecs avait acheté du vin, en donnant en échange d'autres objets. Ce passage a été traduit du grec, par ces vers latins :

» *Inde capillati sibi vina parare pelasgi ,*
» *Ære micante alii , nitido pars altera ferro ;*
» *Pars bubulis tergis ipsis plerique juvencis ,*
» *Pars quoque mancipiis* (2).

« Les Grecs portant de longs cheveux, à l'usage de leur pays, ache-
» tèrent du vin, les uns pour du cuivre, les autres pour du fer ; les uns
» pour des cuirs, les autres pour des bœufs et pour des esclaves. »

La classe des Proculéïens, au contraire, soutenait qu'autre chose devaient être les contrats d'achat et de vente, et autre chose la permu-

---

(1) Il y avait à Rome deux écoles, qui formaient deux partis parmi les jurisconsultes ; l'une qu'on appelait l'école des *Sabiniens*, dont *Sabinus* était le chef ; et l'autre celle des *Proculéïens*, qui avait *Proculus* aussi pour chef.

(2) Beaumanoir, dans sa traduction de l'Illiade d'Homère en vers français, s'exprime ainsi :

Et du vin de Lemnos qui manque à leur offrande ,
Arrive dans le port une flotte marchande.
. . . .
. . . .
Deux vases sont choisis , où la liqueur pourprée
Est remise en dépôt pour les deux fils d'Atrée ;
Le reste est mis à prix , et suivant son état ,
Se donne par échange ou se vend au soldat,

tation, par la raison qu'on ne peut distinguer dans la permutation, quelle chose on a voulu vendre, et quelle chose on a entendu vouloir former le prix de la chose vendue ; les choses données de part et d'autre, c'est-à-dire, tant par le vendeur que par l'acheteur, pouvant être confondues et entendues être données les unes et les autres, tant pour tenir lieu de la chose vendue, que pour tenir lieu du prix : cet argument parut plus conforme à la raison, et fit par conséquent prévaloir le sentiment de *Proculus*, qui prétendait que la permutation ou comparaison (1), *vel comparatio*, devait être distinguée du contrat de vente, et former une autre espèce de contrat, celui-ci se formant d'une chose et de l'argent monnoyé, et la permutation d'une chose, moyennant une autre chose (2), *emptio fit de re cum pecuniâ numeratâ, et permutatio seu comparatio, de re ad rem* ; ce qu'il appuya non-seulement par ces vers d'*Homère*, au sixième livre de son Illiade, qu'on a traduits du grec en latin,

  » *Jupiter eripuit merè hîc præcordia Glauco,*
  » *Qui cum Tydide demens crepitantia mutat*
  » *Arma, sub aratis, auro visenda corusco.*

mais encore par d'autres raisons plus fortes ; ce principe fut confirmé

---

(1) On appelait aussi la permutation, *comparaison* ; parce que, pour former un échange, il faut comparer les choses entre elles, pour établir une juste appréciation de part et d'autre.

(2) Nous observerons cependant que s'il avait été formé un contrat de vente avec détermination du prix, et que dans la suite, on eût donné en paiement autre chose comme un troupeau avec le consentement du vendeur, la nature du contrat ne serait pas changée, *leg. pretii causâ, cod. de rescind. vend.*, parce que, lorsqu'on veut savoir quelle est la nature d'un contrat, il faut examiner ce qu'il était dans le principe, *contractûs spectatur origo*, *leg.* 8, *in ppio*, *ff. mandat.*

Si l'on donne pour la chose vendue partie d'une autre chose et partie du prix, la majeure partie donnée de la chose ou du prix, détermine la nature du contrat ; c'est-à-dire, si c'est une vente ou un échange, *leg.* 6, *cod. de pact.* ; si au contraire, la chose et l'argent ont été donnés par égales portions, il faut examiner ce qui a eu lieu lors du contrat, *arg.*, *leg.* 6, § 1°., *leg.* 24, § 4, *ff. de actio. empt.*, parce que la présomption est toujours pour le contrat de vente, comme étant plus en usage aujourd'hui que le contrat d'échange.

par les empereurs *Dioclétien* et *Maximilien*, par la loi dernière, au *cod. de rer. permut.*, et comme on peut le voir plus amplement au digeste, *leg.* 1ᵃ., § 1°., *de contrah. emp.*

§ III. Le contrat de vente étant parfait, aussitôt qu'il a été convenu du prix, lorsqu'il est fait sans écriture, ou lorsqu'il a été rédigé par écrit, quand il en a été ainsi convenu, *ut sup. in ppio*, il suit que la perte de la chose vendue est pour le compte de l'acheteur qui s'en trouve le propriétaire, *res perit domino*, quoique la tradition ne lui en ait pas encore été faite (1); c'est pourquoi, si l'esclave vendu vient à mourir; si la maison formant l'objet de la vente vient à être consumée ; si le fonds vient à être emporté par les incursions d'un fleuve, dans tous ces cas, quelque considérable que soit la perte, elle retombe sur l'acheteur, et il n'est pas moins obligé d'en payer le prix, quoiqu'il n'en ait pas été mis en possession ; la raison en est que le vendeur n'est garant que de ce qui pourrait arriver par sa faute, ou par son dol; ce qui a donné lieu de décider que, si après l'achat, le fonds venait à recevoir quelqu'accroissement par l'alluvion, il tournerait au profit de l'acquéreur, suivant la règle de droit, que l'avantage doit être pour celui qui est tenu de supporter les évènemens, *ff. de peric. et commod. rei vend.*, *leg. id quod*, et *leg.* 1ᵃ., *cod.*, *ff. de reg. jur.*, *leg. secundùm naturam*, *sup. de leg. pat. tut.*, § *fin.*, *leg. quod saepe*, § *si res venditae*, *ff. de contrah. empt.*

Cependant la perte ne retombe pas toujours sur l'acheteur; car si l'esclave vendu vient à prendre la fuite, ou à être enlevé, il faut alors

---

(1) Ce qui souffre cependant quelques exceptions ; 1°. si la vente est faite sous condition, à moins qu'elle ne devînt moindre par l'évènement de la condition ; 2°. si elle n'est pas faite en espèce, mais sous un genre, *ff. de per. rei vend.*, *leg. cumque*, et *leg. quod si acq.* ; 3°. si l'epèce n'est pas certaine, *ff. de contrah. empt.*, *leg. si in empt.*, § *si emptio*; 4°. si la chose périt par la publication, *ff. hoc tit*, *leg. si fundus*; 5°. si le vendeur est en demeure, *ff. de per. et comm.*, *leg. illud*; 6°. s'il a été vendu du vin, et qu'il n'ait été ni jaugé ni goûté, *ff. de per. et comm.*, *leg.* 1ᵃ. *in ppio*, § 1°.; *leg.* 34, § 5, *ff. de contrah. empt.*

distinguer si le vendeur avait pris sur lui la garde de l'esclave , jusqu'à la tradition , ou s'il n'y avait pas eu de convention à cet égard ; dans le premier cas , la perte retomberait sur le vendeur (1) , *ff. de contrah. empt. , lege quod saepe , § si res , ff. de per. et com. rei vend. , leg. 1ª. , § 1º. ;* dans le second , il n'en serait nullement tenu : cette règle s'étend aux animaux , et à toutes les autres choses.

Cependant , nous observerons que , de cela que la chose a demeuré entre les mains du vendeur , en ce dernier cas , et qu'il en était seul censé le maître , il est tenu de céder à l'acheteur toutes les actions qu'il aurait droit d'exercer , telles que les actions réelles , qu'on appelle *vindicatio rei ,* les actions personnelles , qu'on appelle *condictio :* il en doit être de même de celles qui naissent du vol ou du dommage causé à la chose d'autrui , *de actione furtivâ et damni injuriae* (2), *leg.* 1ª., 2ª., 3ª., *ff. pro soc.*

§ IV. Le contrat de vente peut avoir lieu purement ou sous condition ; *leg. haec conditio , ff. de contrah. empt. ;* comme lorsqu'on a dit : si *Fabius ,* mon esclave , vous fait plaisir pendant un certain tems donné pour délibérer , je vous le vends pour dix écus d'or (3) : la perfection de la vente est alors suspendue par l'évènement de la condition , *leg. cedere*

---

(1) Le vendeur , dans ces cas , n'est pas tenu des cas fortuits , mais de sa faute la plus légère , à moins qu'il ne s'en soit encore chargé , *cod. de pig. act. , leg. quæ fortuitis.*

(2) Il n'était permis qu'aux maîtres de la chose d'exercer ces sortes d'actions , *ff. de cond. furt. , leg.* 1ª. *et ad leg. aquil. , leg. item , § legis.*

(3) Il semble que cette condition soit contraire au principe que nous avons déjà posé, que la vente ne peut pas dépendre de la volonté d'un des contractans, *ut cod. de contrah. empt. , leg. in vendentis vel ementis , et ff. de contrah. empt. , leg. quod sæpe , § quæ sunt contraria;* comme lorsqu'on a dit, je vous achète cet esclave sous la condition que si je veux, le contrat sera nul; mais la différence est que, dans ce dernier cas, la condition porte atteinte à la substance du contrat, *leg. hæc venditio , § vendentis , cod. eod. de contrah. empt. , leg. conterimis , de verb. obl.;* au lieu que dans l'autre cas, la condition n'est qu'accidentelle ; comme celle où l'on dit, si la chose ne vous convient pas, il n'y aura point de vente , *leg.* 3, *ff. de contrah. empt. , leg. si hominum , de usucap. , leg.* 4, *cod. de æd. lit. act.*

diem, *ff. de verb. sig.* , *leg. necessariò de peric. et com.* : en sorte que
le défaut de la condition annulle le contrat; et si les contractans ou l'un
d'eux décèdent avant l'évènement, leurs héritiers demeurent obligés,
dictâ lege necessariò, parce que les conditions, en quelque tems qu'elles
arrivent, ont un effet rétroactif au tems du contrat, *leg. filius*, *ff. de
verb. oblig.*, *leg. donationes*, *cod. de don. inter vir. et uxor.*

§ V. Comme il est bien des choses qui ne peuvent être aliénées, telles
que les choses sacrées et religieuses, les lieux publics, les places, etc., celui
qui en ferait l'acquisition serait privé même du recours pour les dommages
contre son vendeur : si cependant l'acquéreur était dans l'ignorance,
l'achat serait également nul; mais il pourrait agir contre son vendeur
par l'action *ex empto*, pour le dédommager de la perte qu'il lui aurait
causée par sa mauvaise foi : il en serait de même de l'acquisition d'un
homme libre, croyant qu'il était esclave, *ff. de contrah. empt.*, *leg.
liberi hominis.*

Nota. On ne peut être contraint à acheter ni à vendre, à moins que ce ne soit par
équité absolue, ou pour l'utilité publique, § *ult. sup. de his qui sui vel alieni jur.
sunt*, *leg.* 12, *in ppio de religios.*, *leg.* 14, § 1°. ; car les contrats d'achat ou de vente
faits par crainte ou par violence, sont nuls, *leg.* 9, § 3, *ff. quod metûs causâ*,
leg. 1ª. , *cod. de rescind. vendit.* ; il en est de même du dol, *leg.* 7, *ff. de dolo*, et de
l'erreur dans la chose ou dans la personne, *leg.* 9, *in ppio*, *et* § 12 : la vente n'est
pas nulle cependant, si la chose vendue est de moindre valeur ou de moindre contenance qu'il n'avait été stipulé; il reste alors à l'acquéreur l'action qu'on appelle
quanti minoris, *leg.* 9, § 1°. et 2°. , *leg.* 14 et 45, *ff. de contrah. empt.*, *leg.* 13, § 4
et 5, *ff. de act. empt.*, *leg.* 18, *in ppio.*

Nota. On peut faire rescinder la vente si l'objet vendu vaut la moitié au-delà du
prix, *leg.* 2ª. , *cod. de rescind. vend.*

Nota. Lorsque le contrat est parfait, le vendeur est tenu de livrer la chose elle-
même ; il n'est point libéré en offrant des dommages, *leg.* 11, § 2, *ff. de act. empt.* ;
l'acheteur au contraire peut, outre la chose, obtenir des dommages contre le
vendeur, si c'est par sa faute que la tradition n'a pas été faite, *leg.* 1ª. , *ff. eod.*

Nota. On peut acheter une espérance, *v. g.* des choses incorporelles, des actions,
une hérédité, des choses futures, *leg.* 39, *ff. de contrah. empt.*, *cod. et ff. de hœred.
et act. vend.*

CODE CIVIL.

O B S E R V A T I O N S.

Nomb. 60. La vente est définie, une convention par laquelle l'un s'oblige à livrer une chose, et l'autre à en payer le prix, (art. 1582.)

Chez les Romains, le contrat de vente qui se faisait sans écrit était parfait, lorsqu'il avait été donné des arrhes ; mais lorsqu'il se faisait par écrit, il n'avait acquis sa perfection qu'après que l'acte avait été revêtu de toutes ses formalités : parmi nous l'acte est parfait, dès qu'il y a promesse de vente, (art. 1589) : mais il est libre aux parties de s'en départir, lorsqu'elle a été faite avec des arrhes ; savoir, celui qui les a données en les perdant, et celui qui les a reçues en restituant le double, (article 1590) : ce qui est conforme à ce qui se pratiquait chez les Romains.

A Rome il n'y avait point de vente, si le prix n'avait été déterminé : ce principe a été consacré parmi nous, (art. 1591.)

Le droit romain avait cependant permis aux parties contractantes de s'en rapporter à la décision d'un arbitre pour la fixation du prix de la chose vendue : de même en France le prix peut être laissé à l'arbitrage d'un tiers, (art. 1593.) Cependant, conformément à ce qui se pratiquait à Rome, la vente est nulle dans ce cas, si l'arbitre ne peut ou ne veut faire l'estimation, *loc. cit.*

En France, comme chez les Romains, dès que la vente est parfaite, la chose vendue reste aux périls et risques de l'acquéreur, avec cette distinction, que si les marchandises sont vendues en bloc, la vente est parfaite, dès que le prix a été arrêté, ('art. 1586); que si au contraire les marchandises sont vendues au poids, au compte ou à la mesure, la vente n'est point parfaite, en ce sens que les choses vendues sont aux risques du vendeur jusqu'à ce qu'elles soient pesées, comptées ou me- surées ; que si enfin il s'agit du vin, de l'huile, etc., il n'y a de vente parfaite qu'après la dégustation, (art. 1587.)

Selon le droit des Romains, la vente pouvait être faite purement ou conditionnellement : de même en France, elle peut être faite purement et simplement, ou sous une condition, soit suspensive, soit résolutoire, (art. 1584.)

En France, comme à Rome, toutes les choses qui sont dans le commerce peuvent être vendues, (art. 1598) : d'où il suit qu'on acheterait inutilement une chose qui n'y serait pas, *qui de uno dicit, de altero negat.*

TITRE XXV.

DE LOCATIONE ET CONDUCTIONE.

LE louage est une autre espèce de contrat consensuel ; il ne diffère presque pas de la nature du contrat de vente ; car , ainsi que l'un a lieu par le seul consentement , c'est-à-dire aussi-tôt qu'il a été convenu du prix , de même l'autre est parfait après la fixation du prix (1) de la chose louée (2) , *leg.* 2 , *ff. hoc tit.* Il naît des deux contrats deux actions , l'une pour le vendeur ou locateur , et l'autre pour le preneur.

§ Ier. Ce que nous avons dit au titre précédent , à l'égard de la vente , lorsque le prix n'ayant pas été déterminé , il avait été nommé un tiers pour arbitre , à l'effet de procéder à l'estimation , doit aussi avoir lieu pour le contrat de louage , *leg. merces, in ppio.* *,ff. eod. :* c'est pourquoi si l'on a donné des étoffes à un foulon pour les polir , ou à un ravaudeur des vêtemens à réparer sans fixer le prix du travail , avec promesse cependant de payer ce qui serait convenu au moment de la remise , ce n'est pas proprement un louage , c'est une convention , ou plutôt un contrat innommé , *v. g. facio ut des :* d'où il naît une action qu'on appelle *praescriptis verbis, ut leg. , si tibi ,ff. de praescript.*

---

(1) *Pretium* , au lieu de *merces* , qui se trouve dans le texte , *ut leg. si quis ante, de acq. poss. , leg. ult.*

(2) Le prix de la chose doit consister dans de l'argent monnoyé , ainsi que dans le contrat de vente , *ff. depositi. , leg.* 1ª. , § *si quis servum ,ff. de praescript. verb. , leg. naturalis ;* de-là vient que ce n'est que fort improprement qu'on appelle celui qui donne au maître une partie des fruits , *colonus partiarius ;* car il est plutôt censé associé , *magis censetur socius , quàm colonus ;* c'est pourquoi il ne naît pas de ce contrat l'action *locati* , mais celle appelée *pro socio.*

Nota. On appelle dans les villes le locataire *inquilinus ;* et dans les campagnes , *colonus :* le bailleur se nomme *locator* , et le preneur *conductor.*

§ II.

§ II. Comme on doutait autrefois si, en changeant une chose avec une autre, on faisait un contrat de vente, de même on a douté si on formait un contrat de louage, lorsqu'on donnait une chose à quelqu'un pour s'en servir, et qu'on recevait une autre chose pour en faire réciproquement usage. Il a été décidé que ce n'était pas un contrat de louage, mais une espèce particulière de contrat innommé, *v. g.*, *do ut des, quia sine mercede pecuniariâ, propriè locatio non contrahitur :* par exemple, si vous avez un bœuf, et que votre voisin en ait un autre, et que vous conveniez avec lui que vous vous prêterez mutuellement les bœufs l'un de l'autre pendant dix jours ; dans le cas où le bœuf de l'un vienne à périr chez l'autre, le perdant n'aura ni l'action qu'on appelle *locati*, ni celle qu'on appelle *conducti*, ni celle qu'on appelle *commodati* ; il pourra seulement agir par l'action *praescriptis verbis* (1).

§ III. Les contrats de louage et d'achat avaient ensemble un si grand rapport, qu'on était embarrassé souvent pour connaître si c'était une vente ou un louage que les parties avaient voulu faire, par exemple, quand quelqu'un donnait à perpétuité, un fonds à jouir, sous une certaine

---

(1) Cette action a lieu de trois manières, 1°. pour tous les contrats innommés, *do ut des, do ut facias ,ff. de præscript. verb.*, *leg. naturalis*, § 1°. et 2°. ; 2°. pour les pactes faits incontinent après les contrats, *cod. de rer. permut.*, *leg. rebus*, sur des choses qui y sont accidentelles ; car il en serait autrement des pactes touchant les choses substancielles, *leg. pacta , ff. de contr. empt.* ; 3°. lorsqu'on doute si un contrat est nommé ou innommé, *cùm dubitatur de nomine contractûs , ff. præscript. verb.*, *leg. 7, § fin.*, *et leg. 2, 3 et 4*.

Nota. On doit entendre, à l'égard de l'action que peut ici intenter le perdant, que le bœuf aura péri par la faute du preneur ; car autrement il n'en serait pas tenu, parce que ce contrat regarde l'intérêt respectif de chacun, *gratiâ utriusque contracta est conventio , ff. præscript.*, *verb.*, *leg. si gratuitam*, § *si margaritas , ff. commod.*, *leg. si ut certo*, § *nunc videndum*.

Nota, chaque action avait son nom et sa formule dans le droit romain ; c'est pourquoi il était nécessaire de savoir dans chaque affaire à quelle action il fallait recourir, et quelle était sa formule.

rédevance , c'est-à-dire , sous la convention que tant que le montant de la redevance serait payé , on ne pourrait déposséder le preneur , ni son héritier, ni celui qui aurait acquis le fonds du preneur ou de ses héritiers , par donation, vente, à titre de dot ou autrement , *ff. de public.*, *leg.* 3, 4, 5, 6. Les anciens jurisconsultes pensaient différemment sur la nature de ce contrat; les uns lui donnaient la qualité de contrat de louage , d'autres celle de contrat de vente ; ce qui engagea l'empereur *Zenon* à publier une ordonnance, par laquelle il nomma ce contrat particulier, *bail emphytéotique* (1), par la raison qu'il n'était ni vente , ni louage,

---

(1) On définit l'emphytéose un contrat consensuel , par lequel on cède à un autre pour toujours ou pour un très-long tems, le domaine utile d'un fonds moyennant une certaine redevance , qu'on paie annuellement au cédant, en reconnaissance du domaine direct , *leg.* 1ᵃ., *in ppio* , *ff. si ager mitig. id est emphy.* , *leg. viam veritatis* , *cod. hoc tit.* Le terme d'emphytéose vient du mot grec ἐμφυτεύειν qui signifie planter , cultiver, semer, parce que dans les premiers tems, on était dans l'usage de donner en emphytéose les fonds stériles et incultes , à condition qu'on les améliorerait , *sup. leg.* : de - là viennent les champs, que les grecs appelaient emphytéotiques ἐμπονιματα , ce mot veut dire *meliorationis* , *leg.* 3ᵃ., *cod. de jur. emphy.* Ce contrat a cependant pris sa source *in conductione et locatione* , qu'on faisait des champs publics, des villes et des provinces , *emphyteusis origo cœpit à locatione et conductione prædiorum publicorum, civitatum vel municipum* , qu'on était dans l'usage d'affermer pour toujours ou pour un long tems , sous une rédevance annuelle , qu'on appelait tribut vectigal ; de-là viennent les champs qu'on appelait *agri vectigales* , *leg.* 1ᵃ. *et* 3ᵃ. , *ff. si 'ager vectigal* , *leg.* 3 et 4 , *ff. de reb. eor. qui sub tut.* C'est à cet exemple que les communautés donnèrent leurs champs à des colons ; et c'est ce qu'on appela proprement champs emphytéotiques. Le droit résultant de ce contrat était acquis sitôt après la tradition de la chose ; et ce droit était *jus in re* , comme la propriété qu'on appelle *dominium minus plenum , vel dominio proximum* , *leg.* 12 , *in fin.* , *cod. de fund. patr.* , *leg. ult.* : de-là vient qu'on appelle emphytéose, *emphy-teuscos*, celui qui a le domaine direct ; et emphytéote, *emphyteuta*, celui qui a le domaine utile. Le domaine utile doit donc nécessairement acquérir à l'emphytéote tous les fruits , même un trésor, s'il se trouvait dans le fonds baillé, *arg.* § 39 , *sup. de rer. div.* ; le droit d'imposer les servitudes , *leg.* 1ᵃ. , § *ult.* , *ff. de superf.* ; de changer la face du fonds , pourvu qu'il ne soit pas détérioré , *auth. qui rem*, *cod. de sacr.-sanc. eccles.* ; de l'engager , *arg. leg.* 31 , *ff. de pig. act.*; de le donner et échanger, *leg.* 1ᵃ. *cod. de fund. patr.* ; de le vendre, pourvu qu'il en fasse la dénonce au maître direct ; de revendiquer le fonds en quelques mains qu'il se trouve , *leg.* 1ᵃ. , § *ult.* , *ff. de rei vind.* L'emphytéote doit être tenu de supporter les charges et tributs , *leg.* 2ᵃ. , *cod. de jur. emphy.*

et qu'il prenait seulement sa force dans les conventions arrêtées entre les parties : c'est pourquoi cet empereur voulut que tout ce qui aurait été convenu fût executé de la même manière que les autres clauses du contrat, et comme si ces pactes devaient avoir lieu *ipso jure*, comme l'éviction dans le contrat de vente ; et qu'au cas où il n'eût pas été fait de convention sur la perte qui pourrait arriver à la chose baillée, elle retombât sur le bailleur, si elle avait été totale ; et sur le preneur, si elle n'avait péri qu'en partie.

§ IV. Il y a lieu de douter encore si, *Titius* étant convenu avec un orfèvre, qu'il lui ferait, avec son propre or, des bagues d'un certain poids et d'une certaine forme, pour la somme de dix écus d'or, cette convention est une vente ou un louage. Le jurisconsulte *Cassius* avait pensé que ce contrat était mixte, c'est-à-dire, qu'à l'égard de la matière, c'était une vente, et un louage à l'égard du travail. Son opinion n'a point été adoptée ; car il est établi que ce n'est qu'une vente, et pour le travail et pour la matière. Il n'en serait pas de même, si *Titius* avait fourni la matière, et qu'il y eût eu convention sur le prix du travail ; sans aucun doute alors, ce serait un louage, *leg.* 20 *et* 65, *ff. de contrah. empt.*, *et leg.* 2ª., *ff. hoc tit.*

§ V. Dans le contrat de louage, on doit exécuter, non-seulement ce qui a été convenu, *ff. depositi*, *leg.* 1ª., *si conveniet*, *leg. si merces*, § *cond. actor.*, *ff. hoc tit.*, mais encore ce qui pourrait avoir été omis, pourvu que ce soit une chose à laquelle on fût tenu, suivant les règles de l'équité, comme si le fermier était en demeure de payer le prix de

---

L'emphytéose diffère essentiellement du louage ; 1º. en ce que, dans celui-là, on peut payer en espèces, au lieu que, dans celui-ci, il faut que ce soit en argent ; 2º. celui-là est un contrat introduit par le droit civil, et l'autre par le droit naturel ; dans celui-là l'écriture est nécessaire, au lieu que l'autre peut exister sans elle, *cod. de jur. emphy.* (*Il est encore d'autres différences.*)

72 *

sa ferme ; quoiqu'il n'eût pas été convenu que, dans ce cas, il serait payé des intérêts, le fermier en serait tenu (1), *leg. praeses, cod. locat. cond.* ; tout comme dans le sens contraire, quoiqu'il n'eût point été convenu à la charge de qui seraient les grosses réparations, le bailleur y demeurerait obligé, *leg. ex conducto, in ppio, ff. locati, leg. quod si nolit., § quia assiduè, ff. de aedilit. edict.* : pareillement, celui qui reçoit à titre de louage, des habits, de la vaisselle d'argent, des chevaux, doit aussi être tenu d'apporter à la conservation de la chose, le même soin qu'un père diligent (2) apporte ordinairement à ses affaires : cette diligence exacte le met à l'abri de tout recours, lors même que la chose viendrait à périr par la faute la plus légère, ou par quelque cas fortuit, *ff. locat. cond., leg. sed et damno*, parce que les cas fortuits n'ont pas lieu dans les contrats de bonne foi, *leg. quae fortuitis de pignor. act.* (3), *id est*

---

(1) Pareillement les meubles portés aux maisons louées, sont tacitement censés être le gage du propriétaire pour le paiement du loyer, *in prædiis urbanis invecta et illata tacitè sunt pignori pro pensionibus* : il en est de même des fruits pour le prix des fermes, *et in prædiis rusticis, tacitè sunt pignori pro pensionibus, fructus qui ibi nascuntur, leg. 2, 3, 4, et leg. prædiis, ff. in quibus caus. pign. vel hypoth., leg. certi, cod. locat.*

(2) Nous disons *père diligent* au positif, quoiqu'il soit dit au texte et aux institutes, *diligentissimus*, suivant laquelle expression le preneur serait tenu de la faute la plus légère ; mais nous pensons qu'il faut *diligens*, et que le preneur n'est tenu que de la faute légère, *ut leg. 25, si merces, ff. locat. cond.*, à laquelle l'on est seulement tenu en vertu des contrats, formés pour l'utilité des deux contractans, *cum contractus gratiâ utriusque celebratur*, suivant les principes portés en la loi 5, *si ut certo, § nunc videndum* ; un ouvrier est cependant tenu de son impéritie, *leg. item quæritur, leg. si quis domum, § celsus, ff. hoc tit., leg. si servus, ff. ad leg. acquil.* ; mais pour concilier ce paragraphe avec le principe porté dans la loi 5, *ff. locat ; Christoph., cap. ubi pericul. de electione*, pense que cela doit s'entendre lorsque les choses sont fragiles et en danger de périr, comme de la vaisselle d'argent, etc., énoncées dans ce paragraphe.

(3) On en excepte cependant la circonstance où la faute a précédé le cas fortuit, comme lorsque le cas fortuit est arrivé par la faute du preneur, *leg. item quæritur, § exercitio, ff. hoc tit.* ; 2°. si l'on a pris sur soi les cas fortuits, *dictâ leg.* ; et dans ce dernier cas même, on ne serait pas tenu des cas imprévus et extraordinaires, *glossa et Barth. in leg. sed et si quis, § quæritur, ff. si quis cant., leg. in vend., ff. de act. empt.*

cum fructus laesi fuerint, plus quam tolerabile est , leg. 25 *, § 6 ,
ff. locat.*

§. VI. Si le preneur décède avant que le tems fixé par le bail soit expiré,
son héritier lui succède aux mêmes droits , *transeunt jura ad hæredem
et in hæredem, mortuo conductore , leg. viam veritatis, leg. contractus,
cod. hoc tit. ;* par la maxime que celui qui a contracté pour soi , est aussi
censé avoir contracté pour ses héritiers , *leg. si pactum , ff. de prob.* Il
n'en est pas de même des successeurs à titre particulier , comme des
acquéreurs, des légataires ou donataires, qui ne sont pas obligés d'entretenir le bail (1) , parce qu'ils ne représentent point la personne du défunt,
leg. 25 *, § 1°., leg.* 32 *, ff. hoc tit. , leg.* 9 *, cod. eod. , leg.* 120 *, §. ult. ,
ff. de , leg.* 20 *;* le preneur a cependant contre le vendeur , le donateur
ou le légataire universel du défunt, l'action *ex conducto ,* pour les contraindre à le faire jouir de son bail, ou à lui payer des dommages , *leg. si
merces , § qui fundum, leg. qui fundum et* 25 *, ff. hoc tit. , leg. emptorem,
cod. hoc tit. , leg. Julianus, § ult. , ff. de act. empt., leg. nihil. , § ult. ;
ff. de leg.* 1°. *, leg.* 33 *, ff. locati.*

Nota. Le bailleur est tenu de rendre les dépenses utiles et nécessaires , faites par
le preneur à la chose louée , *leg.* 55 *, § 1, leg.* 61 *, ff. hoc tit.*

Nota. Nous observerons qu'on ne peut louer à des chaudronniers et autres bat-
teurs de matière, les maisons avoisinant des gens de lettres , *arg. ex leg. , cod. de
stud. liberal. n°.* 7.

(1) Il est encore d'autres cas où le bail peut prendre fin ; 1°. si le propriétaire d'une maison louée prouve qu'il en a besoin pour son propre usage , ou s'il veut la reconstruire ou y
faire des réparations considérables, si le locataire en fait mauvais usage, *tunc inquilinus
ædibus conductis expelli potest antè tempus , leg.* 3ª. *, cod. hoc tit. , leg.* 3 *, § cum inquilinus, ff. uti possid. ;* 2°. il prend fin encore si , lorsqu'il s'agit de quelque héritage , le
preneur a passé deux ans sans payer ou sans cultiver le fonds, *tunc conductor expelli
potest, leg. quær. inter locat. cond.*

Nota. Si après le tems expiré, le preneur continue de jouir du bail , qu'il soit
prædium, rusticum, ou *urbanum ,* il est censé le continuer sous les mêmes clauses et
conditions portées dans le bail , *leg.* 13 *, § ult. , leg.* 14 *, ff. leg.* 16 *, cod. hoc tit. ;*
de-là vient qu'on divise ce contrat en conduction et location , tacite ou expresse.

CODE CIVIL.

OBSERVATIONS.

Nomb. 60. En interprétant le droit Romain, les jurisconsultes avaient compris dans la même définition, le louage des choses et celui des ouvrages : les rédacteurs du Code, pour une plus grande clarté, ont pensé devoir appliquer à chacun une définition particulière.

Il y a deux sortes de contrats de louage ;

Celui des choses,

Et celui d'ouvrage, (art. 1708).

Le louage des choses est un contrat par lequel l'une des parties s'oblige à faire jouir l'autre d'une chose, pendant un certain tems, et moyennant un certain prix, que celle-ci s'oblige à lui payer, (art. 1709).

Le louage d'ouvrage est un contrat par lequel l'une des parties s'engage à faire quelque chose pour l'autre, moyennant un certain prix convenu entr'elles, (art. 1710)

Par le droit Romain, il avait été introduit une espèce de contrat particulier qui tenait de la vente, et en même-tems du louage, et qu'on nommait *bail emphytéotique*. Les rédacteurs du Code ont gardé un profond silence sur ce bail : le mot *d'emphytéose* ne se trouve dans aucune de ses dispositions; cependant, à proprement parler, ce contrat n'est autre chose que l'exercice licite du droit de propriété; et nous avons peine à penser que le législateur ait voulu le proscrire : nous le penserions avec d'autant moins de raison, que le Gouvernement a récemment ordonné la vente de la nue propriété d'une partie des fonds qu'il tient lui-même à bail emphytéotique (1); d'où il suit qu'il reconnaît encore ce contrat.

On peut définir l'emphytéose un contrat d'aliénation de la propriété utile, qui transmet au concessionnaire, moyennant une redevance annuelle qu'il s'oblige à payer, un droit dans la chose ; d'où l'on peut induire qu'il peut, selon sa volonté, l'hypothéquer ou l'aliéner.

______

(1) *Vide* les arrêtés du gouvernement de l'an 12.

A Rome, dans le cas où l'on avait chargé un orfèvre de faire, avec sa propre matière, un bijou pour un certain prix, on doutait si c'était une vente ou un louage ; il fut reconnu dans la suite que, tant à l'égard du travail, qu'à l'égard de la matière, c'était un contrat de vente. Parmi nous, ce cas a été prévu. On peut charger quelqu'un de faire un ouvrage, et l'on peut convenir avec lui qu'il fournira seulement son travail ou son industrie, ou bien qu'il fournira aussi la matière, (art. 1787.) Ce contrat se nomme *devis* ou *marché* ; mais il est certain que, malgré cette qualification, il y a louage dans le premier cas, et vente dans le second.

En France, comme chez les Romains, le preneur est tenu d'user de la chose louée, en bon père de famille, et suivant la destination qui lui a été donnée par le bail, (art. 1728.)

Selon le droit Romain, la mort du bailleur ne nuisait pas au contrat de louage ; son droit passait à son héritier : mais il n'en était pas de même des successeurs à titre particulier ; ils ne pouvaient, sous aucun rapport, être tenus d'exécuter une obligation à laquelle ils n'avaient eu aucune part. Le Code civil n'a point admis ces principes ; dans aucun cas, la mort du preneur ni celle du bailleur ne peuvent résoudre le bail, (art. 1742.)

Si le bailleur vend la chose louée, l'acquéreur ne peut expulser le fermier qui a un bail authentique, ou qui a date certaine, à moins qu'il ne se soit réservé ce droit par le contrat de bail, (art. 1743.) ; et dans ce cas, le bailleur est obligé d'indemniser le fermier, (art. 1744.)

TITRE XXVI.

DE SOCIETATE.

On définit la société un contrat consensuel, par lequel les parties promettent de se communiquer tout le gain provenant de leur travail ou de leur industrie (1).

Elle peut se former pour tous les biens et pour toutes les affaires que pourront avoir les associés ; ce que les Grecs appelaient χοινωνίαν, ou pour une seule affaire taxativement, comme pour le commerce des esclaves, celui de l'huile, du vin ou du blé. La bonne foi est l'ame de ce contrat.

Pour former une bonne société, il doit nécessairement régner entre associés, la même union, la même amitié qui doit se trouver parmi des frères, *leg.* 63, *in ppio*, *ff. hoc tit.*

La société se divise en universelle, générale, ou particulière.

L'universelle est celle qui comprend tous les biens présens (2) et à venir, à quelque prix qu'on les ait acquis, ou qu'on les acquière, *leg.* 3, § 1°., *ff. hoc tit..* Ce qui doit être ainsi expressément exprimé lors du contrat, *ff. hoc tit.*, *leg.* 1ª., § 1°., *leg.* 3ª., § 1°.

La générale est celle qui comprend seulement ce qui nous vient par notre industrie, par notre travail ou par le commerce, sans y comprendre ce qui nous vient par des libéralités, *leg.* 7, 8, 9, 37, *ff. hoc tit.*

---

(1) On appelle *gain*, tout ce qui reste après la perte ou la dépense déduite.

(2) La propriété des biens présens se communique aussitôt sans tradition, *leg.* 1ª. § 1°., et *leg.* 2ª., *ff. hoc tit. pro socio*, si ce n'est pour les actions que l'autre associé ne peut exercer, à moins qu'il ne lui en ait été fait cession, *leg.* 3ª. *in principio*, *ff. hoc tit.*

Lorsqu'il

Lorsqu'il n'a été rien réglé entre associés, il y a société générale entr'eux, *leg.* 7, *ff. hoc tit.*, *ff. et leg.* 9.

La particulière est celle qui comprend une seule chose ou un seul commerce, *leg.* 5, *in ppio*, *et leg.* 52, § 5, *ff. hoc tit.*

Nous observerons qu'il ne faut pas confondre la société avec la communion des choses qui se fait malgré nous, et sans notre consentement, par un quasi-contrat, *leg.* 31, 32 *et* 34, *ff. hoc tit.*; comme lorsqu'une chose a été léguée à deux personnes, ou qu'un testateur a institué deux héritiers; il ne se contracte pas alors une société entre les co-héritiers ou les co-légataires, parce qu'ils n'ont pas donné leur consentement; mais ils sont seulement unis par la chose, § 3 *et* 4, *sup. de oblig.*, *leg. hœredes*, § *non tantùm*, *ff. famil. ercisc.* On pourrait ainsi distinguer le pacte résultant du quasi-contrat, en société volontaire et en société nécessaire, *ut leg. verum*, § *in haeredem*, *ff. pro socio.*

La société doit encore avoir pour objet des choses honnêtes et licites, *leg.* 52, § 17, 53, 57, *ff.*; car tout ce qui vient par des voies deshonnêtes et illicites n'entre point en société, *nulla potest esse societas maleficiorum*, *leg. quod autem*, *ff. hoc tit.*, *leg.* 1ª., § *planè*, *ff. de tut. et rat. distrah.*, *leg. si à reo*, § *id quod*, *ff. de fidej.* On appelle *conventicale* une société deshonnête et illicite, *leg. conven.*, *cod. de episc. et cler.* Les historiens l'appellent *conjuration*.

Suivant le droit civil, il peut encore se former une société entre le mari et la femme, *leg. ex diverso*, § *item si mulier*, *ff. solut. matrim.*, *leg. alimenta*, § *qui societat. de alim. leg.*, parce que la société n'est défendue entre le mari et la femme, qu'autant qu'il pourrait en résulter quelque donation tacite, *leg. cùm hic status*, § *si inter*, *ff. de don. inter vir. et uxor.*: c'est-là sans doute que les coutumes ont puisé, lorsqu'elles ont permis entre le mari et la femme de former société pour les biens acquêts et conquêts (1).

---

(1) On appelle *acquêts*, *acquœstus*, les gains provenant du travail ou de l'industrie pendant le mariage; et *conquêts*, *conquœstus*, les gains qui nous viennent par donation, legs ou toute autre libéralité.

§ Ier. Lorsqu'il n'a pas été expressément convenu de la part que chaque associé aurait dans la participation du gain et de la perte, chacun doit supporter la perte et retirer du profit par égales portions , *ut ff. de hœred. instit.* , *leg. quotiens ,§ haeredes , sup. de haered. instit.* , *§ 6* , *et ff. eod.* , *leg. si non fuerint.* : car rien n'empêche qu'on ne puisse convenir que l'un aura deux portions dans le gain comme dans la perte, et l'autre seulement la troisième partie, *leg. 5 , § societas, leg. si non fuerint, leg. quid enim. , ff. hoc tit.*

§ II. D'où il suit , par exemple, que si *Titius* et *Sejus* étaient convenus entr'eux , que *Titius* retirerait deux tiers du gain , quoiqu'il ne fût tenu que d'une partie de la perte, et que *Sejus* supporterait deux parties de la perte et une seule portion du gain , *ff. eod.* , *leg. Mutius*, cette convention serait valable , malgré le sentiment de *Quintus Mutius* , qui la regardait comme contraire à la nature de la société , suivant laquelle la perte et le profit doivent être partagés également , *leg. 3 , cod. hoc tit.* , et qu'il fallait par conséquent la rejeter ; mais l'opinion de *Servius Sulpitius* a prévalu sur celle de *Mutius* ; il a pensé au contraire que le travail et l'industrie sont quelquefois si précieux dans une société , qu'il était juste de donner une récompense plus forte au plus intelligent et au plus actif des associés : par la même raison , il n'y a point de difficulté à ce qu'on établisse une société dans laquelle l'un apporte tous les fonds, et l'autre sa seule industrie , avec convention que les profits et les pertes seront communs (1). Le sentiment de *Servius* a tellement prévalu, qu'il a été établi qu'il pourrait être convenu que l'un des associés retirerait une partie du gain , sans jamais être tenu d'aucune perte ; ce qu'il faut entendre cependant que , s'il y a des profits sur une chose et de la perte sur une autre , il ne sera réputé profit que ce qui demeurera après la déduction de la perte , *dictâ leg. Mutius , ff. hoc tit.* : ce qui doit s'entendre encore de la perte arrivée par cas fortuit ; car si elle était arrivée

---

(1) On ne peut pas induire de ce principe qu'on puisse former une société dans laquelle l'un des associés eût l'entier profit sans être tenu d'aucune perte ; cette société est réprouvée comme injuste ; on la nomme *société léonine ;* elle est tirée de la fable d'Ésope, *leg. si non fuerint , § Aristo.* , *et leg. si unus, § sed si pretium , in fin. , ff. hoc tit.*

par la faute de l'un des associés, il n'y aurait pas lieu à la compensation, quoique cet associé eût procuré de l'avantage à la société : la raison en est qu'il ne s'en suit pas de ce qu'ayant bien géré pendant un certain tems, on puisse impunément commettre des fautes, *culpa non computatur cum benè gestis, leg. non ob eam rem , et seq. , ff. hoc tit.*

§ III. Il demeure certain que si , dans la distribution des profits et pertes, les parties se sont seulement exprimées sur une cause , c'est-à-dire ou sur le gain ou sur la perte, leur convention sur une cause sert de règle sur celle dont il n'a point été parlé, *quia quota expressa in unâ causâ censentur repetita in aliâ, arg. leg. si plures , ff. de vulg. de pupill. subst. , leg. 1ª. , cod. de impub.*

§ IV. La société dure tant que les parties persévèrent dans la même volonté, qui en a été le fondement, *leg. tamdiù , cod. hoc tit. ;* mais elle finit , 1°. par la renonciation de l'un des associés (1) ; ce qui ne peut se faire en leur absence, *leg. 14 , 17 , § 1 , leg. 65 , § 3 , ff. hoc tit. , leg. sed et socius , § si absenti :* en sorte que ce qui vient ensuite au renonçant lui appartient en propre , sans qu'il puisse être tenu au partage envers les autres, *leg. 65 , § 3°. , ff. hoc tit.*, à moins que cette renonciation ne fût frauduleuse , *ff. hoc tit. , leg. actione, § lab. , leg. sed etsi socius , § fin.*, c'est-à-dire, qu'il ne l'eût faite dans le dessein de se procurer à lui seul un profit qu'il prévoyait devoir lui arriver ; comme, par exemple , si ayant contracté une société de tous les biens , *ut ff. hoc tit. , leg. 3 , § 1°.*, c'est-à-dire société universelle, il y renonçait après avoir été institué héritier , afin d'accaparer à lui seul l'entière hérédité , il serait dans ce cas contraint de partager la succession avec ses autres associés, *leg. si convenerit , leg. actione , § 3 ,* quoique cependant ils ne pussent être tenus de la perte, si l'hérédité se trouvait onéreuse , *leg. 65 , ff. hoc tit. , § 3°. :* la raison en est que, par la renonciation, on libère les associés envers soi, et qu'on ne se libère pas soi-même envers eux , *dicto, §° 3.* Il en serait de même de la renonciation faite avant le tems , *dictâ leg. 65 , § 6* (2).

---

(1) Lorsqu'il y a plusieurs associés, la renonciation de l'un d'eux dissout le contrat, *leg. 4 , § ult. in fin. , ff. hoc tit.* ; par la raison que de sa nature, la société est individuelle.

(2) Car il est encore tenu en ce qu'il importait aux autres que la société subsistât ; ce qui

§ V. La société finit, 1°, par la mort naturelle ou civile de l'un des associés, *leg*. 4, § *ult*., *leg. verum est*, § *societas*, *ff*., parce que celui qui forme un semblable contrat, a égard à la personne avec laquelle il s'associe, et dont il fait choix par préférence à toute autre, *leg. inter artifices*, § *de solut.*, *leg. qui admittitur, et seq.*, *ff. hoc tit*, ce qui aurait lieu quand bien même la société serait composée de plusieurs personnes, à moins qu'il n'en eût été autrement convenu lors du contrat (1), *leg. actione*, § *morte*, *ff. hoc tit.*

§ VI. 2°. La société prend fin encore lorsqu'ayant été contractée pour un commerce particulier, ce commerce vient à finir; comme si deux associés avaient fait une spéculation sur l'huile, le vin ou le bled, avec convention que la société serait finie après la vente de leurs marchandises et la rentrée de leurs fonds, *leg. act.*, § *item si*, *ff. hoc tit.*

§ VII. 3°. Elle finit par la confiscation des biens d'un des associés, c'est-à-dire, si ses biens sont adjugés au fisc, en punition de quelque crime dont la peine emporte mort civile ou naturelle, *ut leg.* 1ᵃ., *ff. de bon. damnatorum*; car il doit être regardé comme mort, de cela que le fisc lui succède, *ff. hoc tit.*, *leg. actione publicat.*

§ VIII. 4°. Il en est de même, lorsque pour obtenir la liberté de sa

---

doit être estimé, *ipso jure in æstimationem venit*. Mais la société n'en est pas moins dissoute, parce que nul n'est forcé de vivre malgré lui dans une communion de choses, *leg. ult.*, *cod. commun. divid.*, à cause des discordes qui en pourraient provenir, *leg. cùm pater*, *ff. de leg.* 2°.

(1) La société, dans ce cas, ne pourrait subsister à l'égard de l'héritier de l'associé mort, quand même cette convention aurait été faite, par la raison que le choix de la personne est essentiel à la société, *leg.* 59, *ff. hoc tit.*

Il n'en serait pas de même, s'il s'agissait d'une société formée entre des receveurs d'impôts, parce que la levée des deniers publics pourrait en souffrir, *leg. cum duobus*, § *idem.*, *dictâ leg.* 59, *ff. hoc tit.* Mais ce n'est qu'improprement qu'on nomme ces contrats sociétés; ce sont des fermes qui peuvent passer aux héritiers, quoique le droit dans la société ne passe point à l'héritier; il demeure obligé néanmoins par l'action *pro socio*, pour toutes les opérations commencées par le défunt, *tenetur actione pro socio de gestis defuncti et eis quae à defuncto inchoata fuerant expediri et impleri*, *leg. nemo et seq.*, *leg. hæres socii*, *ff. hoc tit.*; c'est ce qu'on doit entendre par la loi *furti*, § *pen.*, *ff. de his qui not. inf.*

personne, un des associés a recours au bénéfice de la cession des biens, *ut inf. de act.*, § *fin.*, *et cod. de cession. bon.*, *leg.* 1ª. ; et qu'en conséquence, ses biens sont vendus pour l'acquit de ses dettes publiques ou particulières, *leg. act.*, § *item bon.*, *ff. hoc tit.*, parce que la vente publique des biens est presqu'aussi deshonorante que la mort civile ; en ce cas cependant les autres associés peuvent convenir de continuer leur société, ou pour mieux dire, ils peuvent en contracter une nouvelle.: ils peuvent même former un contrat nouveau d'association avec celui d'entre eux qui aurait été reçu à la cession des biens (1) ; car étant encore citoyen et vivant parmi les hommes, il est libre de contracter et d'acquérir comme auparavant, *leg.* 4 *et* 7, *ff. de bon. cess.*, *leg. ult.*, *cod. de bon. cess.*, *leg. ex contractu*, *cod. de bon. aut jud. possid.*

§ IX. L'associé est non-seulement tenu envers son associé, par l'action *pro socio* (2), de son dol et de sa faute grossière, comme le dépositaire, *ut ff. deposit.*, *leg. quod nova*, *et ff. si quis test.*, *leg.* 1ª., § *non autem* ; mais il est encore tenu d'apporter, pour le bien de la société, les mêmes soins qu'il est accoutumé d'apporter à ses propres affaires (3), parce que celui qui prend un associé peu diligent, a à s'imputer de n'avoir pas fait un bon choix, *sup. quib. mod. re. contra oblig.*, § 3, *leg. cum duobus*, § 1º., *leg. cùm socius*, *ff. hoc tit.*

---

(1) En faisant cession de ses biens, on n'est pas pour cela libéré envers ses créanciers ; car si dans la suite le débiteur acquiert des biens, ils peuvent encore en poursuivre l'adjudication, avec cette différence que les débiteurs ne sont tenus alors qu'à concurrence de leurs facultés, *in quantùm facere possunt, tantùm conveniuntur*, *leg.* 4, *ff. de cess. bon.* Nous observerons que, si le débiteur qui a sollicité le bénéfice de la cession des biens y renonce avant que la vente ait été faite, il lui est libre de se présenter pour se défendre, *leg.* 3 *et* 5, *ff. de cess. bon.*

(2) Cette action a lieu dès que la société a pris fin, *cod. hoc tit.*, *leg. tamdiù* : elle est directe de part et d'autre pour agir contre son associé et ses héritiers.

(3) Ce qui doit s'entendre de l'exacte diligence qui doit avoir lieu toutes les fois que le contrat concerne l'utilité commune des contractans, *ff. leg.* 5, § 2, *commodati.*

Nota. Il y a une société qu'on nomme *anonyme* ; elle a lieu lorsque plusieurs personnes travaillent chacune sous son nom particulier, avec convention de se

CODE CIVIL.

OBSERVATIONS.

Nomb. 61. La société est définie un contrat de bonne foi, qui se forme par le seul consentement des parties, par lequel deux ou plusieurs personnes mettent en commun les profits et les pertes d'une chose ou d'une entreprise.

A Rome, la société se divisait en universelle, en générale et particulière. Parmi nous, les sociétés sont universelles et particulières, (art. 1835); mais on connaît deux sortes de sociétés universelles, celle de tous les biens présens, et celle de tous les gains, (art. 1833.)

Il est facile d'appercevoir que les rédacteurs du Code ont proscrit la société universelle des Romains, qui comprenait les biens présens et à venir, et qu'ils n'ont emprunté de ce droit que la société générale et la société particulière (1).

Par le droit Romain, il se faisait un égal partage des pertes et des bénéfices entre les associés, lorsqu'ils n'étaient pas convenus de la part que chacun y devait avoir. En France, lorsque l'acte de société ne détermine pas la part de chaque associé, dans les bénéfices ou les pertes, la part de chacun est en proportion de sa mise de fonds dans la société; et quant à celui qui n'a apporté que son industrie, sa part est réglée comme si sa mise eût été égale à celle de l'associé qui a le moins apporté, (art. 1853.)

Les Romains avaient pensé qu'il était équitable qu'un des associés pût convenir qu'il aurait part aux bénéfices, sans pouvoir être tenu des pertes: un semblable principe n'a pu trouver place dans notre législation ; toute stipulation de ce genre est nulle, (art. 1855.)

---

rendre compte, et de se faire part des profits et des pertes ; ou lorsque plusieurs marchands se trouvent en foire, et s'accordent, pour ne pas enchérir les marchandises, d'en faire l'acquisition pour le compte de tous ; il est parlé de cette société dans la loi 33, *ff. pro socio.* Ces sociétés sont instantanées.

(1) Voyez au tome 3 du procès-verbal des discussions, séance du 14 nivose an 12 , la cause de cette prohibition.

A Rome, la société pouvait se contracter de toutes les manières, même verbalement. Il n'en est pas de même parmi nous; la société, en général, est soumise à des règles particulières; elle doit être rédigée par écrit, lorsque son objet est d'une valeur de plus de cent cinquante francs; la preuve testimoniale n'est point admise contre et outre le contenu en l'acte de société, ni sur ce qui pourrait avoir été dit avant, lors ou depuis cet acte, encore qu'il s'agisse d'une somme ou valeur moindre de cent cinquante francs, (art. 1834.)

En France, comme à Rome, la société finit, 1°. par l'expiration du tems pour lequel elle a été contractée;

2°. Par l'extinction de la chose, ou la consommation de la négociation;

3°. Par la mort naturelle de l'un des associés;

4°. Par la mort civile, l'interdiction ou la déconfiture de l'un d'eux;

5°. Par la volonté qu'un seul ou plusieurs expriment de n'être plus en société, (art. 1865.)

Parmi nous, comme chez les Romains, la renonciation frauduleuse n'opère pas la dissolution de la société, et tous les associés ont droit au partage du profit que le renonçant avait voulu s'approprier, (art. 1870.) Il en est de même de la renonciation à contre-tems, *loc. cit.*

TITRE XXVII.

DE MANDATO.

Le mandat est un contrat consensuel par lequel on se charge d'administrer et gérer gratuitement une affaire licite d'une personne qui a placé en nous sa confiance (1), et qui nous prie de l'accepter à ses périls et risques, *leg.* 1ª., *leg. si verò*, § *si quis*, *ff. hoc tit.*

On le divise en général et spécial, *leg.* 58, 60 *et* 63, *ff. de procur.* Il peut se former de cinq manières ; s'il est fait verbalement , il n'est assujéti à aucune formule; s'il est fait par écrit, on l'appelle *mandatum expressum*, *leg.* 1ª., § 2, *ff. hoc tit.*; il se nomme tacite , s'il est exécuté en présence du mandant, *leg.* 6, § 2, *leg.* 53, *ff. hoc tit.*

On fait un mandat, 1º. pour son utilité seulement ; 2º. ou pour son utilité et celle du mandataire ; 3º. ou pour l'utilité d'un tiers ; 4º. ou pour l'utilité commune du tiers et du mandataire ; 5º. ou enfin pour l'utilité du mandant et l'utilité d'un tiers.

§ Iᵉʳ. Le mandat est uniquement pour l'utilité du mandant, lorsque, par exemple, il a chargé quelqu'un de gérer ses affaires, ou d'acheter un fonds pour son compte, ou de cautionner pour lui, *leg.* 2, *ff. hoc tit.*

§ II. Il est en faveur du mandant et du mandataire, lorsque, par exemple, il mande à quelqu'un de prêter de l'argent à son mandataire

---

(1) Autrefois les liens du droit établissaient moins le contrat du mandat , que les lois de l'amitié : de-là vient que les parties formaient ce contrat en donnant leur main pour gage d'amitié , *Plaut. captio* , *act.* 2 , *scena* 3 , *v.* 82 : aussi le contrat a pris son nom de ce serrement de main , *à manûs datione* , *Isid. orig.* , *lib.* 4 , *cap.* 4 , *ex officio et amicitiâ originem trahit mandatum.*

qui

qui doit l'employer à la gestion des affaires qu'il lui a confiées, ou lorsque le créancier voulant agir pour fait du cautionnement contre le fidéjusseur (1), celui-ci vous prie d'agir à ses périls et risques contre le débiteur principal, ou bien lorsqu'un débiteur donne pouvoir au mandataire de stipuler ce qu'il doit, à ses risques, périls et fortune, à celui qui vous a délégué.

§ III. Il est fait seulement pour l'utilité d'un tiers, lorsque quelqu'un vous a donné pouvoir de gérer les affaires de *Titius*, d'acheter un fonds pour *Titius* ou de cautionner pour *Titius*, *leg.* 2, § *aliena*, *ff. hoc tit.* : il semble ici que ce mandat est inutile, en ce qu'il n'intéresse en rien la personne du mandant ; mais nous observerons que, quoique en apparence, le mandant n'y paraisse pas intéressé, il peut l'être néanmoins *animo et affectu* ; c'est ainsi qu'on doit entendre la loi *si remunerandi*, § *si tibi mandavero*, *ff. hoc tit.*

§ IV. Le mandat est en faveur d'un tiers et du mandant, lorsque quelqu'un vous prie de gérer ses affaires et celles de *Titius*, ou de leur acheter un fonds, ou de cautionner pour eux, *leg.* 2ª., § *mea et aliena*, *ff. hoc tit.* ; il naît de ce mandat deux actions, *actio mandati*, et *actio negotiorum gestorum*, *cod. de neg. gest.*, *leg. si mand.*

§ V. Le mandat est en faveur d'un tiers et du mandataire, lorsque quelqu'un vous a prié de prêter à *Titius* de l'argent à intérêt, *leg.* 2ª., *ff. hoc tit.* ; car si le prêt était fait sans intérêt, vous ne retireriez aucun avantage du mandat, il serait seulement un avantage pour autrui.

§ VI. Le mandat est seulement en faveur du mandataire, lorsque le mandant vous a donné ordre de placer plutôt votre argent en biens-fonds qu'à intérêt, ou bien en le donnant à intérêt plutôt que d'acquérir des héritages : ce contrat est plutôt un conseil qu'un mandat ; et, par cette raison, il n'est pas obligatoire, parce que l'action du mandat ne peut avoir lieu pour un simple conseil, malgré qu'en le suivant, le mandataire ait préjudicié à ses intérêts, vû qu'il lui était libre d'exa-

---

(1) Suivant le droit ancien, le fidéjusseur pouvait être poursuivi avant le débiteur principal, *leg.* 5, *cod. de fidej.* : ce qui a été changé par la novelle 41.

miner si le conseil pouvait lui être désavantageux, *leg.* 2, § *ult.* , *ff. hoc tit.* Il en est de même, lorsque vous sachant des fonds oisifs, quelqu'un vous invite à faire quelque acquisition ou à les donner à intérêt ; vous n'aurez pas l'action du mandat contre lui, quoique l'emploi que vous avez fait de vos fonds ait tourné à votre désavantage : cependant on a mis en doute si celui qui vous a donné ordre de prêter à *Titius* de l'argent à intérêt , demeurait obligé envers vous ; *Sabinus* a décidé que ce mandat était obligatoire, parce qu'il est à présumer que vous n'auriez point prêté votre argent à *Titius*, si vous n'en eussiez reçu l'ordre d'un autre (1) ; c'est ainsi que l'a pensé *Ulpien* en la loi *si remunerandi* , § *si tibi mandavero* , *ff. hoc tit.*

§ VII. Le mandat contre les bonnes mœurs , ou pour des choses honteuses, *arg.* , *ff. de damno, inf. leg. damni* , § *si mandato*, n'est pas obligatoire ; comme si *Titius* vous donnait l'ordre de voler, de faire quelqu'injure, quand bien même vous seriez condamné à quelque peine ou punition pour ces mêmes faits , vous n'avez point d'action de recours contre *Titius*, à raison de son mandat, *leg. si remunerandi*, § *rei turpis*, *ff. hoc tit.* , *leg. si cum* , § *compromisso, sup. de inutil. stip.* , § 24 , *ff. de verb. oblig.* , *leg. generaliter et seq.* , *ff. de condit. inst.* , *leg. conditiones* , *leg. filius, in fin.* , *et ff. de reg. jur.* , *leg. quod quis ex culpâ, in fin.* ; il en serait de même , si on avait donné mandat de spolier un temple, de blesser ou de tuer un homme, *leg. si mandavero* , § *qui ædem* , *ff. hoc tit.* On regarde aussi comme contraire aux bonnes mœurs, et par conséquent comme non-valable, le pacte fait en faveur du procureur et de l'avocat, sur ce qui doit provenir de l'évènement d'un procès, *leg. si remunerandi* , § *ult.* , *ff. hoc tit.* ,

---

(1) Dans le premier cas , le mandat est invalable , parce qu'il n'y a point de personne désignée , et que l'avantage est entier pour le mandataire. Mais , lorsque le mandant a désigné une personne , il est à présumer qu'il y prend un vif intérêt ; et il faut se fixer alors sur les termes du mandat ; savoir , s'il a été donné par manière de conseil ou par un ordre exprès.

Nota. Les lettres de recommandation n'obligent pas, *leg.* 12 , § 12 , *ff. hoc tit.* , *Mainard*, *liv.* 8 , *chap.* 29.

leg. si contrà, 20 *cod. hoc tit.* , *leg.* 1ª. , *§ si cùi* , *ff. de extraord.*
cog. L'ordre donné par un jeune homme , de prêter de l'argent à
sa concubine , ou de la prier de cautionner pour lui ; on distingue ,
dans ce cas, si le mandataire était instruit, ou s'il était dans l'ignorance du mauvais usage des fonds , *leg. si verò* , *§ si adolescens* , *ff. hoc
tit.* ; la raison en est que ce qui est illicite et contre les bonnes mœurs ,
est censé impossible , et que l'impossible ne peut jamais produire d'obligation , *leg. impossib.* , *ff. de reg. jur.*

§ VIII. Le mandataire doit se conformer exactement à l'étendue du
mandat qui lui a été confié ; il ne doit pas en passer les bornes , *leg.* 5 ,
ff. hoc tit. quia tunc aliud agere videtur (1) : par exemple , si quelqu'un
vous avait donné ordre d'acheter un fonds, ou de cautionner pour
Titius, jusques et à concurrence de cent écus d'or , vous ne devez point
dépasser cette somme , sans vous exposer à n'avoir point l'action du
mandat (2) pour répéter le surplus. *Cassius* et *Sabinus* avaient
poussé la rigueur si loin, qu'ils excluaient de toute demande, même
pour les cent écus d'or , celui qui avait excédé son mandat ; mais ce
sentiment a été réprouvé par les auteurs de l'Ecole contraire, c'est-à-
dire par les Proculéïens, qui ont pensé qu'il y aurait de l'injustice à
priver le mandataire de toute action pour répéter la somme portée dans
le mandat (3) , *leg.* 3 , 4 *et* 5 , *ff. hoc tit.* ; à plus forte raison, vous

---

(1) Lorsque le mandat est sous une forme certaine, le mandataire ne peut y rien changer;
mais lorsqu'il est sous une forme indéfinie, comme d'acheter un fonds, un esclave, en général,
sans que le prix en soit fixé , *ut ff. leg.* 3 , *hoc tit.* ; on peut faire à sa guise, pourvu que
cela ne soit pas contre les intérêts du mandant, *leg.* 46 , *ff. hoc tit.*

(2) On doit entendre ceci seulement de l'excédent , pour lequel on n'a pas même l'action
negotiorum gestor, *ff. hoc tit.* , *leg. si pro te* , *et ff. de edend.* , *leg.* 1ª. *§ causâ.*

(3) En sorte qu'on ne peut pas demander plus de cent écus, *leg. præterea* 3 , *et seq.* , *ff.
hoc tit.* ; si néanmoins le mandant désire s'approprier la chose que vous avez acquise par
son ordre, vous pouvez la retenir jusqu'à ce qu'il vous paie ce qu'elle vous a coûté de plus,
n'étant pas juste qu'il en profite à vos dépens, *leg. locupletare* , *de reg. jur.* , *leg.* 6 *et* 14 ,
ff. de cond. indeb.

aurez l'action du mandat, si vous avez acheté à moins de cent écus, parce qu'il n'est pas douteux que celui qui donne ordre d'acheter un fonds pour cent écus, est présumé vouloir que vous l'ayez à moins, si cela est possible, et encore parce que la moindre somme est toujours contenue dans la plus grande, *ff. de verb. oblig.*, *leg.* 1ª., § 2 *et* 3, *leg. inter stipulantem*, § 2, *et ff. de recept. arbi.*, *leg. diem*, § *si plures meliorem conditionem, facere licet non deteriorem*, *leg.* 5, § *ult.*, *ff. hoc tit.*

§ IX. Tout mandat valablement contracté peut être révoqué pendant que les choses sont encore entières, *leg. si veró*, § *mandavero*, *ff. hoc tit.* (1), *leg. si procuratorem*, § *mandati*, *ff. hoc tit.*; comme s'il n'y a pas eu encore de contestation en cause; s'il n'a encore été rien exigé du débiteur, qu'il n'ait pas même été fait de commandement de payer, *leg.* 3, *leg. de legat.*, *cod. de nov.*, *leg. nomen.*, *cod. quæ res pignor.* (2), le mandant peut avoir quelquefois de justes causes de révoquer le mandat, quoique les choses ne soient plus entières; par exemple, si le mandataire venait à être malade ou qu'il survînt une inimitié capitale entre celui-ci et le mandant; si les actions qu'on avait donné ordre de poursuivre étaient devenues inutiles par l'insolvabilité des débiteurs, *leg.* 22, § *fin.*, *ff. hoc tit.*

§ X. Le mandat finit si pendant que les choses sont encore entières (3)

---

(1) Il semble que dès que le mandat est un contrat consensuel, formé par le consentement des deux parties, il faudrait aussi le consentement de toutes les deux pour sa révocation, comme dans les autres contrats, *ut leg. sicut*, *cod. de act. et oblig.*; la raison de la différence vient de ce que ce contrat n'intéresse pas aussitôt qu'il est formé, et qu'il n'est d'obligation que lorsqu'il commence à intéresser les parties, *ff.*, *leg. si procuratorem*, § *mandati actio*, *ff. de rit. nup.*, *leg. plerique.*

(2) Si la chose était commencée, le mandant serait obligé de dédommager le mandataire de tous les frais qu'il aurait pu faire, comme si, devant aller à Paris, j'avais disposé toutes les choses nécessaires à mon voyage.

(3) A moins qu'il n'eût été stipulé que le mandat existerait encore même après la mort de l'une des parties, *leg. si veró*, § *ult.*, *et leg. seq.*, *ff. hoc tit.*, *leg. mortis caus.*, § *Titia*

le mandant ou le mandataire décèdent, parce que le mandat est un contrat personnel de part et d'autre, et qu'il ne peut par conséquent passer aux héritiers, *leg.* 57, *ff. hoc tit.*; d'où il suit qu'on ne peut substituer un autre à sa place : si cependant la substitution a été faite, et que le nouveau mandataire ait bien géré, le mandant demeure obligé envers lui *negotiorum gestis, leg.* 8, § 5, *leg.* 46, *leg. ult.*, § *fin.*, *ff. hoc tit.* : pour l'utilité de ce contrat, il a été cependant introduit que si le mandant était décédé sans que le mandataire en fût instruit, et que celui-ci eût dans cette incertitude exécuté le mandat, il serait admis à exercer son action; il s'en suivrait autrement, qu'on pourrait être préjudicié par une ignorance juste et bien fondée, *ff. hoc tit.*, *leg. idemque,* § *penult.*, ce qui serait absurde, *leg. inter causas, in principio, leg. mandatum, leg. si praecedente, ff. hoc tit., leg. mandatum, cod. hoc tit., et leg. ult., ff. hoc tit., et leg. si quis,* § *morti, ff. hoc tit.*; ce qui a déterminé à juger valable le paiement que feraient les débiteurs de *Titius* à son affranchi, dans la croyance que celui-ci était encore, en qualité d'esclave, préposé à la recette de ses fonds, *ff. de cert. pet., leg. ejus qui, cod. de solut., leg. si cùm servus, leg. dispensatori, ff. de solut., leg. penult. de reb. cred.*; quoique cependant, dans la rigueur du droit, il fût invalable, en ce qu'ils avaient payé à un autre qu'à leur débiteur.

§ XI Les contrats étant volontaires avant d'être formés, et devenant nécessaires après leur perfection, il s'en suit qu'il est libre à chacun de se charger d'un mandat; mais dès qu'une fois on l'a accepté, il faut le mettre à exécution ou y renoncer au plutôt, afin que le mandant puisse agir par lui-même, ou choisir un autre mandataire : car si la renonciation n'était pas faite pendant que les choses étaient encore entières, ou tout au moins dans un tems convenable, pour que le mandant n'en souffrît point, le mandataire pourrait être poursuivi par l'ac-

---

de mort. causâ don.; autrement, si la chose est commencée, elle ne finit point, *v. g.*, le procureur est le maître du procès par la contestation en cause, *dominus litis, leg. nulla, cod. de procur.*

tion *mandati* en dommages et intérêts (1), à moins qu'il n'eût eu des raisons légitimes qui l'eussent empêché de faire plutôt cette renonciation, comme une maladie dangereuse, *leg. si mandavêre*, § *ult.*, *et leg. sequente*, *leg. si quis*, § *qui mandatum*, *ff. hoc tit.*

§ XII. Le mandat peut être formé de manière que l'exécution ne puisse avoir lieu que dans un certain tems et même sous une condition.

§ XIII. Nous observons que ce contrat étant gratuit de sa nature, il dégénère en une autre espèce de contrat, s'il est survenu une promesse de récompense ; c'est alors un contrat de louage, *leg. 1ª.*, § *ult.*, *ff. hoc tit.*, *leg. si tibi*, *ff. de præscript. verb.* ; de-là, nous pouvons généralement poser en principe que le mandat, le dépôt, le commodat, etc., qui de leur nature sont gratuits, sont véritablement un mandat, un dépôt, un commodat, dès qu'il n'a pas été stipulé de récompense ; mais qu'ils deviennent un louage toutes les fois qu'il a été promis une rétribution : c'est pourquoi si l'on donne des habits au foulonage ou au ravaudage, sans convenir de ce qui doit revenir à l'ouvrier, on a formé un mandat, et l'action qui descend de ce contrat peut être exercée par toutes parties.

---

(1) Le mandataire est tenu de la faute la plus légère, *cod. hoc tit.*, *leg. in re mandatâ.*, *leg. à procur.*, *leg.* 13 *et* 21 ; la raison en est qu'il a voulu prendre sur lui une obligation qui exigeait beaucoup d'industrie, *in quâ summa industria exigitur.*

Nota. *M. Tull. offic.* s'exprime ainsi, *illiberales autem et sordidi quæstûs mercenariorum omnium quorum operæ non quorum artes emuntur, est enim in illis ipsa merces auctoramentum servitutis.*

Néanmoins, une reconnaissance en faveur du mandataire ne détruirait pas la substance du contrat ; car il faut distinguer ce qu'on appelle *merces*, dont il est parlé ici, de ce qu'on appelle *honorarium* ; en ce que le premier est une récompense portée par la convention, laquelle empêche que le contrat ne soit gratuit ; au lieu que l'autre est une marque de reconnaissance procédant de la pure libéralité de celui qui donne, dès qu'il n'est nullement obligé ; c'est ainsi qu'il faut entendre la loi *si remunerandi*, *ff. hoc tit.*, *si remunerandi gratiâ honor inter-*

CODE CIVIL.

OBSERVATIONS.

NOMB. 62. Le mandat est un contrat de bonne foi qui ne requiert aucune forme, et que le consentement des parties rend parfait.

On nomme mandat l'acte par lequel une personne donne à une autre le pouvoir de faire quelque chose pour elle et en son nom , (art. 1984.)

En France, comme chez les Romains, le mandat peut être donné ou par acte public, ou par écrit sous seing-privé, même par lettre; il peut aussi être donné verbalement, (art. 1985.)

A Rome, le mandataire, en exécutant les ordres du mandant, ne devait point passer les bornes du pouvoir qui lui avait été confié; ces principes ont été adoptés parmi nous : il n'était pas équitable que le mandataire pût, à volonté, nous engager au-delà de ce que nous permettent nos facultés. (art. 1989.)

---

venit erit mandata actio, quia honorarium non est merces, sed remuneratio quæ honoris causâ tribuitur, leg. 1ª., *ff. si fals. mod. dix.* ; cette règle n'empêche pas que le salaire n'ait lieu quelquefois dans le mandat ; mais ce n'est jamais par l'action *mandati* ; c'est le préteur ou le préfet qui l'accorde quelquefois en connaissance de cause ; ce cas cependant est très-rare, *leg. salarium, ff. hoc tit., leg.* 1ª., *cod. hoc tit., leg.* 1ª., *ff. de extraord. cognit.* Lorsqu'on cautionne sous la convention de récompense, ce n'est pas un mandat que l'on forme, mais un contrat innommé, qu'on appelle *do ut facias*, *do ut fidejubeas*; d'où naît l'action qu'on appelle *utilis actio præscriptis verbis, leg. si remunerandi,* § *ult. ff. de præscrip. verb.*

Nota. Il naît du contrat de mandat, deux actions, *leg.* 3, § 1°., *ff. hoc tit.* ; l'une directe contre le mandataire ou ses héritiers, pour les contraindre à rendre leurs comptes, *leg.* 5, § 1°., *ff. hoc tit., leg.* 8, § *ult., ff. hoc tit.* ; l'autre qu'on appelle *contraire*, pour agir contre le mandant et ses héritiers, pour obtenir l'indemnité due au mandataire pour ses frais et avances.

En France, comme chez les Romains, le mandataire répond non-seulement de son dol, mais encore des fautes qu'il commet dans sa gestion, (art. 1992.)

Parmi nous, le mandat finit de la même manière qu'il prenait fin chez les Romains, c'est-à-dire, par la révocation du mandataire,

Par sa renonciation au mandat,

Et par la mort naturelle ou civile, l'interdiction ou la déconfiture, soit du mandant, soit du mandataire, (art. 2003.)

Par le droit romain, chacun était libre d'accepter ou de refuser un mandat; mais dès qu'une fois on avait accepté, il devait être mis à exécution, sous peine d'indemniser le mandant, s'il avait éprouvé quelque perte. De même, en France, le mandataire est tenu d'accomplir le mandat, tant qu'il en demeure chargé, et répond des dommages et intérêts qui pourraient résulter de son inexécution, (art. 1991.)

A Rome, le paiement fait à l'affranchi, qu'on croyait encore l'esclave de son créancier, chargé de recevoir ses créances, était réputé valable. Parmi nous, la révocation notifiée au mandataire, ne peut être opposée aux tiers qui ont traité dans l'ignorance de cette révocation; sauf au mandant son recours contre le mandataire, (art. 2005.)

Selon le droit des Romains, le mandat était essentiellement gratuit; dès qu'une récompense était stipulée, le contrat dégénérait en louage. Les rédacteurs du Code civil se sont écartés, avec juste raison, de ces principes; ils ont voulu que ce contrat fût gratuit de sa nature, mais non pas dans son essence; ils ont prévu le cas où le mandataire ne pourrait faire au mandant le sacrifice de son tems et de ses soins; c'est pourquoi ils ont permis de stipuler une rétribution, qui, dans ce cas, pour nous servir des expressions de l'Orateur du Gouvernement, est moins un lucre qu'une juste indemnité.

TITRE XXVIII.

TITRE XXVIII.

DE OBLIGATIONIBUS QUÆ EX QUASI-CONTRACTU NASCUNTUR.

Après avoir fait l'énumération de toutes les obligations qui naissent des contrats, nous allons parler de celles qui naissent des quasi-contrats, c'est-à-dire de ces contrats, improprement dits, qui ne réquièrent pas le consentement exprès de toutes les parties, mais seulement d'une d'entre elles, le consentement des autres étant présumé par la loi ; par exemple, le tuteur qui a donné son consentement est obligé, en vertu de son administration, à rendre compte au pupille ; et quoique celui-ci n'ait point consenti à ce que le tuteur administrât, néanmoins il se trouve obligé envers le tuteur, d'une manière tacite, à rembourser tout ce qu'il a employé utilement pour ses affaires ; d'où il résulte que cette administration produit des obligations et des actions, comme un véritable contrat.

Les contrats naissent d'un consentement véritable, et les quasi-contrats, d'un quasi-consentement, c'est-à-dire d'un consentement fictif ou présumé, *leg.* 13, § *ult.*, *ff. comm. divid.*, *leg.* 3, *in fin.*, *ff. ex quib. caus. in poss.* ; on les appelle, pour cette raison, *quasi-contrats* ; à cette différence près, ils sont entièrement semblables aux contrats.

On définit les quasi-contrats, des conventions tacites et honnêtes, qui obligent les personnes, à leur insçu, en vertu d'un consentement présumé par le droit, par un motif d'équité, et pour l'utilité publique. (1)

---

(1) Parce que tout le monde est présumé vouloir ce qui tourne à son avantage ; ce contrat oblige, parce que nul n'est présumé vouloir s'enrichir au préjudice d'autrui, *leg.* 14, *ff. de cond. indeb.* : celui qui veut ce qui a précédé doit aussi vouloir ce qui s'en suit.

§ Ier. Il y a plusieurs sortes de quasi-contrats ; on les appelle *negotiorum gestio*.

Le quasi-contrat qu'on appelle *negotiorum gestio*, prend sa source dans l'amitié qui unit ordinairement les personnes ; il a lieu toutes les fois que quelqu'un se charge de lui-même, et sans ordre de la justice, *extra-judicium*, de gérer gratuitement et utilement les affaires d'un autre, à son insçu, *v. g.*, le tuteur. Ce quasi-contrat produit deux actions utiles de part et d'autre ; on les appelle *negotiorum gestorum* ; l'une est directe, l'autre contraire, *leg.* 2e. *et* 3^a., *ff. de neg. gest.*, *leg.* 5, *de oblig. et act.* La première est donnée au maître, contre le gérant ou ses héritiers, pour lui demander un compte, le paiement du reliquat, avec les intérêts, *leg.* 2, 23 *et* 30, *ff. hoc tit.*, et le rendre responsable de la faute qui regarde cette espèce de gestion, *leg.* 13, *leg.* 21, *cod. hoc tit.* ; la seconde, c'est-à-dire la contraire, est donnée au gérant, contre le maître ou ses héritiers, pour obtenir son indemnité, *leg.* 2, 27, 31, 45, *ff. de neg. gest.* ; d'où l'on voit qu'elles ne naissent proprement d'aucun contrat, puisqu'elles n'ont lieu que lorsque quelqu'un s'est ingéré dans les affaires d'autrui, sans mandat, et à son insçu, *cod. de neg. gest.*, *leg. si mandatum* ; d'où il suit encore que ceux dont on a fait les affaires, se trouvent obligés, sans le savoir ; ce qui a été ainsi introduit pour l'utilité des absens, dans la crainte que, forcés de partir avec précipitation, ils n'eussent pu charger personne de leurs intérêts : nul ne s'immiscerait dans l'administration de leurs affaires, s'il n'était certain d'avoir une action de recours contre l'absent, à son retour, pour la répétition de ses frais et avances, *leg.* 5, *ff. de neg. gest.* De même que celui qui a géré utilement les affaires d'autrui, a une obligation contre le maître, *obligatum habet dominum*, de même aussi il est tenu de rendre compte de son administration, c'est-à-dire de prouver qu'il a apporté dans sa gestion la plus exacte diligence, *exactissimam diligentiam* ; car il ne suffirait pas qu'il y eût apporté les mêmes soins qu'il était dans l'usage de donner à ses propres affaires, si l'on eût pu trouver un autre gérant plus diligent que lui, *ut ff. de neg. gest.*, *leg. si pupilli* 6, § *videamus*, *leg. negotia*, *ff. de neg. gest.*, *leg. tut.*, *cod. de neg. gest.*, *leg. si mater de usuris.*

§ II. La tutelle est un quasi-contrat par lequel le tuteur, en se chargeant du soin des affaires du pupille, s'oblige à y apporter une exacte diligence, et à lui rendre compte à la fin de la tutelle, *leg. ult. et auth. quod nunc, cod. de cur. fur., cod. leg. de creationibus, cod. de episc. aud., leg. 3, § idem scribit, ff. de pecul.* ; de son côté, le pupille est présumé obligé envers le tuteur pour son indemnité ; d'où l'on voit que l'obligation par laquelle sont tenus les tuteurs, ne vient pas proprement d'un contrat ; car il ne se contracte aucune affaire entre le tuteur et le pupille ; mais attendu que ce n'est pas en vertu d'un délit que les tuteurs sont obligés envers leurs pupilles, il y a lieu de dire qu'ils le sont en vertu d'un quasi-contrat, c'est-à-dire par un quasi-consentement : il naît de cette obligation deux actions, l'une directe et l'autre contraire, *mutuae sunt actiones*. La directe est donnée au pupille, à la fin de la tutelle, contre le tuteur ou ses héritiers. Si la poursuite est dirigée contre le tuteur, on l'actionne, à l'effet de réparer les pertes arrivées par sa faute légère ; si elle est dirigée contre les héritiers, on les actionne, à l'effet de réparer les pertes arrivées par dol ou par la faute grossière (1), *leg. 1ª., in ppio, ff. de tut. et rat. distrah.* L'action contraire est donnée au tuteur, contre le pupille, pour la répétition des dépenses faites pour la gestion des affaires du pupille ; ou s'il a pris des engagemens sur ses biens propres, envers les créanciers de son pupille, auquel dernier cas il ne peut rien répéter, qu'autant qu'il s'est conduit en bon père de famille, *leg. 1ª., in ppio, de contrar. tut. et util. act.*

§ III. Le quasi-contrat, qu'on appelle *communio rerum*, a lieu lorsqu'une même chose devient commune à plusieurs, sans aucun fait de leur part, c'est-à-dire sans qu'ils aient formé aucune société : comme

---

(1) Le tuteur n'est ordinairement tenu que de sa faute légère, *leg. 23, ff. de reg. jur., leg. 1ª., ff. de tut. et rat. distrah.* ; mais s'il s'est ingéré de lui-même, *ut sup. de satisd. tut., § 1º.*, il est tenu de sa faute la plus légère, *ut leg. 1ª., § 25, ff. depos., leg. 20, cod. de reg. gest., leg. 23 ; ff. de reg. jur., leg. 13 et 21 cod. mandat.* : les héritiers sont tenus du dol et de la faute grossière, *leg. 1, cod. de hær. tut.* Ce que nous disons des tuteurs a lieu également pour les curateurs des mineurs, *dictâ leg. 1, § 2, ff. de contr. tut. et util. act., leg. 4, cod. qui dar. tut., leg. quidquid, cod. arb. tut.*

si une même chose leur a été donnée ou léguée, et que l'un d'eux ait perçu tous les fruits, et qu'un autre ait fait les impenses nécessaires à la chose commune, ils pourront agir contre les autres associés, par l'action *communi dividundo*, pour partager la chose et les fruits, *leg.* 1ª., *ff. comm. divid.*, ou pour répéter les avances faites. Cette action, comme on le voit, ne provient pas proprement d'un contrat, puisque les co-légataires ou co-donataires n'ont nullement contracté entr'eux; elle ne provient pas non plus d'un délit, mais d'un quasi-contrat, parce que, en acceptant la donation ou le legs, on est présumé avoir tacitement consenti à partager la chose commune ainsi que les fruits, et à restituer au prorata les dépenses que l'un des consorts pourrait y avoir faites. Cette action *communi dividundo* n'a lieu qu'entre les successeurs à titre particulier, *leg.* 2., *in ppio*, *leg.* 25, § 7, *ff. fam. ercisc.* Il en est encore une autre, qu'on appelle *familiae erciscundae*, pour les successeurs à titre universel, dont il sera question au § suivant.

§ IV. Le quasi-contrat, qu'on appelle *communio haereditatis*, a lieu lorsqu'une personne a institué plusieurs héritiers à titre universel; si l'un d'eux a perçu tous les fruits, ou fait les dépenses nécessaires, ils peuvent agir les uns contre les autres par l'action *familiae erciscundae*, *ut leg.* 2, § 3, *leg.* 44, § 4, *ff. familiæ ercisc.*, pour obtenir le partage de l'hérédité (1).

§ V. L'adition d'hérédité est un quasi-contrat par lequel celui qui accepte une succession est censé avoir contracté avec les légataires et fidéicommissaires (2), et s'être obligé à la prestation des legs et

---

(1) Ces deux actions sont mixtes, c'est-à-dire qu'elles tiennent du réel et du personnel, *tam in rem quam in personam*; savoir, *in rem*, pour la demande du partage, qui est réelle, et *in personam*, pour la demande des fruits et des dépenses, qui est personnelle, *leg. cùm putarem*, *ff. fam. erciscundæ*, *et leg.* 4, § *sicut autem com. divid.* Les co-héritiers et les co-donataires sont également tenus de la faute légère, *leg.* 25, § 16, *ff. fam. ercis.*, *leg.* 8, § 2, *ff. comm. divid.* Il faut observer cependant que les dettes actives de l'hérédité ne sont point comprises dans l'action *familiæ erciscundæ*, parce qu'elles se divisent de droit entre les co-héritiers; en sorte qu'un débiteur, avant même le partage, ne serait pas libéré en payant à l'un d'eux, *leg.* 2, § *ult.*, *leg.* 4, *in ppio*, *ff. leg.* 6, *cod. fam. ercisc.*

(2) L'héritier n'est pas présumé avoir quasi-contracté avec les créanciers, parce que leur

fidéicommis, *leg. 3 et seq.*, *ff. quib. ex caus. in poss. eat*, *leg.* 1 ; d'où on voit que l'obligation de l'héritier ne provient pas proprement d'un contrat, puisqu'il n'y a eu aucune espèce de convention entre l'héritier et le légataire, ni avec le défunt ; elle ne provient pas non plus d'un délit, ni d'un quasi-délit ; d'où il suit qu'elle ne peut provenir que d'un quasi-contrat ou quasi-consentement, *leg. 5, § hæres quoque, ff. de obl. et act.*

Il naît de ce quasi-contrat une action qu'on appelle *actio personalis ex testamento*, *leg. indebiti, § 1, ff. de cond. ind.*, par laquelle ceux auxquels il a été laissé quelque chose par testament, peuvent agir contre l'héritier qui accepte, pour la prestation des legs et des fidéicommis, avec les intérêts et les accroîts depuis la demeure, *leg. 39, § 1, ff. leg.* 1°., *et leg. 42, ff. de usur.*, et pour la réparation des pertes causées par la faute la plus légère, *leg. 47, § penult., ff. de leg.* 1°., *leg. 33, in ppio, ff. de leg.* 2°. , *leg. 17, ff. de duob. reis* ; car les biens de l'hérédité sont affectés et hypothéqués aux légataires et aux fidéicommissaires par l'adition.

§ VI. Le paiement d'une chose non due, *indebiti solutio*, est un quasi-contrat par lequel celui qui a payé, par erreur de fait, une chose qu'il ne devait pas, même naturellement, est censé avoir indirectement obligé à la restitution celui qu'il avait cru son créancier (1); d'où l'on voit que l'obligation ne provient pas proprement d'un contrat, *potiùs distractu oritur quàm ex contractu*; car celui qui paie est plutôt censé vouloir dissoudre que former un contrat : mais par une bénigne interprétation de la loi, *ut cod. de jud.*, *leg. placuit*, tirée du principe qui ne veut que personne s'enrichisse au préjudice d'autrui, *ff. de cond. indeb.*, *leg. nam hæc natura*, on a présumé que

---

obligation remonte directement au défunt avec lequel ils ont traité réellement, *leg. 49 , ff. de oblig. et act.* , et dont toutes les obligations passent à la personne de l'héritier du moment de l'acceptation , *leg. 2 , § 2, ff. de verb. oblig.*, *leg. 59 , ff. de reg. jur.*

(1) Si le prétendu créancier avait reçu sachant que la somme ne lui était pas due , il pouvait être poursuivi non-seulement par l'action *condictio indebiti*, mais encore par l'action *condictio furtiva*, *leg. 18, ff. de cond. furt.*

celui qui reçoit une somme non due, la reçoit à titre de prêt, dans l'intention de la rendre (1). Il naît de ce quasi-contrat une action de rigueur *stricti juris*, qu'on appelle *condictio indebiti* ; elle est donnée à celui qui a payé par erreur une chose non due, contre celui qui l'a reçue ou ses héritiers, en restitution de la somme et des fruits, depuis le jour du paiement, *leg.* 15, *in ppio, leg.* 65, § 5, *ff. de cond. indeb.* ; mais il ne peut demander les intérêts, parce qu'ils ne sont dus dans les contrats de rigueur *stricti juris*, qu'après la demeure, *leg.* 1ᵃ., *cod. de cond. indeb. et leg.* 3, *cod, de usur.*

§ VII. Il est pourtant des cas où l'on ne peut répéter la somme payée, quoiqu'elle ait été non due. Les anciens avaient décidé que la répétition ne serait pas admise dans les cas où le déni ferait doubler la dette, *ff. de cond. indeb., leg. eleganter,* § *in fin., in glos. fin., et cod. de cond. indeb., leg. ea quae,* comme dans les espèces portées dans la loi *aquilia* et dans les legs, *ut inf.,* § 19 et 26. Ce principe n'avait lieu qu'en faveur des legs qui portaient une chose certaine et déterminée ; on les appelait *legs de damnation, sup. de leg.,* § 21. Mais *Justinien*, par sa constitution au code *comm. de legatis, leg.* 2ᵃ., ayant voulu qu'il n'y eût qu'une seule nature de legs et de fidéicommis, a étendu cette augmentation du double à tous les legs et fidéicommis (2) ; mais avec cette restriction qu'elle n'aurait lieu qu'en faveur de certains légataires, c'est-à-dire seulement pour les legs et fidéicommis laissés aux églises et autres lieux destinés à l'honneur de la religion et à la piété, *leg. sancim., cod. de episc. et cleric.,* comme les monastères, les hôpitaux, *auth. de non alien.,* § *nos igitur, leg. cum is,* § *si mulier, ff. de cond. indeb.*

---

(1) Il se forme pour ainsi dire un contrat tacite entre celui qui paie et celui qui reçoit ; d'où il résulte que, si la somme n'est pas due, ce dernier la rendra par l'action *condictionem indebiti* ; c'est ainsi que pense le jurisconsulte *Pomponius* dans la loi *is qui commodatum, in fin., ff. commod.*

(2) Dans le cas où un débiteur se refusait à payer une chose sur la foi qu'elle n'était pas due, il était exposé à payer le double, s'il venait à être établi qu'elle était due.

CODE CIVIL.

OBSERVATIONS.

NOMB. 63. Le quasi-contrat est défini, le fait purement volontaire de l'homme, dont il résulte un engagement quelconque envers un tiers, et quelquefois un engagement réciproque des deux parties, (art. 1371.)

En France, comme chez les Romains, lorsque volontairement on gère l'affaire d'autrui, soit que le propriétaire connaisse ou qu'il ne connaisse pas la gestion, le gérant contracte l'obligation tacite de continuer ses soins jusqu'à ce que le propriétaire puisse pourvoir à ses affaires par lui-même, (art. 1372.)

Comme à Rome, le gérant est, parmi nous, tenu d'apporter à sa gestion tous les soins d'un bon père de famille, (art. 1374.)

Le paiement d'une somme non due forme un quasi-contrat ; celui qui avait ainsi payé avait à Rome l'action personnelle contre celui qui avait reçu le paiement, afin de le contraindre à la restitution ; il en est de même en France, lorsqu'une personne qui, par erreur, se croyait débitrice, a acquitté une dette, elle a le droit de répétition contre le créancier, (art. 1377.)

Chez les Romains, celui qui avait reçu avec mauvaise foi, pouvait être contraint à restituer, par l'action *furtiva*, tant le capital que les intérêts ou les fruits. Ce possesseur est aussi tenu, en France, à la même restitution, qui doit être faite, non depuis la demeure, mais depuis le jour du paiement, (art. 1378.)

Si la chose induement reçue est un immeuble ou un meuble corporel, elle doit être restituée en nature, si elle existe ; ou en valeur, si elle est périe ou détériorée par la faute de celui qui l'avait reçue, (art. 1379.)

Si la chose a été vendue, on doit restituer le prix de la vente, (article 1330.)

Celui auquel la chose est restituée, doit faire compte au possesseur de mauvaise foi, de ses impenses utiles et nécessaires, (article 1331.)

TITRE XXIX.

TITRE XXIX.

PER QUAS PERSONAS NOBIS OBLIGATIO ACQUIRITUR.

Les obligations peuvent nous être acquises, non-seulement par nous-mêmes, mais encore par ceux que nous avons en notre puissance (1), comme nos esclaves, nos enfans ; avec cette distinction, toutefois, que ce que nous acquérons par nos esclaves, nous appartient en pleine propriété ; au lieu que ce qui nous vient par nos enfans, il faut l'entendre suivant la manière prescrite au *cod. de bon. quae lib.*, *leg. fin.*, § *ubi autem*, c'est-à-dire, par une division intellectuelle (2) de la propriété et de l'usufruit, dans les obligations adventices (3) ; en sorte que le père a l'usufruit de

---

(1) Il y a cette différence entre le titre 9 du livre 2 ci-dessus, et celui-ci ; qu'il est question dans celui-là de la manière d'acquérir les choses, *res*, au lieu que dans celui-ci il s'agit de la manière d'acquérir les obligations, *obligationes.*

(2) Nous disons *intellectuelle*, parce que ce n'est que dans l'imagination que peut se faire la division de la propriété d'avec l'usufruit des choses corporelles, et à plus forte raison celle des choses incorporelles, *ut ff. de ucq. rer. dom.*, *leg. servus*, § *incorporales*, *sup. de reb. corp. et incorp.*, *in ppio*, *et sup. de usuf.*, *in ppio* ; c'est pour cela qu'il est dit en ce § *dividatur secundùm imaginam*, parce que l'image de cette division n'étant point de la faculté des yeux, ne se présente qu'à l'imagination.

(3) Autrefois, tout ce que le fils de famille acquérait, à l'exception du pécule castrense, était acquis en pleine propriété au père, *leg.* 3, § *secundum*, *ff. de donat. inter vir. et uxor. leg.* 1re, *cod. de castrens. pocul.* ; mais par la constitution de *Justinien*, ce que le fils de famille acquiert *ex re patris*, *vel ex substantiâ patris*, *vel ejus occasione*, est acquis pleinement au père ; il en est autrement des choses adventices ; c'est-à-dire des choses qui lui adviennent par son travail, ou des biens de sa mère, aïeul ou aïeule maternels ; le père n'a sur ces biens qu'un droit d'usufruit, la propriété demeurant réservée au fils, *leg.* 6, *et fin.*, § *filiis autem*, *cod. de bon. quæ lib.* nous observerons que le fils ne peut intenter aucune poursuite pour ses biens adventices, *movere actiones* ; c'est au père d'agir et de fournir aux frais, aux dépens des fruits de la chose, *leg. fin.*, § *ubi autem*, *cod. de bon. quæ lib.*

La chose semble venir de la substance du père, ou à son occasion, si l'on a donné au fils,

ce qui provient de cette obligation, et que la propriété demeure réservée au fils, au cas que ce soit le père qui poursuive, en vertu de
l'action qui en provient, selon le partage porté à la constitution, au *cod.
de bon. quae lib.*, *leg. ult.*

§ Ier. Les obligations peuvent non-seulement nous être acquises par
nos esclaves, mais encore par des hommes libres et les esclaves d'autrui,
lorsque nous les possédons de bonne foi; mais en deux cas seulement,
lorsque l'obligation provient de leur travail, ou par le moyen de notre
propre bien, *sup. tit.* 9, *liv.* 2.

§ II. Ce qui se rapporte encore à l'esclave dont nous avons l'usufruit
où l'usage.

§ III. Nous acquérons aussi, par l'esclave commun, pour la part
que nous avons sur cet esclave, *leg. si communis servus, ff. de stip. serv.*,
à l'exception du cas où il aurait stipulé nommément pour un de ses
maîtres, ou qu'il lui aurait fait la tradition de la chose, dans l'intention
d'acquérir seulement pour lui; comme s'il avait dit, en stipulant : me
promettez-vous de me donner pour *Titius*, mon maître? Autrefois, il
s'était élevé des doutes, pour savoir si un esclave commun acquérait seulement à celui de ses maîtres, qui lui avait donné l'ordre de stipuler :
mais aujourd'hui, on ne doute plus que cela ne doive être ainsi, par les
motifs d'une juste équité, *sup. de stip. serv.*, *§ penult.*

---

en contemplation du père, *arg. ff. de acq. hœred.*, *leg. aditio, de vulg. subst.*, *leg. sed si
plures*, *§ in arrogato*; si le père a donné un fonds à son fils, les fruits *dicuntur ex re patris,
ff. ad Treb.*, *leg. in fideicom.*, *§ non unquam*; il en serait de même si le père avait donné
un fonds de commerce à son fils pour le faire fructifier, *ex re patris, vel ejus occasione*;
ce qui est conforme à la loi *sed si plures*, *§ in arrogato*, *ff. de jur. dot.*, *leg. 5*; dans le
doute, il faut présumer suivant la qualité des personnes; par exemple, on présume que les
biens viennent de la substance du père, si le fils est négligent et sans industrie, et que le
père soit riche; si, au contraire le fils est soigneux et diligent et le père pauvre, on présume
que les biens sont adventifs, *arg.*, *leg. si defunctus, cod. arbit. tut.*; à l'égard de la
femme on présume toujours dans le doute que le fonds vient *ex bonis viri, leg. etiam, cod.
de don. inter vir. et uxor.*, *leg. quintus, ff. de don. inter vir. et uxor.*, la preuve est toujours à la charge de celui qui veut avoir part aux biens, *ff. de prob.*, *leg. ei qui.*

Nota. Dans les obligations *id est in contractibus*, on regarde le tems auquel la

CODE CIVIL.

OBSERVATIONS.

Nomb. 64. Ce titre ne nous présente aucune observation : nous n'avons point d'esclaves ; et les pères, dans aucun cas, n'acquièrent la propriété des biens advenus à leurs enfans.

---

chose a commencé, *leg.* 78, *§ fin. de verb. oblig.* ; de-là vient que la condition a toujours un effet rétroactif, *leg.* 11, *§* 1°., *ff. qui pot. in pign.* ; de-là vient aussi que le fils n'acquerrait pas moins au père, en stipulant pour le tems auquel il serait *sui juris*, ou que la condition existât après son émancipation, *leg.* 78, *ff. de verb. oblig.*, *in ppio.*

TITRE XXX.

QUIBUS MODIS TOLLITUR OBLIGATIO.

LES obligations peuvent se dissoudre de plusieurs manières ; 1°. par le paiement ; 2°. par l'acceptilation ; 3°. par la novation ; 4°. par une volonté contraire ; 5°. par la compensation ; 6°. par la confusion ; 7°. par l'offre et la consignation ; 8°. par l'extinction de la chose due. Parmi ces différentes manières, il y en a qui sont communes à toute sorte de contrats (1) ; d'autres qui ne conviennent qu'à certains contrats, et qui leur sont propres (2).

L'obligation s'éteint par le paiement, lorsqu'on donne réellement ce qui en fait l'objet, *leg.* 176 , *ff. de verb. oblig.*, *leg.* 49 , *ff. de solut.*, *in ppio*, ou autre chose, du consentement du créancier, *leg.* 2ª. , § 1, *ff. de reb. cred.* , *leg. si non* , § *si certum* , *ff. de cond. indeb.* : que ce soit le débiteur lui-même qui paie ou tout autre pour lui , cela est indifférent , le débiteur se trouve toujours libéré envers son créancier , quand bien même on aurait payé à son insçu ou malgré lui, *leg.* 53 , 23 , 40 , *ff. de solut.*, *et leg.* 39 , *ff. de neg. gest.* : il en est de même si le débiteur paie son créancier ; tous ceux qui sont intervenus dans l'obligation sont pareillement libérés. De même, si le fidéjusseur paie le créancier en son nom ou au nom du débiteur, il libère dans l'un et l'autre cas ce dernier, *ff. mand.*, *leg. si quis* , *in fin.*, *et leg. Papinianus*, *et ff. de pet. haered.*, *leg. si quid possessor*, *in ppio*, *ff. neg. gest.*, *leg. solvendo*, *ff. de novat.*, *leg. si Stichum*, *in fin.* (3)

---

(1) Le paiement, la novation, la compensation, la confusion, l'offre et la consignation, et l'extinction de la chose due.

(2) L'acceptilation et la volonté contraire.

(3) Si le fidéjusseur veut répéter la somme déboursée contre le débiteur principal , il doit se faire céder les actions par le créancier, *leg.* 4°. , *ff. leg. ult.* , *cod. de neg. gest.* ; on ne

§ Ier. L'acceptilation est une manière de payer imaginaire ; aussi nomme-t-on *fictif* ce paiement, qui diffère du paiement réel en ce que celui-ci consiste dans la réelle tradition de la chose due. L'acceptilation dissout par les paroles, les obligations qui n'avaient été contractées que par des paroles, et qu'on nomme stipulations, tout comme on dissout par une volonté contraire les contrats qui n'ont été formés que par le consentement, qu'on appelle contrats consensuels : cela fut ainsi introduit, parce que, suivant les principes du droit romain, il n'était rien de plus naturel que de dissoudre les obligations de la même manière qu'elles avaient été formées, *leg.* 35 *et* 100, *ff. de reg. jur.* On ne pouvait les dissoudre par de simples pactes, parce que, ne produisant que des obligations naturelles, ils ne pouvaient dissoudre une obligation civile : il fallait donc pour cela une autre obligation civile, c'est-à-dire une stipulation qu'on appela acceptilation, et qui eut l'effet de dissoudre la première obligation, *leg.* 1ª., *ff. de accept.* On divisa l'acceptilation en *vulgaire* et en *aquilière* ; par la première on ne pouvait dissoudre qu'une seule obligation, *leg. an inutilis*, § *acceptum*, *ff. de acceptil.* ; par la seconde, on pouvait dissoudre à-la-fois toute sorte d'obligations.

On définit l'acceptilation vulgaire un acte légitime, *leg.* 77, 123, *ff. de reg. jur.*, qui fait dissoudre une obligation par le moyen de la stipulation, c'est-à-dire par une demande de la part du débiteur, et par une réponse conforme de la part du créancier ; comme lorsqu'on a dit : *Titius*, tenez-vous pour reçu ce que je vous ai promis, et que *Titius* a répondu : je le tiens pour reçu ; ce qui peut aussi avoir lieu en langue grecque, suivant le sentiment de certains jurisconsultes, pourvu qu'elle se fasse de la même manière qu'elle se fait en langue latine, ἀποχὲ δήν σοι ἔχεις ωρόσδεπτον ἔχω (1).

---

peut payer qu'à des gens capables de recevoir, *sup.* § 2, *quib. alien. licet.*, ni recevoir des paiemens des personnes qui ne peuvent pas aliéner, *sup. quib.*, *alien. lic.* § *ult.*, on n'observe point *l'auth. nisi debitor*, suivant laquelle le débiteur qui ne pouvait se libérer en argent, pouvait contraindre son créancier à recevoir en paiement une partie du meilleur fonds de terre qu'il avait en son pouvoir, dont l'estimation se faisait devant le juge, *cod. de solut.*, *nov.* 4, *chap.* 3.

(1) Ces termes grecs s'expliquent ainsi, *hoper quod, hyposchertin promisi, soi tibi, echeis habes, prosdecton acceptum, echo habeo.*

Nous observerons que ceci regarde seulement les obligations qui se forment par les paroles, *leg.* 8, § 3, *ff. de acceptil.*, et non les autres, parce qu'il n'y a rien de plus conforme aux principes du droit, *leg. nihil tam naturale*, *ff. de reg. jur.*, qu'une obligation, formée par les paroles, puisse être dissoute par les paroles : quant aux autres contrats consensuels, où l'écriture est nécessaire (1), on peut bien les détruire par l'acceptilation ; mais il faut, par préalable, les transformer en stipulation, c'est-à-dire en obligation par paroles, par le moyen de la novation, de la même manière qu'on peut s'acquitter pour une partie de la dette ; avec le consentement du créancier, on peut faire une acceptilation pour la moitié, le quart ou le tiers de la dette dont on est tenu.

§ II. La stipulation aquilième dissout l'obligation de toutes choses (2), dès qu'une fois elle a été transformée en stipulation, *leg. et uno*, § 1, *ff. de acceptil.*, *leg. aquiliana, et seq. de transact.*, *leg. ut responsum, cod. de acceptil.* ; elle fut inventée par *Aquilius Gallus*, jurisconsulte célèbre, *Cic. de nat. Deor.*, *liv.* 3, *chap.* 30, *et de off.*, *liv.* 3, *chap.* 14, *et pro Cæcina*, qui en donna la formule ainsi qu'il suit : *Aulus Augerius* interroge ainsi *Numerius Nigidus* : « me promettez-vous
» de me donner une telle somme pour tout ce qu'il faut ou qu'il faudra
» que vous me donniez ou que vous fassiez pour mon utilité, présente-
» ment, ou dans un certain tems, ou sous condition, pour quelque
» cause que ce soit, achat, prêt, obligation chirographaire, etc., soit
» pour toutes les choses dont j'ai action contre vous personnelle et
» réelle, ou autre poursuite qui peut ou pourra être par moi intentée
» contre vous, pour raison de ce que vous détenez ou possédez de ce
» qui m'appartient, ou que vous avez cessé de posséder par dol, pour
» me tenir lieu de l'estimation à laquelle ces sortes de choses pourraient

---

(1) C'est-à-dire dans les contrats naturels, comme l'achat, la vente, où l'acceptilation n'a pas lieu par sa nature, mais par la force de la convention, *leg.* 5, *cod. de rescind. vend.*

(2) Cette stipulation *aquilième* est comparée aux clauses générales qu'on met ordinairement à la fin des actes, accords ou transactions, comme quoi les parties se tiennent respectivement quittes de tout.

» être évaluées? *Numerius Nigidus* répond : je vous le promets : après
» quoi *Numerius Nigidus* interroge ainsi *Aulus Agerius* : tenez-vous
» pour reçu tout ce que je vous ai promis aujourd'hui par stipulation
» aquilième? à quoi *Aulus Agerius* répond : je le tiens pour reçu. »

§ III. Par la novation, on transforme une première obligation en une
autre obligation civile ou naturelle, par le moyen de la stipulation (1),
leg. 1ª., *ff. de novat.*, *leg.* 27, § 2, *ff. de pactis;* comme si vous stipulez
de *Titius*, qui s'engage à vous payer ce qui vous est dû par *Seïus*;
par l'effet de l'intervention de cette nouvelle personne, qui est *Titius*,
il naît une nouvelle obligation en lui; et comme il ne peut subsister
deux obligations principales pour une même chose, il faut nécessairement que la première soit détruite; de sorte que, quoique la dernière
stipulation soit souvent inutile, la première n'en est pas moins dissoute
par le droit de la novation, *jure novationis.* Comme si vous stipulez
d'un pupille, sans l'autorité de son tuteur, ce qui vous est dû par
Titius, la dette est alors éteinte, et le premier débiteur se trouve libéré
par le moyen de la novation, *leg.* 1ª., § 1; *et in fin.*, *leg.* 2, 5 et 14.
Il en serait autrement, si on avait stipulé d'un esclave; car les esclaves
ne peuvent s'obliger, même naturellement, *leg.* 32, *ff. de reg. jur.;*
c'est pourquoi le premier débiteur demeure toujours obligé. Il se fait
de même une novation, quoique vous stipuliez avec votre débiteur,
si dans la dernière stipulation, on ajoute quelque chose à la première,
ou si l'on retranche quelqu'une des conditions, ou si l'on fixe un terme
pour le paiement, ou si l'on fait intervenir un fidéjusseur; ce qui doit
s'entendre néanmoins de manière, qu'il n'y a novation que lorsque la
condition appossée est accomplie; car si la condition n'arrivait pas, la
première obligation aurait toujours son effet.

Les anciens avaient posé en principe, que la novation s'opérait toutes
les fois qu'on formait une obligation nouvelle, dans le dessein d'anéantir la première; ce qui laissait toujours des doutes sur l'intention vé-

---

(1) On la nomme *novation volontaire*, *leg.* 2, *ff. de novat.*; il y a une autre novation,
qu'on nomme *nécessaire*; elle a lieu par la contestation en cause, *leg.* 29, *ff. de novat.*,
leg. 6, § *ult.*, *ff. de re jud.*, *leg.* 26, *ff. de obl. et act.*

ritable des parties, et faisait admettre une foule de présomptions pour établir l'intention d'innover : c'est pourquoi *Justinien*, par sa constitution au *cod. de nov.*, *leg. fin.*, ordonna qu'il n'y aurait à l'avenir, de novation, qu'autant qu'il aurait été déclaré expressément par les contractans, que c'était précisément pour innover qu'ils avaient arrêté un nouvel accord, sans quoi la première obligation resterait dans sa force, et la seconde ne ferait qu'y accéder ; de manière qu'une seule obligation se trouverait fondée sur deux causes, sur une principale et sur une accessoire, ainsi qu'on peut le voir plus amplement dans la susdite constitution.

§ IV. Les obligations contractées par le consentement des parties, se dissolvent par une volonté contraire, *ut sup.*, *tit.* 28 ; par exemple, si *Titius* et *Séjus* sont convenus entre eux, que *Séjus* achèterait à *Titius*, au prix de cent écus d'or, le fonds *Tusculan*, et qu'ensuite, les choses dans le même état, c'est-à-dire le prix n'en ayant pas été compté, ni le fonds livré (1), ils conviennent entre eux de se départir de l'achat et de la vente, ils sont réciproquement libérés l'un envers l'autre. La même règle peut s'appliquer au louage et à tous les autres contrats qui se forment par le seul consentement des parties. Les obligations s'éteignent par la compensation, lorsque deux personnes se trouvent en même-tems créancières et débitrices l'une envers l'autre, *leg.* 1ª., *cod. de compens.*, en sorte que la dette se trouve éteinte aussitôt que les créances deviennent respectives, *inf.*, § 30, *de act.*, *et leg. ult.*, *cod. de compens.*

Afin que la compensation ait lieu, il faut que la créance ne soit infectée d'aucun vice, *leg.* 14 *et* 2, *cod. de comp.* ; qu'elle soit exigible, *leg.* 30, *et* 41, *ff. cond. indeb.* ; qu'elle soit liquide, *leg. ult.*, § 1, *cod. de comp.* ; qu'elle ne soit ni à jour, ni sous condition, *leg.* 7, 16, § 10 *et* 22, *ff. de comp.* ; que l'estimation de l'une et de l'autre

____

(1) Par la raison que lorsque le prix a été payé et la chose livrée, la seule convention contraire ne peut détruire le contrat ; il faudrait, outre le consentement, la restitution du prix et de la chose livrée, *leg.* 1ª. *et* 2ª. *quand. licet ab empt. reced.*

soit

soit certaine, *leg.* 4, 8 *et* 12 , *cod. de comp.* : elle ne peut se faire d'une espèce avec un genre *et vice versâ,* ni d'un genre avec un genre différent , *leg.* 18 , *in ppio , ff. de pig. act., leg.* 2, § 1 , *ff. de reb. cred. , leg.* 16 , *cod. de solut.*; ni d'un délit avec un délit, *leg.* 2, § 4 , *leg.* 13 , § 5 , *ff. ad leg. Jul. de adult. ;* elle ne peut , à plus forte raison, avoir lieu lorsqu'il s'agit de débiteurs et de créanciers différens, *leg.* 16 , *in ppio , leg.* 18 , § 1 , *ff. leg.* 9 , *cod. de compens.*

L'obligation s'éteint par la confusion , lorsque les droits de débiteur et ceux de créancier se trouvent réunis en la même personne , *leg.* 75 , *ff. de solut.*

Elle s'éteint encore par l'offre et la consignation, lorsqu'elles sont valablement faites, *leg.* 19 , *cod. de usur. , leg.* 9 , *cod. de solut.*

Elle s'éteint enfin par l'extinction de la chose , comme lorsqu'il est dû une certaine espèce, *leg.* 23 , *leg.* 49 , *in ppio, ff. de verb. oblig.* Si cependant le débiteur était en demeure , il n'est point libéré par la perte de la chose, si c'est par sa faute qu'elle est périe , *leg.* 23 *in fin. , ff. de reg. jur. , leg.* 23 , *et leg. in ppio , ff. de verb. oblig.* Les voleurs et autres possesseurs par voie de fait, ne sont pas non plus libérés par l'extinction de la chose , de quelque manière qu'elle soit arrivée , *leg. ult. , ff. de cond. furt. , leg.* 1 , § 34 , *leg. penult. , ff. de vi et vi arm.*

CODE CIVIL.

OBSERVATIONS.

Nomb. 65. Les obligations s'éteignent , en France , par le paiement ,
Par la novation ,
Par la remise volontaire ,
Par la compensation ,
Par la confusion ,
Par la perte de la chose ,
Par la nullité ou la rescision ,
Par l'effet de la condition résolutoire ,
Et par la prescription , (art. 1234.)

La plupart des subtilités contenues dans la législation des Romains, à l'égard de l'extinction des obligations, sont bannies de notre droit, dans lequel, par une règle générale, nous reconnaissons que le consentement des parties étant la principale base des contrats, il suffit du seul consentement pour les éteindre.

FIN DU TROISIÈME LIVRE.

L'ESPRIT DES INSTITUTES

DE

L'EMPEREUR JUSTINIEN.

LIVRE IV.

TITRE PREMIER.

DE OBLIGATIONIBUS QUÆ EX DELICTO NASCUNTUR.

Outre les obligations qui naissent des contrats et des quasi-contrats, il en est encore qui naissent des délits et quasi-délits. Nous avons vu que les premières se divisaient en quatre espèces, *re*, *verbis*, *litteris et consensu* : celles-ci, au contraire, à les considérer dans un sens étroit, ne doivent être regardées que comme formant un seul genre qui prend toute sa force dans le fait ou la chose, c'est-à-dire dans le délit lui-même, comme le vol, la rapine, le dommage, l'injure, *ut leg.* 1ª, *et* 4, *ff. de oblig. et act* : à les prendre dans un sens plus général, elles souffriraient quelques divisions ; car le délit peut se commettre *re vel facto*, comme le vol ; *verbis*, comme l'outrage ; *litteris*, comme les libelles diffamatoires. En revenant à nos principes, nous serons autorisés à dire que les obligations qui naissent des contrats et des quasi-contrats souffrent, dès qu'elles sont formées, une division, quoique le contrat soit toujours envisagé comme la chose principale, par la raison qu'elles sont dissemblables par leur nature, comme les contrats *bonae fidei*, et les contrats *stricti juris* ; celles qui naissent des délits et quasi-délits, au contraire, ne souffrent pas de division, parce qu'elles n'ont toutes qu'une même nature, et qu'elles vont chercher leurs liens dans une même source qui est le mal.

77 *

On divise les délits en quatre espèces, en délits *privés*, *publics*, *extraordinaires* et *populaires*. (1)

Le délit est défini, un fait illicite, commis volontairement, par lequel une personne demeure tenue à la restitution, si elle peut avoir lieu, et à une peine. (2)

Les délits privés sont ceux qui ne donnent d'action qu'à celui qui a intérêt à les poursuivre, *leg. ult.*, *ff. de priv. delict.*, comme le vol, la rapine, le dommage et l'injure.

Les délits publics se divisent en ordinaires et extraordinaires.

Les premiers sont ceux qui ont été prévus par les lois, et qui peuvent être poursuivis par les préposés au maintien de l'ordre public, *leg. 1ᵃ.*, *ff. de publi. jud.* ; ce sont ceux-ci qu'on appelle crimes principalement, *leg. quid sit*, § *noxas aedil. edict.*, *leg. 1ᵃ.*, § 1º., *ff. de incend.*, *ruin.*, *naufrag.*, *leg. aliud-fraus*, *in fin. de verb. sig.*

Les seconds, c'est-à-dire les extraordinaires, sont ceux qui exigent une punition exemplaire, comme ceux pour lesquels il n'a point été assigné de peine certaine par la loi, qui s'en est rapportée à l'arbitre du juge, comme le *stellionat*, etc., *ut leg. 2ᵃ.*, *ff. de extraord. criminib.*

Les délits populaires sont ceux auxquels le préteur a assigné, par son édit, une peine certaine, *v. g.* celle assignée *propter album corruptum*, qu'il était permis à tout citoyen de poursuivre, *leg. 1 .*, *ff. de popular. act.*, *et leg. 7*, *ff. de jurisd.*

Toutes les obligations sont produites, ou par l'équité, ou par la loi, ou par l'intervention de notre fait ; si ce fait est licite, c'est ce que nous appelons convention ; s'il est illicite, c'est ce que nous nommons délit.

---

(1) Voyez une plus ample explication de cette division, *inf. tit.* 6, § 18.

(2) Dans tout délit, concourt la *vitiosité* de l'acte, le vice du mal, et les effets de ce vice ; la peine regarde le vice lui-même, *quia delicta suos auctores tenent*, *leg.* 23, *cod. de pœnis* ; les réparations, au contraire, regardent les effets, et se prennent sur les biens.

§ I**. Le vol a lieu lorsqu'on s'empare frauduleusement (1) d'une chose qui ne nous appartient pas, contre la prohibition du droit des gens, *leg.* 5, *ff. de just. et jur.*, *alteri ne feceris quod tibi fieri non vis*, dans la vue d'en retirer quelque profit ou avantage, en se l'appropriant ou en l'employant à un tout autre usage que celui pour lequel elle nous a été livrée (2), soit en la possédant (3), même avec le dessein de la rendre, *leg.* 1ª., § 3, *ff. de furt.*

§ II. Les opinions sont partagées sur l'étymologie du mot *furtum*, qui signifie larcin : les uns le font dériver du mot *furvum*, qui signifie noir, en ce qu'il se commet pour l'ordinaire pendant la nuit ; d'autres le font dériver de *fraus*, qui signifie fraude, laquelle est toujours inséparable du vol ; d'autres de *ferre* ou autrement *auferre*, qui signifie enlever ; d'autres du mot grec φωρ *phor*, qui sigifie en latin *fur* ; car ce que les latins appellent *fures*, les grecs l'appelaient φωρας (4).

§ III. On connaît plusieurs sortes de larcins ; le manifeste et le non manifeste, le vol conçu, le vol offert, le vol défendu et le vol non exhibé. La première division du vol, en manifeste et non manifeste, est la seule que, proprement, on puisse nommer division, et qui comprend deux genres de vol ; car, comme nous le verrons au § suivant, les autres divisions ne servent qu'à établir une différence entre les actions introduites en faveur de certains cas particuliers.

Le voleur manifeste est non–seulement celui qu'on surprend sur le fait, ou dans le lieu même où le vol a été commis ; comme s'il a été voler dans une maison, dans une plantation d'oliviers ou dans un vignoble, et qu'il ait été pris au moment qu'il sortait de la maison, de la

---

(1) D'où il suivrait qu'une extrême nécessité pourrait excuser le vol ; *Grot., lib.* 1ı, *chap.* 11, § 6, *chap.* 3, *de furt.*

(2) Comme le commodataire qui prête sa chose à un autre pour un tel usage, *leg. si pignore*, *ff. de furt.*

(3) Comme si quelqu'un enlève à son créancier le gage qu'il lui a donné pour sa sûreté ; en ce cas, il ne vole pas la propriété de la chose, mais la possession qui devait appartenir au créancier, jusqu'à ce qu'il eût été payé ; *ut inf.*, § 1ı ; comme lorsque le dépositaire emploie à son usage la chose déposée, *leg.* 3, § *si rem.*

(4) De ce mot *phoras*, les Latins ont fait *ferre.*

plantation d'oliviers et du vignoble, mais encore celui qui est apperçu ou surpris par le maître ou tout autre dans un lieu public ou particulier, tenant en ses mains la chose volée, avant qu'il soit arrivé au lieu où il avait dessein de la cacher ; car s'il était arrivé au lieu où il se proposait de s'en décharger, serait-il encore surpris pendant qu'il en est saisi, il ne pourrait être réputé voleur manifeste, *leg*. 3, 4, 5, 7, *ff. de furt*.

Le vol était réputé non manifeste dans tous les cas contraires à ceux dont nous venons de parler, *leg*. 8, *ff. de furt*.

§ IV. Le vol était réputé conçu ou trouvé, lorsqu'en présence de témoins on allait chez une personne faire la perquisition d'une chose volée, et qu'on la trouvait réellement dans sa maison ; car quoique cet individu ne fût point le voleur, il était tenu de la rendre, surtout s'il avait connaissance qu'elle avait été volée. Le maître de la chose avait dans ce cas une action contre le détempteur, qu'on nommait *actio conceptiv.*

Le vol était réputé offert lorsque la chose volée vous avait été offerte, c'est-à-dire, déposée chez vous par le voleur, dans l'ignorance où vous étiez qu'elle avait été volée : si elle avait été trouvée chez vous, et que le voleur vous l'eût donnée, afin qu'elle fût plutôt trouvée chez vous que chez lui, vous aviez l'action pour agir contre lui, *actio oblati*.

Le vol était réputé défendu lorsqu'on empêchait le maître de la chose d'en faire la perquisition en présence de témoins, il pouvait alors agir contre l'opposant par l'action *furti prohibiti*.

Le vol était réputé non représenté, *furtum non exhibitum*, lorsque celui chez lequel on aurait été faire des perquisitions ne représentait pas la chose, et que cependant elle était trouvée ; on pouvait agir contre lui par l'action introduite par le préteur, appelée *actio furti non exhibiti*.

Mais ces sortes d'actions cessèrent d'être en usage, dès qu'on perdit celui des perquisitions des choses volées avec les anciennes formalités ; car il fut remarqué avec juste raison que tous ceux qui reçoivent sciemment une chose volée, sont évidemment complices du vol caché ou non manifeste, *ut cod. de furt, leg. eos qui*.

§ V. Suivant la loi des douze tables, la peine du vol manifeste était capitale, s'il avait été commis pendant la nuit ou pendant le jour à main armée, *Gell. liv.* 11, *chap.* 18. *Augustin, quæst. in exod.; chap.* 34. Elle fut cependant mitigée dans la suite, et réduite par le préteur pour le vol manifeste, au quadruple de la chose volée; et pour le vol non manifeste, au double seulement.

§ VI. Le vol a lieu, non-seulement lorsqu'on prend la chose d'autrui dans le dessein de se l'approprier, mais il a lieu généralement toutes les fois qu'on la prend et qu'on s'en sert sans la volonté ou le consentement du propriétaire. Ainsi le créancier qui se servirait de la chose qu'il aurait reçue en gage, serait coupable de vol. Il en serait de même du commodataire qui emploierait la chose qui lui aurait été confiée (1), à un tout autre usage qu'à celui auquel elle était destinée par sa nature ou par l'effet de sa convention; comme si celui qui aurait emprunté de la vaisselle d'argent pour donner un festin, l'avait emportée avec lui dans le cours d'un voyage; ou celui qui ayant emprunté un cheval pour s'en servir à une promenade, l'avait monté dans un combat, et cela selon l'opinion des anciens jurisconsultes.

§ VII. On doit observer cependant que celui qui se sert d'une chose prêtée pour d'autres usages que ceux pour lesquels il l'avait empruntée, n'est point coupable de vol, à moins qu'il ne sache que ce qu'il fait est absolument contraire à la volonté du maître de la chose, lequel s'y opposerait s'il en avait connaissance; dans le cas contraire, il n'y a point de crime, parce que le vol ne consiste que dans le dessein de le commettre, *leg. inter omnes,* § *recte*, *leg. si pignor.*, *ff. de furt.*

§ VIII. D'où il suit qu'il n'y avait point de vol, si l'on croyait agir contre la volonté du maître, et que néanmoins il fût consentant à ce que le commodataire employât sa chose à tel usage qu'il voudrait: ce qui a donné lieu à proposer cette question: *Titius* ayant sollicité l'esclave de *Mœvius* à voler certains objets à son maître pour les porter ensuite chez lui, et l'esclave en ayant instruit *Mœvius*, celui-ci, pour surprendre *Titius* en flagrant délit, lui aurait permis de les prendre et de

---

(1) Il en est par conséquent autrement si le débiteur avait consenti à ce que le créancier se servît du gage; ce contrat alors rentrerait dans l'antichrèse, *ut leg. si is qui* 11; § 1er, *ff. de pignor.*

les porter chez *Titius* : en ce cas *Titius* est-il coupable de larcin, ou d'avoir corrompu l'esclave, et peut-il être poursuivi par l'action de vol, *judicio furti*, ou par l'action de l'esclave corrompu, *nec judicio servi corrupti* ; sur quoi certains jurisconsultes avaient décidé que ni l'une ni l'autre action ne pouvait avoir lieu : d'autres pensaient, au contraire, que le maître pouvait agir par l'action de vol : mais *Justinien*, passant sur tous ces doutes, établit par sa constitution au code *de furt. et serv. corrupt.*, *leg.* 2ᵉ, *si quis serv. alien. persuaserit*, qu'on était, dans ce cas, non-seulement en droit d'agir par l'action de vol, mais encore par celle de l'esclave corrompu, *actione servi corrupti* ; car quoique l'esclave ait résisté à la corruption, et que par conséquent les règles qui ont fait introduire l'action *servi corrupti*, *ut ff. de servo corrupto*, *leg.* 1ᵉ. *in ppio*, ne concourent pas dans cette espèce ; il n'est pas moins vrai que le conseil de *Titius* tendait à corrompre la probité et la fidélité de l'esclave ; il est donc équitable de lui appliquer la même peine que s'il eût réussi dans ses desseins ; ce qui a été établi dans la crainte que si de pareilles tentatives demeuraient impunies, ce ne fût un encouragement pour ceux qui voudraient mettre de semblables desseins à exécution, *ut unius paena sit metus multorum*, *ut cod. ad leg. Jul.*, *in ppio.*

§. IX. Les hommes libres peuvent aussi quelquefois faire l'objet d'un vol ; comme si l'un des enfans qui sont en notre puissance, nous était enlevé, le père pourrait agir par l'action de vol, *leg.* 14, *eum qui*, § *si filius*, *ff. de furtis* ; il n'en serait pas de même de la mère, par la raison qu'elle n'a pas ses enfans sous sa puissance, *leg. mater*, *ff. de furt.*

§. X. On peut non seulement être coupable de vol, en s'emparant d'une chose appartenant à autrui, mais encore d'une chose dont on est propriétaire : par exemple, lorsqu'un débiteur enlève à son créancier la chose qu'il lui a donnée en gage, *leg. itaque*, § *sed etsi*, *leg. in act.*, § *ult.*, *leg. si debitor.*, *ff. de furt.*, *leg. si pignor.*, *ff. de pign. act.*

§. XI. On peut être tenu du vol, quoiqu'il ait été commis par un autre ; comme lorsqu'on a donné le conseil ou fourni des moyens pour y parvenir. Celui qui aurait fait tomber l'argent que vous teniez en vos mains, pour donner à un filou la faculté de s'en emparer, se trouverait

dans

dans ce cas. Il en est de même de celui qui se serait placé vis-à-vis de
vous, afin qu'un autre plus facilement vous dérobât quelque chose ; ou
qui aurait fait prendre l'épouvante à un troupeau de bœufs ou de
brebis, afin que, dans leur fuite, un autre s'en emparât ; ce qui a lieu,
ainsi que l'ont écrit les anciens, en exposant du drap rouge à leur vue.
Si cependant ce fait arrivait par hasard, et sans aucun mauvais dessein,
on aurait seulement l'action *in factum*, contre celui qui aurait produit
l'épouvante : ce qui est bien différent du cas cité, où *Titius* aurait commis
un larcin, à l'aide de *Mœvius* ; car l'un et l'autre seraient coupables, et en
cette qualité, tenus envers le maître. Celui qui place des échelles aux
fenêtres, ou qui brise des volets ou des portes, dans le dessein de faciliter à un autre l'entrée d'une maison, est réputé aussi coupable que
le voleur même. Il en est ainsi de celui qui prête les ferremens
nécessaires pour exécuter des effractions. Nous observerons cependant
que celui qui n'a point prêté de secours, quand bien même il aurait
conseillé et sollicité le larron, ne peut être tenu de l'action qui provient du larcin.

§ XII. Ce que les enfans et les esclaves dérobent à leurs parens ou
à leurs maîtres, a réellement été volé, et ne peut être sujet à la prescription, avant que la chose ne soit revenue au véritable propriétaire :
cependant ce vol ne produit point d'action, parce qu'il n'existe point
de cause qui fasse naître d'action contre ces personnes, *leg. ne cum
filio, ff. et seq., ff. de furt., leg. actiones de obl. et act.*, par la raison, que ne formant qu'une seule personne avec ceux qui sont en notre
puissance, nous ne pouvons pas plus agir contre eux, qu'ils ne peuvent
agir contre nous, *leg. cum filiofamil., leg. his nulla 4, ff. de judiciis,*
et que d'ailleurs le père et le maître n'ont pas besoin d'implorer le secours
de la justice pour imposer dans ce cas des punitions aux coupables, *leg.
servi, ff. de furt.* Il en serait autrement, si le fils de famille était militaire,
et qu'il eût un pécule castrense, ou si l'esclave était parvenu à se faire un
pécule particulier, le père et le maître pourraient alors agir contre eux
par l'action utile, *leg. si quis uxori 52, ff. de furt., leg. his nulla 4,
ff. de judiciis.* Il en est de même de la femme qui a volé son mari, *leg. si
quis uxori, in ppio, et in § 1°.;* mais suivant les docteurs, cette action
n'a lieu qu'après la solution du mariage, *leg. 1ʳ., ff. rer. amota :* même

raison de décider à l'égard du frère contre le frère, *leg.* 18, *cod. de his qui accusari non poss.* La concubine peut être coupable de vol, et poursuivie comme telle, *leg.* 17, *in ppio, ff. de act. rer. amot.*, de même que la femme, après que le divorce a été prononcé, *leg.* 3, *in ppio, ff. de rer. amot.*

Nous observerons que si l'esclave et le fils de famille avaient commis le vol par le conseil ou le secours d'autrui, l'action de larcin pourrait être alors dirigée contre la personne qui a prêté l'aide, ou qui a donné le conseil, parce qu'il est à présumer que sans elle le vol n'aurait pas eu lieu.

§ XIII. On accorde l'action de larcin à toute personne qui a intérêt à la conservation de la chose, malgré qu'elle ne lui appartienne pas : cette action même n'est accordée au propriétaire que dans le cas où il a un intérêt réel pour la conserver, *leg. cujus interfuit, leg. tum is, ff. de furt.*

§ XIV. D'où il suit que le créancier peut poursuivre, comme coupable de vol, le débiteur qui lui aurait enlevé le gage de sa créance, malgré que celui-ci fût solvable, par la raison qu'il est plus avantageux au créancier d'avoir sa sûreté sur un gage en sa possession, que sur la personne de son débiteur, *leg. plus. cautionis* 25, *ff. de reg. jur.*, avec lequel il faudrait être en contestation ; c'est pourquoi il a été établi que, quoique le débiteur fût le maître de la chose, le créancier aurait néanmoins le droit de le poursuivre par l'action de vol, s'il venait à la lui enlever, *ut sup.*, § 1°.

§ XV. Par la même raison, si un foulon a pris des étoffes à dégraisser, ou un rentrayeur des habits à rentraire, moyennant un certain prix dont on serait convenu, et que l'étoffe ou les habits vinssent à être enlevés, les poursuites, par l'action de larcin, n'appartiendraient pas au maître, mais au foulon ou au rentrayeur : la raison en est que le maître n'a point d'intérêt que son étoffe ou ses habits ne soient pas perdus, puisqu'il a l'action *locati* contre le foulon et le rentrayeur. Il en serait autrement de l'acquéreur de bonne foi à qui on aurait enlevé la chose qu'il aurait achetée ; l'action de vol lui serait accordée de la même manière qu'au créancier, soit qu'il eût pour adversaires des personnes solvables ou non, parce qu'il lui importe de ne pas perdre la possession par laquelle il peut percevoir les fruits et prescrire la chose ; au lieu que, lorsque nous avons dit que l'action était donnée au foulon et au rentrayeur, il faut l'entendre seulement dans le cas où ils sont solvables, c'est-à-dire qu'ils sont en état de payer au maître le prix des étoffes ou des habits ; car s'ils sont insolvables, le maître, ne pouvant retirer d'eux aucun dédommagement, est seul intéressé à poursuivre le larcin, parce qu'il lui importe de ne pas perdre sa chose ; ce qui s'observe quand bien même le foulon ou le rentrayeur seraient solvables pour partie.

§ XVI. Ce que nous avons dit à l'égard du foulon et du rentrayeur, s'appliquait autrefois au commodataire ; car, comme le foulon, moyennant un certain prix, s'engage à la conservation de la chose, le commodataire doit être nécessairement tenu d'y veiller et de la conserver ; c'est pourquoi, par l'ancien droit, on pouvait diriger contre lui l'action de vol, *ut leg. eum qui si res*, *ff. de furt.* Mais *Justinien*, par sa constitution au code *de fur. et serv. corrup.*, *leg. fin.*, § *itaque*, a établi quelque différence entre l'espèce du foulon et celle du commodataire ; auquel effet il a voulu que le commodant eût la liberté d'agir, ou par l'action *locati* contre celui qui aurait reçu sa chose, ou par l'action de vol contre celui qui l'aurait enlevée ; avec la condition toutefois que le choix une fois fait, il n'y pourrait plus revenir ; c'est-à-dire qu'après avoir intenté l'action de vol contre le larron, il ne lui serait plus permis d'avoir recours (1) à l'action du louage contre le commodataire, lequel serait entièrement libéré : si au contraire il avait commencé d'agir contre le commodataire, il aurait renoncé à toute action contre le larron, qui pourrait seulement être poursuivi, dans ce cas, par le commodataire (2) : ce qu'il faut cependant entendre dans le cas où le commodant savait, lorsqu'il a commencé d'agir, que la chose avait été volée ; car s'il l'ignorait, ou qu'il fût dans le doute, il pouvait, après avoir connu la vérité, se départir de l'action du louage pour agir contre le voleur : il ne peut éprouver à cet égard aucun obstacle, parce qu'il était

---

(1) Ce qui paraît contraire à la disposition de la loi dernière, au code *de novat.*, suivant laquelle il ne doit y avoir de novation qu'autant qu'il en a été fait mention expresse.

(2) Qui aura dans ce cas à son profit les dommages et intérêts, *exactam pœnam*, sans qu'il soit tenu de rien restituer au maître, *quia ubi periculum, ibi commodum, cod. de furt.*, *leg. sed cum, in fin.*

dans l'incertitude lorsqu'il a intenté l'action du louage , à moins qu'il n'eût été désintéressé par le paiement du commodataire : alors l'action appartient à ce dernier , qui est censé subrogé à tous les droits du commodant : d'où il suit qu'il est évident que, si le maître dans l'ignorance du vol de la chose , a commencé d'agir par l'action du louage , et que , venant à découvrir le larcin , il poursuive le voleur , le commodataire demeure entièrement libéré , quelque soit l'évènement de la poursuite : ce qui s'observe, que le commodataire soit solvable en tout ou en partie.

§ XVII. Il en est autrement du dépositaire qui n'est responsable que de la conservation de la chose et de ce qui pourrait y arriver par dol ou par fraude , à moins qu'il ne se soit rendu garant de la faute la plus légère ; c'est pourquoi, si la chose déposée est dérobée ; comme dans ce cas , il n'est pas tenu à la restitution en qualité de dépositaire , et qu'il lui importe peu que la chose soit conservée , il ne peut être reçu à poursuivre, par l'action de vol , le larron : cette action n'appartient qu'au maître de la chose , *leg. eum qui, § is autem, ff. de furt.*

§ XVIII. On a douté long-tems si un impubère pouvait être coupable de vol, en détournant la chose d'autrui : il a été décidé que, comme le vol ne consiste que dans la volonté qu'on a de dérober, l'impubère peut être réputé coupable, et demeurer obligé , s'il est près de la puberté (1), et qu'il ait assez d'intelligence pour connaître le mal qu'il fait.

§ XIX. Nous observerons que la peine du double ou du quadruple , qu'entraîne l'action du vol, ne tend qu'à poursuivre les dommages et intérêts , c'est-à-dire la peine du délit; car il reste encore au maître le droit de poursuivre la revendication de la chose elle-même, qu'il peut obtenir par deux actions qui concourent avec la première , c'est-à-dire avec l'action du vol : il peut encore poursuivre, ou par action réelle, *vendicando*, ou par action personnelle, *condicendo, vel condictione*

---

(1) L'on est proche de la puberté à dix ans et demi ; mais on ne peut être aussi sévèrement puni à cet âge qu'on le serait dans un âge plus avancé, *leg. excipitur*, *ff. leg. pupillum* , *ff. de reg. jur* ; ce qui est conforme à la loi des douze Tables, suivant laquelle les impubères surpris en vol manifeste, étaient tenus à réparer le dommage qu'ils avaient causé , *Cujas* et *Gellius , lib.* 11 *, chap. dernier.*

furtivâ. La première de ces actions a lieu contre tout possesseur de la chose volée, soit que le larcin ait été commis par lui, soit qu'il ait été commis par tout autre. La deuxième au contraire, c'est-à-dire *condictione furtivâ*, a lieu contre le voleur ou contre ses héritiers, quand bien même ils ne posséderaient point la chose ; car l'action tend alors à en poursuivre l'estimation ; ce qui forme une action mixte, *leg. 8, et leg. fin., ff. de cond. furt., leg. ancillae, cod. de furt. et cond. furt., leg. 2*.

CODE CIVIL.

OBSERVATIONS.

Nomb. 66. Les délits se divisent en France, de la même manière que chez les Romains, c'est-à-dire en délits publics et en délits privés.

Tout fait quelconque de l'homme, qui cause à autrui un dommage, est un délit, et oblige celui par la faute duquel il est arrivé, à dédommager le perdant, (art. 1382.)

Le larcin, à Rome, était distingué en vol manifeste et vol non-manifeste. Cette distinction n'est point admise parmi nous; dans l'un et l'autre cas, la peine est la même.

Chez les Romains, il était libre à celui à qui une chose avait été enlevée, d'en faire la perquisition, avec des témoins. En France, le domicile est sacré, et nul ne peut s'introduire dans la maison d'un autre, à l'effet d'y faire des perquisitions, s'il n'est porteur d'un mandat de la justice.

On est responsable non-seulement du dommage que l'on cause par son propre fait, mais encore du dommage causé par la négligence des personnes dont on doit répondre, ou des choses que l'on a sous sa garde, (art. 1384.)

Il suit de-là que le père et la mère, après la mort du mari, les maîtres et les commettans, les instituteurs et les artisans, sont responsables du dommage commis par leurs enfans mineurs, leurs domestiques et préposés, leurs élèves et leurs apprentis, *loc. cit.*

Il suit enfin que le propriétaire d'un animal est responsable du dommage qu'il cause. (art. 1385.)

TITRE II.

DE VI BONORUM RAPTORUM.

La seconde sorte de maléfice est la rapine; elle a lieu lorsqu'on s'empare par violence ou voie de fait de la chose d'autrui (1) : on n'est pas moins coupable de vol dans cette espèce, que dans le cas où il se pratique clandestinement; car voler, c'est prendre une chose contre la volonté du maître; et il n'est pas possible de blesser plus ouvertement sa volonté qu'en usant de violence, ce qu'on appelle avec juste raison *improbum furem*; le préteur même, pour le distinguer, établit une action particulière nommée *vi bonorum raptorum* (2); elle entraînait la peine du quadruple, si la poursuite était commencée dans l'année (3), et du simple, après ce tems expiré; c'était une action utile qui avait lieu, quoique la chose dérobée fût de peu d'importance. Nous devons observer que le quadruple n'est pas entièrement pour la peine, comme dans l'action du vol non manifeste, mais que la valeur de la chose s'y trouve comprise, afin que la peine du triple ait lieu, soit que le ravisseur ait été surpris en flagrant délit, ou non. Il paraît d'abord ridicule que la condition de celui qui use de violence soit meilleure que celle du voleur non manifeste; mais il est remarquable que la condition du voleur manifeste n'est pas moindre, puisqu'il est exposé à perdre la vie; *cum incurrit majus periculum in personâ, levius punitur in paenâ pecunialiâ, arg., leg. quis ergo, § paena gravior, ff. de his qui not. inf.*; la rapine est de plus un crime public

---

(1) Ce qui regarde en même-tems et les choses communes et les choses particulières de notre associé, *ff. de fur. , leg. si socius.*

(2) Bien entendu une année utile, *ut cod. eod. , leg. fin. et leg. res. et cod. de nox. , leg. pen.*

(3) Cette action n'empêcherait pas d'employer l'action de vol *furti.*

dont tout citoyen peut porter plainte, *arg. leg. cum qui, in ppio, in glos. probandi, ff. de jurejur.*

§ Ier. Cette action ne doit cependant être mise en usage qu'autant que la chose a été enlevée par dol ou par fraude ; car si elle avait été enlevée par l'erreur de celui qui, ignorant la disposition des lois, aurait pensé que le maître d'une chose est en droit de l'enlever, même par violence, au possesseur, il n'y aurait lieu à l'application d'aucune peine, pas même à l'action *de larcin* ; mais dans la crainte qu'un tel principe n'enhardît les ravisseurs, il fut établi par les constitutions au code *unde vi, leg. si quis*, que nul ne pourrait user de violence pour enlever un meuble ou une chose mouvante, quoiqu'il pensât qu'elle lui appartînt, sous peine d'être déchu de la propriété et de la restitution, si elle se trouvait appartenir à autrui, sans préjudice du paiement de la valeur, qui devait être fait au maître de la chose, *leg.* 3, *leg. si quis, cod. unde vi, leg.* 4, *cod. fin.* Ce qui doit s'étendre non-seulement aux choses mobilières, mais encore aux usurpations qui se font sur les fonds de terre, afin d'éteindre parmi les hommes l'esprit de rapine.

§ II. Pour que cette action ait lieu, on ne doit point examiner si la chose est dans les biens *in dominio rerum* de celui qu'on poursuit pour fait de rapine ; car peu importe qu'elle fasse ou non partie de ses biens, pourvu qu'il y ait quelque droit, comme s'il la tenait à titre de commodat, de gage et de dépôt, de manière cependant qu'il ait intérêt à ce que la chose ne soit pas enlevée, comme s'il avait promis de la garantir. Cette action a lieu aussi pour les possesseurs de bonne foi, pour les usufruitiers ou tous autres intéressés, non pas pour leur acquérir la propriété ni même le prix de la chose, mais seulement pour leur obtenir des dommages de ce qu'ils ont pu souffrir par la privation à laquelle ils ont été contraints par violence : on peut dire généralement que cette action a lieu dans tous les cas où l'on peut diriger l'action *furti*, pour les vols non manifestes, *ff. vi bon. rapt., leg. ff. et generaliter.*

OBSERVATIONS GÉNÉRALES.

Nomb. 67. Notre procédure criminelle diffère essentiellement de celle des Romains ; mais nous aurons très - peu d'observations à faire à cet égard : une conférence, quelqu'abrégée qu'elle fût, serait inutile ; le moment approche, où les Français vont adopter un nouveau Code criminel, et où cette partie de la législation qui intéresse si fort l'honneur et la vie des citoyens, va être fixée sur des bases inébranlables. Elles vont disparaître ces lois produites par l'orage révolutionnaire ! ces lois, qu'à si juste titre, on désigne sous le nom de lois de circonstances, pour faire place à des principes inspirés par l'amour de l'humanité, et marqués au coin de la sagesse !... Nous croyons donc qu'il est essentiel de prévenir ici nos lecteurs, que nous n'aurons point de remarques à faire, dans la suite de cet ouvrage, relativement à l'instruction criminelle. Le motif qui nous détermine sera senti, sans doute, et nous demeurons dispensés d'un plus grand développement.

TITRE III.

TITRE III.

DE LEGE AQUILIA.

Le tort qui nous arrive par le dommage causé aux choses qui nous appartiennent, remplit la troisième place dans la division qui se trouve au commencement du premier titre. La loi *aquilia* institua une action qui lui était propre, *actio damni injuriae*. Cette loi contenait trois parties. Par la première, il fut établi que celui qui tuerait, sans motif légitime, l'esclave d'autrui, ou un quadrupède faisant partie de son troupeau, serait tenu, envers le propriétaire, du paiement de l'esclave ou de la chose, selon le prix le plus fort qu'il aurait pu en retirer pendant le cours de l'année qui aura précédé le tems de la mort, *ff. ad leg. aquil. leg. si servum meum.*

§ Ier. Ce qui ne doit pas s'entendre précisément de toutes sortes de quadrupèdes, mais seulement de ceux qu'on nomme bestiaux; en sorte qu'on ne doit comprendre dans cette disposition, ni les bêtes sauvages, ni les chiens, mais seulement les bêtes qui paissent par troupeaux, comme les chevaux, les mulets, les ânes, les brebis, les bœufs, les chèvres et les porcs; car ces derniers sont de même compris sous le nom de bétail, par la raison qu'ils paissent aussi par troupes, *gregatìm*, *ff. de leg.* 3º., *leg. legatis servis*, § *pecoribus*, suivant qu'on le trouve dans l'Odissée, *liv.* 13, *circa finem*, et dans les Institutions d'*Ælius Martianus.*

> *Assidet hic suibus, quorum grex magnus in agris,*
> *Pascitur ad Coracis saxum, fontemque Arethusam.*

Le voyez-vous qui fait paître un grand troupeau vers le mont Corac et près de la fontaine Aréthuse ?

Nota. Les jurisconsultes distinguaient ainsi les quadrupèdes; ils nommaient les bêtes propres à un troupeau *pecudes*, et les autres *bestias;* ils nommaient qua-

On est censé tuer quelqu'un injustement, lorsque rien n'autorise à le faire, *qui nullo jure occidit*, *leg. 5*, *§ injuriam*, *hoc tit.* C'est pourquoi l'on n'est point tenu de la mort d'un voleur qu'on trouverait en embuscade, si l'on ne pouvait autrement se mettre à l'abri du danger, *leg. furem*, *ff. de sicar.*, *leg. 4*, *leg. 5*, *in ppio*, *leg. 45*, *§. 4*, *ff. hoc tit.*, *leg. 3*, *ff. de just. et jur.*

§ III. L'on n'est point tenu non plus de la mort causée par quelque évènement imprévu, pourvu qu'il n'y ait point de notre faute, *leg. si ex plagis*, *§ ult.*, *ff. hoc tit.* Car on n'est pas moins tenu par la loi *aquilia*, du dommage que l'on a causé par sa faute, que de celui que l'on a commis volontairement, *ff. de pact.*, *leg. juris gentium*, *§. pactorum*, *in glosâ.*

§ IV. C'est pourquoi si quelqu'un en s'exerçant à lancer des traits, a percé votre esclave qui passait dans ce lieu, il faut distinguer s'il y a du dol ou seulement de l'imprudence. Si c'est un soldat qui ait donné la mort à votre esclave en faisant l'exercice dans le lieu destiné à cet effet, il ne saurait être coupable, *leg. quâ actione*, *ff. si in collocatione*, *ff.*, *hoc tit.*, *leg. item si obstetrix*, *in fin.*, *ff. eod.* Si au contraire c'est une personne autre qu'un soldat, elle n'est pas exempte de faute, d'où il suit qu'elle doit être punie, par la même raison que nous avons donnée pour le soldat qui aurait lancé des traits dans un autre lieu que celui destiné à faire l'exercice.

§ V. De même, si un bucheron, après avoir coupé la branche d'un arbre, tue votre esclave, en la laissant tomber sur lui pendant qu'il passait, il faut encore distinguer si l'arbre est le long d'un grand chemin ou d'une traverse qui aboutit d'un village à un autre, et qu'il n'ait point averti par ses cris, afin de donner le tems d'éviter la chute; en ce cas, il est coupable d'imprudence (1) *leg. in lege*, *ff. ad leg. Cornel.*,

---

drupèdes celles à qui on fait porter une charge, ou qu'on attache par le col, *quæ dorso vel collo decurentur*, c'est-à-dire qui portent ou qui traînent; tous les autres animaux étaient compris sous la dénomination de *bestia*, *inst. Heineic.*, § 1086.

(1) Ce qui peut aussi se rapporter aux cochers et conducteurs de chevaux, qui n'avertissent point par leurs cris, *Balde*, *in leg. si putator*, *ff. eod.*; aux couvreurs de maisons, qui ne placent point des marques pour avertir les passans, *ponant perticas antè domos suspensas, ut transeuntes admoneantur. Angel.*

de sicar. Paulus , liv. 5 sent. eod. tit. , et leg. si putator , ff. hoc tit. Mais si le bucheron a crié à tems , et que l'esclave n'ait pas eu soin de se précautionner , le bucheron ne peut être inculpé ; ce qui aurait lieu à plus forte raison , quand bien même il n'aurait pas crié, si l'arbre qu'il coupait était loin du chemin ou dans le milieu d'un champ , parce que personne n'est en droit de se trouver dans de semblables lieux , *ut ff. eod. , leg. si putator.*

§ VI. Tout comme un chirurgien qui ayant fait quelque incision à votre esclave , abandonnerait ensuite sa cure , de manière que l'esclave vînt à mourir par l'effet de la négligence, il en serait responsable , et par-là tenu à la peine établie par la loi *aquilia, leg. 7, § 8, et leg. 8, in principio , ff. ad leg. Aquil.*

§ VII. L'impéritie est aussi comparée à la faute ; comme si votre médecin a administré de mauvais remèdes à votre esclave , ou l es lui a donnés mal-à-propos, *ff. de reg. jur. , leg impérita , ff. locat. leg si quis domum fundum , ff. de suspect. tut. , leg. tutor quoque , § fin. , leg. idem juris, ff. eod. in glos. , leg. quâ actione , in fin. , leg. illicitas , § sicuti de officio praesid. , ff. hoc tit.* Il en est autrement des avocats dont les parties perdent leur procès par la faute de ces avocats , *instit. de Ferriere, hoc tit. § 1°.*

§ VIII Si un muletier , par un effet de sa mal-adresse , ne pouvant retenir ses mulets , a tué ou estropié votre esclave , il est tenu de la loi *aquilia* ; il en serait de même si c'était par faiblesse ou infirmité , surtout si l'on prouvait qu'un muletier plus robuste aurait retenu les mulets et évité ce malheur. — On a décidé de la même manière à l'égard de celui qui conduirait un cheval dont il n'aurait pu arrêter la course , ou par mal-adresse ou faute de vigueur , *ff. eod. , leg. idem juris.*

§ IX. Ces paroles , *quanti in eo anno plurimi fuerit ,* doivent s'entendre ainsi , que si l'esclave mort était aujourd'hui borgne ou boiteux , et que dans l'année qui a précédé il n'ait eû aucune de ces infirmités , le délinquant sera condamné à vous payer l'estimation de ce qu'il aura plus-valu dans le cours de l'année , en rétrogradant à compter du jour de la mort. C'est pour cela qu'on a pensé que l'action portée

79 *

par *la loi aquilia*, était une action pénale, parce qu'on n'est pas seulement tenu du dommage causé, mais quelquefois de beaucoup plus (1); de-là vient qu'elle ne passe point contre les héritiers; ce qui aurait eu lieu si elle n'eût jamais outrepassé le juste dommage (2).

§ X. Nous observons encore que sans être esclave des termes de cette loi et en suivant l'interprétation, on est tenu non-seulement du prix de la chose qu'on a usurpée sur autrui, mais encore de tout ce que le perdant aurait pu gagner, si l'enlèvement ne lui en avait pas été fait; comme si l'on a tué votre esclave au moment où il allait accepter par votre ordre une hérédité, il est évident que le délinquant doit être tenu non-seulement du paiement de l'esclave, mais encore de tout ce que vous aviez lieu d'attendre de l'hérédité, *leg. si servum, ff. de verb. oblig., in ppio, amisisse dicimur quod aut consequi potuimus, aut erogare cogimur, ff. eod., leg. proinde si servum occidisset, et leg. si servum meum.* Il en est de même si on vous a tué une de deux mules pareilles, ou un de quatre chevaux appareillés, ou un esclave qui serait artiste; dans ce cas, le délinquant n'est pas seulement tenu de l'estimation de l'esclave ou de la bête qu'il aurait tuée, mais encore de la diminution du prix que souffrent les animaux qui restent, *ff. de act. empt. leg. si steriles, § cum per venditorem et de periculo et commod. rei vend., leg. fin.*

§ XI. Celui qui a perdu un esclave par la faute d'un autre, indépendamment des poursuites civiles qu'il est en droit de faire à raison de ses dommages et intérêts, en vertu de cette première partie de la loi

---

(1) La loi *Neratius* décide, 1°. que si l'on nie le dommage causé, et que la preuve en ait été faite par écrit ou par témoins, à cause du mensonge on doit être condamné au double de ce qui serait revenu à la personne lésée, *glos. quod eod., in leg. contra neg. autem*; 2°. si cependant le défendeur ne fait d'autre preuve que par son serment, il n'y a pas lieu à la peine du double; 3°. si le défendeur défère le serment au demandeur, et que celui-ci refuse en déclarant vouloir faire sa preuve par témoins, il y peut être admis, *glos. et Barth. in leg. eum qui, ff. de jurejur.*

(2) A moins cependant que la cause de l'héritier ne fût devenue meilleure, *nisi ex damno locupletior factus esset, leg. inde Neratius 23, § si infans, vers. hanc actionem*, parce que les crimes s'éteignant par la mort, la peine doit aussi s'éteindre, à moins que l'héritier du coupable n'eût retiré un grand avantage du délit, *qui turpe lucrum ipsis est auferendum.*

aquilia quanti fuerit in anno retrò, peut encore, en vertu de la loi *Cornelia de sicariis*, poursuivre comme coupable d'un crime capital celui qui aura commis l'homicide, *ff.*, *leg. indè Neratius*, *§ si dolo servus*, *et § sed etsi* ; car la loi *Cornelia* a lieu pour les esclaves, ainsi que pour les personnes libres, *ff. ad leg. Corn. de sicar.*, *leg. 1ª.*, *§ 1°.*; avec cette restriction cependant, que l'action criminelle ne peut avoir lieu qu'après que l'instance civile est parachevée, *ff. de pub. jud.*, *leg. 4*, *ff. vi bon. rapt.*, *leg. 1ª.*, *§ 1°.*, *et cod. quando si hoc praejud. cri.*, *leg. 1ª.*, *§ 1°.*, *et ff. vi bon. rapt.*, *leg. 2*, *§ 1°.*

§ XII. La seconde partie de la loi *aquilia* n'est point en usage, *leg. 27*, *§ 4*, *ff. hoc tit.* : elle regardait le dommage qui nous était causé sans diminution de nos biens, comme en détournant le gain que nous aurions pu faire, *Cujas* en ses *Paratitles*, au code sur ce titre ; *Pline*, *liv. 9*, *chap. 59.*

§ XIII. Par la troisième partie de la loi *aquilia*, il a été pourvu à tous les autres cas non mentionnés dans la première, ce qui a fait introduire une action pour suivre la demande et la réparation du dommage, *damni injuria lege vindicatur :* comme si quelqu'un tue un esclave, ou une bête faisant partie d'un troupeau, ou n'en faisant point partie, comme un chien, ou une bête sauvage, ou si quelque chose a été brûlée, brisée ou cassée, *leg. 27*, *§ 5*, *ff. hoc tit. bustum ruptum vel fractum,* ce qui revient au même, et ce que le terme *ruptum* aurait pu comprendre ; car il s'applique à toute chose qui a été cassée, brisée ou brûlée, et même à celles qui ont été fracassées, répandues, froissées et détériorées. Cette loi prévoit encore le cas où quelqu'un aurait mêlé au vin ou à l'huile d'autrui, quelque chose qui en aurait gâté la bonté naturelle.

§ XIV. Ainsi qu'on demeure obligé par le premier chef de la loi *aquilia*, si l'on a tué quelqu'un par dol ou par la faute la plus légère, *ut ff. eod.*, *leg. in lege aquiliâ*, *et levissima* ; de même, on est tenu du dol ou de la faute commise, dans les cas spécifiés dans le troisième chef; avec cette modification cependant, qu'on n'est obligé, concernant le dommage, qu'à raison de ce que la chose avait de plus-value les trente derniers jours, *spatium minus est in hoc capite quàm in primo ; quia in primo, gravius deliquit, et ideò gravius punitur, leg.* 27, § 4 , *ff. hoc tit.*, cette action n'emporte point infamie, *leg.* 1°. ; *ff. de his qui not. infam.*

§ XV. On n'a point ajouté à cette troisième partie de la loi , comme dans la première , le mot *plurimi ;* mais l'estimation n'en doit pas moins être faite, suivant le sentiment de *Sabinius*, comme si le mot *plurimi* s'y trouvait , parce que le peuple Romain qui fit cette loi, à la prière d'*Aquilius*, tribun du peuple , séparé des patrices et des sénateurs , pensa qu'il suffisait qu'il s'en fût expliqué dans la première partie. (1)

§ XVI. Nous observerons qu'il résulte de cette loi une action directe , toutes les fois que le dommage causé vient du corps de la personne principalement ; et toutes les fois qu'il provient de toute autre manière, il y a lieu à l'action utile. Ainsi l'action directe aurait lieu, si l'on avait enfermé l'esclave ou le troupeau d'autrui, pour le faire mourir de faim ; si l'on avait poussé un cheval avec tant de violence , qu'il fût crevé; si l'on avait épouvanté si fort un troupeau, qu'il se fût jeté dans quelque précipice. L'action utile aurait lieu , si l'on avait engagé l'esclave d'autrui à descendre dans un puits, ou à monter sur un arbre , et qu'en montant ou en descendant, il se fût tué ou blessé dangereusement.

Il y aurait lieu encore à l'action directe , si on avait jeté de dessus un pont, ou des bords d'un fleuve, l'esclave d'autrui dans l'eau , et qu'il eût été suffoqué , par la raison que c'est ici le corps qui aurait servi d'instrument, *ff. eod.* , *leg. quâ actione* , § *penult.* ; mais si le corps n'a point eu de part dans le délit, et qu'il existe cependant un dommage , dans ce cas, ni l'action directe, ni l'action utile n'auront lieu (2) ; on

---

(1) Ce qu'on dit au commencement est censé répété et devoir être compris dans la suite d'un même écrit , *quae in praefationibus dicuntur, in contractibus repetita esse creduntur, ff. de verb. oblig.* , *leg. Titia* , § *idem respondit, et leg. qui sic.* , *ff. de reb. dub.* , *leg. fin.* , *cod. familiae ercisc.* , *leg. quotiens* , *ff. de cond. instit.* , *leg. cùm servus*, *ff. de act. empt.* , *leg. si venditor hominis* , *ff. de contrah. empt.* , *leg. qui fundum de leg.* 3°. , *leg. in repetendis de cond. et dem. leg. avia* , et *leg. libertis* , *ff. de leg.* 2°. , *leg. Latinus* , *ff. de fund. instr.* , *leg. 3ª.* , et *leg. Sejœ* , § *Caio* , *ff. de pac. do.* , *leg. cùm pater* ; à moins que la répétition tacite ne favorisât le vice, *nisi repetitio inducat vitium* , *ff. de an. leg.* , *leg. Sejo* , § *fin.* , *ff. de fideic. lib.* , *leg. fin.* , § *fin. in glos. fin.* , *ff. de haered. instituend.* , *leg. item quod Sabinius.*

(2) L'action directe regarde le maître ; l'utile regarde le maître et l'usufruitier, ou l'usager de la chose , *leg. item nulla* , § *ult.* , et *leg. seq.* , *ff. hoc tit.*

pourra seulement employer l'action subsidiaire, *in factum* (1), *leg. quâ
actione, § proindè, leg. si servum, in fin., leg. boves, ff. hoc tit.* Cette
action est établie pour les cas qui ne sont point compris dans la loi
aquilia : comme si quelqu'un, touché d'une indiscrète compassion,
avait brisé les liens d'un esclave (2), et lui avait donné les moyens de
s'enfuir, *quia qui damni occasionem dat, damnum dedisse videtur,
leg. qui accedit* 30, *§ pen., ff. hoc tit.* (3)

OBSERVATION.

Nomb. 68. Nous n'avons point d'observations à faire sur ce titre ; la
matière qu'il contient appartient en entier aux Codes criminels et cor-
rectionnels qui n'ont pas encore été décrétés.

---

(1) L'action *in factum* concourt pour les mêmes effets avec l'action *utile*, *aquilius argu-
mento, leg.* 9, § 2, *ff. eod.* ; elle ne diffère qu'en ce que l'action utile était établie pour les
cas prévus par la loi *aquilia*, et l'action *in factum* venait seulement au secours des parties,
dans les cas où l'esprit ni les paroles de la loi *aquilia* ne pouvaient s'appliquer, *ff. eod.*,
leg. si servum, § fin. ; c'est pourquoi on la nommait *subsidiaire*; on la distinguait de l'action
utile, parce que suivant le droit romain, tout dépendait de la manière de proposer les
actions : l'action *aquilienne* et l'action *in factum*, avaient chacune des formules différentes :
cette dernière fut introduite par le préteur, d'où on pouvait l'appeler *actio in factum sub-
sidiaria et prætoria, ut ff. de prescrip. verb., leg. quia actionem, et in rubricâ, et inf.
de interd., § fin.*

(2) Si la compassion n'en était pas le vrai motif, il y aurait lieu à l'action *de vol, ff. de
dolo, leg. et eleganter, § idem labeo, ff. depo., leg. si hominem, in ppio.*

(3) Ce qui doit s'entendre d'une occasion prochaine, et non d'une occasion éloignée,
vide la Glose, in capite, sicut nobis est de testibus, qui distingue si le fait qui a donné lieu
au dommage était permis ou défendu.

TITRE IV.

DE INJURIIS.

La quatrième sorte de maléfice est l'injure : à la prendre dans un sens général, c'est toute chose qu'on fait contre le droit : à la prendre dans un sens spécial, on peut lui donner quatre significations, comme mépris; outrage, *contumelia*; faute, *culpa*, *ut in leg. aquiliâ damnum injuriae datum*; iniquité, *injustice*, comme lorsque le préteur décide contre les règles du droit, et fait ainsi du tort à la partie, *injuriam facit, ut ff. de dam. infect., leg. Proculus :* un juge commet une iniquité, lorsqu'il prononce contre l'équité; et il commet une injustice, lorsqu'il prononce contre la rigueur du droit, *leg.* 1ª., *leg. nec magistratibus , ff. hoc tit., leg. penult., ff. de just. et jur.*

§ Iᵉʳ. L'injure, dans le sens qu'elle doit être entendue, est donc *quodvis dictum vel factum ad alium in jus contumeliam dolo malo directum;* elle a lieu non-seulement lorsque quelqu'un a reçu des coups, mais encore lorsqu'il a été outragé par paroles, *leg. item apud Labeonem , § si quis, ff. hoc tit.*; comme si on avait fait saisir les biens d'un homme qui n'aurait point contracté d'obligation , à la réquisition de celui qu'il savait bien n'être pas créancier; ou si, méchamment, on avait composé et publié quelque mémoire dans le dessein de diffamer quelqu'un, ou qu'on eût induit par promesse, séduction ou autrement, un auteur à faire des vers malicieux contre lui ; ou si on avait voulu corrompre une honnête mère de famille, une jeune fille ou un jeune garçon en pertexte (1), ou enfin si, de toute autre manière, on avait fait injure à quelqu'un.

----

(1) C'était une sorte de tunique qui distinguait les enfans des patriciens, d'avec ceux des plébéïens.

§ II.

§ II. Non-seulement nous pouvons être outragés par l'injure qu'on nous fait, mais encore par celle que l'on fait aux enfans qui sont en notre puissance, et à notre épouse; c'est pourquoi si une injure a été faite à la fille de *Sejus*, mariée avec *Titius*, non-seulement elle pourrait poursuivre, mais encore le père et le mari, *leg.* 1ʳᵉ., § *item*, *leg. pater*, *ff. hoc tit.*, *leg.* 2, *cod. eod.* Il n'en est pas de même de la femme, qui n'est pas en droit de poursuivre l'injure faite à son mari; car il est de règle que le mari est le protecteur de sa femme, et qu'ainsi il ne peut être défendu par elle : l'injure faite à la bru peut être poursuivie par le beau - père, lorsqu'il a son fils sous sa puissance : dans ce cas, le mari et le père de la bru peuvent aussi poursuivre l'injure, *ut leg.* 1ʳᵉ., § 2º., *ff. hoc tit.*

§ III. Suivant le droit civil, les esclaves ne sont point censés recevoir d'injures, *quia pro nullis habentur*; mais l'injure qu'on leur fait est censée rejaillir sur le maître, non pas de la même manière que celle faite à nos femmes et à nos enfans; car le maître n'est outragé par l'injure faite à son esclave, qu'autant qu'elle est très-considérable, et qu'elle tourne ouvertement au plus sanglant mépris pour lui, comme si l'esclave a été excédé de coups; mais s'il n'a reçu qu'un coup léger ou une légère insulte, ce ne serait pas un fondement pour donner lieu au maître de faire des poursuites.

§ IV. Si l'esclave grièvement outragé était commun à deux maîtres, l'appréciation de l'injure ne se ferait pas suivant la part de chacun sur l'esclave, mais suivant la qualité et la dignité des personnes qui sont censées recevoir l'injure.

§ V. Si l'injure est faite à un esclave dont *Titius* a l'usufruit, et *Mœvius* la propriété, *Titius* ne doit pas être considéré comme l'offensé, mais bien *Mœvius*, à moins que l'injure n'eût été faite directement à l'usufruitier, *ut ff. eod.*, *leg.* 15, § 47, *si usumfructum, et sequenti*, *in fin.*

§ VI. Si cependant l'injure avait été faite à un homme libre, que vous possédiez dans la croyance qu'il était votre esclave, vous n'auriez point d'action pour poursuivre le délinquant : mais l'homme libre pourrait poursuivre en son nom, à moins cependant qu'on ne l'eût maltraité, que pour vous faire un affront ; auquel cas vous auriez l'action de l'injure à intenter. Cette règle s'étend à l'esclave d'autrui, qui vous servirait de bonne foi.

§ VII. Le talion avait été établi par la loi des douze tables pour la peine des injures ; en sorte que pour un membre cassé, on était condamné à la même peine, *leg.* 3, *cod. Theod.*, *de exhib. reis*, *et leg. hi quor.*, *cod. Theod. de accusat.* ; mais pour les meurtrissures, on avait établi des peines pécuniaires, à cause de la rareté des espèces chez les anciens : c'est pour cela qu'on avait été obligé, dans le cas d'un membre cassé, d'introduire la peine du talion, au lieu de la peine pécuniaire. Les préteurs dans la suite permirent de mettre un prix à l'injure, et de poursuivre le coupable par fin civile, en laissant au juge la liberté de modérer le prix, s'il était trop élevé, *leg. videamus*, § *fin.*, *leg. in act.*, *ff. de in litem jurand.*, *leg. filiumfam.*, *ff. ad leg. Jul. de adulter.* ; ce qui fit perdre l'usage de la peine des injures établie par la loi des douze tables, et mit en vigueur celle que les préteurs avaient introduite qu'on appelle *honoraire*, avec cette restriction cependant que l'appréciation de l'injure augmente et diminue selon la dignité et la qualité de la personne outragée : ce qui s'observe de la même manière dans la condamnation des esclaves ; car il y a de la différence entre un esclave, agent de son maître, et celui qu'on a commis aux plus vils emplois.

§ VIII. Indépendamment des peines contre les injures, introduites par les préteurs, *Cornelius Sylla*, premier préfet, *ff. de accus.*, *leg. hos accusare*, *in fin. leg.*, introduisit dans trois cas une action pour poursuivre les délinquans ; par exemple, 1º. si l'on avait été battu ou poussé, *pulsatum sine dolore* ; 2º. si l'on avait été frappé, *verberatum cum dolore*, *ff. eod.*, *leg,* 5, *lex Cornelia*, § 1 ; 3º. si l'on s'était introduit par violence dans votre maison, *leg. plerique*, *ff. de in jus vocando* : par votre maison, on entend le lieu de votre habitation ; que vous y soyez locataire, usufruitier, usager ou propriétaire, *ut ff. de his qui effuder. vel dejecer.*, *leg.* 1ª., § 9.

§ IX. La qualité du fait, du lieu ou de la personne, peut ajouter à l'atrocité de l'injure, encore plus que l'appréciation de la chose, *ff.*

de incend., ruin., naufrag., leg. pedius, § 1°.; du fait *rei,* comme si quelqu'un a été blessé ou battu; du lieu, comme si l'injure a été faite en
public, sur un théâtre, dans une place publique, ou en présence du
préteur ou autre magistrat; de la personne, comme si un magistrat ou
un sénateur a reçu quelque outrage de la part d'une personne de
basse condition, *cod., leg.* 7, *de incest. nupt.,* ou qu'il ait été fait
insulte à un père ou à un patron par ses enfans ou affranchis, *leg. praetor.,*
§ *ult., et leg. seq., ff., leg.* 4 *ead. hoc tit.* Néanmoins, on fait une
différence entre l'injure reçue par un sénateur, un père, un patron,
et celle reçue par un esclave ou autre personne de basse condition : quelquefois la largeur ou profondeur de la plaie, et l'endroit du
corps où elle a été faite, ajoute aussi à l'atrocité de l'injure, *ut leg.*
8, *ff. hoc tit.,* comme si l'on a été frappé dans l'œil; il importe
peu que celui à qui une pareille injure a été faite, soit père de famille
ou fils de famille, elle n'en est pas moins appréciée comme injure atroce
et punie comme telle.

§ X. On peut poursuivre toute injure, soit atroce, soit légère, crimi-
nellement ou civilement; mais après avoir eu recours à l'une de ces deux
actions, on ne peut recourir à l'autre(1), *leg.* 6. *quod senat.-cons., in fin.,*
et leg. 7, § 1°. *ff. hoc tit.* Dans le cas où l'on agit par l'action civile, l'appréciation de l'injure faite, le coupable est condamné à une peine pécuniaire, *leg. constitut. ff hoc tit. leg.* 375, § 1°. *ff. hoc tit.* ; si l'on agit au
contraire par action criminelle, le juge d'office peut condamner le coupable à une peine extraordinaire, comme à la mort, ou à la perte de
son état, *leg. qui injuriarum, leg ult., ff. hoc tit.* S'il est porté quelque
peine pécuniaire, ce n'est pas en faveur du plaignant qu'elle est prononcée, c'est en faveur du fisc, *ut ff. eod. leg. fin.,* ce qui doit avoir lieu
conformément à ce qui est prescrit par l'empereur Zenon, au *cod. hoc tit.*

---

(1) Il y a cette différence entre les actions dont nous venons de parler, que celle donnée
par le préteur se prescrit par un an, *leg.* 5, *cod. de injuriis* ; celle donnée par la loi *Cornelia* ne se prescrit que par trente ans, et l'action criminelle par vingt ans, *leg.* 49, *ff. de
procur.,* § 1°., *leg.* 3, *cod. de praescript.* 3o vel 4o *ann., leg.* 12, *cod. ad leg.
Cornel.*

leg. fin., pour ce qui regarde les personnes illustres (1), et autres d'un degré plus éminent encore , c'est-à-dire, en leur laissant la faculté de poursuivre l'action d'injures, tant activement que passivement par procureur, *et nov.* 71. *chap.*, tandis que les autres personnes qui ne jouissent que du droit commun sont obligées de comparaître elles-mêmes , ainsi qu'il est facile de s'en convaincre par la lecture de la susdite ordonnance ; *et leg. quiscumque , cod. de procurat.*

§ XI. Celui qui a fait l'injure , c'est-à-dire qui a porté les coups , n'est pas quelquefois le seul coupable ; mais celui-là l'est aussi , qui a contribué ou participé par *dol* ou autrement à l'injure , comme s'il a procuré le moyen ou fourni l'occasion de faire du mal à quelqu'un.

§ XII. L'action d'injures peut s'éteindre de plusieurs manières (2), comme par le pact simple, ou ce qu'on appelle rémission de dette , *nudo pacto , ipso jure, ff. de pactis , leg. si tibi, § quaedam actiones, et leg.* 11 , § 1 , *leg.* 17 , § 1. *ff. hoc tit.* Aussi présume-t-on que l'injure est remise par le plaignant, s'il n'a point commencé de poursuites, qu'il ait au contraire gardé le silence et s'il n'a témoigné aucun ressentiment ; car il ne lui est plus libre alors de faire revivre cette action : si cependant le plaignant demeure et paraît irrité, quoiqu'il n'ait pas dirigé son action , l'injure n'est pas censée remise , *ff. de adimend. vel transfer. legat.*, *leg.* 3 , § *ultim.*, *leg.* 31 , § 2.

OBSERVATION.

Nomb. 69. Toute injure parmi nous, donne lieu à une poursuite cor-

---

(1) Les personnes illustres sont celles qui le sont de nom seulement, c'est-à-dire par leurs aïeux, et qui n'ont point de dignité ; les *super*-illustres, sont ceux qui ont une dignité, *nov.* 71 , *ut ab illustri, et qui super eos.*

(2) Elle ne passe point aux héritiers, à moins qu'il n'y eût eu contestation en cause faite par le défunt ou contre le défunt, *leg. si cum , § qui injuriarum , ff. si quis cautionibus, leg.* 2ª. , § *emancip. de collat. bon.*

rectionnelle, et à une peine plus ou moins forte, selon sa gravité ; ce
qui doit s'entendre, cependant, d'une injure seulement ; car en France,
on nomme crime, ce qu'à Rome, on nommait injure atroce : dans ce
dernier cas, il y a lieu à la poursuite criminelle.

TITRE V.

DE OBLIGATIONIBUS QUAE QUASI EX DELICTO NASCUNTUR.

Ainsi qu'on peut se rendre coupable par un délit volontaire, on peut le devenir par un délit involontaire, ce qu'on appelle *quasi-délit*.

On est ainsi coupable toutes les fois qu'on nuit à quelqu'un sans en avoir la volonté ; comme lorsqu'un juge , par imprudence ou impéritie, prononce contre la justice, il est alors censé avoir fait de la contestation sa propre affaire , c'est-à-dire, s'être exposé à être pris à partie , pour se voir condamner à réparer le préjudice qu'il a causé, *leg.* 2, *cod. quor. appell. non recip.*; car il a formé une sorte de quasi-contrat avec la société en acceptant la magistrature, par lequel il s'est obligé à juger selon la justice, ou à indemniser les parties. Nous avons dit que cette faute se nommait quasi-délit , par la raison qu'on ne peut la qualifier ni de délit, ni de contrat, ni de quasi-contrat ; car ces obligations prennent leur source dans la volonté des personnes , au lieu que la volonté n'a aucune part dans les quasi-délits. Celui qui se trouve lésé par quelque jugement, a recours au juge supérieur, qui condamne , s'il y a lieu, le premier juge à satisfaire à une peine qu'il proportionne à l'importance de l'erreur; car autre chose est d'errer sur des choses communes et certaines , et autre chose d'errer sur des choses occultes , ou auxquelles on peut donner plusieurs interprétations , *licet illa non sit communis , ut Bart. in leg. cum prol. in fin., ff. de re jud.*

Dans le cas où la loi serait obscure, il y aurait lieu à l'appel seulement, *ut Bart. in leg.* 4, *§. hoc autem judicium, in fin., ff. de damn. inf.*

La prise à partie contre le juge serait bien différente , s'il y avait du dol de sa part, comme si c'était par intérêt, par faveur, ou par inimitié, qu'il eût jugé ; il peut alors être déclaré infâme, et condamné à un entier dédommagement , *ut leg. penult. et ult. , cod. de pœn. jud. qui malè jud. , et leg.* 15 *filiusfamiliás, §.* 1°. , *ff. de judic.*

§. Iᵉʳ. Pareillement demeure obligé par un quasi-délit, celui qui habite une maison en qualité de locataire, de propriétaire ou d'usufruitier, si l'on jette de sa fenêtre quelque chose dont un autre serait préjudicié, et cela quoique la faute ne paraisse pas lui être propre, comme si le fait provenait de ses enfans, de sa femme ou domestiques (1). On doit encore considérer comme quasi-délit le cas où il aurait été suspendu au-dessus d'un lieu de passage quelque chose qui, venant à tomber, aurait pu causer un dommage à un autre. Il y a plusieurs peines établies pour ces sortes de quasi-délits. Celui-ci, par exemple, est puni d'une amende de dix écus d'or, *ut ff. de his qui dejec. vel effud., leg. si verò, §. prætor, §. fin.* L'action s'étend au double du dommage causé, s'il a été jeté ou répandu quelque chose ; elle passe même après un an à l'héritier, mais non pas contre l'héritier, *ut ff. de his qui dejec. vel effud., leg. si verò, §. hæc autem actio, cod. ex delict. def. in quant. hæred. teneant.* Si un homme libre a été tué, l'estimation en est fixée à 50 écus d'or. (2). Cette action ne passe ni à l'héritier, ni contre l'héritier, *ff. de his qui dejec. vel effud., leg. si verò, §. quæ autem.* Si cependant l'homme libre n'a reçu qu'une blessure dangereuse, il lui est accordé une action perpétuelle, afin d'obtenir contre le coupable un dédommagement qui doit être fixé par le juge, dans lequel doit être compris l'honoraire du médecin et les autres frais occasionnés par la maladie : il est même équitable que le juge comprenne dans l'état des dommages, les gains qu'aurait pu faire la personne blessée, si elle n'eût été mise hors d'état de vaquer à ses occupations ordinaires, *leg. ult., ff. de his qui dejec. vel effud.*

§. II. Un fils de famille qui vivrait séparé de son père, et qui se trouverait par occasion dans sa maison, si on jetait quelque chose de son appartement, ou qu'on suspendît quelque chose qui, en tombant, pourrait produire quelque évènement fâcheux, serait seul tenu du dommage, et selon que l'a décidé le jurisconsulte *Julien*, on n'aurait aucun recours contre le père, pas même à

---

(1) Nous croyons qu'un père n'est tenu du fait de ses enfans ou de sa femme, qu'autant qu'il les a employés à quelque chose qui les exposait à nuire à quelqu'un : il en est autrement pour la faute de ses domestiques, parce qu'il est coupable lui-même en les gardant à son service, lorsqu'ils sont mal-adroits ou imprudens.

(2) Ces cinquante écus d'or ne sont point une estimation ; ils sont véritablement une peine, parce que le corps d'un homme libre est inappréciable, *ff. ad leg. Rhod. de jac., leg. 2, §. 2.*

raison du pécule qu'il aurait du fils, *ut de his qui dejec. et effud.*, *leg.* 1ª.; §. 7, *leg. peculium autem*, §. *sive autem*. On pourrait alors agir contre le fils de la même manière qu'on pourrait agir contre le fils de famille, revêtu de la magistrature, et qui, dans ses jugemens, se serait exposé à être pris à partie.

§. III. On met aussi au nombre des quasi-délits, les cas où le maître d'un navire, d'un cabaret, ou d'une hôtellerie, est tenu des vols ou dommages qui peuvent y arriver, quoiqu'il ne soit en rien coupable, et que le vol soit l'ouvrage de ceux qu'il a à son service, ou qu'il a logés chez lui. Cependant, malgré qu'il n'ait contracté d'aucune manière, ni commis de délits, il en est en quelque sorte coupable, puisqu'il a employé ou logé des gens peu fidèles, *ff. ad leg. Aquilian.*, *leg. si servus servum*, §. *Proculus, et ff. fur. ad naut. caup.*, *leg.* 1ª., §. *per.*, *leg.* 5, §. *ult*, *ff. de oblig. et act.*, ce qui forme un quasi-délit par lequel il se trouve engagé, sauf son recours, *arg.*, *leg. si colonus*, *ff. de aq. pluv. arcend.*, et *leg. si vero*, §. *cum autem*, *ff. de his qui dejec. vel effud.*

§. IV. Dans tous ces cas, on peut poursuivre par l'action qu'on appelle *in factum*; elle passe à l'héritier de celui qui a souffert le dommage, sans qu'elle puisse avoir lieu contre l'héritier de celui qui en est tenu, *ut ff. de jud.*, *leg. Julianus autem*, et *ff.*, *leg. fin.*, §. *hæc judicia*. Il y a cette différence entre l'action qui naît du délit et du quasi-délit, 1°. que pour le délit, s'il y a plusieurs coupables, ils sont tous solidaires; ce qui n'a point lieu pour le quasi-délit, *cod. de cond. fur.*, *leg.* 1ª., *ff. nau. cau. stab.*, *leg. et leg. fin.*, §. *si plures*; 2°. que, dans le délit, les actions ne se cèdent point, tandis qu'elles sont cessibles pour les quasi-délits, *ff. nau. caup. stab.*, *leg. licet*, §. *possumus*. Au surplus, les actions pénales ne passent point contre les héritiers, *leg.* 16, *ff. de jud.*, *leg.* 35 *de oblig. et act.*

CODE CIVIL.

OBSERVATIONS.

NOMB. 70. *Vide* ce que nous avons dit à la fin du titre 1ᵉʳ. de ce livre, nombre 66, relativement aux délits et aux quasi-délits. Le code civil, en s'écartant de l'ordre des Institutes, a réuni dans un même chapitre les délits et les quasi-délits; il n'établit même de différence entre eux, que l'un est volontaire, et que l'autre ne dépend nullement de la volonté.

TITRE VI.

TITRE VI.

DE ACTIONIBUS.

NOUS avons parlé jusqu'ici des obligations produites par les personnes et par les choses ; nous parlerons maintenant des actions qui en dérivent, et qui forment la troisième partie du droit civil, *ut sup. de jur. nat.*, *§. fin.*

L'action est définie, le droit de poursuivre en jugement ce qui nous est dû, *leg. nihil aliud, ff. de oblig. et act.*

§. Ier. Pour toutes les actions qu'on défère, soit aux juges principaux, soit à des juges délégués ou arbitres, et sur toutes sortes de matières, il existe une division qui les distingue en deux espèces ; savoir, en actions réelles et en actions personnelles, *aut in rem, aut in personam ;* car l'on agit ou contre celui qui est obligé par contrat ou par délit, à nous donner ou à faire quelque chose, ce qui produit les actions personnelles ; ou contre celui qui n'est pas obligé envers nous, et à qui nous demandons cependant quelque droit ou autre chose, ce qui produit les actions réelles. Comme si quelqu'un possède une chose corporelle que *Titius* déclare lui appartenir, et dont il a effectivement la propriété ; si *Titius* poursuit son adversaire, en soutenant que la chose corporelle est à lui, voilà une action réelle qu'on appelle *vindicatio, ut dictâ leg. actionem ;* elle n'a lieu que contre celui qui possède, ou qui a cessé de posséder par dol, *leg. actionem, leg. sin autem, §. sed et si, leg. qui petit., ff. de obl. et act., leg. qui dolo, ff. de reg. jur.*

§ II. On met aussi au nombre des actions réelles le droit que nous avons à raison des choses incorporelles, *sed etiam de iis quæ in jure consistunt ;* comme si quelqu'un prétend avoir un droit d'usufruit ou d'usage (1) sur un fonds ou sur une maison, ou bien le droit de passage avec charrettes ou

---

(1) Nous remarquerons cependant que l'usage et l'usufruit sont des servitudes personnelles, *ff. de servit.*, *leg.* 1^a.

Tome II.   8

chevaux sur l'héritage d'autrui ; c'est ce qui regarde les servitudes des maisons sises à la ville ou à la campagne, indifféremment ; comme si quelqu'un prétend élever sa maison plus haut que celle de son voisin, avoir un droit de vue sur sa cour, le droit de faire des saillies, ou d'appuyer sur la maison voisine ; toutes ces actions se nomment *concessoires*. On connaît encore les actions *négatoires* qui leur sont opposées, comme si l'on prétend que le voisin n'a pas un droit de passage sur notre fonds ou un droit de vue sur nos propriétés, qu'il ne peut pratiquer dans notre héritage aucun aqueduc ; cette opposition d'actions affirmatives et négatives ne peut avoir lieu ; car pour ce qui regarde les choses corporelles, le possesseur n'a point d'action, le dépossédé a seul le droit de soutenir que la chose est sa propriété. Il est cependant un cas où le possesseur peut être considéré comme demandeur, comme il est facile de le voir au digeste, où ces matières sont plus amplement traitées, *ut ff. jud.*, *leg. in tribus*, *vel ff. de except.*, *leg.* 1ª.

§ III. Toutes ces actions prennent leur source dans le droit civil et légitime, qui comprend cinq branches, qu'on appelle *lois, sénatus-consultes, plébiscites, édits des princes ; et réponses des prudens, ut ff. de just. et jur.*, *leg. jus autem civile, et de origine jur.*, *leg.*, 2ª. § *novissimè :* outre les actions introduites par le droit civil, il en est encore d'autres introduites par l'autorité du préteur, soit réelles, soit personnelles, que nous ferons connaître par des exemples.

Les actions civiles se nomment *directes*, les actions prétoriennes se nomment *utiles*, *leg. actiones, ff. de obl. et act.*

L'action réelle introduite par le préteur a lieu, soit que le demandeur prétende qu'il a acquis par l'usucapion ce qu'il n'a pu acquérir de cette manière, soit que le défendeur prétende au contraire que son contradicteur n'a pas acquis par l'usucapion, ce qui véritablement est passé par ce moyen dans son patrimoine.

§. IV. Par exemple, si une personne avait fait à une autre la tradition d'une chose en vertu d'un juste titre, comme en vertu d'un contrat d'achat, de donation, de legs, de dot, et que celle-ci n'en soit pas encore devenue propriétaire, si elle vient à en perdre la possession par quelqu'évènement, elle se trouve dépourvue de toute action pour la recouvrer ; elle ne peut avoir recours à l'action directe civile, par la raison que le droit civil ne produit des actions que pour revendiquer les choses dont nous avons réellement la propriété; mais, comme il était souverainement injuste qu'on fût dans ce cas privé de toute action, le préteur, toujours guidé par l'équité, en introduit une par laquelle on pouvait poursuivre la possession d'une chose qu'on avait perdue, en prétextant qu'on l'avait acquise par l'usucapion, quoique cependant l'acquisition ne fût pas complète, *quia aequitatis jus intellectu fingitur usucepisse.* Cette action se nomme *publicienne*, parce que ce fut le préteur *Publicius* qui le premier l'inséra dans son édit.

§ V. Le préteur accorde encore cette action dans le sens contraire, c'est-à-dire, lorsqu'on soutient que la chose que *Titius* prétend avoir acquise par l'usucapion, n'est point passée dans son patrimoine; comme si quelqu'un étant absent pour les affaires de la république, ou captif chez les ennemis, avait acquis par usucapion pendant son absence, par ses enfans ou par ses esclaves, *in re peculiari, ut ff. ex quib. caus. maj., leg. item aït prœtor, § hœc autem, leg. denique, leg. aït prœtor, § hi plane, ff. de usucap., leg. justo, § fin.*, une chose qui appartiendrait à quelqu'un qui ne serait pas absent; il est permis alors au propriétaire de poursuivre ce possesseur lorsqu'il a cessé d'être absent, en réclamant sa chose dans l'an (1), de la même manière que si l'usucapion était cassée; en sorte qu'il a la faculté de dire au possesseur que la propriété n'est pas valablement acquise par l'usucapion, et que par conséquent il reste encore propriétaire, *leg.* 1ª., *ff. ex quibus caus. maj.;* cette action se nomme *rescisoire*, parce que le préteur rescindant l'usucapion, restitue en entier le propriétaire, *leg. nec non, ff. ex quib. caus., leg. nullo, cod. de rei vind., leg. ab hostibus, cod. depost. revers.* Cette action est encore accordée par le préteur à quelques autres personnes, ainsi qu'il sera facile de le voir au digeste où les matières sont plus amplement traitées, *ut ff. ex quib. caus., leg.* 1ª., *et leg. sed etsi per prœtorem., in fin., et leg. seq.*

---

(1) L'an est composé de 365 jours, *ut ff. de statu liberis, leg. cum bona, § Stichus;* mais il faut entendre ceci d'une année utile, c'est-à-dire qu'il n'ait été empêché d'agir ni par le possesseur, ni par le juge, ni par les affaires dont il était chargé par l'état, *ut ff. de divers. et temp. praesc., leg.* 1ª. *Julien* a étendu cette prescription à quatre ans continus, voulant même qu'ils ne commençassent à courir pour les mineurs et pour les absens, que du jour de la majorité ou du retour.

§ VI. A l'exemple de l'action rescisoire, on introduisit les actions paulienne, favienne et calvisienne, qu'on appelle *personnelles*, ou pour mieux dire *mixtes*, et qui sont aussi révocatoires; nous les appellons *personnelles* ou *mixtes*, parce qu'il dépend de ceux contre qui l'action en récision est intentée, de satisfaire les créanciers ou les ayant-droit, et de garder la chose, *leg. evictus*, *ff. evic.*, et *leg.* 5., *prior*, *ff. liv.* 8, *tit.* 27, *qui potiores in pig.* L'action paulienne (1) est en faveur des créanciers, en fraude desquels un débiteur aurait transporté en d'autres mains une partie des biens, dont il avait déjà obtenu la possession par sentence du gouverneur de la province ou du juge, faute de paiement; les créanciers sont alors dans le droit de faire rescinder l'aliénation et de revendiquer leur chose, par la raison qu'il n'a pas pu en être fait de tradition valable, et que toujours elle est censée avoir resté au nombre des biens de leur débiteur, *leg. pen.*, *cod. de revocand. his quæ in fraud. cred.*, *leg.* 38, § *in faviana*, *ff. de usur.*; elle se dirige contre tous les possesseurs et leurs héritiers, soit qu'ils aient connaissance de la fraude ou qu'ils l'ignorent; cette action paulienne a lieu aussi pour les mauvaises gestions faites en fraude des créanciers, *leg.* 1ª., *ff. quæ in fraud. cred.* Les actions calvisienne et favienne ont été introduites en faveur des patrons pour faire rescinder les ventes faites en leur fraude par leurs affranchis, c'est-à-dire, pour les frustrer dans les droits qu'ils ont à prétendre sur leur succession, *leg.* 1ª. *in ppio*, et § 11, 12, 26, et *ult.*, *leg.* 3, *ff. si quis in fraud. patron.*

L'action paulienne et les actions calvisienne et favienne diffèrent, parce que si dans celle-là les créanciers peuvent prouver que l'acquéreur fut instruit de la fraude du débiteur, ils peuvent le déposséder sans rendre le prix, en l'obligeant même à la restitution des fruits perçus ou qu'on a à percevoir, *leg.* 1ª., § 2°, *quæ in fraud. cred.*, à moins qu'il n'y en ait de reste pour satisfaire les créanciers, *leg.* 8, *ff. quæ in fraud. cred.*; au lieu que dans les actions calvisienne et favienne, le patron est tenu de payer le prix, s'il veut avoir les

---

(1) Quoique les actions personnelles ou mixtes ne puissent être poursuivies que contre ceux avec qui on a fait des affaires, *ut leg.* 25, *in ppio*, *ff. de oblig. et act.*, il en est pourtant qu'on peut poursuivre contre des tiers-possesseurs, telles que l'action paulienne, l'action *quod metûs causâ*, les actions noxales, *ad exhibendum*, et autres.

biens aliénés. La faveur des créanciers refusée aux patrons, vient de ce que les créanciers, *certant de damno vitando,* au lieu que les patrons, *certant de lucro captando;* les actions calvisienne et favienne passent aux héritiers du patron contre tous possesseurs et héritiers du possesseur, *leg.* 1ª., *§* 11, 12, 26, *et ult., ff. si quis in fraud. patron.;* ces actions tirent leur nom de ceux qui les ont introduites.

§ VII. Outre les actions réelles prétoriennes dont nous venons de parler, il reste encore celle qu'on appelle *serviana, et quasi-serviana,* ou *hypothécaire,* qui regardent aussi la jurisdiction du préteur. Nous observerons en premier lieu que, suivant le droit romain, les meubles pouvaient être hypothéqués comme les immeubles, *leg. cùm tabernam, ff. de pignor.* L'action servienne était donnée au maître d'un fonds pour répéter les choses mobilières qui lui avaient été hypothéquées par son fermier pour lui garantir le prix du bail. L'action *quasi*-servienne était donnée aux créanciers qui poursuivaient leurs gages ou leurs hypothèques. Ces deux actions, lorsqu'elles avaient lieu, ne différaient en rien quant à l'effet : l'une et l'autre renfermaient le droit de faire accomplir les conventions faites expressément.

§ VIII. Outre les actions réelles, le préteur donne encore des actions personnelles qui proviennent de sa jurisdiction, comme, par exemple, celle du pacte, qu'on appelle *pecunia constituta, ut ff. de pecu. const. leg.* 1ª. *in ppio,* qu'on assimilait à l'action qu'on appelait *receptice,* introduite seulement entre les banquiers et échangeurs chez qui on était dans l'usage de déposer des fonds et autres objets pour en retirer un intérêt; ils promettaient par ce pacte de rembourser en un certain jour, *leg.* 2ª. *cod. de const. pecu., leg., § rationem, ff. de edend., leg. quod privilegium, ff. deposit., leg. si res de administ. tut.* Ce pacte *constit. pecu.* n'avait lieu que pour les choses fongibles, *id est,* qui consistent en poids, nombre et mesure, au lieu que l'action *receptice* avait lieu aussi pour les choses non fongibles, *ut cod. de pec. const., leg.* 2ª.; mais *Justinien,* par sa constitution au code *de const. pec., leg.* 2ª., voyant qu'il était inutile de laisser exister deux actions qui produisaient le même effet, ajouta tacitement *entre le débiteur et le créancier;* elles diffèrent cependant d'un autre côté, parce que, par gage, on entend une chose dont la tradition a été faite au créancier; d'où il suit qu'il ne peut consister qu'en une chose mobilière, au lieu que l'hypothèque s'étend aux immeubles, et peut avoir

lieu sans tradition et par la seule convention des parties, *leg. contrahitur, ff. de pig.*, *leg. plebs, ff. de ver. sig.*; d'où il suit que la prescription ne peut avoir lieu contre celui à qui on a donné une chose en gage, parce qu'il possède; au lieu que pour l'hypothèque, le créancier ne possédant pas, peut perdre son droit par un certain laps de tems, comme dix ans entre présens, et vingt ans entre absens, *ut cod. si advers. cred., leg.* 1ª., ou trente ans contre un possesseur de mauvaise foi, *leg. 7, cum notissimi, cod. de præscrip. 30 vel 40 ann.*, ou 40 ans, lorsqu'il y a eu interruption, *per litis contestationem, ut cod. de præscrip. 30 vel 40 ann., leg. fin., et cod. de annal. except., leg.* 1ª., § 1. A l'action *constitutæ pecuniæ*, il réunit tout ce qui se trouvait de plus avantageux dans l'action *receptice* qui fut abrogée comme inutile. Les autres actions personnelles introduites par le préteur étaient, par exemple, celle du pécule des esclaves, des fils de famille, et celle où il est question de savoir si le demandeur a prêté le serment qui lui avait été déféré, et autres semblables.

§ IX. Le pacte *constitutæ pecuniæ* peut avoir lieu à l'égard de toutes personnes capables de s'obliger valablement et leurs héritiers, soit qu'on promette, *sive constituerint*, de payer pour soi, soit qu'on promette de payer pour autrui sans qu'il intervienne de stipulation (1), mais seulement un simple pacte ou promesse de payer; car s'il intervenait une stipulation, on n'aurait plus besoin de l'action *constitutæ pecuniæ*, puisqu'on pourrait agir en vertu du droit civil par l'action *ex stipulatu* (2).

----

(1) *Constituere* n'est autre chose que promettre par simple pacte, sans stipulation, de payer à un créancier, en un certain jour, ce qu'on lui devait soi-même, ou ce qu'un autre lui devait, *leg.* 1, 2, *et leg. eum qui, ff. de const. pec.*

(2) Le préteur n'avait principalement introduit l'action *constitutae pecuniae*, que parce que chez les Romains toutes les obligations formées par de simples pactes non revêtus de la stipulation, n'étaient que des obligations naturelles, qui ne pouvaient produire aucun effet dans le droit civil; au lieu que, moyennant l'autorité du préteur, ce pacte se trouvait distingué des autres, et avait un entier effet, en vertu du droit prétorien, *leg.* 1ª., *ff. de pec. const.* : lorsque ce pacte *constitutae pecuniac* était ajouté à une action civile, il ne devenait pas inutile, parce qu'il servait souvent à déterminer le tems dans lequel le paiement devait se faire; ce qui mettait, par le seul laps de tems, le débiteur en demeure; au lieu que, lorsque le tems n'était pas déterminé, la demeure ne se constatait que par la litis contestation; de plus, les actions dépendant de formules embarrassantes, dont la moindre inobservation faisait déchoir le créancier de son action, il était fort nécessaire, en cas

§ X. Suivant le droit civil, le fils et l'esclave, quoiqu'ils eussent un pécule, pouvaient impunément contracter sans obliger ni leur père ni leur maître, à raison du même pécule, par la raison que personne ne peut se trouver obligé par un autre, sans son consentement, *jure civili constituebatur, ut alter ex alterius personâ non obligaretur, leg. unic., cod. ut nullus ex vicanis, id est civibus.* Le préteur, par un motif d'équité, voulut cependant que les pères et les maîtres pussent être tenus à concurrence du pécule, des obligations de leurs fils, filles, et de leurs esclaves, parce qu'il était considéré comme leur patrimoine; c'est pourquoi il établit contre eux des actions qu'on appela *de actione de peculio, ut leg. 3, in ppio, ff. de pecul.*

---

d'évènement, à défaut d'une action, de pouvoir recourir à une autre, *leg. 3, § 2, ff. const. pecun.*

Ce pacte présuppose toujours une dette, sans quoi il serait inutile, *leg. 3, § si quis autem, leg. item illa, § quod adjiciunt, ff. de const. pec.* De cela que ceux qui s'obligent, par le pacte *constitutae pecuniae*, à payer pour autrui, sont tenus solidairement; ils sont comparés aux fidéjusseurs, et jouissent comme ces derniers du bénéfice de division accordé par l'empereur *Adrien*, lorsqu'ils sont tous solvables, *leg. ult., cod. de pec. const.* : mais ils diffèrent cependant en ce que l'obligation du pacte *constitutae pecuniae* n'est pas une pure adhésion à la première, puisqu'elle peut avoir des objets différens, et qu'elle peut subsister après l'extinction de l'obligation principale, *leg. 4, 5, 8, 18, § 1er., 19, § 2, ff. de pec. const.* Les changemens et les modifications qu'apportait le pacte *constitutae pecuniae* à la première obligation, ne s'opéraient pas, selon la subtilité des principes du droit romain, directement et de plein droit, *ipso jure*, mais *per exceptionem doli aut pacti, leg. 30, ff. de pec. const.*

Nota. Pour une plus grande intelligence de ce § 10, nous observerons que le pécule est le fonds ou capital que le fils ou l'esclave administre du consentement du père ou du maître, séparément de ses autres biens, sous la déduction de ce qui peut être dû à ceux-ci, *leg. 4, in ppio, leg. 5, § ult., ff. de pec., leg. ult., cod. quod cum eo qui in alien. potest.*; ce qui forme, pour ainsi dire, un patrimoine pour le fils et pour l'esclave, *leg. si ex duobus, leg. peculium, ff. de pecul.*; nous disons comme un patrimoine, parce que le père ou le maître retiennent la propriété du pécule; le fils ou l'esclave n'en ont que la seule administration pour le faire valoir, *sup. quib. non est permiss. fac. test., § 1, leg. quis ergo, ff. de pecul.*; d'où il suit par conséquent que le pécule accordé à l'un des enfans doit entrer dans la

§ XI. Le préteur a aussi introduit une action à l'occasion du serment extra-judiciaire, c'est-à-dire volontaire, déférée par le défendeur au demandeur;

---

division des biens du père, *leg. certum*, *cod. fam. ercisc.*, *leg. si donatione*, *cod. de collat.* Le pécule peut se diviser de trois manières quant à ce qui regarde le fils de famille; 1°. celui qu'on appelle *paganicus*, c'est-à-dire qui n'est ni castrense ni quasi-castrense; 2°. celui qu'on appelle *castrense*; 3°. et celui qu'on appelle *quasi-castrense*, *leg. ult.*, *cod. de inoff. test.* Le pécule castrense est le fonds que le fils a acquis au service de l'état, *id est*, *militare*, *leg. filiusf.*, *cod. fam. ercisc.*, *leg. ult.*, *cod. de collat.*, *leg.* 1ª., *cod. de cast. pecul.*, *liv.* 12. Le fils dans l'administration de ce pécule étant regardé comme père de famille, l'action ne peut avoir lieu contre son père, *leg.* 2ª., *ff. ad Maced.* Le pécule quasi-castrense est le fonds que le fils de famille a acquis dans la robe ou dans l'église, *in militiâ civili vel sacrâ*, *leg.* 4, *cod. advocat. divers. jud.*, *leg. proximis*, *cod. de proxim. sacr-s.*, *leg. cum*, *leg. de episc. et cler.*, ou par don du prince ou de l'impératrice, *leg. cùm multa*, *cod. de bon. quœ liberis.* Le fils de famille étant encore pour cette espèce de pécule regardé comme père de famille, l'action ne peut avoir lieu contre le père qui n'y a aucun droit, *leg. cùm oportet*, *cod. boni quœ lib.* Le pécule paganique se divise en profectice et en adventice : le premier est ce qui vient du père, *ex re patris*, ou ce qui a été donné par un autre en contemplation du père, *vel ab alio donatum contemplatione patris*, *leg. profectitiâ*, *ff. de jur. dot.*, *leg. dotem*, *de coll. bon.*; c'est à raison de ce seul pécule que le père peut être actionné, parce que le fonds est censé être dans les biens du père, l'administration en étant seulement confiée au fils. Le pécule adventice est ce qui vient au fils, de toute autre manière que du côté du père, *aliundè accessit quàm à patre*, comme ce qui lui vient de sa mère, de l'oncle maternel ou de quelque autre étranger, ou par son commerce et industrie particulière, *vel ex negociatione et industriâ*, *leg. cùm oportet*, *cod. de bon. quœ lib.* Le père ne peut être actionné à raison de ce pécule, parce qu'il n'a que le droit d'usufruit, à moins qu'il ne fût attaqué en qualité d'administrateur, *dictâ leg. cùm oportet.*

Quoique le fils de famille n'oblige le père qu'à concurrence du pécule, *leg. si quis cum filios*, *ff. de pecul.*, néanmoins le fils demeure obligé pour le surplus, s'il vient ensuite à avoir quelque chose, parce qu'il peut s'obliger alors comme un père de famille, *ex omnibus causis obligatur tanquam paterfamiliàs*, *leg. filiusf.*, *ff. de oblig. et act.*, *leg. tam ex contractibus de judic.* Le père est encore tenu des obligations du fils, *ut inf.*, *tit.* 1°., § 4, *actio de in rem verso*; il est encore tenu si

comme

comme si Pierre affirme par serment que l'argent qu'il me demande lui est dû, je suis alors tenu de le payer, sans quoi le préteur lui accorde une action, *actio in factum ex jurejurando*, *ut cod. de reb. cred.*, *leg. actori*, dans laquelle il ne s'agit plus de discuter si l'argent est dû, mais de savoir seulement si le serment a été fait, *leg. 5*, § *dato jurejurando*, *et leg. nam postea quam*, § 1, *ff. de jurejur.*, parce que le fait affirmé par serment est regardé pour véritable, à cause de la foi due à la religion du serment, *leg. post rem.*, *ff. de re jud.* Un tel serment a la force d'une transaction, *leg. 2*., *leg. admonendi, in fin.*, *ff. de jurejur.* — Ce serment se nomme *décisoire*.

§ XII. Les actions personnelles dont nous avons parlé, provenant de la juridiction du préteur, sont des actions *non pénales*, mais il en est encore qu'on nomme *pénales*, comme la peine établie contre celui qui avait corrompu le tableau où était tracé l'édit du préteur, *ut ff. de abol. scrib.*, *leg. 1ª.*, *ff. de jurid. omn. jud.*, *leg. si quis id.*, ou contre celui qui l'avait enlevé lors de sa publication (1). Celle établie contre le fils ou l'affranchi qui avait traduit son père ou autre ascendant, ou son patron, ou ses descendans, en justice, *ut ff. de in jus vocand.*, *leg. 2ª.*; *leg. 4*, § 1, 2, 3, *leg. patris*, *et leg. adoptivum*, sans avoir auparavant obtenu l'autorisation du juge, *ut inf. de pœn. tem. litig.*, § *fin.*, *ff. de in jus vocand.*, *leg. 3 et 4*, § 1, ce qui a lieu quand même les enfans seraient émancipés ou adoptifs, à cause du respect dû aux pères et aux patrons, *leg. his nulla*, *ff. de jud.*, *leg. pen.*, *cod. de in jus vocand.* Cette peine est aussi de cinquante écus d'or; *inf. de pen. temer. litig.*, § *ult.*, *leg. 4*, *leg. si libertus*, *leg. pen.*, *et ult.*, *ff. de in jus*

---

le fils ou l'esclave ont contracté de son ordre, *actio quod jussu*, *ff. quod jussu*, *leg. 1ª. in fin.*

Nota. Nous avons dit que le fils ou l'esclave ne pouvait pas obliger le père ou le maître; il est vrai qu'il en est ainsi pour l'obligation civile, mais non pas pour l'obligation naturelle, *leg. servi*, *leg. obligari*, *ff. de oblig. et act.*

(1) Cette peine était de cinquante écus d'or, outre celle qu'on encourait par la loi *Cornelia de falsis*, qui prononçait la déportation, la confiscation, et même la peine de mort pour les esclaves, *ut ff. de leg. Corn. de falsis*, *leg. penult.* Cette action était populaire.

vocand., *leg. actionum de oblig. et act.* : celle établie contre celui qui aurait empêché, par violence, une personne assignée de comparaître en justice, ou qui aurait fait en sorte qu'un autre l'en empêchât, cette action *pénale*, qu'on appelle *in factum,* consiste à obliger l'auteur de la violence ou celui qui la fait commettre, à indemniser la partie qui aurait été condamnée faute de se défendre, sur l'estimation faite par elle et affirmée juste par serment, *leg. 5, § 1, ff. ne quis in eum qui in jus, leg. 3, ff. de eo per quem fact. erit. quom. quis in jud. sist.*

Il est encore une infinité d'actions *pénales*, comme *in factum calumnia-toribus, ut inf., § 25;* l'action *quod metûs causâ;* l'action *furti manifesti;* l'action *servi corrupti; in duplum, de effusis, de ejectis, de appensis, ut ff. de his qui dejec. vel effud., leg. si ser., § prœtor, etc.*

§ XIII. Il reste encore une autre division des actions réelles prétoriennes; les unes sont préjudicielles, les autres non-préjudicielles. Nous avons déjà vu en quoi consistent ces dernières; voyons les actions préjudicielles. On les appelle *réelles,* parce qu'il semble que cette qualification leur convienne, en ce qu'à l'exemple des servitudes réelles, elles roulent sur la disposition d'une chose corporelle (1).

Il est trois espèces d'actions préjudicielles : la première roule sur la question de savoir si un homme est libre ou esclave; la seconde, s'il est ingénu ou affranchi; et la troisième roule sur l'aveu et la reconnaissance des enfans, *actio de partu agnoscendo,* dont la femme peut se servir contre son mari, qui la répudie pendant qu'elle est enceinte, pour reconnaître l'enfant : elle peut encore avoir lieu pour le mari contre sa femme enceinte répudiée, pour faire déclarer que l'enfant lui appartient; elle peut avoir lieu encore pour le fils contre ses père et mère pour se faire reconnaître, nourrir et élever, *ut leg. adoptivum, § 1, leg. 1ª., ff. de in jus vocand., leg. 1ª. de rei vindic., leg. quotiens de probat., leg. 3, § 2, de lib. agnoscend., leg. Lucius de condict. et demonst., leg. ult. si ingenuus esse dicitur.*

____

(1) Cette chose corporelle est l'individu dont l'état est à déterminer, soit lorsqu'un patron réclame un affranchi qui se dit ingénu ; lorsqu'un père réclame comme libre, soit un fils qui sert comme esclave ; ces actions sont comparées aux actions concessoires et négatoires.

Ces actions se nomment encore *préjudicielles*, soit parce que les questions qui en proviennent doivent être jugées par préalable et avant d'entrer dans les contestations auxquelles donne droit l'état d'une personne, soit parce qu'elles préjudicient à l'action principale; comme si l'on demande le partage des biens d'un père, et qu'on vous dispute la qualité de fils, *leg. si quis libertatem, ff. de petit. hæred., leg.* 2ª. *et passim, cod. de ord. cognit.*

Elles n'ont point été confondues avec les autres actions réelles prétoriennes, soit parce qu'elles ne sont pas véritablement réelles (1), soit parce que dans le nombre de ces actions préjudicielles, il n'en est qu'une qui tienne du droit civil (2).

§ XIV. On a pensé qu'un demandeur ne pouvait revendiquer sa chose par la formule, s'il appert que le défendeur est tenu de donner, *si apparet eum dare oportere*, qui est la forme d'une action personnelle, parce que la nature des actions personnelles est de demander à un autre le don d'une chose qui ne vous appartient pas (3), *vel aïo rem ex jure quiritum meam esse legationem, ff. de oblig. et act.*; car autrement ce serait vouloir transporter au demandeur la propriété d'une chose qui lui était déjà propre, par la raison qu'on entend par donner à quelqu'un, un tranfert de propriété, à titre gratuit, *dare est rem accipientis facere dominium transferre*, et que ce qui est une fois à nous, ne peut nous appartenir à un autre titre, *ut ff. de verb. obl., leg. si rem meam; quod meum est, meum ampliùs fieri non potest* (4). On a

---

(1) En ce que les actions réelles concernent proprement les choses ou l'intérêt des particuliers ; au lieu que l'état ou la liberté de quelqu'un forme une cause publique.

(2) Celle où il s'agit de savoir si un homme est libre ou esclave.

(3) La nature de l'action réelle est de demander qu'on vous rende la chose qui vous appartient, *ut per eam petat aliquis rem suam sibi restitui, leg. imperatoris, ff. de public., leg. denique, de jur. fisci.*

(4) Cette formule vient de ce que, dans les jugemens ordinaires, le préteur donnait des juges aux plaideurs pour terminer leurs différends, à la charge par eux de suivre la règle qu'il donnait. La formule de l'action personnelle dont il s'agit ici, par exemple, pour la vente, était conçue ainsi : *si patet Mævium ex vendito centum Sejo dare oportere, cujus à judice ex bonâ fide condemnato.* En vertu de cette formule, on n'aurait pu demander une chose par l'action réelle, parce qu'il n'y a que le propriétaire qui puisse se servir de l'action

cependant introduit en haine des voleurs, afin de multiplier les actions qu'on pourrait exercer contre eux, une action personnelle pour revendiquer la chose qui ne nous appartient pas ; on a donc voulu qu'outre la peine du double ou du quadruple, la chose volée pût encore être poursuivie entre leurs mains par l'action personnelle, s'il appert qu'ils doivent donner, *si apparet eos dare oportere*, sans préjudice de l'action réelle, par laquelle on réclame une chose dont on a la propriété, *per quam rem suam quis petit.* Cette action se nomme *vindicato* (1) *ut ff. de rei vind. , leg. in rem actio.*

§ XV. Nous observerons, pour une plus grande clarté, que les actions que nous appelons *réelles*, sont aussi celles que nous appelons *vindications, leg. actionum, ff. de obl. et act.*, et que les actions que nous appelons *personnelles* qui tendent à obliger à donner ou à faire quelque chose, *quibus dare aut facere oportere intenditur*, sont aussi celles que nous appelons *condictions* (2). Ce terme *condictio* dérive de *conducere*, qui, suivant l'ancienne langue, signifiait dénoncer, parce qu'autrefois l'usage était, avant de citer son adversaire en justice, de lui en faire une dénonciation solennelle trois jours

---

réelle , et que le terme *dare* signifie *dominium transferre* : le défendeur ne peut pas transférer la propriété de la chose, puisqu'elle est au pouvoir du demandeur. On pouvait cependant, par action personnelle, demander une chose dont on avait la propriété ; mais c'était par une autre formule, comme pour le dépôt, le commodat, *v. g. , si patet ex deposito rem Sejo tradi vel restitui oportere, ut ff. de act. empt. , leg.* 11, § 2, *in ppio, leg.* 28 , *si rem trad. , leg.* 82 , *nemo rem suam, leg.* 87 , *nemo rem suam, ff. de verb. oblig.*

(1) L'action personnelle *si apparet eum dare oportere*, peut être préférable à l'action qu'on appelle *vindicatio* contre le voleur ; 1°. parce que, quoique l'action *condictio furtiva* n'infame pas de droit, *ut ff. de act. et oblig. , leg. cessat esse*, elle ne laisse pourtant pas que d'infamer par le fait dans l'esprit des gens de grande probité, *apud bonos et graves viros, ut ff. de obsequiis à lib. et eo liber. , leg. honori* ; 2°. par cette action, l'extinction de la chose ne libère point comme dans la vindication, *ff. de cond. furt. , leg. in re* ; 3°. ainsi qu'il est avantageux d'avoir plusieurs débiteurs d'une même chose, *ut ff. de lib. leg., leg. si quis decedens,* § *fin.* , il peut l'être également d'avoir plusieurs actions pour une même chose, *ff. de leg.* 2°. , *leg. cùm filius,* § *variis.*

(2) Les actions personnelles ou les conditions proviennent principalement de l'équité, comme celles introduites par le préteur, comme l'action paulienne, la restitution des mineurs , etc,

avant sur la qualité de l'affaire; ce qui n'avait lieu cependant que pour les actions personnelles.

Le terme *vindication* vient au contraire du mot *vi*, parce que la vindication se faisait par l'apposition des mains sur la chose qu'on avait en sa présence, *fiebat consertis manibus in re præsenti*. On usait ainsi d'une violence imaginaire, qu'on appellait *force virile*, *Aul.-Gellius*, *liv.* 20, *chap.* 1.

Les dénonciations ne sont plus d'usage aujourd'hui; l'action personnelle est celle par laquelle le demandeur conclut à ce qu'une chose sur laquelle il a des droits lui soit donnée.

§ XVI. On divise les actions en celles introduites pour la poursuite de la chose, en celles introduites pour la poursuite de la peine, et en celles qu'on nomme *mixtes*, c'est-à-dire, par lesquelles on poursuit et la chose et la peine.

§ XVII. Toutes les actions réelles regardent d'abord la poursuite des choses, parce que toutes les actions personnelles prennent leur source dans les contrats, *leg. actionum*, *ff. de obl. et act.*; comme lorsqu'on réclame de l'argent prêté ou qui a été promis par stipulation; comme aussi lorsqu'il s'agit d'un commodat ou d'un dépôt volontaire, d'un mandat, d'une société, d'un achat, d'une vente, d'un bail à loyer ou d'une ferme. Nous avons dit presque toutes les actions personnelles procèdent des contrats, par la raison que l'action qui procède du dépôt peut devenir pénale, de quatre manières; comme s'il a été fait dans un tumulte, incendie, ruine, naufrage (1), *ut ff. depositi. leg.* 1ª., § *merito;* car, dans ces hypothèses, le préteur donne l'action du double contre le dépositaire ou son héritier qui, par dol, ne voudrait pas restituer le dépôt, *leg.* 1ª., § 1, *et seq.*, *leg. de eo*, *ff. deposit. et inf.*, § 26; ce qui forme une action mixte, en ce qu'elle regarde en partie la poursuite de la chose et en partie la peine, d'où il suit que cette action

---

Nota. A le prendre dans un sens général, elles intéressent le public, parce qu'il est intéressé à ce que chaque individu jouisse paisiblement de ses droits.

(1) Les actions persécutoires sont celles qui renferment la poursuite d'une chose, c'est-à-dire par lesquelles nous réclamons ce qui manque à notre patrimoine, *id est quibus persequimur*, *quod patrimonio nobis abest*, *leg. in honorariis*, *ff. de obl. et act.*

peut être mise au rang des autres actions mixtes. — Nous avons dit, procèdent des contrats à la différence des actions qui procèdent des délits.

§ XVIII. Entre les actions qui procèdent des délits (1), les unes regardent seulement la poursuite de la peine, les autres la peine et la chose elle-même, par cette raison on les nomme *mixtes*. Par l'action de vol, on poursuit la peine seulement ; car il est indifférent qu'elle soit du double ou du quadruple ; il ne s'agit jamais que de la peine, d'autant qu'on peut poursuivre la chose elle-même par une action particulière, qu'on appelle *vindication*, en formant la demande d'une chose qui vous appartient *suam esse petens*, qu'elle soit possédée par le voleur ou tout autre, *ut sup. de oblig. quæ ex delict. nascunt.*, § *final*.

Outre qu'on a encore la condition furtive de la chose contre l'héritier, *ut ff. de cond. furt.*, *leg.* 1ª. *et* 5, *et sup. de oblig. quæ ex delicto nasc.*, § *fin*.

§ XIX. L'action qu'on appelle *bonorum raptorum*, est encore une action mixte, parce que dans la peine du quadruple est aussi comprise la poursuite de la chose, et que la peine n'est que du triple de sa valeur, *ut sup. de vi bon. rapt. in ppio.* L'action *de damno injuriæ dato*, est aussi une action mixte, non-seulement lorsqu'on poursuit la peine du double contre celui qui aurait nié le fait, *ut sup.*, *tit.* 3, § 9. à la note, mais encore lorsqu'on ne poursuit que la peine du simple contre celui qui ne conteste pas, c'est-à-dire, ce que la chose a le plus valu dans l'année, *ut cod. de leg. aquil.*, *leg. cont. negantem*, *et ff. de injuriâ*, *leg. eum qui ;* comme si quelqu'un avait tué un esclave boiteux ou borgne, lequel eût été sans défaut dans le cours de l'année qui avait précédé sa mort, le délinquant serait tenu de payer le plus haut prix

______

(1) On divise les délits en délits vrais ou proprement dits, et en quasi-délits. Les délits vrais sont encore divisés en délits publics et privés : les premiers sont ceux qui regardent tant l'action publique que la vengeance publique, *publico judicio publicâque animadversione vindicantur.* Les délits privés sont ceux qui tendent directement au préjudice porté à des particuliers, *et privatam tantum producunt persecutionem*, comme le vol, la rapine, l'injure. Les délits publics se divisent encore en délits ordinaires et extraordinaires. Les premiers sont ceux à la vengeance desquels il a été pourvu par quelque loi particulière ; les seconds sont ceux pour lesquels il n'y a pas de loi expresse, et qui intéressent de la même manière et le public et les particuliers, *ut ff.*, *livre* 47.

que l'esclave aurait valu dans le cours de l'année en remontant, ainsi que nous l'avons vu plus haut, dans la loi *aquilia, in ppio.* On met enfin au nombre des actions mixtes celles qu'on appelle *actio ex testamento*, qu'on a droit de diriger contre ceux qui ont différé de faire la remise des legs et des fidéicommis faits aux églises et autres lieux vénérables, *ut nov. de non alien.*, § *nos igitur*, jusqu'à la citation en justice ; ils sont dans ce cas condamnés nonseulement à livrer la chose, mais encore à payer sa valeur, pour peine de la dénégation ou de la demeure, ce qui forme ainsi la peine du double (1). On peut généralement appeler actions mixtes toutes celles qui tendent à demander la chose. *rem*, et une certaine somme pour peine ou dommages.

§ XX. Il est des actions qui paraissent tenir tant du réel que du personnel, et par conséquent être mixtes ; telle est l'action en partage d'hérédité, *familiæ erciscundæ*, donnée contre les co-héritiers ; elle faisait partie de la loi des douze tables, et elle comprend généralement tout ce qui compose la succession tant pour les droits actifs que pour les droits passifs, afin que le juge assigne la part à chaque co-héritier, *ut officio judicis assignentur singulis haeredibus*, *leg.* 2 *et* 3, *ff. famil. ercisc.*

Telle est l'action en partage d'une chose commune, *communi dividundo*, entre ceux qui y ont un droit, *leg.* 1ª., *ff. commun. divid.*

Telle est encore l'action en fixation des bornes, *actio finium regundorum*, qui a lieu entre ceux qui ont des champs contigus, *leg.* 1ª., *ff. fin. reg.*, *leg. si fines, cod. de evict.*, *leg.* 3, *cod. fin. reg.* ; à quoi l'on pourrait ajouter la pétition d'hérédité, *ut cod. de petit. hæred.*, *leg. hæreditatis*, *et ff. de petit. hæred.*, *leg. si bonæ fidei*, § *fin.*

Ces actions tirent encore leur qualité de mixtes, de ce qu'il est au pouvoir du juge, en décidant sur le partage, selon que le bon esprit d'équité le lui inspire, *ex bono et æquo*, d'adjuger à l'un des contendans la chose contentieuse en tout ou en partie, ou plus à l'un qu'à l'autre, *ut inf. de officio jud.*, § *fin.*, et de refaire d'un autre côté la partie qui se trouverait ainsi grevée, en ordonnant

---

(1) Par le droit nouveau, un héritier qui n'avait pas accompli la volonté du défunt dans l'an, à compter du jour de l'accord passé entre les parties intéressées, était privé de l'hérédité, même sans distraction de quarte ; et à défaut de successeurs, elle était déférée au fisc. *Nov.* 1 *de hæred. et falcid.*, *et auth. hoc amplius, cod. de fideic.*

qu'il lui sera compté en dédommagement une somme équivalente à la perte qu'elle fait d'ailleurs, *leg. si familiæ, ff. famil. ercisc., leg. 2 et 3, ff. fin. rogund.*

L'action en fixation de partage dans les successions diffère de l'action en partage d'une chose commune, en ce que, par celle-là, il est question d'une universalité de choses, et que par celle-ci il est question d'une chose particulière et déterminée : celle-ci diffère encore de l'action *pro socio,* en ce qu'elle regarde principalement la division de certaines choses communes; au lieu que l'action *pro socio* regarde principalement de part et d'autre des prestations personnelles; soit encore en ce que l'action *pro socio* provient d'un contrat volontaire, au lieu que l'action *communi dividundo,* descend d'un quasi-contrat, d'un contrat nécessaire, qui se forme par la seule chose *re,* en devenant commune, *ut sup. de oblig. quæ ex quasi-contr. nasc., § 3, et leg. hæredes, § non tantum, ff. famil. ercisc.*

L'action en fixation de partage dans les successions diffère, de plus, des deux autres, en ce qu'elle roule seulement sur la propriété, savoir, sur une moindre ou plus grande contenance, *leg. 3, cod. fin. reg., leg. 1ª. ff. fin. reg. si fines, cod. de evict.,* au lieu que les autres ne roulent nullement sur la propriété qui n'est point contestée, mais principalement sur la division et partage des choses, *leg. qui famil., leg. si quid, leg. fundus qui dotis, § 1, ff. famil. ercisc., leg. 1ª., § et si possessor, ff. si pars hæred. petatur.*

§ XXI. Toutes les actions réelles ou personnelles sont données ou pour le simple, ou pour le double, ou pour le triple, ou pour le quadruple, car il n'y en a point qui s'étendent au-delà.

§ XXII. Les actions données seulement pour le simple sont, par exemple, l'action qu'on appelle *ex stipulatu,* celle qui naît du prêt à usage *actio mutui,* qu'on appelle aussi *condictio certi;* celle qui naît de l'achat et de la vente, *actiones empti et venditi;* celle qui naît du loyer d'une ferme, du mandat, *locati, conducti, mandati,* et ainsi de plusieurs autres contrats.

§ XXIII. Les actions du double comprennent, par exemple, le vol non manifeste, *ut sup. de oblig. quæ ex delict. nas.;* le dommage dont la réparation se poursuit par la loi *aquilia, ut inf., § 26,* le dépôt dans les cas déjà mentionnés; *actio servi corrupti,* contre celui qui a inspiré à un esclave le dessein de s'enfuir de chez son maître, ou de ne pas obéir à ses commandemens, ou de

vivre

vivre dans la débauche, il y a lieu alors à la peine du double, dans laquelle n'est point compris le prix des choses que l'esclave pourrait avoir emportées dans sa fuite, *leg. in hoc judicium, ff. de serv. corrupt.* (1). C'est aussi en cela que cette action diffère de celle résultante de la loi *aquilia,* parce que dans celle-ci on ne fait que doubler le tort causé, *leg. ut tantum, § in hoc, ff. eod.;* elle diffère encore en ce que l'action *servi corrupti* a lieu toutes les fois qu'on a porté quelque atteinte aux mœurs de l'esclave, *ut ff. serv. corrupt., leg.* 1ª., *§ persuadere usque in fin., et leg. seq.,* au lieu que la loi *aquilia* n'a lieu qu'autant que le corps se trouve offensé.

§ XXIV. La peine du triple avait lieu lorsqu'un demandeur, dans son exploit originaire dans l'instance, formait une demande au-delà de ce qui lui était dû, afin de procurer aux exécuteurs des sentences de plus gros salaires (2), le défendeur était alors en droit de poursuivre son adversaire pour le faire condamner au triple du préjudice qui lui avait été causé, de manière cependant que le simple du dommage fût compris dans ce triple, *id est damnum acceptum;* ce qui avait été établi par une constitution des plus remarquables du code , et d'où dérive l'action qu'on nomme *triplex condictio ex lege.*

§ XXV. Il est cinq cas dans lesquels la peine du quadruple a lieu ; savoir, dans les cas du vol manifeste, *ut sup. de obl. quæ ex delict., § 5;* dans celui de l'action, qu'on appelle *quod metús causá,* qui a lieu lorsque par crainte ou par force, on a été contraint de livrer une chose à quelqu'un, ou à consentir une quittance à notre débiteur; dans l'action qu'on appelle *actio calumniæ,* qu'on dirige contre celui à qui on a donné de l'argent pour intenter sans raison un procès injuste à quelqu'un dans le dessein de le vexer, ou pour ne

---

(1) Cette action est directe, c'est-à-dire introduite par la loi civile , à la différence de l'action résultante de la corruption d'un enfant de famille, qui est une action utile , c'est-à-dire introduite par le préteur , dont le tort fait au père doit être déterminé par le juge , *officio judicis æstimanda injuria, arg. , leg.* 4 *in fin. , ff. de custod. et exhib. rer. ,* parce qu'il nous importe qu'on ne gâte point les inclinations de nos enfans , *leg. ut tantum , ff. eod.*

(2) Car l'on suivait alors pour leur taxe le plus ou moins d'importance de la demande, *leg.* 4 *, cod. de fruct. et lit,*

point l'intenter alors qu'il en avait la volonté, *leg.* 1ᵃ., *ff. de calumniat.*; cette action peut avoir lieu encore contre celui qui a donné les fonds pour intenter un procès injuste, *argum. cod. de episc. et cleri.*, *leg. si quemquam, in fin.*, et *cod. de pœná jud.*, *auth. novo jure*, et *leg.* 1ᵃ., *ff. de calumniat.*, § 5°., *sed et constitutio;* elle a lieu enfin contre les appariteurs, sergens ou huissiers qui auraient exigé des parties quelque chose au-delà de la taxe. On peut encore agir contre eux par l'action de dol, *actione de dolo* (1).

§ XXVI. Il y a cette différence entre l'action de vol non manifeste et l'action de l'esclave corrompu (2) d'avec les autres actions; que celles-là, comme nous l'avons dit; sont toujours doubles, soit qu'on nie ou que l'on convienne, au lieu que les actions *damni injuriæ*, et celles du dépôt nécessaire, ne deviennent doubles que par la dénégation qui en est faite; car autrement il n'y a que le simple, *id est rei persecutio*, qui ait lieu contre celui qui ne conteste pas; celles-ci diffèrent aussi de l'action qu'on appelle *actio ex testamento*, donnée aux légataires pour la poursuite des choses laissées aux lieux saints, en ce que cette action devient double non-seulement par la dénégation *inficiatione*, mais encore si l'on diffère le paiement jusqu'à la citation en justice; car s'il paie avant cette époque, l'héritier n'est tenu que du simple; il peut même se mettre à l'abri de la peine du double, si la chose est sujette à discussion, en la déférant au serment du demandeur, *ff. de jurejur.*

§ XXVII. Il y a encore cette différence entre l'action *quod metûs causá* d'avec les autres actions, qu'il est de sa nature de renfermer tacitement la libération du défendeur quant à la peine du quadruple, si, sur la première ordonnance du juge, il restitue au demandeur la chose qu'il lui avait enlevée par crainte ou par menaces (3); au lieu que dans les autres actions, la peine du

---

(1) L'impudence des huissiers a souvent été réprimée par des condamnations au fouet, prononcées d'office par le juge, *leg. omnes, cod. de offic. rect. provinciæ*; ces condamnations étaient même prononcées pendant leur absence, afin qu'il ne leur fût pas plus longtems libre de continuer leurs exactions, *leg. 2, cod. de pœn.*

(2) Quoique l'esclave vînt à mourir ou à être affranchi, on ne serait pas moins tenu par cette action, parce qu'elle ne se réfère point au tems présent, mais au tems du délit, *leg. 5, § fin., ff. de serv. corrupt.*

(3) Nous disons sur la première ordonnance, parce que lors de l'action, *quod metûs causá,*

quadruple est toujours appliquée, et qu'on n'évite pas la peine par la restitution de la chose; comme dans l'action du vol manifeste; la raison en est
que le vol une fois commis, ne peut se purger ni par la restitution, ni par le
repentir, mais par la peine, *leg. qui ex mente*, *ff. de furt.*, *leg. penult.*
vi bon. rapt.

§ XXVIII. Il est des actions de bonne foi, et il en est de droit étroit. Les
premières sont celles qui procèdent des contrats consensuels, comme de
l'achat, de la vente, du bail à loyer, du bail emphytéotique, du mandat, de
la société, de la tutelle, du commodat, du gage, du partage d'une hérédité et
autres contrats réels; l'action *praescriptis verbis*, qu'on appelle *aestimatoria*,
ou qui naît de la permutation et de la pétition d'hérédité, quoique cependant
on ait long-tems douté si la pétition d'hérédité devait être comprise dans
les actions de bonne foi. L'ordonnance de *Justinien*, au code *de pet. hæred.*;
leg. fin., in fin., a décidé pour l'affirmative.

Nous distinguons encore les actions de bonne foi, 1°. en celles qui proviennent des contrats, qui reçoivent leur perfection par le seul consentement
des parties, comme l'achat, la vente, le bail à loyer et à ferme, la société;
le mandat, *leg. 1ª.*, *leg. ex empti.*, *ff. de act. empt.*, *leg. cum duobus, pro
socio*, *leg. præses*, *cod. locat.*

2°. En celles qui proviennent des contrats qui ne reçoivent leur perfection
que par la tradition, *qui re perficiuntur*, comme le commodat, le dépôt, le
gage, *leg. 3, § in hâc*, *ff. commod.*, *leg. bona fides deposit.*, *leg. si autem
de pignor. act.*

3°. En celles qui proviennent des quasi-contrats, comme la gestion de la
tutelle, du partage d'hérédité, du partage d'une chose commune.

En résumant, nous remarquerons 1°. que la gestion est un contrat de bonne

---

le juge sur la citation en justice était dans l'usage, avant de prononcer, de rendre un inter-
locutoire pour ordonner que le défendeur serait tenu de restituer la chose au demandeur.
Si le défendeur obéissait, il n'y avait point lieu à la peine du double; si au contraire il
s'obstinait, le juge rendait une sentence définitive pour le condamner à la peine du quadruple, y compris la chose, *ut ff. quod metûs causâ*, *leg. si cum exceptione*, § *hæc autem*;
ce qui rendait cette action purement arbitraire, *ut inf.*, § 31, *actio quod metûs causâ
non statim ab initio datur in quadruplum, sed si res non restituatur.*

foi en ce qu'il est semblable au mandat; car celui qui gère les affaires d'un absent est présumé avoir un mandat tacite, *leg. in bonæ fidei, cod. de usur.*, 2°. Que la tutelle est semblable au dépôt, en ce que les biens et la personne du pupille sont en quelque sorte déposés entre les mains du tuteur. 3°. Que le partage d'hérédité et d'une chose commune sont semblables à la société, qui est un contrat de bonne foi, en ce que le partage consiste en achat et échange des parties, *fit emptione et permutatione partium, leg. si filia, § si pater, ff. famil. ercisc.*

L'action qu'on appelle *præscriptis verbis æstimatoria*, est une action personnelle introduite par le droit civil, pour agir contre celui à qui l'on aurait donné à vendre une chose sous une certaine estimation, à l'effet de faire rendre la chose elle-même ou le prix, *leg.* 1ᵃ., *ff. de æstimator. act.*, parce que si l'on ne rend point la chose en nature, l'estimation faite tient alors lieu de la vérité, *æstimatio vice venditionis est, leg. plerumque, § pen., ff. de jur. dot., leg. si circumscripta, cod. solut. matrim.*

L'action *præscriptis verbis*, qu'on appelait *ex permutatione*, est dite de bonne foi, parce qu'elle produit le même effet que la vente, *quia vim actionis obtinet, leg.* 2, *cod. de rer. permut.* (1)

----

(1) Outre ces deux actions de bonne foi, *præscriptis verbis de æstimato et de permutatione*, il en est encore une troisième qu'on appelle *actio præscriptis verbis de precario*, qui a lieu pour le contrat de précaire, *si quid enim precario rogatum sit*; car indépendamment de l'interdit qu'il y a pour ce contrat, il y a de plus l'action *præscriptis verbis precario*, qui prend aussi sa source dans la bonne foi, *quæ ex bonâ fide oritur, leg.* 2, *ff. de precario.* Il est encore une autre action *præscriptis verbis in factum*; c'est une action *stricti juris*, introduite par le droit civil pour venir au secours et au défaut des autres actions, *leg.* 1, 2, 3, *ff. præscriptis verbis;* elle prend sa source dans les contrats innommés, *do ut des, do ut facias, facio ut des, facio ut facias, leg. naturalis, ff. præscript. verb.* On nomme cette action *præscriptis verbis*, parce qu'elle n'a point de nom propre, et qu'elle provient d'une certaine formule ou conception de mots prescrits, *oritur ex præscriptione, id est, ex certâ formulâ, seu conceptione verborum, leg.* 4, § 1 *et seq., ff. de præscript. verb.* On l'appelle *actio in factum*, parce qu'elle provient d'un fait, *ex facto oritur, leg.* 1ᵃ., *quia actionum cum seq., ff. de præscrip. verb.* On l'appelle aussi *actio incerti*, parce que son effet rejaillit sur ce qui intéresse, *in id quod interest*, c'est-à-dire sur des dommages et intérêts, ce qui est toujours une chose incertaine et arbitraire, *leg. naturalis, ff. præscript. verb., leg. jur. gentium, § sed etsi in alienum, ff. de pact., leg. reb., cod. de rer. permut.*

§ XXIX. On connaissait dans l'ancien droit une autre action de bonne foi qu'on nommait *actio rei uxoriœ*; mais *Justinien*, par les motifs que l'action *ex stipulatu* qui avait été introduite pour la restitution de la dot, était plus avantageuse, quoiqu'elle fût *stricti juris*, en ce que l'action *rei uxoriœ* ne regardait que la femme, et dans le cas seulement où le mariage aurait été dissous par le divorce, au lieu que l'action *ex stipulatu* pouvait être employée en tout tems, soit en faveur du mari, soit en faveur de la femme, de son père ou de ses héritiers, *Justinien*, dis-je, l'abrogea et transporta dans l'action *exstipulatu* tout ce qu'il pouvait y avoir d'utile dans la première; c'est pourquoi il ordonna que cette action *ex stipulatu*, autrefois *stricti juris*, serait à l'avenir comprise, contre sa nature, au nombre des actions de bonne foi, seulement pour ce qui concernerait la dot; auquel effet il voulut qu'elle produisît de sa nature une hypothèque tacite, tant pour le mari, pour la répétition de la dot sur les biens de sa femme, que pour la femme, pour la répétition de sa dot sur les biens du mari. *Justinien* voulut même favoriser la femme au point qu'elle eût une hypothèque tacite sur les biens du mari, avec préférence sur tous autres créanciers, *leg. assiduis, cod. qui potior. in pign. hab.*

§ XXX. Les actions qu'on appelle *stricti juris* sont *condictio recti ex mutuo*, l'action *ex stipulatu*, celle qu'on nomme *condictio ex chirographo, condictio indebiti, actio ex testamento*, et autres.

Pour l'intelligence du texte qui nous occupe, nous observerons que les préteurs et les autres magistrats ne prenaient ordinairement connaissance que des choses qui regardaient les questions de droit ou qui précédaient la contestation en cause, *tantùm apud pretores et magistratus peragebantur quœ in jure fiebant et quœ litis contestationem antecedebant;* ils renvoyaient les questions de fait, ou à des juges nommés à cet effet, ou à des arbitres, pour en prendre connaissance, *leg. 15, in ppio, ff. de re judic.* Ces juges ou arbitres étaient tenus de rendre leur sentence, selon la formule qui leur avait été indiquée par le préteur, *et ferre sententiam ex formulá à magistratu prœscriptá adstringebantur, ger. nov. de jurisd. lib. 1, chap. 8.* (1)

Mais comme il y avait des obligations qui étaient si fort de rigueur, qu'il

______

(1) C'est pour cela qu'elles étaient nommées actions *stricti juris, actiones stricti juris vocabantur, quia judex adstringebatur certœ formulœ à prœtore vel magistratu impositœ, leg. quidquid adstring., ff. de v. ob.*

n'y avait lieu à aucune espèce d'interpellation, et qu'il fallait s'en tenir express-
sément aux termes sacramentels de la convention sans pouvoir les outrepasser,
*ut leg. 99, ff. de verb. oblig. quœdam erant negotia tam stricti juris ut
ultrà quàm conventum adjudicari nihil posset*, et qu'il y en avait d'autres
dont l'évènement devait dépendre de leur nature et de l'équité du juge, *quaedam suá naturá aequitatem judicis desiderabant;* on employait cette espèce
de formule pour les premières, s'il appert que *Titius* soit tenu à donner cent
écus d'or, *si patet Titium centum ex stipulatu debere, tu illum in centum
condemna*, auquel cas le juge ne pouvait accorder ni intérêts ni dommages,
par la formule à laquelle il se trouvait restreint, d'où il suivait qu'il ne devait
examiner que le bon ou le mauvais droit des parties, en sorte que l'une d'entre elles devait nécessairement être condamnée, *Cic. pro Q. Rosc. chap.* 5;
c'est ce qu'on appelait actions *stricti juris.* Dans les autres actions, le préteur
ne fixait point la somme dans la formule ; par exemple, dans les contrats consensuels, il s'exprimait ainsi : *si patet Titium Maevio ob eam rem dare oportere ex fide boná, (1) tanti damnetur.* Dans la formule des autres contrats, soit
réels, soit innommés, ou des quasi-contrats, au lieu de ces mots *ex fide boná,*
il ajoutait *uti inter bonos benè agier (id est agere) oportet.* Enfin, à l'égard
de la formule de l'action *rei uxoriae,* il disait *quantùm aequius melius,* etc.,
d'où il suit que pour les actions de bonne foi, le juge délégué avait un plein
pouvoir d'apprécier *ex bono et aequo* ce qui devait revenir au demandeur ;
et ce pouvoir doit être entendu de manière qu'il pouvait avoir lieu pour le cas
auquel le demandeur était tenu à son tour envers le défendeur, pour compensation faite à concurrence de leurs dettes respectives, et que le juge pouvait condamner au surplus, s'il s'en trouvait, celui qui restait encore débiteur; d'où il
suit aussi que le juge pouvait adjuger les intérêts depuis la demeure, et tout ce
qui lui paraissait équitable; *et quidquid ei bonum et aequum videbatur, Cic.
pro Q. Rosc. chap.* 4 ; *Senec. de benefic., liv.* 3, *chap.* 3. C'est ce qu'on appelait actions de bonne foi. Dans les actions de bonne foi, le juge pouvait ordonner la compensation d'office, sans même que l'exception de dol eût été opposée,

---

(1) C'est pour cela qu'on les appelait *contrats de bonne foi et arbitraires*, et que les juges
qu'on déléguait à l'effet d'entendre les parties étaient nommés *arbitres, ut in leg. pro socio,
ff. pro socio, et in rubricá.*

in his judiciis fit compensatio, officio judicis, etiam non opposita excep-tione doli, à la différence des actions *stricti juris*, où la compensation n'avait lieu autrefois d'aucune manière ; ce fut seulement l'empereur *Marc* qui, dans la suite, l'admit par son rescrit, en opposant toutefois l'exception *doli mali* (1). Mais, par sa constitution au code, *Justinien* donna toute sorte d'étendue aux compensations dans les cas où elles pouvaient avoir lieu (2), et voulut qu'elles pussent opérer *ipso jure* la diminution des actions, *quia compensatio vim solutionis habet*, soit réelles, personnelles, mixtes, *bonae fidei* ou *stricti juris*, *ut sup. eod.*, § 2°, à l'exception cependant de l'action de dépôt pour laquelle il pensa qu'il n'était pas juste que le déposi-taire pût opposer de compensation dans la crainte qu'on n'abusât ainsi de la confiance, et que le plus souvent on se vît frustré de la répétition des choses données en dépôt (3).

Nous ferons remarquer encore des différences entre les actions *bonæ fidei* et les actions *stricti juris*; 1°. l'exception de dol a lieu pour celles-là, quand même elle ne serait pas opposée ; *v. g.* une vente est nulle de droit *ipso jure*, si le dol a donné lieu au contrat ; au lieu que dans un contrat *stricti juris*, la nullité n'aurait lieu qu'autant que l'exception de dol aurait été opposée, *leg. et eleganter*, § *non solum, ff. de dol. mal., leg. sed etsi ideò solut. matrim.*; c'est aussi pourquoi on était dans l'usage d'in-sérer dans les stipulations la clause *doli mali, id est, dolum malum abesse*

---

(1) C'est-à-dire que la compensation ne peut avoir lieu si la dette n'est liquide et exigible, *leg. ult. cod.*, et *leg. 22, ff. de compens.*

(2) L'exception *doli mali* avait été donnée par un esprit d'équité, par lequel toute per-sonne devait être tenue de son dol ; car il y avait dol en réclamant ce qu'on était obligé de rendre en s'acquittant soi-même, *ff. de except, doli, leg. dolo.*

(3) Il est encore d'autres cas où la compensation n'a pas lieu ; comme dans l'interdit *unde vi*, ou l'action possessoire qu'on appelle *réintégrande, leg. ult. cod. de compens., leg. penult., cod. deposit., leg. ult., cod. commod.*, suivant la maxime *spoliatus ante omnia restituendus, leg. 1°., ff. quod vi aut clam*; ni à l'égard du fisc pour ce qui regarde les impôts et les tributs, *in causâ vectigalium et tributorum, leg. an Festus, § ut debitoribus, ff. de jur. fisci, leg. 3, cod. de compens.*; ni enfin pour les alimens qui ne doivent point souffrir de retard, *leg. 3, cod. de compens., leg. ult., cod. de ordine co-gnit., leg. pecuniae, ff. de alim. legat.*

abfuturumve, et qu'on exprime en notre langue par ces mots, *tout dol et fraude cessant*, leg. *si id quod*, leg. *doli*, leg. *stipulationes*, leg. *si ita quis*, § *ult.*, *ff. de verb. oblig.*

2°. Tout ce qui vient d'usage et de coutume peut être suppléé dans les contrats de bonne foi, quand même il aurait été omis, leg. *quod si nolit*, § *quia assidua*, *ff. de œdil. edict.*; ce qui n'a point lieu dans les contrats *stricti juris*, parce qu'on y regarde comme omis tout ce qui n'est pas ouvertement déclaré en termes exprès, *quia quidquid adstringendœ obligationis est, id; nisi palàm verbis expressum sit, omissum intelligitur*, leg. *quidquid adstringendœ*, *ff. de verb. obl.*

3°. Dans les actions de bonne foi, on a plus d'égard à l'intention des parties qu'à ce qui résulte des paroles, *magis spectatur id quod inter contrahentes actum est, quàm quod dictum sit*, leg. 6, *ff. de contrah. empt.*, leg. *empto*, § 1 *de act. empt.*; au lieu que dans les actions *stricti juris*, il n'y a d'obligation qu'autant que cela conste en termes exprès.

4°. Dans les actions *bonœ fidei*, le pacte fait *ab initio*, c'est-à-dire immédiatement et sans intervalle après le contrat, a assez de force pour produire les intérêts et même une action et une exception, tant de la part du demandeur que de celle du défendeur, leg. 7, § 5, *ff. de pact.*, leg. 13, *cod. de pactis*, *et* leg. 5, *cod. de pactis inter empt. et vend.*; dans les contrats *stricti juris*, au contraire, ils n'ont lieu qu'en vertu d'une stipulation, *nisi ex stipulatu*, leg. *Titius*, *ff. de præscript. verb.*, et le pacte fait *incontinenti*, n'a d'effet qu'en faveur du défendeur, c'est-à-dire qu'il ne peut produire d'action, mais seulement une exception, leg. *lectâ*, *ff. de reb. cred.*, leg. *si ita quis*, § *serv.*, *ff. de verb. obl.*

5°. Dans les actions *bonœ fidei*, le juge peut d'office accorder les intérêts depuis la demeure, sans même qu'il y ait eu de pacte, leg. *mora*, § *in bonœ fidei*, *ff. de usur.*, et leg. *bonœ fidei*, *cod. de usur.*, leg. *quæro*, *ff. locat.*, leg. 2, *cod. locat.*, leg. *usurœ*, *cod. deposit*; au lieu que dans les actions *stricti juris*, ils ne sont dus que depuis la contestation en cause, *à tempore litis contestato*, leg. 3, § *in his quoque*, *ff. de usur.*, leg. 3, *cod. de usur.*, leg. *eum qui*, *ff. de donat.*

6°. Dans les actions de bonne foi, le serment peut avoir toujours lieu; il n'en est pas de même des actions *scricti juris*, le serment n'a lieu qu'en certains

tains cas et sous certaines restrictions, comme lorsqu'il s'agit de se fixer sur le tems de la contestation en cause pour l'appréciation, s'il s'agit d'une quantité, *leg.* 3 , § 2 , *ff. commod.* , *et leg.* 5 , *ff. de in litem jur.*

§ XXXI. Il reste encore une autre espèce d'actions qu'on nomme *arbitraires*, par la raison qu'il est au pouvoir du juge de fixer, suivant qu'il le trouve juste , *ex bono et æquo* , le tort causé au demandeur, comme s'il ne restitue pas la chose qu'on poursuit contre lui par l'action *vindicatio* , ou s'il ne paie pas à l'endroit destiné pour la libération, lorsqu'on agit contre lui par l'action *de eo quod certo loco*, ou s'il ne livre pas l'esclave lorsqu'il est poursuivi par l'action noxale, et enfin si le défendeur n'obéit pas à la première ordonnance. Il est encore libre au juge de prononcer contre lui de plus fortes condamnations, ou dans certains cas, d'adjuger au demandeur sur son serment ce qu'il prétend devoir lui revenir. La formule adressée aux arbitres était ainsi conçue : — « *Si patet Titium Mœvio metús causá quid extorsisse,* » *tùm tu, quantùm Titius Mœvio dare oporteat aestima, et si arbitrio tuo,* » *id est decisioni non restituet, in quadruplum illum condemna.* »

Ces actions peuvent, en quelque sorte, être comparées aux actions de bonne foi ; elles diffèrent cependant en ce que, dans les actions de bonne foi, la condamnation se fait tout simplement, et que dans les actions arbitraires, la condamnation n'a lieu qu'autant que le défendeur ne restitue pas sur la première ordonnance du juge , *ut hoc tit.* Parmi les actions arbitraires (1), il y en a de réelles, de personnelles et de mixtes : les réelles sont , par exemple , l'action publicienne, *ut sup.* , § 4 ; l'action serviane et quasi-serviane qu'on nomme aussi hypothécaire , *sup.* , § 7 , ainsi que la vindication

______

(1) Les actions arbitraires et les actions de bonne foi diffèrent encore des actions *stricti juris*, en ce que, dans celles-ci, la condamnation n'est prononcée que conformément aux conventions des parties ; au lieu que dans les autres , c'est selon l'arbitre du juge. On définit ainsi ces trois espèces d'actions : *bonæ fidei sunt actiones in quibus judici vel arbitro conceditur liberior potestas ex bono et æquo æstimandi , quantùm alterum alteri dare , facere oporteat, sup.* , § 30. *Actiones stricti juris sunt in quibus potestas judicis formulæ, id est conventioni partim stricta est , leg.* 99 , *ff. de verb. oblig. Actiones arbitrariæ sunt in quibus judici , vel arbitro , ex æquo et bono æstimare licet , quantùm dari , fieri oporteat ; si vero arbitrio huic non pareat reus , condemnatio in majus fieri potest.*

directe de la chose , parce qu'on ne prononce pas d'abord la condamnation ,
et qu'elle n'a même lieu qu'après le refus de restituer , *leg. qui restituere, ff. de rei vindicat.*

Les personnelles sont , *v. g.* l'action *quod vi aut metús causá , ut sup.* , § 25 ; l'action *de dolo malo* ; l'action *de eo quod certo loco,* lorsqu'on a promis de faire le paiement à un certain endroit, *ut inf. ,* § 33 , *leg.* 2, *ff. de eo quod certo loc. , leg. unic. , cod. conveniens œdilit. œdict. , leg. redhibitoris* ; l'action *ad exhibendum, leg.* 3, § 2, *ad exhibendum.*

Les mixtes sont l'action en partage, *ut sup.,* § 2°. ; l'action paulienne, la faviane, la calvisiane, *ut sup.* , § 6 ; l'action qu'on appelle *rerum amotarum, ut leg.* 8, § 1, *ff. de act. rer. amot.,* et *sup. ,* § 12, *tit. de oblig. quœ ex delict.*

Dans toutes ces actions et autres de même nature, le juge a la libre disposition , *ex bono et œquo ,* d'apprécier la nature de la chose dont il s'agit, et de déterminer la manière dont le demandeur doit être satisfait.

§ XXXII. Quoique dans les actions arbitraires , il fût laissé une grande liberté à l'arbitre du juge , il lui était néanmoins enjoint de réduire , s'il lui était possible , en quelque manière , la prononciation de ses jugemens à une somme certaine, lorsque la demande consistait en argent , *ut cod. sentent. quae pro eo quod interest, leg. unic. ,* § 2°. ; ou à une autre chose certaine, comme une quantité , et cela quand même il aurait été formé une demande incertaine ; autrement la sentence était frappée de nullité , comme, par exemple, dans le cas où il y serait dit d'une manière indéfinie: je vous condamne à donner tout ce que vous devez , *ut leg.* 3, *cod. de sentent. quae sinè cert. ,* à moins que la demande ne fût déterminée dans quelque libelle , *leg.* 3 *et* 4, *cod. eod. de sentent. , quae sinè cert. , leg. aït praetor,* § *in sentent. , ff. de re judicat.*

Il est pourtant des cas où il n'est pas permis au juge de prononcer sur une chose certaine , sans nuire au droit des parties , *inf. de officio jud. in ppio* ; comme s'il s'agissait de plusieurs choses au choix du débiteur , *v. g. ,* d'un esclave en général , ou d'une pétition d'hérédité.

§ XXXIII. On établit des peines contre ceux qui abusaient du privilège des actions; par exemple , lorsque quelqu'un formait une demande excédant ses justes prétentions, il était alors déchu de l'effet de sa demande , c'est-à-dire, de ce qui en était l'objet ; le préteur ne relevait pas facilement de cette

faute, *non facile in integrum restituebatur à praetore,* à moins qu'il ne fût mineur de vingt-cinq ans : alors, comme dans bien d'autres cas, le préteur venait
à son secours, s'il s'était lésé par imprudence ou par faiblesse, et il le restituait
en entier, *ut ff. de minor., leg.* 1ª. ; mais il n'en était pas de même à l'égard des
majeurs ; il ne venait à leur secours qu'autant que l'erreur de fait dans laquelle
ils étaient tombés , était d'autant plus excusable que l'homme le plus judicieux
eût pu s'y tromper , *ut ff. de jur. et fact. ignor.* , *leg.* 2ª. ; comme si l'on avait
formé la demande d'un legs en entier, et qu'on produisît ensuite un codicille
ignoré du légataire par lequel le legs aurait été diminué , ou par lequel il aurait été fait à d'autres plusieurs legs , de manière que le légataire se trouvât
avoir demandé les trois quarts au-delà de ce qu'il aurait eu droit de prétendre,
s'il avait connu les diminutions que le legs devait souffrir par la falcidie. Une
demande peut être excessive de quatre manières, par la chose, par le tems,
par le lieu et par la cause.

On excède sa demande par la *chose*, lorsqu'on exige une plus forte
somme ou une plus grande quantité; comme si quelqu'un à qui il est dû dix
écus d'or, en demande vingt; ou si n'ayant droit que sur une partie d'une
chose, il prétend l'avoir toute entière.

Par le *tems*, en réclamant une chose avant qu'elle soit exigible, comme
si l'on forme une demande avant le jour donné pour le paiement, ou avant
l'évènement de la condition dont elle dépend; d'où il suit que celui qui paie
après le délai, est censé payer moins que la dette, *leg. et si cui, ff. de verb.
sig.*, et celui qui demande avant l'échéance est censé demander au-delà de ce
qui lui est dû, *leg.* 21 , *ff. quand. dies* , *leg. vel fideicomm.* ; car le jour
du paiement, fait, comme la somme due, partie de l'obligation, *leg.* 1ª., § *edi-
tiones, ff. de edent.*, et partie du prix, *leg. fundi partem, ff. de cond. empt.*

Par le *lieu*, si ayant stipulé à Éphèse , on forme la demande à Carthage,
sans faire mention dans l'exploit du lieu porté par la stipulation, on est alors
censé demander au-delà de son dû, parce qu'on prive le débiteur de se
libérer dans le lieu où il avait fait ses fonds ; c'est pourquoi on introduisit
l'action arbitraire, par laquelle le juge était libre d'examiner l'avantage que
pouvait avoir le débiteur de payer dans le lieu porté dans la stipulation. Cet
avantage est ordinairement très-majeur lorsqu'il s'agit de marchandises ,
comme de vin, huile, blé, dont le prix se trouve différent dans presque

84 *

tous les pays; il en est de même de l'argent, qui ne se donne pas également
dans toutes les places sous les mêmes intérêts : si la demande se fait au
contraire à Éphèse, c'est-à-dire, au lieu porté dans la stipulation, la demande
est valable ainsi que l'exploit, quoiqu'il n'y ait été fait aucune mention du lieu,
comme s'en explique le préteur; par la raison qu'on n'a porté aucune atteinte
au droit qu'avait le débiteur de se libérer à Éphèse.

Par la *cause*, lorsqu'on préjudicie à la faculté du choix, *beneficio electionis*,
qui est donnée au débiteur; car celui qui demande au-delà de ce qu'il faut,
quant à la cause, approche beaucoup de celui qui demande plus quant
au lieu, *qui loco plus petitur*; ce qui a lieu, par exemple, dans la stipulation où l'on vous a promis, ou l'esclave *Stichus*, ou dix écus d'or, et
qu'ensuite vous demandiez seulement l'esclave, ou les dix écus, vous êtes
censé demander plus qu'il ne faut, parce que dans une stipulation alternative,
le choix est en faveur du stipulateur; d'où il suit qu'il lui est libre de donner
ou l'argent ou l'esclave, *leg. plerumque*, § *ult.*, *ff. de jur. dot.*, *leg. si
emptione*, § *penult.*, *ff. de contrah. empt.*; celui donc qui demanderait seulement l'argent ou l'esclave, priverait le débiteur du bénéfice d'élection,
et rendrait ainsi sa condition meilleure et celle du débiteur plus mauvaise (1);
c'est pourquoi, s'il ne veut point s'exposer à être déchu de son action, il lui
est seulement permis de former sa demande de la même manière qu'a été
formée la stipulation. Il en serait de même d'une chose à prendre sur un
certain genre, comme si ayant stipulé un homme en général, l'on réclamait
Stichus spécialement; ou si ayant stipulé du vin en général, on réclamait
spécialement du vin de Champagne; ou si ayant stipulé de la pourpre en
général, on réclamait spécialement de la pourpre de Tyr. Dans tous ces cas,
on est censé demander plus qu'il ne faut, à cause du bénéfice d'élection dont
on prive le débiteur, à qui il est libre, suivant la stipulation, *jure stipula-
tionis*, de donner une autre chose que celle qu'on lui demande; ce qui aurait
également lieu si la chose réclamée était d'un plus vil prix que celle stipulée,
parce qu'il est souvent plus aisé au stipulateur de livrer ce qui est du plus

---

(1) Il en serait autrement, si l'esclave était mort ; car alors l'alternative et le choix ne
pourraient plus avoir lieu, l'objet de la stipulation se trouvant déterminé aux dix écus
d'or, *ff. de eo quod cert. loc.*, *leg. non utique*, § *qui Stichum*, *leg.* 1ᵃ., *ff. de jur.
dot.*, *in fin.*

grand prix, qu'une chose commune, *ff. de usu. et habit.*, *leg. fin.*, et *ff. de ususf.*, *leg. hactenùs*, § *fin.*, et *leg. seq.*

C'est ainsi que cela se pratiquait dans l'ancien usage; mais l'empereur *Zenon*, dans une constitution grecque qui n'est point parvenue jusqu'à nous, ainsi que l'empereur *Justinien*, par une autre constitution grecque que nous n'avons pu recueillir, ont établi que lorsque quelqu'un demanderait plus qu'il ne faut par le tems, il serait tenu, pour agir valablement, d'attendre une fois autant de jours qu'il aurait voulu devancer celui du paiement, c'est-à-dire, de doubler le tems qu'il y avait encore à courir pour arriver à l'échéance ; comme , si quelqu'un avait réclamé une chose qui ne devait être exigible que dans un an, il était obligé d'attendre , pour former sa demande , encore une année, c'est-à-dire, deux ans *biennium*, et cela sans aucune espèce d'intérêts pendant cet intervalle, et sans pouvoir former sa nouvelle demande , qu'après avoir payé à son débiteur les dépens de la première instance.

La constitution grecque de *Justinien* regardait la plus pétition , *à loci causâ;* elle établit que celui qui formerait des demandes infectées de pareils vices, serait tenu de rendre au débiteur le triple des dépenses qu'il aurait apportées dans l'instance.

§ XXXIV. Dans le cas au contraire où le demandeur, dans son libelle introductif d'instance, n'aurait pas compris tout ce qu'il avait droit de demander, comme si de la somme de dix écus d'or qui lui serait due, il ne réclamait que celle de cinq écus, ou si ayant la propriété de tout un fonds, il n'en réclamait que la moitié, ces demandes inconsidérées ne pouvaient lui nuire. La constitution de l'empereur *Zenon* vient à son secours, pour fournir en ce cas au juge la faculté de condamner, sur ce même exploit, le débiteur, au paiement de l'entière somme ; ce qu'on doit entendre si le demandeur avait changé ou corrigé son libelle avant la condamnation, ainsi que le lui permet la loi *edita*, *cod. de edend. et ff. de noxâ, leg. in delictis, § si detracta,* et qu'il peut même le faire en cause d'appel; car sans la correction du libelle, le juge ne pourrait passer outre , parce que la sentence doit toujours être conforme aux demandes des parties, *leg. ut fundum, ff. comm. divid. stultus est judex qui judicat ultrà petita, leg. ut cod. de fideicom. libert. secundùm probata et allegata debet judicare et pronunciare , ff. de offic. praesid., leg. illicitas, § veritas.*

§ XXXV. Il en est de même si l'on avait demandé une chose pour une autre, car il est permis pendant l'instance de corriger son libelle ou d'en donner un nouveau, *leg. edita, cod. de edend.* ; comme si ayant à réclamer l'esclave *Stichus*, on avait demandé l'esclave *Erote;* ou si l'on avait formé sa demande en vertu d'un testament, *ex testamento,* tandis qu'elle devait être formée en vertu d'une stipulation, *ex stipulatu.*

§ XXXVI. Il est des actions par lesquelles nous ne poursuivons pas toujours la totalité de ce qui nous est dû ; c'est pourquoi nous les diviserons en actions par lesquelles nous poursuivons le total de ce qui nous est dû, et en actions par lesquelles nous ne le poursuivons que d'une manière accidentelle, *id est modò solidum, modò minùs, actiones aliae sunt in solidum persecutoriae aliae non.* Nous ne poursuivons ce qui nous est dû que d'une manière accidentelle, lorsque nous intentons une action contre le fils de famille ou un esclave, à raison de son pécule, *in actione de peculio,* parce que, quoique le fils de famille soit tenu civilement et l'esclave naturellement du total de leurs obligations (1), néanmoins le père ou le maître n'en sont tenus qu'à concurrence du pécule; de manière que si le pécule n'est pas au-dessous de ce qui nous est dû, *si non minùs sit in peculio quàm persequimur,* le père ou le maître sont condamnés au total; si au contraire le pécule se trouve au-dessous de notre créance, *si minus inveniatur,* le juge ne peut condamner le père ou le maître qu'à concurrence du pécule, *sup.,* § 10, *à la note in fin., leg. tam ex contractibus, ff. de judic., leg. si quis cum filiusf. de pecul.*

§ XXXVII. Le bénéfice appelé de *convénance, beneficium competentiae,* sert aussi d'obstacle aux actions pour la poursuite du total; ce bénéfice regarde ceux qui se trouvent unis par les liens les plus étroits de l'alliance ou de la parenté, les militaires, les bienfaiteurs, et certaines autres personnes qui, à cause de leurs calamités, ne peuvent être poursuivies qu'à concurrence de leurs facultés, *leg.* 29 *et* 30, *ff. de re jud., leg.* 173, *ff. de reg. jur.* ; ce bénéfice est un privilége personnel qui ne s'étend ni aux héritiers ni aux *fidéjusseurs, leg.* 24 *et seq., ff. de re jud., leg.* 63, § 1, *ff. pro soc.* (2) : il

---

(1) *Vide* la restriction faite au § 40, ci-après, en cas d'infortune.

(2) A moins que ce ne soient les enfans communs, *leg. maritum, leg. etiam filios, et leg. seq., ff. solut. matrim., leg. etsi fidejussor, ff. de re jud.*

y a lieu à ce bénéfice à cause des liens étroits de parenté ou d'alliance, en faveur du mari poursuivi par sa femme, à raison de sa dot, *actione de dote,* car il ne peut être condamné qu'à concurrence de ses facultés, sans le réduire à la privation de ce qui lui est nécessaire pour vivre, *leg.* 17 *et* 20, *ff. de re jud.,* et *ff. de reg. jur., leg.* 133, *in condemnatione personarum, leg. meritò, ff. solut. matrim.,* sur quoi on doit avoir égard et à l'âge et à la qualité des personnes, *leg. haereditatem, in ppio, ff. ad leg. falcid. et leg.* 133, *ff. de reg. jur.;* de manière que si les facultés du mari, sous cette restriction, concourent avec la quantité de la dot demandée, on le condamne au total; si au contraire elles sont moindres, on se conforme dans la condamnation à ce qu'il peut donner sans être privé du nécessaire, *in tantùm quantùm facere potest* (1), en faveur des égards dus au mari, on annulle encore le pacte par lequel il aurait été convenu qu'il serait tenu *in solidum,* parce qu'il est regardé fait contre les bonnes mœurs, *leg. alia caus.,* § 1, *ff. de solut. matrim.* La demande de la dot, indépendamment du bénéfice, *ob necessitudinem,* peut encore être diminuée par la rétention que le mari a droit de faire pour les impenses déboursées à raison des choses dotales, parce que les impenses nécessaires (2) diminuent la dot de plein droit, ainsi qu'on peut le voir dans les livres du digeste où les matières sont plus amplement traitées, *ut ff. de impens. in re dot. fact., per tot tit., leg. dote, ff. de rit. nupt., leg. unic.,* § *taceat, vers. sed nec ob impensas, cod. de rei uxor. act.*

Les premières impenses diminuent la dot si elle consiste en argent et en

---

(1) Si cependant le mari, par dol, s'était mis à même de ne pouvoir rendre la dot, il serait tenu de cautionner que, si sa fortune s'améliorait, il paierait en entier ce qu'il aurait fait perdre, *leg. unic.,* § *cum autem, cod. de rei uxoriæ act., et leg. nec maritus, cod. solut. matrim., leg. etiam filios,* § *licet, ff. solut. matrim., et leg. verum est,* § *id quod, ff. pro socio.*

(2) On compte trois différentes espèces d'impenses, les nécessaires, les utiles et les voluptuaires, c'est-à-dire d'agrément. Les premières sont celles sans lesquelles la chose allait périr ou se détériorer : les secondes sont celles sans lesquelles la chose serait d'une moindre valeur : les voluptuaires, enfin, sont celles qui ne servent qu'à l'embellissement de la chose, *ff. de verb. signif., leg. impensæ, leg.* 1ª., *leg. quod dicitur,* § *utilis, et leg. voluptuariæ autem.*

espèces, comme en fonds, parce que les impenses faites au fonds se déduisent sur l'argent; si au contraire il n'y a que du fonds en dot, elles se déduisent sur le fonds; s'il a été dépensé en même tems ou en différentes fois, autant que peut valoir le fonds, il cesse d'être dotal, à moins que la femme n'offre dans l'an les impenses au mari. Si les impenses n'égalent pas le prix du fonds, il ne cesse pas alors d'être dotal, mais le mari a le droit de le retenir en tout ou en partie, suivant qu'il se trouve lui être dû, et jusqu'à ce qu'il soit remboursé de ses avances, *ff. de impens. in reb. dot. fact. , leg. quod dicitur, et ff. de jur. dot., leg. si quis, § penult. et fin.*

Si les impenses sont utiles, il n'y a point lieu à la rétention de la dot; quand bien même elles auraient été faites du consentement de la femme, la dot est rendue en entier, mais alors le mari a contre sa femme l'action du mandat pour poursuivre la répétition de ses avances.

Quant à celles de pur agrément, le mari ne peut les répéter, quand elles auraient été faites *ex voluntate mulieris*; il a seulement la liberté de les enlever, si cela se peut, sans détériorer la chose, *si hoc fieri possit sine laesione prioris statûs, ut cod. de rei uxoriae act. , § sed nec ob impensas, et § licet, ff. de rei vind., leg. in fundo.*

§ XXXVIII. Le bénéfice *ob necessitudinem* a lieu en faveur des pères et des patrons qui ne peuvent être poursuivis par leurs enfans ou leurs affranchis que selon leurs facultés, *in quantùm facere possunt, leg. sunt qui, et seq.,ff. de re judic.*, parce que la personne de père et de patron doit être regardée comme digne de tout respect et de toute vénération, *honesta et sancta persona patris ac patroni semper videri debet, leg. liberto, ff. de obseq. parent. et patro. præstand.* Ce bénéfice a été même étendu aux beaux-pères pendant la durée de l'affinité, *leg. 21 et 22 ,ff. de re jud.*, ainsi qu'aux frères, et même aux associés, entre lesquels on a pensé qu'il régnait une espèce de fraternité, *societas quodam modo jus fraternitatis habet, leg. verum 65, ff. pro soc., et leg. 16, sunt qui, ff. de re judic.*; ce qu'on doit entendre cependant dans le cas où l'action intentée contre l'associé, serait à raison de la société, *leg. verum, § id quod facere, ff. pro socio.* Néanmoins l'associé est tenu de cautionner que, si sa fortune devient plus considérable, il satisfera entièrement son associé, *leg. verum, § item vid.,ff. pro soc.* Ce bénéfice a lieu enfin en faveur des do-

nateurs,

nateurs, lorsqu'ils se trouvent poursuivis à raison de la donation qu'ils ont faite, et toujours sous la déduction de ce qui est nécessaire à l'acquit de leurs dettes et à leur existence, *tenetur tantam in id quod facere potest deducto ne egeat, et deducto aere alieno, id est, quod aliis creditoribus debet ex dissimili causâ*, leg. *inter eos* 19, § *ult.*, leg. *cùm ex causâ* 30, leg. *et exhaeredatum* 49 *et seq.*, leg. *necessarium* 41, § *ult.*, *ff. de re jud.*, et *leg.* 23, *qui id quod, ff. de donationibus, quia nemini sua liberalitas debet esse damnosa*, leg. 28, *ff. de reg. jur.*, et *leg.* 5, *ff. de re jud.*

Outre cette faveur, le *donateur* en reçoit encore d'autres de la loi ; 1°. il n'est point tenu de l'éviction, à moins qu'il n'en ait été autrement convenu, leg. *Aristo.*, *ff. de donat.*, leg. 2, *cod. de evict.*; 2°. il n'est point tenu de l'action redhibitoire, qui a lieu lorsqu'on donne une chose vicieuse, leg. 21, 23, 25, *ff. de œdil. œdict. ne liberalitatis suae paenam patiatur*, dit la loi *ad res donatas*, *ff. de œdil. aedict.*; 3°. il n'est point tenu des intérêts, quoi-qu'il soit en demeure de livrer la chose donnée, *leg. eum qui, ff. de donato.* Ce bénéfice de convenance *competentiae*, a lieu aussi *ob militiam* en faveur des militaires, *leg.* 7 *et* 18, *ff. de re judicat.*

§ XXXIX. Indépendamment du bénéfice de convenance qui sert d'obstacle à la poursuite du total, il y a lieu aussi à la compensation qui, presque tou-jours, diminue à concurrence les actions, *ipso jure*, lorsqu'elle est opposée avec raison, c'est-à-dire, que la dette est liquide et exigible, *leg. ult.*, *cod. de compens.*; de manière que, compte fait, *ex bono et aequo*, de ce dont le demandeur se trouve de son côté débiteur pour la même cause, le dé-fendeur ne doit être condamné qu'au surplus, ainsi que nous l'avons vu au § 3°.

Nous avons dit *presque toujours*, parce qu'il est certaines dettes privi-légiées qui ne souffrent point de compensation, comme le dépôt, etc.

Nous avons dit *pour la même cause*, parce qu'autrefois la compensation n'avait lieu que dans les contrats de bonne foi.

§ XL. Nous observerons en finissant, que le bénéfice de convenance a encore lieu *ob calamitatem*, pour fait d'infortune, en faveur des enfans émancipés, des exhérédés et de ceux qui n'ont point voulu de l'hérédité de leur père, *qui se paternâ haereditate abstinuerunt*, en la puissance duquel ils étaient au tems de sa mort. Lorsqu'ils sont poursuivis pour des obligations par eux contractées pendant qu'ils étaient sous sa puissance, soit de son ordre, ou de son consentement, ou à son insçu, soit enfin à raison de leur pécule ou du patrimoine de leur père, ils ne sont tenus que *in quantùm facere possunt, non deducto aere alieno, leg.* 49, *ff. de re jud. et leg.* 2ᵃ., *ff. quod cum eo qui in aliena*; autrement, du vivant de leur père et pendant qu'ils sont sous sa puissance, ils sont tenus pour le tout, *ut sup.*, § 36. Ce même bénéfice a lieu en faveur des débiteurs malheureux et insolvables ; enfin ils sont alors reçus à la cession de leurs biens, *leg.* 4, *cod. qui bon. ced.*, qui fut introduite par la loi *Julia*, pour éviter au misérable débiteur l'injure de la prison et l'infamie résultant de la vente publique (1) de ses biens, *leg.* 1ᵃ. *et ult.*, *cod. qui bon. ced.*, *et leg. si unus de recep. arbit.* Si cependant ce débiteur venait à acquérir une fortune nouvelle, *idoneum emolumentum,* il pourrait encore être poursuivi de nouveau *ex integro,* s'il pouvait lui rester d'ailleurs de quoi vivre, *in id quod facere posset* ; ce qui n'aurait pas lieu, s'il ne pouvait lui rester, après l'acquit de ses dettes, des moyens pour subsister; car il y aurait de l'injustice à priver celui qui déjà se serait entièrement dépouillé de ses biens, d'une ressource dernière pour existe.

CODE CIVIL, ET CODE DE PROCÉDURE CIVILE.

OBSERVATIONS.

Nomb. 71. Les formalités scrupuleuses des Romains n'ont point été reçues dans nos usages ; les actions sont parmi nous intentées par une première citation devant le juge de paix ; aucune demande principale introductive d'instance, entre parties capables de transiger, ne peut être reçue devant les tribunaux, si elle n'a été précédée de l'épreuve conciliatoire (art. 48, Code de procédure civile).

Toute citation énoncera sommairement l'objet et les moyens de la demande (art. 1ᵉʳ. du Code de procédure civile), ensemble la date du jour, mois et

---

(1) Il résultait de la cession des biens, trois grands avantages ; 1°. d'être à l'abri de la prison ; 2°. d'éviter l'infamie de la vente publique des biens, au nom des créanciers, *leg. debitores, cod. ex quib. caus.*, *inf. irrog.* ; 3°. de ne pouvoir, dans la suite, être poursuivi par des créanciers, qu'autant qu'on améliorerait sa fortune ; auquel cas même on ne pouvait être dépouillé, que sous la déduction de ce qui était nécessaire à sa subsistance, *leg.* 4, *ff. de cess. bon.*

an., les noms, professions et domicile du demandeur, les noms, demeure et matricules de l'huissier, les noms et demeure du défendeur, le nom du juge de paix, et le jour et l'heure de la comparution, *loc. cit.*

Parmi nous, comme chez les Romains, les actions se divisent en réelles, personnelles et mixtes.

En France, l'hypothèque n'est point constituée de la même manière que chez les Romains, nous la définissons, un droit réel sur les immeubles affectés à l'acquittement d'une obligation; de sa nature elle est indivisible et existe en entier sur chacun des immeubles affectés, elle les suit dans quelques mains qu'ils passent (art. 2114 du Code civil).

Le serment décisoire est admis en France comme chez les Romains; l'action n'est éteinte qu'après qu'il a été prêté, et l'on n'est point admis à en prouver la fausseté (art. 1363 du Code civil).

On peut mettre parmi nous, au nombre des actions préjudicielles, celles qui intéressent l'état des hommes.

En France, comme chez les Romains, le mari ou ses héritiers sont tenus de restituer la dot sans délai après la dissolution du mariage, si elle consiste en immeubles (art. 1564 du Code civil); mais ils jouissent d'un an de délai, si elle consiste en argent (art. 1565 du Code civil).

Lorsque la femme se séparait d'avec son mari, il y avait lieu chez les Romains, à la répétition de la dot; de même parmi nous, la séparation de corps emporte toujours la séparation de biens (art. 311 du Code civil).

En France, comme à Rome, la compensation est un moyen d'éteindre la dette (art. 1289 du Code civil).

Parmi nous, la cession de biens valablement faite, opère les mêmes effets que chez les Romains; elle est définie, l'abandon qu'un débiteur fait de tous ses biens à ses créanciers, lorsqu'il se trouve hors d'état de payer ses dettes (art. 1265 du Code civil).

Elle est volontaire ou judiciaire (art. 1266 du Code civil).

Le reste des dispositions contenues dans ce titre nous est absolument étranger.

TITRE VII.

QUOD CUM EO QUI IN ALIENA POTESTATE EST NEGOTIUM GESTUM ESSE DICITUR.

En revenant à l'action concernant le pécule des enfans et des esclaves , nous parlerons des actions qui sont données quelquefois contre les pères et les maîtres. A leur occasion , nous confondrons ceux qui ont traité avec les esclaves, avec ceux qui ont traité avec des fils de famille, pour donner ici de l'abréviation, parce que, de part et d'autre, on observe presque les mêmes droits, *quia eadem jura fieri observantur*, et que ce qu'on entend du maître et de l'esclave, peut s'entendre aussi des enfans et des parens sous la puissance desquels ils se trouvent. Nous avons dit *presque* , parce qu'il y a quelques droits qui sont propres aux enfans de famille, à la différence des esclaves. *Vide hoc tit. , § 6 et seq.*

D'où il suit qu'au sujet des obligations provenant du fait des enfans et des esclaves, les actions doivent souffrir encore une autre division, en actions provenant de notre propre fait, et en actions provenant du fait d'autrui , ou d'un fait étranger; du fait d'autrui, comme des enfans des esclaves; d'un fait étranger , comme des animaux qui nous appartiennent : elles se divisent encore en actions provenant des contrats, et en actions provenant des délits ou quasi-délits. Nous verrons celles-ci au titre suivant. Celui – ci renfermera seulement celles provenant des contrats : on les appelle d'une qualité adjective *actiones adjectivae qualitatis, Heineic. § 1204* , parce qu'elles ne sont qu'un genre renfermant plusieurs espèces, par lesquelles elles se déterminent et se différencient; comme l'action *quod jussu* n'est qu'un genre qu'on détermine en y ajoutant la qualité pour laquelle onla met en usage, ainsi qu'on dit, *v. g.*, *condictio certi , quod jussu actio empti , quod jussu condictio ex stipulatu , quod jussu*, etc.

§ Ier. Quoiqu'on ne puisse stipuler, ni promettre pour un autre, et que du fait d'autrui il ne puisse résulter en faveur d'un autre, ni action, ni obligation, ni aucune espèce de propriété, *nec actio, nec obligatio, nec dominium, ut sup. tit.* 20, § 3, 4, néanmoins il y a une exception à l'égard des enfans et des esclaves qui, à cause de l'unité des personnes, semblent former un lien pour s'unir à certains égards avec le pouvoir des pères et des maîtres ; nous disons *à certains égards*, c'est-à-dire, lorsqu'il est question de rendre leur condition meilleure, à moins que les enfans ou les esclaves ne procédassent du consentement ou de l'ordre (1) de leurs pères ou de leurs maîtres. Ainsi, si l'esclave contractait une obligation de l'ordre de son maître, le préteur, en ce cas, donne une action pour agir *in solidum* contre le maître, sur le fondement que celui qui forme de semblables obligations, est censé compter sur la foi du maître, *ut inf.*, § *ult. et leg.* 1ª., *ff. quod jussu.*

§ II. C'est aussi sur ce fondement que le préteur a introduit en faveur du commerce deux autres actions *in solidum* ; savoir, l'action *exercitoria* et l'action *institoria.* La première a lieu contre le propriétaire d'un vaisseau, *leg.* 1ª., § *ult.*, *leg.* 2 et 3, *ff. de exercitor. act.*, pour l'obliger à remplir l'obligation contractée par l'esclave qu'il aurait préposé à la garde du vaisseau ou à sa conduite, à raison seulement de sa commission, *leg.* 1ª., § 2, 8, 9, 12, *ff. de exerc. act.* Cette action se nomme exercitoire, parce que le maître du vaisseau se nomme *exercitor.*

L'action *institoria* a lieu contre le facteur ou le commissionnaire qui aurait préposé à un magasin ou à toute autre espèce de négoce, un esclave pour l'obliger à remplir les obligations qu'il aurait contractées, à raison de ce négoce, *leg.* 5, § 11, *et seq. ff.*, *leg.* 3, *cod. de inst. act.*

On appelle cette action *institoire*, parce qu'on nomme *institutor* celui qui est préposé aux affaires du négoce, *v. g.* les fermiers-généraux sont *institores*, et leurs employés sont ce qu'on appelle les préposés ; d'où il suit

---

(1) L'ordre n'appartient qu'aux pères et aux maîtres : on est censé avoir donné ordre, lorsque, par testament ; ou par lettres, ou par paroles, ou par un fondé de pouvoir, ou dans un contrat, par clause générale ou spéciale, l'on a donné un mandat avec déclaration qu'on tiendrait pour agréable tout ce qui serait fait par l'esclave, *leg.* 1ª., § 1, 3, 4, 6, *ff. quod jussu.* Il en serait autrement si le maître n'avait donné qu'un mandat ordinaire ; il ne serait alors tenu que comme mandant, *leg. si tibi, cod. mandat., leg. ex verbo, cod. de fideic. libertat.*

qu'il y a cette différence entre l'action *exercitoria* et l'action *institoria*, que l'une tire son nom du préposé *à praeposito*, et l'autre du préposant *à praeponenti*.

Il est indifférent à la validité de l'obligation que le préposé dans l'une et l'autre action soit libre ou esclave, appartenant au maître, ou appartenant à autrui, *leg.* 1^a., § 1, 3, 4, 5, *ff. de exerc. act.*

Nous remarquerons qu'il est libre au demandeur d'agir directement contre le capitaine du vaisseau, ou contre le facteur ou commissionnaire, en vertu de leur obligation, *non autem finito officio, nisi per fidem, si eam pro dominis obstruxerint, leg.* 67, *ff. de procur.*

§ III. Le préteur a introduit encore une action qu'on nomme tributoire, *tributoria* (1), pour le cas auquel un esclave aurait, au sçu de son maître, fait par le moyen du pécule, un certain trafic, et qu'à cet égard il eût formé des obligations : le préteur veut, dans ce cas, que tout ce qui se trouve dans ses marchandises, et tout ce qui en est provenu, soit partagé au *prorata* (2) entre le maître, s'il lui est dû quelque chose, et les autres créanciers ; le maître a seul le droit d'en faire la distribution ; c'est pourquoi on nomme cette action tributoire, *leg.* 1^a. *et* 5, § *in tributum, ff. de trib. act.* : d'où il suit que si l'un des créanciers par dol ou autrement (3) avait été lésé, il pouvait former contre le maître ou ses héritiers l'action tributoire, pour le forcer à revenir au partage, *leg.* § 1er. *et ult. , leg.* 8 *et* 9, *ff. de trib. act.*

---

(1) Ce mot latin *tributoria* vient de *tributendo* ; c'est comme si l'on disait *de actione tribuendâ*, de l'action par laquelle il doit être distribué, ou en vertu de laquelle on doit en venir à une distribution, *tribuere* signifiant la même chose que *distribuere*.

(2) Comme par exemple si les marchandises valaient soixante, et que le maître eût prêté vingt-cinq, et trois autres créanciers vingt-cinq chacun, il y aurait quarante de perte, c'est-à-dire près de la moitié qu'il faudrait faire rejaillir sur tous ; d'où il suit que chacun aurait quinze et perdrait dix ; d'où il suit encore que, dans cette action, la condition du maître n'est pas aussi avantageuse que dans celle du pécule, puisque, dans celle-là, elle est égale à celle des créanciers ; au lieu que, dans celle-ci, il commence à déduire, *in solidum*, ce qui lui est dû.

(3) Nous avons dit par *dol* ou autrement, parce qu'il peut arriver que l'on fasse des portions inégales, sans qu'il y ait du dol ; c'est aussi pour cela que cette action n'entraine pas la peine du dol, mais seulement la poursuite de la chose, puisqu'elle passe contre l'héritier.

§ IV. Outre les actions dont nous venons de parler, il en a été encore introduit deux; savoir, l'action qu'on appelle *de peculio*, et celle qu'on appelle *de in rem verso*: celle-ci a lieu pour les cas où l'esclave aurait fait un négoce par le moyen de son pécule sans la volonté du maître, et qu'à cet effet il aurait contracté des engagemens à son insçu; le maître, s'il a retiré quelque profit, est tenu par cette action *in solidum*; dans le cas contraire, il n'est tenu qu'à concurrence du pécule *ut ff. leg.* 29, § 1°. *de pecul.*; on doit entendre par ce qui a tourné au profit du maître, toutes les impenses nécessaires faites à son occasion, *leg.* 3, §. 12, *ff. de in rem verso, et leg.* 1ª. *in ppio et* § 4, comme si l'esclave a remboursé aux créanciers de son maître l'argent qu'ils lui avaient prêté, s'il a réparé quelque maison prête à tomber en ruine, s'il a acheté du bled et autres denrées pour entretenir sa famille, un fonds ou toute autre chose dont son maître pouvait avoir besoin. Ainsi, si votre esclave a emprunté de *Titius* dix écus d'or, qu'il en ait payé cinq à votre créancier, et qu'il ait employé de toute autre manière les cinq autres écus, vous devez être obligé *in solidum* à rendre les cinq écus, donnés à votre libération, et pour les cinq autres, vous demeurez tenu à concurrence du pécule; d'où il suit que si les dix écus étaient tournés à votre profit, vous seriez entièrement tenu envers *Titius*; car quoique ces deux actions n'en fassent qu'une, c'est-à-dire, que dans l'action de *peculio*, soit aussi inhérente l'action *de in rem verso*, néanmoins il en suit deux chefs dans la condamnation; car si ce qui a fait l'objet de l'obligation de l'esclave, et qui a donné lieu à l'action du pécule, a tourné au profit du maître, il doit être condamné *in solidum* à y satisfaire; mais si au contraire il n'en a profité que pour partie, la condamnation doit en premier lieu retomber sur cette partie, et par voie de suite pour l'autre partie, sur le pécule (1). C'est pourquoi dans l'action du pécule, le juge, avant toutes choses, est dans l'usage d'examiner si la chose a tourné au profit du maître, en tout ou en partie, et de n'en venir à l'estimation du pécule, c'est-à-dire, à ce qui se trouve dans le pécule, qu'autant qu'il faut y recourir pour faire face à l'obligation; d'où il suit que dès que l'action *de in*

---

(1) Parce que le maître est tenu d'imputer sur le pécule ce qu'il doit à son esclave, et qu'il est censé lui devoir ce que l'esclave a payé pour lui, *leg.* 1°., § 6 *et* 7, *ff. de in rem vers.*

rem verso se trouve inhérente à l'action du pécule, elle ne doit avoir lieu séparément, qu'autant que cette dernière action ne pourrait avoir lieu. Il y a cette différence entre l'action du pécule et l'action *de in rem verso*, que celle-ci, après l'affranchissement ou après la mort de l'esclave, est temporelle, c'est-à-dire annale, *leg.* 1ª., § 1, *quand. de pecul. act. annal.*, et que celle-là au contraire est perpétuelle, c'est-à-dire qu'elle dure trente ans, *leg.* 1ª., § 1, *de in rem verso;* il y a encore cette différence, que dans l'action du pécule, le maître a le droit de distraire d'abord ce qui lui est dû par l'esclave, *leg.* 16, 17, *ff. de in rem verso*, au lieu que dans l'action *de in rem verso*, le maître ne peut rien déduire, parce que ce serait faire sa condition meilleure aux dépens d'autrui, *quod non est congruum æquitati, leg.* 14, *ff. de condict. indebit.*

Nous avons dit que le maître avait droit de distraire, dans l'action du pécule, tout ce qui pouvait lui être dû, par la raison qu'on n'entend par pécule que ce qui reste après la déduction de ce qui se trouve dû par l'esclave à son maître, (1) *leg.* 16, 17, *ff. de in rem verso*, ou à ceux qui se trouvent sous sa puissance, comme ses enfans, ses autres esclaves, ou des enfans pupilles dont il gérerait la tutelle, *leg.* 9, § 2, 3, 4, *ff. de pecul. quoniam*, dit la loi, *hoc quoque domino deberi nemo ambigit.*

La déduction de ce que peut devoir l'esclave à son maître ne se fait pas dans tous les cas; par exemple, il peut arriver que l'esclave qui se trouverait en la puissance du maître soit compris dans le pécule de l'esclave débiteur, c'est-à-dire, que l'esclave ordinaire ou *castaldus* soit débiteur de son subordonné, *id est servi vicarii*, parce que dans le fait, tout cela ne forme qu'un même pécule à l'égard du maître (2).

---

(1) Parce qu'à ne considérer que le droit naturel, l'esclave est censé libre, et par conséquent capable de former des obligations naturelles, même avec son maître, *ut ff. de cond. indeb.*, *leg. si id quod*, *ff. de pecul.*, *leg. nec servus*, *et sup. de fidej.*, *tit.* 21, § 1.

(2) Pour l'intelligence de ce texte, il faut savoir que les maîtres étaient dans l'usage d'employer leurs esclaves de confiance à différens emplois, qui, lorsqu'ils étaient trop conserables, étaient partagés par d'autres esclaves entièrement subordonnés aux premiers qu'on appelait *servi ordinarii*, ou *castaldi*, lorsqu'ils étaient commis au soin d'un château, tandis que les subordonnés étaient nommés *vicarii*.

§ V.

§ V. Il n'y a point de doute que celui qui peut agir par l'action *quod jussu*, ou par l'action institoire ou exercitoire, n'ait le droit aussi d'agir par l'action *de peculio, et de in rem verso*, introduite pour le cas où l'esclave aurait fait le commerce à l'insçu de son maître ; mais il serait imprudent de négliger une action prompte et facile, pour intenter des actions, qui entraînent les plus grandes difficultés, pour établir que la chose a tourné au profit du maître, ou qu'il a dans ses mains le pécule de l'esclave, plus que suffisant pour satisfaire les créanciers, *tantùm habere ut solidum solvi possit.* L'action tributoire n'est pas non plus exclusive des actions *de peculio, et de in rem verso ;* mais il n'en est pas de même que dans les actions dont nous venons de parler ; car c'est souvent selon les circonstances, qu'il est plus ou moins avantageux d'employer préférablement l'une de ces trois actions. 1°. Il y a de l'avantage à se servir de l'action tributoire, si l'on pense que le fonds du négoce particulier suffise aux créanciers ; car, dans l'action tributoire, le maître n'a aucune préférence, et sa condition se trouve égale à celle des autres créanciers, *ut sup., tit. 3, liv. 4 ;* au lieu que dans l'action du pécule, la dette du maître est privilégiée, et qu'elle se déduit avant toutes choses.

2°. Il est avantageux d'employer l'action du pécule, parce que dans celle-ci vient tout ce qui fait l'entier pécule de l'esclave ; au lieu que dans l'action tributoire, il ne vient que ce qui se trouve dans le fonds du négoce à raison duquel on a contracté, et qu'il peut arriver que ce négoce soit la plus mince partie du pécule.

3°. Il est avantageux d'employer l'action *de in rem verso* toutefois qu'on est certain de pouvoir établir que la chose a tourné au profit du maître.

D'où il suit que l'intérêt seul doit guider dans le choix de ces actions ; mais ce choix une fois fait, ne peut plus se rétracter, *ut ff. de tribut., leg. quod in hæredem, § eligere*, à moins qu'on n'ait erré dans le fait, lors de la première élection, *ff. quod cum eo qui in al. potes., leg. sed si ex parte, § fin.*

§ VI. Comme nous l'avons déjà remarqué, tout ce qui a été dit de l'esclave et du maître, doit aussi s'entendre du fils, de la fille, du petit-fils, de la petite-fille, ainsi que du père ou de l'aïeul en la puissance duquel ils se trouvent.

Nous avons dit qu'il y avait cependant quelque différence entre les obligations des esclaves et celles des fils de famille ; elle consiste en ce que le sénatus-consulte Macédonien a prohibé les prêts d'argent, faits aux enfans qui se trouvent sous la puissance paternelle, auquel effet il donne une exception tant contre l'action qu'on pourrait intenter contre les enfans sous la puissance de leur père, que contre ceux devenus *sui juris*, ou contre le père ou l'aïeul ; ce qui n'a été introduit qu'en haine des usuriers, qui abusaient souvent de la faiblesse des fils de famille , et leur faisaient contracter des obligations qui opéraient leur ruine. Il suit de – là que les fils de famille ne peuvent renoncer à ce bénéfice ; le père peut y renoncer cependant, soit expressément, en donnant son consentement, auquel effet l'action *quod jussu* aurait lieu, soit tacitement , comme si l'emprunt avait été fait en sa présence sans qu'il s'y fût opposé, ou qu'il eût reconnu postérieurement la dette, qu'il l'eût ratifiée ou commencée de payer, *leg.* 12, *leg.* 7, § 11 *et* 15, *ff. ad senatus-cons. Maced. , leg.* 4 *et* 7, *cod. eod.*, § *sen.-cons. Maced.*

Il est plusieurs cas où le bénéfice de cette exception n'a pas lieu ; 1°. lorsque le fils a un pécule castrense ou quasi-castrense, *leg. fin., cod. ad sen.-cons. Maced. , et leg.* 1ª. , § 3 , *leg.* 2 , *ff. quod cum eo qui in alien. potest.;* 2°. s'il s'était engagé comme père de famille , *ut ff. , leg.* 3 , *ad sen.-cons. Maced.;* 3°. s'il passait publiquement pour père de famille, *ut ff. , leg.* 3, *ad s.-c. Maced. ;* 4°. si le créancier ne savait ou n'avait pu savoir qu'il fût fils de famille ; 5°. si un majeur avait emprunté à un pupille ; 6°. si l'emprunt avait tourné au profit du père , *leg.* 7, § 12 ; 7°. si l'emprunt avait été fait pour les études et autres de ce genre , *leg.* 7 , § 13 , *de sen. – cons. Maced. leg.* 5 , *cod. ad sen.-cons. Maced.*

Il est un contrat qu'on appelle *mohatra* , prohibé par les lois, et qui n'est autre chose , dans la réalité , qu'un contrat de prêt à usure : il a lieu lorsqu'un marchand ou autre prête des marchandises à un haut prix, à une personne qui ne fait point le commerce, et qui les revend à vil prix pour faire de l'argent, *Heineiccius instit.*, § 1227.

Il est à observer que le bénéfice du *Macédonien* ne produit point d'action, mais une exception , d'où il suit que malgré le secours de cette loi, le fils de famille demeure néanmoins naturellement obligé, et que ce bénéfice cesse, si étant devenu père de famille, il reconnaît, de quelque manière que ce soit, la dette qu'il avait dès long–tems contractée, *leg.* 2, *cod. ad s.-c. Maced.;* il suit encore que si le paiement a été fait, on ne peut le répéter comme une chose non due, *leg.* 4°, *de cond. indeb.*, *leg.* 1ª, *ff. de s.-c. Maced.*

§ VII. Outre les actions dont nous avons déjà parlé, données contre les pères et les maîtres, à raison des obligations contractées par les fils et les esclaves, ils peuvent encore être poursuivis par l'action directe en vertu du droit civil, *ut sup., tit.* 6, § 3, *directè condictione certi;* (1) ce qui a lieu lorsque le fils ou l'esclave ont contracté de leur ordre, ou que la chose a tourné à leur profit, sans même qu'il soit nécessaire de savoir s'il y a un pécule, par la raison que les pères ou les maîtres sont considérés comme débiteurs principaux, *leg. ult. pro socio;* il en est de même lorsqu'il s'agit de l'action exercitoire ou institoire, parce que le fils et l'esclave sont censés n'avoir traité que de l'ordre de leur maître ou du père, *ut leg. si institorem', ff. de reb. cred., leg.* 7, § 11, *ff. de s.-c. Maced.*

OBSERVATION.

Nᴏᴍʙ. 72. Nous avons peu d'observations à faire sur ce titre; nous remarquerons cependant que les mineurs jouissent en France, relativement au prêt d'argent, de tous les avantages portés par le sénatus-consulte Macédonien en faveur des fils de famille et en haine des usuriers.

---

(1) A la différence des actions adjectives du droit prétorien, où l'on a besoin d'ajouter, pour les déterminer, *quod jussu, vel de in rem verso,* qui ne regardent que le pé ule et ce qui a tourné au profit du maître; au lieu que, par l'action civile directe, c'est au patrimoine du père ou du maître qu'on s'en prend.

TITRE VIII.

DE NOXALIBUS ACTIONIBUS.

Nous parlerons maintenant des délits ou quasi-délits provenant du fait d'autrui, qui produisent contre nous quelque obligation, *ut tit. praeced. in ppio;* ils regardent ordinairement les personnes qui sont en notre puissance; comme si nos esclaves s'étaient rendus coupables d'un larcin ou qu'ils se fussent emparés par violence ou voie de fait des choses d'autrui, s'ils avaient causé quelque dommage, fait quelque injure, etc.; on a introduit à cet effet les actions qu'on appelle *noxales,* suivant lesquelles il fut permis au maître contre qui on agirait, ou de satisfaire au montant de la condamnation ou d'abandonner l'esclave, *aut noxam dedere*(1) en faveur du plaignant, *leg.* 1ª., *ff. de noxal. act.*

Quoique nous ne soyons pas obligés personnellement par les délits d'autrui, par la raison que *ad pœnam delicta suos autores tenent, leg.* 23, *cod. de pœn., et illos solùm qui deliquerunt obstrictos esse, leg.* 26, *ff. de pœn.,* que néanmoins le maître se trouve obligé, et condamné à une peine qui est, ou de perdre son esclave, ou de payer le montant de la condamnation (2) : ce qui fut établi afin de réveiller l'attention des maîtres sur la surveillance qu'ils doivent porter à la conduite de leurs esclaves; et que, d'ailleurs, celui qui retire un profit d'un esclave, doit aussi répondre de ses faits, *leg. ex quâ personá, ff. de reg. jur.*

§ Iᵉʳ. On appelle *noxa* l'auteur du délit, c'est-à-dire l'esclave, et l'on appelle *noxia* le dommage, le vol, la rapine ou l'injure, qu'il a commis par

---

(1) Il est à remarquer que, quoique le maître abandonne l'esclave, il peut encore être poursuivi à raison de ce qui peut lui être provenu par le délit, *leg.* 4, *cod. hoc tit.*

(2) Le maître qui a cette alternative, doit faire son choix, avant d'être actionné en vertu de la condamnation, sans quoi il est tenu aux dommages, *ad litis œstimationem.*

délit ou quasi-délit; et l'action par laquelle on poursuit le maître se nomme *noxale*, *leg. 1ᵉ. in ppio, ff. de nox. act.* Cette action est d'une qualité adjective, comme celles dont nous avons parlé, *tit. praecedent.*, parce qu'il y en a autant d'espèces, qu'il y a de délits privés ou quasi-délits, *v. g. actio noxalis furti, vi bonorum raptorum, ex leg. aquiliâ, injuriarum deject. vel effud.*, etc.

§ II. Ainsi, on a permis au maître de se mettre à l'abri de tout évènement en abandonnant l'esclave à la disposition du plaignant; car il aurait été fort injuste que les maîtres eussent été tenus du dol ou des fautes de leurs esclaves au-delà de la perte de leur valeur, *ultrà damnum coporis*, *leg. 2ᵉ.*, *ff. de noxal. act.*

§ III. Il faut observer que, quoique ce soit par le fait de l'esclave et non par son propre fait, qu'il fait au plaignant l'abandon de son esclave, il lui en transfère néanmoins la propriété absolue, de même que s'il lui en faisait la vente, *leg. electio, in fin., ff. de nox. act., leg. 2, in fin., ff. si ex noxali caus. agatur.*

En faveur de la liberté, il avait été introduit que si l'esclave abandonné parvenait à se procurer de l'argent, et qu'il offrît de payer le dommage, il serait, malgré son nouveau maître, affranchi par le secours du préteur.

§ IV. Les actions noxales prennent leur source, ou dans le droit civil, ou dans le droit prétorien : celles introduites par le droit civil, sont l'action du vol simple, établie par la loi des douze tables et l'action du dommage causé; celles introduites par le droit prétorien, sont l'action des injures, l'action du vol fait par violence (1), et celles que le préteur a corrigées.

§ V. Nous avons déjà dit que toute action *noxale* suivait la tête du coupable; cela est si vrai, que si votre esclave a commis un délit envers un étranger, cette action est dirigée contre vous pendant tout le tems qu'il reste en votre puissance; s'il passe en la puissance d'un autre maître, l'action

---

(1) Nous disons que l'action de vol, faite par violence, est prétorienne, parce que le préteur mitigea celle qui était introduite par la loi des douze tables; et l'on dit que l'action du vol simple est du droit civil, parce que le préteur n'y toucha point, et qu'elle existe ainsi qu'elle fut établie par la loi des douze tables.

suit toujours l'esclave, et on peut poursuivre le nouveau maître (1) ; si au contraire il a été affranchi, il peut être directement poursuivi ; dans ce cas, l'action noxale demeure éteinte et devient purement directe, *et idcircò noxae deditio extinguitur.* En sens inverse, l'action qui était d'abord directe, peut aussi devenir noxale ; comme si un homme libre, après avoir commis un délit, *noxiam commiserit,* devenait votre esclave, ce qui peut arriver dans plusieurs cas, *ut sup., liv.* 1, *tit.* 3, *§ penult.*, l'action alors qui ne pouvait auparavant être poursuivie que contre le coupable, commence dès l'instant qu'il a passé en votre puissance, à devenir noxale à votre égard, et peut être poursuivie contre vous.

§ VI. Nous avons déjà dit que si votre esclave avait commis un délit envers un étranger, l'action était noxale ; car si le délit avait été commis contre vous qui êtes son maître, il n'en naîtrait aucune action, par la raison qu'il ne peut y avoir d'action civile entre le maître et celui qu'il a en sa puissance ; en ce que, s'il s'agit d'un contrat, tous les droits en résultant sont acquis au maître, et que s'il s'agit d'un délit, le maître a le droit de punir son esclave, *jure dominii potestatis, leg. ult., cod. an servus pro suo fact., et leg. unic., cod. de emendat. serv., leg.* 1ª. *si servus, ff. de noxal. act., leg. ult., cod. an servus pro suo delicto, leg. his nulla, ff. de jud.*; de manière que s'il passait en la puissance d'autrui, ou qu'il vînt à être affranchi, vous ne pourriez agir contre lui directement, *post manumissionem, ut cod. de noxal. act., leg.* 1ª. *in fin.*, ni contre celui en la puissance de qui il se trouverait, *arg., ff. de pec., leg. et ancillarum, § fin.*; d'où il suit que si l'esclave d'autrui avait commis quelque délit envers vous, et qu'il vînt à tomber ensuite en votre puissance, par exemple, si vous en faisiez l'acquisition, il n'y aurait point lieu à l'action noxale, *quia in eum casum deducta sit in quo consistere non potuit, § si servus, leg. si alienus, ff. de noxal. act.*, c'est pourquoi vous n'auriez pas même d'action quand il viendrait à sortir de votre puissance, *arg., ff. de cap. et post lim. rev., leg.* 2ª., *§* 1, *et de cap. dimi., leg.* 2ª.; de même si le maître avait battu et outragé

---

(1) À moins que le premier maître ne s'en soit défait par dol ; car, dans ce cas, l'action noxale utile a lieu contre lui, *ut ff. de noxal. act., leg. si bonâ fid., et leg. electio, § si is.*

l'esclave, quoiqu'il vînt ensuite à être affranchi ou aliéné, il ne pourrait y avoir lieu à aucune action, parce que ce qui ne peut avoir de consistance dans le commencement, ne peut devenir valable par un fait survenu postérieurement, *quia quod ab initio non subsistit, posteà casu quodam superveniente non potest convalescere, leg. 29, ff. de reg. jur.*

§ VII. Comme autrefois le père avait toute sorte de pouvoir sur ses enfans, même de vie et de mort, *ut cod. de patr. potest., leg. fin., ff. de lib. et posthu., leg. in suis, in fin., sup. de his qui sui vel alien. jur., § 2, sup. de jur. person., § 3.*, il pouvait aussi les abandonner à la peine *noxiae dedere*, de la même manière que le maître livrait son esclave, à la différence que si les fils de famille ainsi abandonnés venaient à être affranchis, ils conservaient l'ingénuité; *Quintilian., liv. 7, instit., chap. 3, et liv. 5, chap. 10, de clam.* 311, 340 *et* 342.

Cette rigueur des anciennes lois fut dans la suite abolie, *ut cod., leg. apud antiquos* 21, *in fin.*, par la raison que c'était un outrage à la nature que de livrer un fils, et à plus forte raison une fille, à autrui, pour la satisfaction d'un délit, souvent le fruit de l'imprudence, *patria potestas in pietate non acritate consistere debet, leg. 5, ff. de leg. Pomp. de parricid.* C'est pourquoi, en suivant le sentiment de quelques anciens commentateurs, qui prétendaient que les enfans de famille pouvaient être directement poursuivis pour leurs délits, *ut leg. si filiusfamiliâs, ff. de judic. sup. tit. 5 de oblig., et quasi-delict., § 2°., si filiusfam., ff. de his qui dejece. vel effud., leg. 1ᵉ., § si filius, Justinien* établit que les actions noxales n'auraient lieu à l'avenir qu'à cause des esclaves, *ut leg. apud antiquos, cod. de furt.*, et que les fils de famille seraient à l'avenir poursuivis à raison de leurs délits et quasi-délits, *ut leg. nôxali, et seq. ff. de nox. act.*, de manière qu'il ne resta d'action contre le père, qu'après la condamnation prononcée contre le fils, et seulement en délivrance de tout ou partie du pécule, *ut ff. de nox. act., leg. et si condemnatus, et ff. de pecul., leg. 3, § item scribit.*

CODE CIVIL.

OBSERVATIONS.

Nᴏᴍʙ. 73. Les actions noxales ne sont point connues en France, par la raison, 1°. que nous n'avons point d'esclaves; 2°. que la puissance paternelle ne va point parmi nous jusqu'à la barbarie. Néanmoins le père, ou la mère, après le décès du mari, sont responsables civilement du dommage causé par leurs enfans mineurs habitant avec eux, (art. 1385). Il en est de même du maître à l'égard de son domestique, *loco citato;* mais tout se réduit à des dommages.

TITRE IX.

TITRE IX.

SI QUADRUPES PAUPERIEM FECISSE DICATUR.

Les délits provenant des faits étrangers qui nous obligent , sont ceux produits par les animaux qui ont causé quelque dommage par leur férocité, ou autrement : l'action noxale introduite par la loi des douze tables a lieu aussi dans ces cas , et le maître est entièrement libéré , en faisant la tradition de l'animal, ou en payant le dommage , *aut noxiae estimationem, leg. 1ª, ff. hoc tit. ;* ce qui ne peut laisser d'équivoque ; car la loi des douze tables s'explique ainsi : « Si un cheval sujet à ruer, a frappé quelqu'un d'un coup de pied, ou si un » bœuf sujet à donner des coups de cornes, a frappé quelqu'un, et ainsi des » autres animaux domestiques , mais vicieux , contre la nature commune aux » animaux de la même espèce, *quae contrâ naturam moventur, leg. 1ª. §. 4,* » *hoc tit.* (1). » Cette action n'aurait point lieu cependant si les animaux étaient féroces par leur nature, *si genitiva esset feritas ;* comme si un ours était échappé à son maître, et que dans sa fuite il eût occasionné quelque dommage , le maître n'en pourrait être tenu , parce que l'animal a cessé de lui appartenir dès le moment qu'il a pris la fuite , *ut sup. de rer. div. , § 12, et leg. 1ª. , § in bestiis , ff. si quadrup. paup. feciss. dicat. ,* à moins qu'on ne pût lui imputer de la négligence dans la garde de l'animal , *si negligentiam custodiae adhibuerit , leg. hi enim 40, cum leg. seq. , ff. de aedilit. aedict.*

---

(1) Il en serait autrement si l'animal avait agi contre sa nature par la faute ou la provocation de quelqu'un : on pourrait agir dans ce cas contre le provocateur , en vertu de la loi *aquilia, leg. 1ª., hoc tit. , § 4, vers. quod si propter :* toute action est même déniée, lorsqu'on a reçu des coups de l'animal qu'on avait soi-même excité, *leg. 1ª. , hoc tit. , § 6.* Il en est de l'action noxale *de pauperie ,* comme des actions noxales , introduites à raison des esclaves ; elles peuvent être poursuivies par tous les intéressés et contre tout possesseur, *quia hœc quoque caput sequitur.* Si l'animal appartient à plusieurs, on peut agir solidairement contre chacun d'eux , *adversùs singulos est actio in solidum , leg. si servus servum 27 , § 1 , ff. ad leg. aquil.*

Tome II.   87

On définit le dommage appelé *pauperies*, celui causé sans dessein, *damnum sine injuriâ facientis datum*, parce qu'on ne peut pas dire qu'il y ait eu dessein de nuire de la part d'un animal irraisonnable, *leg.* 3, § 1, *ff. de inj.*, *leg.* 1ª. *aït praetor*, *ff. hoc tit.*; c'est ce qui distingue le dommage appelé *pauperies* de celui dont il est parlé dans la loi *aquilia*, *de damno injuriâ dato*; voilà ce qui regarde l'action noxale.

§ Iᵉʳ. Mais, outre celle introduite pour les quadrupèdes, on a introduit encore par l'édit des édiles, une autre action qu'on appelle *actio in factum*, *leg. quae vulgò*, *ff.* 24, *hoc tit.*, contre ceux qui, ayant contrevenu à la partie de l'édit qui défend de tenir ni chiens, ni sangliers, ni lions et autres animaux sauvages, sur les endroits servant de passage ordinaire, se seraient ainsi exposés par leur propre fait à répondre du dommage que ces animaux pourraient causer, auquel cas on avait établi que, si un homme libre périssait par la cruauté de ces animaux, le maître était tenu à deux cens écus d'or, *ut ff. de aedilit. aedic.*, *leg. quae vulgò*; si, au contraire, il n'avait été que blessé, le juge fixait *ex bono et aequo* la peine, suivant les frais faits pour sa guérison et la perte éprouvée pour la suspension de son travail, sans cependant avoir égard à la difformité, parce que ce qui regarde le corps humain, ne peut recevoir d'estimation, *leg.* 3, *ff. hoc tit.*; *autrement* l'on était tenu à la peine du double pour toutes les autres contraventions à cet édit, *ff. de aedilit. aedict.*, *leg. quae vulgò*. Le plaignant avait non-seulement la faculté d'agir par l'action *in factum*, mais encore par l'action *de pauperie*, parce qu'il est de règle que les actions pénales, concourant pour un même fait, ne peuvent pas se détruire l'une par l'autre, en sorte qu'il n'y a alors que la prévention qui les fixe, *sed quoad praeceptionem*.

La loi des douze tables ne dit rien des *bipèdes*; mais en interprétation de la loi *ex mente legis*, il a été introduit l'action utile *de pauperie* pour le dommage causé par ces animaux, qui ne produit que l'action noxale directe *de pauperie* pour les quadrupèdes; appelée directe, *quia ex mente et verbis legis datur*, *leg. penult. et in glos.*, *ff. hoc tit.*

CODE CIVIL.

OBSERVATIONS.

Noмв. 74. En France, comme chez les Romains, le propriétaire d'un animal, ou celui qui s'en sert pendant qu'il est à son usage, est responsable du dommage que l'animal a causé, soit que l'animal fût sous sa garde, soit qu'il se fût égaré ou échappé, (art. 1385;) mais il ne jouit pas de l'alternative que lui offraient les lois romaines, de payer le dommage, ou d'abandonner l'animal; il est forcé, dans tous les cas, de payer l'estimation du dommage; quant à l'application à nos usages, des divers cas portés par la loi des douze tables, et des décisions particulières du droit romain sur cette matière, *vide Domat, liv. 2, tit. 8, sect. 1, 2 et 3, lois civiles.*

TITRE X.

DE IIS PER QUOS AGERE POSSUMUS.

APRÈS avoir parlé des actions, nous devons voir par qui elles peuvent être intentées. L'on peut agir, ou en son nom ou par le nom d'autrui, savoir, par procureur, tuteur, curateur, etc. Ce qui n'avait point lieu autrefois, soit parce qu'il fallait employer des formules qui ne pouvaient être proposées par autrui, par la raison que la moindre faute dans la formule, même l'omission d'une formule entraînait la nullité et la déchéance de l'action, *leg. 2, § 6, ff. de orig. jur.*, parce que nul ne pouvait acquérir à un autre, à moins qu'il ne fût sous sa puissance, *sup.*, *§ 5*, *per quas pers. cuique acquir.*; d'où l'on concluait qu'on ne pouvait agir ni défendre pour quelqu'un, *nec pro alio agere posse*, *leg. 123, ff. de reg. jur.*; l'on en exceptait cependant les cas où il s'agissait de l'intérêt public, de la liberté, et des pupilles : de plus, il avait été introduit par la loi *hostilia*, qu'on pouvait agir pour fait de vol, au nom de ceux qui étaient retenus captifs chez les ennemis, ou qui étaient absens pour les affaires de la république, ou qui étaient en tutelle. Mais les anciens jurisconsultes trouvant fort déplacé qu'on ne pût agir par procureur, que dans quelques cas particuliers, ce qui pouvait être préjudiciable dans bien des circonstances, permirent l'entremise des procureurs indistinctement, pour toute sorte de cas, *ut leg. 1ª., in fin., ff. de procur.*; et pour sauver le principe dont nous avons parlé, qui s'opposait à cet usage, l'on feignit que le procureur était devenu le maître de l'affaire, *fingebant procuratorem fieri dominum*, *leg. 4, § 3, ff. de alien. jud. mutand. caus. fact.* Cette propriété était toujours, en suivant la fiction, censée s'acquérir par la litis-contestation, en sorte que la sentence était rendue contre le procureur, *leg. unic., cod. de satisd.*, *et leg. 1ª.*, *cod. de sentent. et interl. omn. jud.* On nomme procureur celui qui se charge de l'administration des procès d'autrui, en vertu d'un mandat de celui qui en est le maître, *leg. 1,* *cod. et leg.* 33, § 1ᵉʳ, *ff. de procur.*; et l'on appelle défenseur celui qui soutient le rôle du défendeur, *leg.* 46, § 2, *leg.* 76, *ff. de procur.*; on appelle encore *syndicus*, celui qui est nommé à l'administration des affaires d'une communauté; on appelle enfin *affector*, celui qui poursuit le rétablissement de la liberté d'autrui, *leg.* 3, § *hoc interdictum.*, *ff. de lib. hom. exhib.*, *leg.* 2, *ne de stat. defunctor.* Nous observerons que ces poursuites et défenses par procureur n'avaient lieu que dans les matières civiles, *leg.* 1ᵃ. *ff. de procur.*; car dans les matières criminelles, les deux parties étaient tenues d'agir par elles-mêmes.

§ I. Pour la constitution des procureurs, il n'est pas nécessaire d'employer certaines paroles solennelles, on peut même agir à cet égard sans la présence de la partie adverse; si le procureur est capable d'administrer ses propres affaires, il est censé nommé par vous dès l'instant que vous lui avez donné votre confiance, et que vous lui avez fait la remise de votre procès, *ut leg.* 1ᵃ. *ff. de procur.*

Cette charge peut prendre fin par un désaveu mutuel, *ut sup. quib. mod. toll. oblig.*, § *ult.*, par la révocation faite par le mandant, avant la contestation en cause, et même après la contestation; mais en ce cas, ce doit être en connaissance de cause, *leg.* 17, *ff. de procur.*, à raison de l'intérêt que peut avoir l'adversaire, de ne point changer de contradicteur, *arg. leg. jam tamen*, § *si tamen*, *ff. judic.*

On doit observer ici que les tuteurs et les curateurs ne peuvent constituer de procureur, avant la contestation en cause, parce qu'ils ne sont alors que demandeurs *actores*, et que ce n'est qu'après la contestation qu'ils sont *domini litis*, *leg.* 11, *cod. de procur.*

§ II. Nous avons déjà fait connaître la manière dont on établit les tuteurs et les curateurs.

CODE DE PROCÉDURE CIVILE.

OBSERVATIONS.

Noᴍʙ. 75. Conformément au dernier état du droit romain sur les poursuites judiciaires, il est permis en France de constituer des procureurs, soit en demandant, soit en défendant; il y a mieux, c'est que les parties ne sont point reçues à poursuivre ou à défendre leurs propres causes, si elles ne sont assistées d'un procureur. Le demandeur est tenu en conséquence de constituer un avoué, ce qui est sinonyme du mot procureur, dans son exploit introductif de l'instance, sous peine de nullité, (art. 61, code de procédure civile.) Le défendeur est aussi tenu de constituer un avoué dans les délais de l'ajournement par acte signifié d'avoué à avoué, (art. 75, code de procédure civile.) Il est un seul cas où les parties sont admises à plaider leur cause sans le ministère des avoués ; c'est lorsqu'elles sont en instance devant les tribunaux de commerce, par la raison que la procédure devant ces tribunaux se fait sans le ministère d'avoué, (art. 414, code de procédure civile.)

TITRE XI,
DE SATISDATIONIBUS.

Lorsqu'autrefois on poursuivait par action réelle un possesseur de biens en son propre nom, il était tenu de cautionner, afin que s'il venait à être condamné, et qu'il ne voulût ni restituer la chose, ni les frais du procès, *nec litis estimationem*, le demandeur eût la liberté ou d'agir contre le possesseur, ou contre les fidéjusseurs solidairement, *leg.* 3, *ff. judic. solvi*, c'est-à-dire sans bénéfice de discussion ni de division, *ut in glosâ, leg. ult., cod. de usur. rei judicat.*, c'est ce qu'on appelait *judicatum solvi*; cette caution était ainsi appelée, parce que le demandeur ne stipulait que le paiement du montant de la condamnation; d'où il suit, à plus forte raison, qu'il y avait lieu à cette caution lorsque le possesseur ne défendait pas non-seulement par lui-même, mais encore par autrui. Il n'en était pas ainsi du demandeur par action réelle; car s'il agissait en son nom, il n'était pas tenu de cautionner; mais s'il agissait par procureur, celui-ci était tenu de cautionner non-seulement *de judicatum solvi*, mais encore de la ratification qu'en ferait le maître, *leg.* 11, § 2; ce qui avait été établi afin d'éviter une nouvelle action pour le même objet; l'édit du préteur s'occupant des tuteurs et des curateurs, les assujétit aussi à donner caution de la même manière que les procureurs; car il s'exprimait ainsi, *quisquis agit alieno nomine, teneatur satisdare de rato*. Cette règle n'était cependant pas suivie à la rigueur, et quelquefois ils en étaient déchargés, *leg. vulgò, ff. de administ. tut.*, *leg. tutor qui, ff. de admi. tut.*, *et leg. interd.*, § *qui tutelam defuit*. C'est ainsi que cela se pratiquait à raison de l'action réelle.

§ Ier. Quant à l'action personnelle, il en était de même que pour l'action réelle, mais seulement à l'égard du demandeur; car, pour le défendeur, si un autre avait pris sa défense, il était tenu de fournir caution, suivant la règle, que personne n'est réputé propre à la défense de la cause d'autrui, sans avoir fourni un cautionnement, *leg. qui proprio, leg. minor.*, § *ult. et seq.*, *ff. de procur.*; si au contraire quelqu'un se présentait pour défendre au nom du défendeur, à une action personnelle, la caution n'était pas exigée (1), *satisdare non cogebatur, leg.* 3 *, in fin. , ff. ex quib. caus. in poss. eat.*

§ II. Il en est autrement aujourd'hui ; car, dans aucun cas, on n'est tenu de fournir la caution *judicatum solvi,* qu'on soit poursuivi en son nom par action personnelle ou réelle ; seulement on est tenu de la caution *judicio sisti, ut ff. qui satisd. cogunt., leg.* 2ª.*, § praetor aït, in fin.,* par laquelle on s'oblige de demeurer en jugement jusqu'à sentence définitive, *usque ad terminum litis.* On s'en rapporte, pour cette caution, quelquefois au serment, d'où on la nomme *juratoire* ; quelquefois à une simple promesse ; tantôt, enfin, on exige une caution complette, *satisdatio,* et ce, suivant la qualité des personnes.

On définit la caution, la sûreté qu'on donne à son adversaire, du paiement auquel on peut demeurer tenu.

La plus ordinaire est celle qu'on appelle *satisdation,* qui se fait en faisant intervenir des fidéjusseurs bons et valables , *leg.* 1ª.*, leg. sancimus, cod. de verb. sign.*

Il est une autre caution, qu'on nomme *hypothécaire* ; c'est, sans contredit, la plus solide, parce qu'on a soi-même en son pouvoir ce qui forme la sûreté de la dette , *leg., § 9 , ff. de colla. bon.*

§ III. Lorsqu'on agit ou qu'on se défend par procureur, celui qui est chargé du rôle du demandeur, doit cautionner qu'il fera ratifier tout ce qui aura été fait par le mandant ; ce qu'il peut éviter, en faisant

---

(1) La caution *judicatum solvi* a trois clauses qui lui sont inhérentes ; 1º. celle de *re judicatá* ; 2º. *de re defendendá* ; 3º. *dolum malum abesse ob futurum judicium.* La première renferme la stipulation de payer le jugé, *leg., ff. jud. solvi,* bien entendu en principal ; car il serait injuste que les fidéjusseurs fussent tenus des condamnations accessoires. La seconde renferme la stipulation de défendre la cause ; et si la défense n'a pas lieu, on peut être poursuivi, ainsi que ses fidéjusseurs , en dommages et intérêts ; on est censé n'avoir point défendu, lorsqu'on ne l'a fait qu'en partie, *leg. ex clausulá ,* 17 *, ff. judic. solvi, arg. , leg.* 23 *, ff. de damno infecto.* La troisième renferme la stipulation de garantir de tout dol ; comme si par le dol employé dans la défense, l'on obtenait gain de cause, le condamné pourrait agir tant contre son adversaire que contre ses fidéjusseurs pour la réparation du bénéfice, *leg.* 17 *, ff. judic. solv., in glos.*

enregistrer

enregistrer au greffe le mandat extrajudiciaire en vertu duquel il agit, ou en faisant confirmer sa constitution en jugement. Ce qui s'observe également à l'égard des tuteurs, curateurs, et autres personnes semblables, qui, ayant reçu l'administration des affaires d'autrui, ont le droit de faire poursuivre par d'autres, lorsqu'ils ne peuvent ou ne veulent pas agir par eux-mêmes, *litem quibusdam per alium inferunt.*

§ IV. Quant au procureur du défendeur, s'il est assisté de sa partie, et qu'elle confirme en jugement la constitution, elle est valable, moyennant sa déclaration qu'il cautionne, pour son procureur, de payer le jugé. Le défendeur peut encore cautionner extrajudiciairement, avec toutes les clauses inhérentes à la caution *judicatum solvi*, soit que le cautionnement soit judiciaire ou extrajudiciaire, sous la clause de l'hypothèque de ses biens, afin que lui et ses héritiers en soient également tenus (1). Il est encore une caution spéciale, que le défendeur est tenu de donner; savoir, qu'il sera présent à la prononciation de la sentence définitive, sous peine d'exposer la caution à l'acquittement du jugé, à moins que le procureur ne donnât lieu à une excuse légitime, comme s'il en était relevé appel, *ut arg. rubricae et versiculi*, § 2, *leg. 8, filiusfam., ff. de procur. et defens.*

§ V. Si le demandeur est au contraire absent, quelque soit la cause de l'absence, *si verò reus ex quâcumque causâ praesens non fuerit*, et que quelqu'un se présente pour prendre sa défense, il peut y être reçu, sans distinction d'action réelle ou personnelle; dans tous les cas, il est tenu de donner caution pour le jugé, *pro litis aestimatione*, parce que, sui-

---

(1) Quoique le défendeur soit présent, le procureur a la faculté de donner ses fidéjusseurs; car il est libre à chacun de prendre la défense d'un autre, même sans mandat, *ut cod. de satisd., leg.* 1ª*., et cod. de procur. leg. exigendi*, et même malgré lui; mais alors il n'est point regardé comme simple procureur, mais comme procureur *in rem suam*, comme ayant voulu faire novation en prenant sur lui tout l'évènement de la cause, *judicium in se accipiendo, ut ff. de nov. et deleg., leg. delegare, et ff. de in rem verso*, etc. Autrefois cette novation *judicio accepto* se présumait; mais elle n'a lieu aujourd'hui qu'autant qu'on s'en est expliqué en termes exprès, *ut sup. quib. mod. toll. oblig.*, § 3; auquel cas on doit prêter le serment *juramentum de calumniâ, cod. de juram. calumniæ, leg.* 2ª*., § sin autem reus.*

vant ·l'ancienne règle, nul n'est réputé défenseur valable de la chose d'autrui, s'il n'a fourni un cautionnement, *cod. de satisd.*, *leg.* 1ª,, *in fin.*, *et ff. de procur.*, *leg. qui proprio*, § 2.

§ VI. Comme il ne s'agit ici que des formalités, il sera plus aisé de s'en instruire par la pratique, c'est-à-dire par l'usage journalier des jugemens que rendent les cours de justice à l'égard des cautions.

§ VII. Ces formalités sont observées, non-seulement dans la ville de Rome, mais encore dans toutes les provinces de l'empire, ainsi que l'a ordonné l'empereur *Justinien, etsi propter imper. fortè aliter celebrantur;* car il est nécessaire que les provinces se conforment à tout ce qu'on observe dans la capitale qui sert de lumière à toutes les autres villes, *leg. unic.* § *sed etsi quae*, *leg.*, *cod. de veter. jur.*

De-là vient que l'hypothèque tacite sur les meubles des locataires, introduite par une loi pour la ville de Rome, a lieu aussi dans les provinces, *leg. ult.*, *cod. in quib. caus. pig. hypothec.*; c'est pourquoi l'on nommait le droit civil des Romains, *droit commun;* car il était commun en effet à toutes les provinces de l'empire; mais cela doit s'entendre seulement dans les cas où la loi a expressément dérogé à des coutumes contraires, comme dans ce cas-ci; car autrement les coutumes détruisent la loi, *ut sup.*, *liv.* 1, *tit.* 2, § 9.

CODE CIVIL ET CODE DE PROCÉDURE CIVILE.

OBSERVATIONS.

Nomb. 76. En France, on n'exige pas comme chez les Romains, des cautions de la part des défendeurs et des demandeurs indistinctement.

Il n'est que deux cas où elles sont exigées.

Le premier est celui où un étranger, dans toutes affaires autres que les affaires commerciales, intentera devant nos tribunaux une action en demandant, contre un Français; il est alors tenu de donner la caution *judicatum solvi*, à moins qu'il ne possède en France des immeubles suffisans pour assurer le paiement des frais et des dommages et intérêts, (article 16, Code civil,) (et art. 166 , Code de procédure civile.)

Le deuxième est celui où l'on poursuivrait l'exécution provisoire d'un jugement d'un des tribunaux de commerce , nonobstant l'appel, le demandeur est alors tenu de fournir une caution suffisante , (art. 439 , Code de procédure civile.)

TITRE XII.

DE PERPETUIS ET TEMPORALIBUS ACTIONIBUS ET QUÆ AD HÆREDES ET IN HÆREDES TRANSEUNT.

S**UIVANT** le droit ancien, les actions provenant ou de la loi, ou des senatus-consultes, ou des constitutions des princes, en un mot, de tout ce qui formait le droit civil, étaient perpétuelles (1) : elles ont même ainsi demeuré jusqu'à ce que de nouvelles constitutions y fixèrent un terme, par l'exception de la prescription appliquée tant aux actions réelles que personnelles (2); celles qui, au contraire, provenaient proprement du droit honoraire, c'est-à-dire, de la jurisdiction du préteur, étaient ordinairement annales (3), par la raison que le pouvoir du préteur ne s'étendait pas au-delà d'un an. Nous avons dit *ordinairement annales*, parce qu'il y avait aussi des actions prétoriennes perpétuelles, auxquelles les constitutions donnèrent un terme de la même manière qu'à celles du droit civil, telles étaient la possession des biens, *ut sup. de bon. poss., et ff. de possess. haered. petit.*, et la majeure partie de celles où il s'agissait de la poursuite des choses, *et sic fuere de omnibus praetoriis rei persecutoriae, leg. in honorariis, ff. de oblig. act., leg. si mulier, § haec actio rer. amotar., leg. miles, § ult. de re judic.* L'action du vol manifeste,

---

(1) Il y a cependant des exceptions pour quelques actions personnelles civiles; savoir, l'action d'injures introduite par la loi *Cornelia*, *leg. si non convitii, in fin.*, et l'action de péculat, *ut ff. ad leg. Jul. rep., leg.* 2ª., qui ne sont qu'annales.

(2) Les constitutions limitèrent les actions perpétuelles, personnelles et persécutoires, civiles et prétoriennes, à trente ans, *ut cod. de præscript. 3o vel 4o annor., leg. sicut, et leg. omnes, cod. quib. non objicit. long. temp. præsc., leg. neque, cod. de annal. except. leg.* 1ª., *et de constitut. pecun. leg.* 2ª. ; pour les actions réelles, c'est-à-dire pour les meubles, trois ans; pour les immeubles, dix ans entre présens, et vingt ans entre absens.

(3) Bien entendu une année utile, *ut ff. de vi et vi ar., leg.* 1ª., *§ quod autem ait prætor, ff. de edilit. edict., leg. sciendum, § fin.*

quoique provenant de la jurisdiction du préteur, était aussi perpétuelle, parce qu'il était absurde de n'étendre sa force qu'à une année en haine du vol.

§ Ier. A l'égard des actions civiles et prétoriennes, elles n'ont pas toutes lieu, et elles ne sont pas également accordées contre l'héritier; car il est de règle certaine, dans le droit, que les actions pénales provenant des délits, ne passent point contre les héritiers du coupable, comme le vol, la rapine, les injures, le dommage causé, *leg. pupillum, de reg. jur.*, quoiqu'elles passent aux héritiers du plaignant, à l'exception de l'action d'injures et quelques autres semblables, qui regardent plutôt la vengeance que la poursuite d'une chose, *leg.* 2, § 4, *ff. de coll.*; quoique les actions provenant des contrats, aient lieu pour et contre les héritiers, *leg. ex contractibus, ff. de oblig. et act.*, il est néanmoins des cas où le défunt aurait usé de dol ou de fraude, sans que l'héritier en eût ni directement ni indirectement profité. Si les actions pénales dont nous avons parlé ont commencé d'être poursuivies avec les parties principales, elles passent alors sans aucune difficulté, tant aux héritiers que contre les héritiers, et les actions temporelles deviennent encore par-là des contestations perpétuelles, *leg. ult.*, *ff. de fidej. tut.*, *leg. omnes de reg. jur.*, parce que par la contestation il s'opère une novation dans l'action par le moyen du quasi-contrat qui se forme en jugement, par lequel les parties s'obligent respectivement à attendre le jugement qui interviendra et à y souscrire; en sorte qu'alors l'action provenant de ce quasi-contrat, prend la place de celle provenant du délit qui n'existe plus (1), *leg.* 3, *§ idem scribit, ff. de pecul.*, *leg.* 26, 33, 58, *ff. de oblig. et act.*, *leg. paenalia de reg. jur.*

§ II. Nous devons observer que si avant le jugement le défendeur satisfait à la demande, il doit obtenir son relaxe, quoique cependant il eût dû être condamné auparavant : c'est pour cela qu'il est dit vulgairement que tous jugemens peuvent être absolutoires, *ut leg. si reus,* 73, *ff. de procur.*

---

(1) Pour que l'action passe aux héritiers, une simple préparation suffit, sans la contestation en cause, comme si l'on a donné quelque libelle, fait quelque dénonciation, *leg. posthumus, § fin.*, *et leg. seq.*, *ff. de inoff. test.*

CODE CIVIL.

OBSERVATIONS.

Nomb. 77. En France, toutes les actions qui descendent des contrats se prescrivent ou par 30, ou par 20, ou par 10 ans, (section 2 et 3 du tit. 20 du liv. 3, Code civil).

Le code de la justice criminelle fixera sans doute par quel tems est acquise la prescription des actions provenant des délits, et il paraît certain que ce sera conformément à la disposition des lois romaines.

En règle générale, parmi nous, toutes les actions passent aux héritiers et contre les héritiers, mais seulement aux fins civiles, c'est-à-dire, pour la réparation du dommage.

TITRE XIII.

DE EXCEPTIONIBUS.

~~~~~~~~

Ainsi que les actions ont été produites pour l'intérêt des demandeurs, de même il a été introduit des exceptions pour l'intérêt des défendeurs, afin de leur donner le moyen de repousser ou de détruire les demandes contre eux intentées, soit en contestant le fondement, ou la cause de l'action, soit en les reconnaissant justes, mais en y ajoutant une exception, *leg.* 2, *ff. de except.*, *leg. nec non.*, § *pen.*, *ff. except. caus. maj.* Car il arrive souvent qu'une demande, quoique fondée, est injuste néanmoins, ou dans le tems que la poursuite est faite, ou à l'égard de celui qui se trouve poursuivi.

On définit l'exception, toute allégation ou défense qui porte atteinte *ipso jure, vel ob æquitatem,* à l'action du demandeur, *leg.* 2, § 1, *leg.* 15, *ff. de except.* D'où il suit qu'on n'appelle pas seulement exceptions les exceptions de droit, comme le paiement, la compensation ; mais toute défense de fait ou de droit.

Le défendeur a cet avantage sur le demandeur, qu'il peut opposer autant d'exceptions différentes, qu'il s'en présente pour la faveur de sa cause, *leg.* 5, *nemo, ff. de except.* : au lieu que dans le concours de plusieurs actions pour le même objet, le demandeur doit s'en tenir à une seule, *leg. plur. delicta, ff. de oblig. et act., quia reus est favorabilior quàm actor.*

§ Ier. Les exceptions sont civiles et prétoriennes : ces dernières ont lieu, par exemple, lorsque, par crainte, par dol ou par erreur, l'on avait promis, par stipulation, une chose non due, *ut ff. de except. doli, leg.* 2ª., § *circà*, quoiqu'il soit évident, suivant la rigueur du droit civil, que cette stipulation produise une obligation, *ut leg.* 36, *ff. de verb. oblig.*, et que l'action qui en provient soit efficace, *et actio quâ intenditur dare te oportere efficax est, quia voluntas etiam*
~~~~~~~~

coacta est voluntate, *ut dicit Angelus* : néanmoins, comme il paraît souverainement injuste que l'on puisse être condamné, l'équité vient heureusement combattre cette obligation civile, par le secours du préteur, qui, pour repousser cette action, accorde l'exception *quod metûs causâ*, ou l'exception *doli mali*, ou celle qu'on appelle *in factum*, *ut leg.* 2ᵃ., *ff. de doli mali et metûs except.*, *leg.* 36, *ff. de verb. oblig.* Il y a cette différence entre l'action de dol et l'action *quod metûs causâ*; que celle-là ne regarde que la personne qui a commis le dol, et à laquelle elle peut seulement être opposée; au lieu que celle-ci n'est restreinte à personne, *ut in rem scripta.* Elle peut être opposée à toute personne, pourvu qu'on justifie de la crainte. On proposait cette exception par la formule suivante : *Si in eâ re nihil metûs causâ factum est, leg. apud Celsum, § pen., ff. de doli mali et metûs causâ excep.*

§ II. Il en serait de même, si quelqu'un vous avait obligé par stipulation *spe futurae numerationis*, comme s'il eût voulu vous faire un prêt, et qu'il ne vous eût pourtant pas fait la numération des espèces; il est certain que, malgré cela, il est en droit, à la rigueur, de vous en demander le remboursement, et que vous devez être tenu de le faire, puisque vous êtes obligé envers lui par une stipulation; mais comme il était indispensable de mettre les citoyens à l'abri d'une condamnation aussi injuste, il fut introduit par le droit civil l'exception qu'on appelle *non_numeratae pecuniae* (1), pour repousser une pareille demande dans un certain tems défini par la loi, comme on peut le voir au code *leg. in contractibus de non numeratâ pecuniâ*, et au *tit.* 22, *de litter. oblig.*, *liv.* 3, ci-dessus.

§ III. Le simple pacte ne produisant qu'une obligation naturelle, et ne pouvant par conséquent dissoudre une obligation civile, *leg.* 7, § 4, *leg.*, § 2, *ff. de pact.*, *leg.* 5, 10, 13, *cod. de pact.*, il s'en suit que si vous avez

---

(1) Cette exception diffère des autres, en ce que régulièrement pour les exceptions, celui qui les propose est tenu de les prouver; au lieu que dans celle-ci c'est au demandeur à prouver qu'il a compté les espèces, *sed onus probandi rejicitur in actorem*, *leg.* 1ᵃ. *cod. de probat.*

votre

simplement convenu avec votre créancier, qu'il n'exigerait pas de vous ce qui lui est dû, vous n'en serez pas moins obligé, et il ne sera pas moins en droit de vous poursuivre valablement par l'action pour laquelle est introduite la formule : s'il apparaît qu'il faut qu'il donne, *si apparet eum dare oportere, ut sup. de act.*, § 14 ; mais comme une condamnation de cette nature aurait été des plus injustes, le préteur permit de repousser une pareille action par l'exception du pacte fait postérieurement, *per exceptionem pacti conventi, leg. si unus, § pactus ne peteret, ff. de pact., leg. creditori tuo, cod. de pact.*

§ IV. Le serment est regardé comme une espèce de pacte, *leg. 2, 25 et 26, in fin., ff. de jurejur.* ; c'est pourquoi, si un débiteur, sur le serment qui lui a été déféré par son créancier, jure qu'il ne doit rien , il ne demeure pas moins obligé , parce que le serment n'a pu emporter l'obligation civile ; il n'a éteint, comme le pacte, que l'obligation naturelle, *ff. de solut.* ; mais comme il aurait été injuste qu'après le serment, on fût encore exposé à être poursuivi et suspecté de parjure, le préteur a voulu qu'on pût opposer à l'obligation civile , qui n'a cessé d'exister, malgré le serment, l'exception du serment, *per exceptionem jurisjurandi defendi posse* (1). Il en serait de même , s'il s'agissait d'une action réelle, sur laquelle le demandeur en délaissement aurait déféré le serment au possesseur, qui aurait juré qu'il était propriétaire de la chose , *rem suam esse* (2) : malgré le serment, le demandeur n'est pas moins en droit de revendiquer la chose ; mais quoiqu'il fût vrai que le demandeur fût le propriétaire de la chose , le préteur voulut que le possesseur , au mépris de son serment, ne pût être condamné, par la raison que c'était une sorte de transaction que l'autre partie était censée avoir passée avec lui , *leg. 2, ff. de jurejur.*

---

(1) Le serment étant une sorte de pacte, il suit qu'on pourrait opposer aussi l'exception *pacti, leg. sed etsi servus, ff. de jurejur., leg. 2, § et generaliter, ff. de doli except.*

(2) Il en serait autrement s'il avait juré seulement que la chose n'appartenait pas au demandeur ; car alors, s'il venait à perdre la possession, il n'aurait point d'action pour la répéter, parce qu'il aurait donné à entendre par la forme de son serment, que la chose ne lui appartenait pas , *ff. de jurejur., leg. 11, in ppio, et § 1.*

§ V. L'autorité de la chose jugée produit l'effet contraire du pacte et du serment, c'est-à-dire, qu'au lieu que le serment et le pacte éteignent l'obligation naturelle, *ut ff. de jurejur.*, *leg. fin. in ppio.*, *ff. de solut.* *leg. Stichum aut Pamphilum*, *§ naturalis*, l'autorité de la chose jugée éteint seulement l'obligation civile, *ut ff. de cond. indeb.*, *leg.* *Julianus*; c'est pourquoi, si vous venez à être poursuivi, soit par action réelle, soit par action personnelle, et que par votre défense vous obteniez, quoique réellement débiteur, votre relaxe par sentence, vous ne demeurez pas moins obligé naturellement; en sorte que si étant de nouveau poursuivi, vous faites le paiement de la somme demandée, vous n'avez point de répétition à former, *ut ff. de cond. indeb.*, *leg. Julianus*, *leg. judex*; mais par déférence pour les décrets des juges, il a été introduit qu'on pourrait opposer à une nouvelle demande l'exception qu'on appelle *rei judicatae*.

§ VI. Nous pensons qu'il suffit d'avoir rapporté ces exemples pour l'intelligence des exceptions; on peut cependant mieux connaître leurs espèces différentes et les cas divers où elles sont nécessaires dans les livres du *digeste*.

§ VII. Parmi les exceptions il y en a qui prennent leur source ou dans le droit civil, comme l'exception *non numeratae pecuniae*, l'exception *rei judicatae*, les prescriptions, l'exception introduite par le senatus-consulte Macédonien, celle introduite par le *s.-c. Velleïen*, d'autres qui prennent leur source dans le droit prétorien, comme les exceptions *doli mali, pacti, jurisjurandi et quod metûs causâ.*

§ VIII. Les exceptions en général sont divisées ou en perpétuelles et péremptoires, ou en temporelles et dilatoires.

§ IX. Les perpétuelles ou péremptoires, sont celles qui peuvent être opposées en tout état de cause, et qui repoussent pour toujours ce qui fait l'objet de la poursuite du demandeur, comme l'exception de dol; l'exception *quod metûs causâ*; l'exception du pacte convenu, *exceptio pacti conventi perpetui*, lorsqu'il a été convenu que la dette ne serait jamais exigée.

§ X. Les temporelles ou dilatoires sont au contraire celles qui ne peuvent être opposées en tout état de cause; avant la contestation elles n'éteignent point l'action, mais elles en diffèrent seulement l'effet pour un tems, comme l'exception *pacti conventi dilatorii*. Lorsqu'il a été convenu d'un certain délai, *v. g.* cinq ans, *veluti intrà quinquennium*; mais ce tems expiré, il est libre au créancier de faire ses poursuites; c'est pourquoi ceux qui veulent agir avant le tems, si on leur oppose l'exception *pacti conventi*, ou autre semblable, *ut ff. de verb. obl.*, *leg. interdùm*, doivent différer leur action jusqu'après l'expiration du tems; c'est pour cela qu'on appelle ces exceptions dilatoires.

Si cependant ils s'obstinaient pour agir, non-seulement ils n'obtenaient rien, mais encore ils étaient privés par l'ancien droit de pouvoir agir de nouveau, même après l'expiration du tems, *ut sup.* § 33, *de act.*, *ff. de liber. legat.*, *leg. non solùm*, § *fin. et de jur. fisc.*, *leg. justas.*

Mais cette rigueur a été adoucie, car celui qui avait intenté son action avant le tems porté par la convention, était tenu de se conformer à l'ordonnance de l'empereur Zenon, faite contre ceux qui formaient des demandes exagérées par le tems. En sorte que ceux qui avaient souffert une semblable persécution, jouissaient du double du tems accordé par le demandeur, ou porté par la nature de l'action; ce tems expiré, on ne pouvait même agir contre eux qu'après qu'ils avaient été remboursés de tous les frais de la première instance; ce qui fut ainsi introduit afin que les demandeurs fussent plus exacts à l'observation des délais, dans la manière d'intenter leurs actions, *ut cod. ad leg. Jul. repet. leg.* 1, *ff. de pœnis*, *leg. capitalium*, § *penult.*, *cod. de inof. test.*, *leg. si quis in suo*, *in ppio.*

§ XI. Outre les actions produites par la loi, ou par la nature des choses, il est aussi des exceptions dilatoires personnelles (1), c'est-à-dire qui prennent leur source dans les personnes qui poursuivent, comme si le procureur est sans mandat ou sans qualité, ou s'il n'est pas habile à ester pour les autres en jugement, comme les femmes, les militaires; car ces derniers ne peuvent agir ni pour leurs pères, mères, ni pour

---

(1) Il est aussi des exceptions péremptoires personnelles, comme celle où l'on n'est tenu que *in quantùm*, *ut sup. de act.*, § *ult.*

leurs femmes , quand bien même ils y seraient autorisés par rescrit du prince ; il leur est seulement permis d'agir pour leurs propres affaires, sans contrevenir toutefois à la discipline militaire, *ut quod de procurat. leg.* 4 *qui stipendia , leg. militem.* Quant aux exceptions qu'on tirait autrefois ou de l'infamie du fondé de pouvoir, ou de celle du constituant, *Justinien* voyant qu'on ne faisait plus usage de ces exceptions dans les jugemens , établit que cela ne formerait plus à l'avenir un sujet de contestation, afin que l'incident ne pût en aucun cas retarder le jugement du procès principal.

CODE CIVIL ET CODE DE PROCÉDURE CIVILE.

OBSERVATIONS.

Nomb. 78. Parmi nous, foi entière est portée aux actes, c'est pourquoi nous ne connaissons plus l'exception *non numeratae pecuniae.*

En France, comme chez les Romains, le serment décisoire est un moyen de libération , tant pour le débiteur principal que pour les cautions, (art. 1365 , code civil).

Les exceptions sont divisées parmi nous, comme chez les Romains, en péremptoires et dilatoires ; les premières peuvent être proposées en tout état de cause, les autres doivent l'être *in limine litis*, (tit. 9, liv. 2, code de procédure civile).

En France, les parties n'ont pas le droit d'opposer contre les procureurs des exceptions, par rapport à leurs personnes, par la raison qu'ils sont pourvus d'un office, à la différence de ceux qu'on employait chez les Romains, qui étaient des personnes privées.

Nota. Ces exceptions doivent être proposées *in limine litis* ; comme si l'on prétend que le procureur ou la partie sont incapables, ou que le juge est incompétent, *leg.* 2 *et* 3, *ff. de exceptionibus* ; car nous observerons qu'on peut aussi opposer l'exception d'incompétence du juge, *leg. ult.* , *cod. si à non compet. jud.*

TITRE XIV.

DE REPLICATIONIBUS.

AINSI qu'il est permis au défendeur d'attaquer par des exceptions, l'action du demandeur, il doit être également permis à ce dernier de chercher à détruire des exceptions qui, quoique paraissant justes d'abord, ne le sont pas en effet; c'est pourquoi on accorde au demandeur la faculté de proposer ses exceptions contraires, c'est-à-dire, l'exception de l'exception; c'est ce qu'on appelle réplique, *leg.* 2ᵃ., § 1, *leg. exceptio, ff. de except., et leg.* 10, *cod. de except.*, ainsi appelée, parce qu'elle sert à rejeter et à détruire le droit qui pourrait résulter de l'exception proposée par le défendeur; comme lorsqu'on est convenu, *cùm pactus est*, avec son débiteur, qu'on n'exigerait point l'argent formant le prix de la stipulation, et qu'on soit postérieurement convenu du contraire; si le créancier en forme la demande, et que le défendeur excepte de la première convention, avec offre de passer condamnation, s'il ne prouve qu'il a été convenu que le créancier ne pourrait rien demander; le créancier se trouve alors forcé d'en convenir; mais comme il serait injuste qu'il fût repoussé sans retour par cette première exception, on lui permet la réplique en faveur du pacte, postérieurement fait en sa faveur.

§ Iᵉʳ. Il peut arriver encore que la réplique soit injuste, quoique juste en apparence, et que le défendeur ait besoin de donner quelqu'autre défense pour la repousser; c'est ce qu'on appelle *duplique.*

§ II. Si la duplique qui, dès l'abord, avait paru juste, ne l'est pas effectivement, la triplique est accordée au demandeur.

§ III. Il en est ainsi des autres allégations qui s'étendent quelquefois

bien au-delà, et dont les noms changent suivant la diversité des affaires,
c'est-à-dire, selon que le demandeur et le défendeur ont des moyens
à opposer, et suivant qu'on peut le voir au digeste, où les matières sont
plus amplement traitées, *ff. leg.* 2°., *ff. de except.*

§ IV. Parmi les exceptions dont a droit de se servir le défendeur,
il en est qui peuvent servir aussi à ses fidéjusseurs ; on les divise en
réelles et personnelles, *sunt aliae reales, id est rei cohaerentes ; aliae
cohaerentes personae, id est quae non egrediuntur à personâ ejus cui
competunt.* Les premières sont celles qui profitent, tant au défendeur
qu'à ses fidéjusseurs ou autres débiteurs accessoires, sur le fondement
que ce qu'on leur demande, c'est comme si on le demandait au débiteur
principal, puisqu'ils tiennent sa place (1), et qu'ils peuvent par conséquent le contraindre par l'action du mandat, *judicio mandati*, à leur
rendre ce qu'ils auraient payé pour lui, *leg. mand.*, *cod. de fidej.*; c'est
pourquoi s'il avait été convenu avec le débiteur principal, qu'on n'exigerait pas de lui la somme dont il est redevable, ses fidéjusseurs pourraient également opposer l'exception provenant de ce pacte, de la même
manière que si la convention avait été faite avec eux, et ainsi des autres
cas. Les personnelles sont celles qui ne profitent qu'au défendeur; 1°. comme
s'il avait fait cession des biens, et que le créancier venant à agir contre
lui, le débiteur le repoussât par l'exception, *si non bonis cesserit* : ou s'il
a opposé l'exception de la restitution en entier, à cause de sa qualité personnelle de mineur, *ff. de minor.*, *leg. in caus.*, *in ppio*, *ff. de except.*, *leg. exceptiones* 2ᵃ., *in fin.*, *leg.* 1ᵃ. Ces sortes d'exceptions ne
profitent pas aux fidéjusseurs, par la raison que celui qui exige des cautions, a pour but de prévenir le dérangement de la fortune du débiteur principal; dans le cas qu'il devienne insolvable, ou la demande en
restitution, s'il a traité avec un mineur, *leg. exceptiones*, *ff. de
except.*, *leg. in caus. de minor.*, *leg.* 2ᵃ. *de fide minor.*, afin d'avoir
recours, dans ces cas, aux autres obligés.

____

(1) Les fidéjusseurs tiennent tellement la place du débiteur principal, que suivant le droit
ancien, ils pouvaient être actionnés avant lui, *ut leg. reos principales*, *cod. de fidejus.*

OBSERVATION.

Nomb. 79. Ce titre ne nécessite aucune explication ; il est facile de sentir que la plupart des dispositions qu'il contient sont analogues à nos usages.

TITRE XV.

DE INTERDICTIS.

~~~~~~~~~~

Le préteur délivrait quelquefois des ordonnances provisoires , qu'on nommait *interdits*, en faveur de ceux qui avaient le droit le plus apparent; par ces interdits, le préteur ordonnait ou prohibait, suivant les cas , de faire une chose ; ce qui ordinairement avait lieu sur la possession ou quasi-possession (1), *leg.* 1ª. , *ff. de interd.* , *omnia interdicta sunt judicia possessoria*, qu'un chacun voulait avoir pendant le procès; nous disons *ordinairement*, parce que les interdits touchaient quelquefois à la propriété ; par exemple , lorsqu'il s'agissait de savoir dans quel lieu l'on était en droit d'ensevelir un corps , *ff. de mortuo inser.* , *leg.* 1ª., *in ppio, et § praetor aït*; quelquefois ils touchaient en même tems et à la propriété , et à la possession; par exemple, lorsque le préteur décidait par où l'on était en droit de pratiquer une servitude, *ut ff. de aquâ quotid., et aesti., leg.* 1ª. , *§ fin. ,ff. de interd.*, *leg. interdictorum* , *§ quædam*. Ainsi que les actions étaient proposées sous de certaines formules, les interdits avaient aussi les leurs, à la différence que le préteur renvoyait les actions à un autre juge, et qu'il connaissait lui-même de ce qui faisait l'objet des interdits.

Nous observerons que parmi les actions en général, les unes étaient civiles, les autres prétoriennes; au lieu que les interdits étaient tous prétoriens. Les interdits cessèrent bientôt d'être en usage, et on ne

---

(1) On appelle *possession*, celle des choses corporelles ; et *quasi-possession*, celle des choses incorporelles , c'est-à-dire intellectuelles , *quæ in jure consistunt* , comme les servitudes, *iter*, *actus*, *via et aquæductus, ut ff. de acq. rer. dom.* , *leg. servus, § incorporales* , *sup. de servit.* , *ff. de itin. act. aq. priv.* , *ff. de aquâ quotid.* , *ff. de serv.* , *leg. pœn.,ff. si serv. vind.* , *leg. sicuti*, *§ Aristo.*

connut
~~~~~~~~~~

connût plus que des actions extraordinaires (1), qui prirent la place et des interdits et des actions, *inf. § ult.*, *liv.* 3, *tit.* 13.

§ Ier. De ce que nous venons de dire, suit la division générale des interdits en prohibitoires, restitutoires, exhibitoires et mixtes.

Les prohibitoires sont ceux par lesquels le préteur défend de faire quelque chose, comme de faire violence à un possesseur légitime, *sine vitio possidenti, ut ff. de acq. posses., leg. justi*, c'est-à-dire, qui ne possède ni par violence, ni clandestinement, ni à titre de précaire, *nec vi, nec clàm, nec precariò*; ou à celui qui veut inhumer un corps dans un certain lieu où il a l'usage et le droit de le faire, *ff. de mort. infer., leg.* 1^a., *in ppio, et § hoc interdicto*; de bâtir dans un lieu sacré, *ff. ne quid in loco sacro, leg.* 1^a., *in ppio*; ou de faire quelque chose sur une rivière ou sur ses bords, qui puisse nuire à la navigation, *leg.* 1^a., *ff. de flum., in ppio, in flum. pub., leg.* 1^a., *in fin.*

Les restitutoires sont ceux par lesquels le préteur ordonnait la restitution d'une chose, comme de rendre à celui qui avait obtenu la possession des biens d'une hérédité, la portion qu'on en possédait en vertu du droit civil, *ut inf., § 3, ut ff. quorum bon., leg.* 1^a.; ou lorsqu'il ordonnait de rendre la possession d'un fonds dont on avait expulsé le maître par violence ou voie de fait, *ut inf., § 6, et leg.* 1^a., *§ hoc interd., ff. de vi et vi armat.*

Les exhibitoires sont ceux par lesquels le préteur ordonne l'exhibition de quelque chose, *leg.* 1^a., *§ 1, ff. hoc tit.*, comme lorsqu'on détient un homme libre et qu'on le fait servir comme esclave, *ff. de lib. hom. exhib., leg.* 1^a.; ou lorsqu'il s'agit d'un affranchi dont le patron réclame les devoirs qu'il est obligé de lui rendre, *ut ff. de lib. hom. exhib., leg. fin.*, ou d'un père qui réclame des enfans soumis à sa puissance, *ut ff. de lib. hom. exhib., leg.* 1^a., *in ppio, et leg.* 4, *in ppio.*

---

(1) On les appela *actions extraordinaires*, parce que, suivant l'ordre ancien, l'on était assujéti à certaines solennités ou formules; lorsqu'on ne suivit plus cet ordre, et qu'on intenta les actions sans formules, sans solennités, on pratiqua donc quelque chose d'extraordinaire; de-là les *actions extraordinaires*, *sup. liv.* 3, *tit.* 13, *cod. de form. et impetrationib.*

Les mixtes sont ceux qui sont prohibitoires et exhibitoires ou restitutoires, *ut leg.* 1ª., § 1, *ff. de interd*. Ils sont prohibitoires et exhibitoires, parce que, lorsque le préteur défend de retenir un homme libre, il défend en même tems au père de faire violence à son fils qui se trouve ainsi retenu, *ut ff. de lib. hom. exhib., leg.* 1ª., *et leg.* 3, *in ppio* ; ils sont prohibitoires et restitutoires, parce que lorsque le préteur défend de faire violence à un possesseur, il ordonne aussi en même tems de remettre le dépouillé en sa possession, *ff. ne vis fiat ci, leg. pen.*, § *cum prae ord.*, *et leg.* 1ª., § *haec actio*.

Certains ont pensé, quant à la nature des interdits, qu'on ne devait proprement donner ce nom qu'aux prohibitoires, en ce qu'ils dérivent du terme latin *interdicere*, qui signifie interdire, défendre ; et que pour les restitutoires et les exhibitoires, on devait les désigner proprement par le mot *décret* ; mais *Justinien* a voulu que tous portassent indistinctement le nom d'interdits, par la raison qu'ils servent à mettre l'accord entre deux parties, *quia dicitur inter duas partes;* et suivant *Isidore*, liv. 5, au commencement du chap. 25, ils doivent être nommés interdits, par la raison que c'est un décret provisoire, *quia à judice non in perpetuum, sed reformandae possessionis causâ ad tempus interim dicitur*.

§ II. On divise encore les interdits en ceux introduits pour acquérir la possession d'une chose, *adispiscendae possessionis causâ;* en ceux introduits pour la conserver, *possessionis detinendae causâ*, et en ceux introduits pour la recouvrer après l'avoir perdue, *possessionis recuperandae causâ, ut leg.* 2, § *haec autem, ff. de interd.*

§ III. L'interdit introduit pour acquérir la possession des choses se divise en trois espèces ; l'interdit qu'on appelle *quorum bonorum*, celui qu'on appelle *salvianum*, et celui qu'on appelle *quorum legatorum*.

L'interdit *quorum bonorum*, est celui en vertu duquel le possesseur, à titre universel, ou l'héritier, est tenu de rendre tout ce qu'il possède des biens, faisant partie de ceux dont un autre a obtenu la possession, en vertu du droit prétorien, *ut sup. bon poss., leg.* 1ª., *ff. hoc tit*. Nous disons comme possesseur *à titre universel*, parce que cet interdit ne regarde point les possesseurs à titre particulier, *ut ff. quorum bonorum*; § 1 : celui-là possède comme héritier, lorsqu'il croit être héritier en vertu d'un testament, tandis que cela n'est pas dans le fait ; ou posséder comme plus proche agnat, tandis qu'il est précédé en degré par un autre parent ; celui-là possède, comme possesseur sans titre, lorsqu'il jouit de tout ou partie d'une hérédité, sachant bien qu'il n'y a aucun droit, et qu'il n'aurait d'autre bonne raison à donner de sa possession, si ce n'est qu'il possède parce qu'il possède ; *possideo, quia possideo, leg. pro haered., et seq., ff. de petit. haered.* On appelle cet interdit *adipiscendae possessionis,* parce qu'il ne peut servir qu'à celui qui fait pour la première fois des tentatives pour acquérir la possession ; en sorte que cet interdit deviendrait inutile à celui qui, après avoir acquis une fois la possession, viendrait à la perdre, *leg.* 1ª., *ff. quor. bon.* Il pourrait seulement, dans ce cas, agir par la voie de la revendication, comme étant le maître, *rei vindicatione cùm sit dominus.*

L'interdit *Salvian,* aussi appelé *adipiscendae haereditatis,* est celui donné au maître d'un fonds, pour obtenir la possession des choses appartenant à son fermier tacitement ou expressément, engagées pour la sûreté du prix de la ferme ou du dommage causé au fonds, *ut ff. de Salv. interd., leg.* 1ª., *et arg., ff. in quib. caus. pig. et hypoth. tacitè contrah., leg.* 2ª., *vers. non solùm.*

L'interdit *quorum legatorum,* est celui donné à l'héritier possesseur des biens, contre le légataire qui, sans la volonté de l'héritier et sans tradition, se serait mis en possession de la chose léguée, pour en obtenir la restitution, afin d'en pouvoir déduire la falcidie, *leg.* 1ª., § 2, *ff. quor. legat., leg. unicâ,* parce que quoique la propriété de la chose léguée passe eu espèce de plein droit au légataire, dès la mort du testateur, *ut leg. ult., ff. de serv. legat., leg.* 19, § 1 *quemadmod. servit. amitt.* ; néanmoins la possession ne peut lui être transmise que par la tradition, parce qu'il n'est pas juste qu'on puisse ainsi de soi-même se faire justice, *ut ff. quor. leg., leg.* 1ª., § 2º, *et in glosâ.* Nous remarquerons que l'héritier ne peut obtenir cet interdit, qu'après avoir cautionné qu'il rendra le legs, *ut leg.* 1ª., § 16, *ff. et leg. unic., cod. quor. leg.*

§ IV. L'interdit introduit pour la conservation des choses, se divise en deux espèces, *uti possidetis et utrubi, ut leg.* 2ª., *ff. de interd., et leg.* 1ª., *ff. uti possid.* Le premier a lieu en faveur de celui qui pos-

90 *

sède justement un immeuble au tems de la contestation en cause, c'est-à-dire qui ne possède *nec vi, nec clàm, nec precariò, ut leg.* 1ª. , § 8 *et* 9 *, ff. uti possid.* , contre celui qui vient le troubler , et qui veut aussi s'immiscer dans la possession , afin qu'il soit tenu de faire cesser le trouble ; il doit donner caution et payer les dommages et intérêts, *leg.* 1ª. , § 4 *et* 6 *, ff. leg. unic. , cod. uti poss.* Il a été introduit , parce que , lorsqu'il y a contestation sur la propriété d'une chose, il est essentiel de déterminer le possessoire avant de s'occuper de la question du pétitoire , c'est-à-dire de déterminer lequel des deux contendans est le possesseur ; autrement , avant cette détermination du possessoire , il ne serait pas possible qu'il pût se former d'action pétitoire , *ut ff. de judic. , leg. inter litig. , talis est civilis et naturalis ratio , ut alius possideat et alius à possidente petat* : ce qui donne lieu à de très grandes contestations , parce qu'il y a un avantage réel à être défendeur ; car, quoique la chose ne lui appartienne pas , si le demandeur ne justifie pas de sa demande , *remanet in suo loco possessio , leg.* 11 *, cod. de petit. haered. , ut cod. de edend. , leg. qui accusare, in fin. , cod. de rei vind. , leg.* 9 *,* 10 *, et leg. fin. , ff. si ususf. petat , leg. uti frui* : de-là vient que , dans le doute, c'est-à-dire lorsque les droits des parties sont également obscurs et mal établis , on juge ordinairement contre le demandeur , *leg.* 3 *, cod. de probat. , leg.* 125 *et* 128 *, ff. de reg. jur. , et leg.* 1ª. , § 9 *, ff. leg.* 2 *, cod. uti possid.* , parce qu'on doit être naturellement plus porté à absoudre qu'à condamner ; dans ces sortes de contestations , on tâche d'obtenir d'abord l'interdit possessoire pour pouvoir repousser pour un tems son adversaire , et rejeter sur lui la charge de la preuve de la propriété , *ut leg.* 24 *, ff. de rei vind.*

L'interdit qu'on appelle *utrubi* est celui qui concerne les choses mobilières , *leg.* 1ª. , § *est igitur , ff. uti possid. , leg. unic. , ff. utrubi* : on l'accorde à celui qui a possédé justement au tems de la contestation, pour repousser son adversaire , et le contraindre à faire cesser le trouble ; c'est pourquoi il est tenu de donner caution, *cautionem de non ampliùs turbando praestare debet,* et à payer les dommages et les intérêts. Ces deux espèces d'interdits produisaient autrefois un effet bien différent; car il était de règle que pour l'interdit *uti possidetis ,* le défendeur l'emportait toujours sur l'autre, si au tems qu'il était rendu, c'est-à-dire au tems de la contestation en cause, il était en possession, pourvu qu'on ne la tînt pas de son adversaire, par violence, clandestinement ou à titre de précaire, quand bien même on l'aurait tenue d'un autre à l'un de ces titres. Au contraire, dans l'interdit *utrubi*, les biens sont adjugés à celui qui a possédé la majeure partie de l'année en laquelle l'interdit est proposé, pourvu toutefois que sa possession lui vînt de tout autre que de son adversaire, *nec vi*, *nec clàm*, *nec precariò*. Mais il en est autrement aujourd'hui; car ils produisent l'un et l'autre le même effet, quant à la rétention de la possession, c'est-à-dire que, soit qu'il s'agisse de meubles ou d'immeubles, le possesseur l'emporte sur son adversaire, s'il a possédé la majeure partie de l'année en laquelle se rend l'interdit; mais si l'on possède au tems de la contestation en cause, *tempore interdicti redditi*, pourvu qu'on ne tienne point sa possession de son maître, ni par violence, *nec clàm*, *nec precariò*, on jouit du délai d'un an pour faire rendre l'interdit, *ut ff. uti possidetis*, *leg. 1ª.*, *in ppio*.

Indépendamment de ces interdits, pour la rétention des meubles et des immeubles, il en a été introduit pour la conservation des choses qui ne consistent que *in jure*; telles sont les servitudes, *v. g.*, *ususfructus*, *usus et habitatio*, *ut ff. de superficiebus*, *leg. 1ª.*, *in ppio*, *iter*, *actus*, *via*, *ut ff. de itinere actuque privat.*, *leg. 1ª.*, *in ppio*, etc., etc.

§ V. Quoique la possession en général soit proprement la détention de la chose, néanmoins celui-là est censé posséder, non-seulement lorsqu'il possède par lui-même, c'est-à-dire lorsqu'il joint à la possession civile la possession naturelle, mais encore lorsque quelqu'un possède pour lui et en son nom, quoique non soumis à sa puissance, comme le fermier *colonus*, le locataire, le dépositaire, le commodataire, *leg. 1ª.*, *§ procuratorem*, *leg. generaliter*, *leg. qui universitas*, *§ quod per colonus*, *ff. de acquir. poss.* : c'est ce qu'on doit entendre quand on dit que vous pouvez retenir la possession d'une chose par le moyen d'un tiers, possédant en votre nom, parce qu'alors, quoiqu'on ne possède pas personnellement, c'est-à-dire *corpore*, l'on possède *animo*; d'où il suit qu'il est plus facile de conserver la possession que de l'acquérir, parce que, suivant ce principe, l'on doit être censé posséder non-seulement *corpore*, mais encore *solo animo*, c'est-à-dire que, quoique je ne possède

pas une chose , ni personne pour moi , si je n'ai pas eu la volonté d'abandonner la possession , et que je conserve le dessein d'y rentrer dans la
suite , par cette seule volonté, la possession m'est conservée , *si rem
deseruerit non animo relinquendae possessionis, sed posteà reversurus* ;
au lieu qu'on ne peut acquérir la possession d'une chose par la seule
volonté, c'est-à-dire par la possession civile : il faut une possession naturelle jointe à la civile , *possessio non acquiritur nisi corpore et animo ,
ut leg.* 3 , § *Neratius* , § *in amittendâ* , *ff.* , leg. 4 , *de acq. poss.* ; d'où
suit encore la division de la possession en civile et en naturelle. La civile
est tantôt celle par laquelle quelqu'un détient une chose sur laquelle
il a un droit , *in quâ ipsi jus est* , tantôt celle par laquelle quelqu'un
détient une chose comme propriétaire, *animo domini* , et dans le dessein de la conserver pour lui , *et animo rem sibi habendi , ut leg.* 1 , § 9 ,
ff. de vi et vi arm. , *et leg.* 2 , § 1 , *ff. pro haered.* La naturelle est tantôt
celle qui consiste en une simple détention de la chose, tantôt celle par
laquelle on détient une chose sans avoir la volonté de se la conserver
comme propriétaire, *non cum proposito rem sibi habendi jure dominii* ,
mais pour quelque avantage qu'on a droit d'en retirer malgré le propriétaire et malgré son consentement.

La première espèce de possession naturelle regarde les simples détenteurs comme les fermiers , les locataires, les créanciers mis en la possession des biens pour la sûreté de leur créance , etc. L'interdit *uti
possidetis* ne peut avoir lieu à leur égard , parce qu'ils ne possèdent
pas pour eux , *quia pro suo non possident, leg.* 3 , § 8 , *creditores.*

L'autre espèce de possession naturelle regarde les autres détenteurs ,
non nudos detemptores spectat , c'est-à-dire ceux qui possèdent pour
eux , *qui pro suo possident* ; savoir , en vertu du droit qu'ils ont, *scilicet
jure quod habent* , en d'autres termes , tant qu'ils conservent l'avantage
de la possession comme les usufruitiers , les usagers ; ceux-là ont droit
de recourir à l'interdit, *uti possidetis, leg. ult.* , *ff. uti poss.* , *et arg.
leg.* 3 , *ff. de vi et vi arm.*

§ VI. L'interdit introduit pour recouvrer la possession des choses après
en avoir été dépossédé, a lieu en faveur de celui qu'on a dépouillé par
violence de la possession d'un immeuble , comme d'un fonds ou d'une
maison , *ut leg.* 1ª. , § 44 , *ff. de vi et vi armat.* On lui donne l'interdit

unde vi pour obtenir la restitution de la possession qui lui a été enlevée, ainsi que des fruits.

Les ordonnances des empereurs ont réglé , comme nous l'avons déjà vu , que, dans le cas où quelqu'un par violence se serait emparé d'une chose qui était sa propriété, mais qui se trouvait entre les mains d'un autre, *v. g.*, créancier ou commodataire, elle cesserait de lui appartenir; que si , au contraire la chose avait été la propriété d'autrui, il devait être contraint à la restituer, et d'en payer en outre le prix au maître.

On avait encore établi que celui qui, par violence, aurait dépossédé quelqu'un d'une chose, serait réputé coupable d'un crime , et sujet aux rigueurs de la loi *Julia.* Cette loi distingue la violence en privée et en publique , *ut ff. ad , leg. Jul. de vi privatâ , et ad leg. Julian. de vi publicâ ;* la privée est celle qui est faite sans armes; la publique est celle qui est faite avec armes, *leg.* 1ª. *, ff. ad leg. Jul. de vi public., leg. si quis, cod. de vi public. , § 8 , inf. de public. judic.*

La peine établie par la loi *Julia,* pour la violence privée, est la confiscation de la troisième partie des biens du perturbateur ;

Et celle établie pour la violence publique, est la relégation, *ut inf. de public. jud., § 8 , cod. ad leg. Jul de vi public. , leg. quoniam , et leg.* 2 *, et ff. de accus., leg. hos accusare, § omnibus.* (1)

Il est utile d'observer qu'on entend par armes, non-seulement les boucliers , les casques, les épées, mais encore les bâtons et les pierres, *ut ff. , leg.* 3 *, §* 2 *, armis, et ff. de verb. sig. , leg. armorum* 41.

§ VII. Les interdits se divisent encore en interdits simples et en interdits doubles.

Les simples sont ceux dans lesquels on voit facilement quel est celui qui est en possession , et qui par conséquent doit jouer le rôle de dé-

---

(1) Il est libre au plaignant de prendre la voie civile , en recourant à l'interdit , quoiqu'il y ait violence publique ; il peut même, dans ce cas , qualifier son accusation de violence privée, et le juge est tenu de se conformer dans le jugement à l'espèce de l'accusation ; si même il portait une accusation privée et une accusation publique , on jugerait conformément à la loi la moins sévère, *ad leg. Jul. de vi privatâ, ut leg.* 32 *, ff. de pœnis.*

fendeur, comme dans les interdits, *quorum bonorum*, *quorum legatorum*, *salvianum*, *undè vi*.

Les interdits doubles sont ceux dans lesquels l'une et l'autre parties pourraient, tour-à-tour, jouer le rôle de demandeur, comme dans les interdits, *uti possidetis* et *utrubi*, *ut leg. 2ª., ff. de interdict.* Les interdits simples, *interdicta in quibus alter est actor, alter est reus*, sont tous ceux qu'on nomme *restitutoires* ou *exhibitoires*; car il faut nécessairement que celui-là soit le demandeur qui veut qu'on lui restitue ou qu'on lui fasse l'exhibition de quelque chose. Parmi les prohibitoires, il y a des interdits simples et des interdits doubles; ceux-là sont simples lorsque le préteur défend de faire quelque chose dans un lieu sacré, *ut ff. ne quid in loco sacro, leg. 1ª.*, dans un fleuve, ou sur le rivage, *ut ff. ne quid in fluv. public. ;* car nécessairement, celui qui défend de faire une chose est le demandeur; et le défendeur est celui qui s'occupe à la faire.

Les autres interdits prohibitoires sont doubles, comme celui *uti possidetis* et *utrubi*, parce qu'ils sont introduits pour la rétention de la possession; on les nomme doubles, parce que la condition des deux contendans est égale, et qu'on ne peut distinguer lequel des deux est principalement demandeur ou défendeur, et qu'ils joignent à-la-fois l'un et l'autre les deux qualités.

§ VIII. Nous observerons qu'il serait hors de propos de parler de l'ordre qui s'observait autrefois dans les interdits et de leur ancien effet, c'est-à-dire des solennités et des formes certaines sous lesquelles on les proposait, *ut sup. in ppio.*, dès qu'il en est autrement aujourd'hui, et que toutes les actions sont devenues extraordinaires, ainsi que les jugemens extraordinaires, *jus dicitur qualia sunt omnia judicia, id est actiones*, c'est-à-dire que les actions s'intentent et que les jugemens se rendent sans observer les anciennes formalités et solennités, de même que si à la place de chaque interdit le préteur avait introduit une action utile, *in factum*, (1) c'est ce qu'on appelle action possessoire.

---

(1) La glose, dans ce §, sur le mot *utilis actio*, fait l'énumération des différentes espèces d'actions *in factum*.

CODE

CODE DE PROCÉDURE CIVILE.

OBSERVATIONS.

Nomb. 80. Nous n'avons point d'interdits en France; nous connaissons seulement des actions possessoires, par lesquelles nous sommes maintenus ou rétablis dans la possession d'un fonds.

Ces actions doivent s'intenter dans l'an et jour du trouble, (art. 23, code de procédure civile.)

TITRE XVI.

DE POENA TEMERÈ LITIGANTIUM.

Il reste maintenant à parler des précautions qu'avaient prises les magistrats chargés de l'administration de la justice, pour empêcher les citoyens de s'engager trop témérairement dans des procès souvent ruineux; ce que l'empereur *Justinien* a aussi expressément recommandé. Les préteurs établirent dans leurs édits, que la témérité de ceux qui, sans raison, entraient en litige, serait punie, 1°. par le serment qu'on appelle *de calumniâ*; 2°. par certaines peines pécuniaires; 3°. par l'infamie.

§ I⁰ʳ. Le serment *calumniae* est celui par lequel on met en usage la religion, pour mettre un frein à la passion des plaideurs, *ut religione coerceantur.* C'est pourquoi les parties et les avocats sont tenus de jurer qu'ils croient leur cause juste, et ce serment se nomme général; il fut établi par la constitution au code *de jurejur. propter calum. dand.*, *leg* 2ᵉ. Le Demandeur est le premier obligé d'y satisfaire. Il doit jurer que ce n'est ni par cupidité ni par animosité qu'il a intenté son action, mais parce qu'il croit sa cause juste, *non animo calumniæ, nec vexationis, sed quia se justam causam habere existimat.* Le défenseur avant d'être écouté doit aussi jurer que sa cause lui paraît juste; l'avocat enfin de l'une et de l'autre partie doit jurer que la cause de son client lui a paru juste, et qu'il lui aurait refusé son ministère s'il s'était apperçu qu'il fût mal fondé dans sa demande ou dans ses exceptions, *leg.* 2ᵉ., *cod. de jurejurand. propter calumn. dand.*, *leg.* 14, § 1, *cod. de judic.*, *nov.* 49, *chap.* 3. Ce serment peut être exigé de toutes personnes, à l'exception des parens et des patrons, *propter reverentiam illis debitam* : on l'exige dans toutes sortes de causes civiles; mais il en est autrement des causes criminelles, à cause du parjure dont on pourrait justement suspectèr le défendeur. Il doit être prêté d'une manière précise ; et au cas que le demandeur ferait refus de jurer, il serait déchu de son action.

Ce serment *calumniae* a été introduit à la place de l'action *calumniæ*, dont on se servait quelquefois, et dont l'usage s'était tellement perdu qu'il n'en restait plus aucune trace du tems de *Justinien*, ainsi qu'il le dit lui-même, *quod nusquàm factum esse invenimus :* par cette action, les téméraires plaideurs, *qui injustè et per calumniam litigabant*, étaient condamnés pour tenir lieu des dépens, en la dixième partie de ce qui faisait l'objet de la contestation ; mais aujourd'hui on a introduit le serment, ce qui est préférable, et de plus on a assujéti le plaideur téméraire au paiement des dépens et des dommages.

§ II. L'infamie peut être encourue par tous ceux qui se sont rendus coupables d'un délit, et qui ont été condamnés comme tels, *v. g.* de vol, de rapine, d'injures, de dol. On peut encore être noté d'infamie par les jugemens provenant de certains contrats ou quasi-contrats, c'est-à-dire ceux fondés sur l'amitié et sur la confiance, *v. g.* la tutelle, le mandat, le dépôt, la société, en un mot ceux provenant des actions directes. L'infamie ne peut avoir lieu à raison des condamnations provenant des actions contraires, c'est-à-dire de celles obtenues contre le mandant, le déposant, le pupille, parce qu'ils ne peuvent être coupables de dol, mais bien d'erreur, *leg* 16, § *ut, ff. de his qui not. infam.*, *leg. 5, ff. de poss. :* il n'en doit pas être de même à raison du contrat social, par la raison que la condition de tous les associés étant égale, en ce qu'ils tendent tous au même but, qui est de partager entre eux le gain et la perte, et qu'ils jouent tous un rôle principal, l'action doit par conséquent être directe de part et d'autre, *leg.* 18, § 65, *ff. pro socio*, et les condamnations prononcées à raison de ce contrat, doivent aussi conséquemment emporter infamie contre chacun des associés condamnés, *ut cod. ex quib. caus. inf. irrog*, *leg. fid. ff. de his qui not. inf.*, *leg.* 1ª. Non-seulement les condamnations prononcées pour délits emportent infamie, mais encore les conventions ou transactions faites sur les délits, parce qu'on est censé par-là avoir confessé son crime et avoir ainsi mis le sceau à la conviction, *confessus habetur pro judicato, et quodam modo suâ sententiâ damnatur,* *leg.* 1ª. *ff. de confessis, et leg. non damnatos, cod. de his qui not. in-*

fam., *leg.* 1ᵃ., 4, 5, § *ult.*, *et leg.* 6, *ff. de his qui not. infam.* Nous n'entendons point parler ici des conventions faites à raison d'actions provenant des contrats susnommés, parce que le dol, la malice et la perfidie ne se présument pas dans les contrats, au lieu que le dol et la malice se présument de droit dans les délits, et par leur seule qualité, et par leur seule nature; d'où il suit qu'il y a une très-grande différence et qu'il est infiniment plus avantageux d'être obligé par un contrat que par un délit.

§ III. La citation en justice, *vocatio in jus*, a toujours été la base; la première démarche à faire pour donner suite aux actions que l'on avait droit d'intenter; sans ce préalable, point de procès déterminé, point de sentence qui ne soit frappée de nullité, *ut leg. de unoquoque*, *ff. de re jud.*, *leg. ea quœ*, *cod. quomod. et quand. judex*, le préteur donna à cet effet un édit par lequel il établit, 1°. qu'on ne pourrait citer quelqu'un en justice, que pardevant un juge compétent, *ut leg.* 1ᵃ. *ff. de in jus vocand.*; 2°. qu'on ne pourrait citer ses parens, *id est ascendentes*, ni le patron, ni les fils, ni les ascendans de ce dernier, sans en avoir auparavant obtenu la permission du juge, *ut leg.* 4, *ff. de in jus vocand.*; auquel effet il établit la peine de cinquante écus d'or contre ceux qui y contreviendraient, *ut leg. penult.*, *ff. de in jus vocand.*, en considération du respect dû et aux pères et aux patrons.

Nota. Jadis la citation en justice avait lieu verbalement, *nudo verbo fiebat*, sans qu'il fût fait mention de la cause pour laquelle on appelait devant le juge. On prévenait sa partie du jour où elle devait comparaître, après quoi on faisait signifier par libelle pour quelle cause elle était citée et quelle action on entendait exercer contre elle. Le jour fixé, les parties comparaissaient et faisaient respectivement valoir, l'une ses emandes, l'autre ses exceptions; ce qui formait la contestation en cause, *leg. ampliùs*, *ff. rem ratam habere litis*, *contestatio fit per petitionem actoris in jure, id est, pro tribunali judicis propositam*, et *contradictionem rei (id est defensoris) objectam*, *leg.* 2, § *sin autem reus*, *cod. de jurejur. propt. calum.*, *leg. rem non novam*, § *patronus*, *cod. de judiciis.* Dans la suite, la citation en justice ne se fit que par libelle, *leg. ult.*, *cod. de annal. except.*, *leg. quoties*, *cod. de dignitat.*, et en vertu d'une ordonnance du juge et par une personne jurée, *per idoneam personam*, qu'on appelait *appariteur*, *leg. ult.*, *cod. de exhib. reis*;

OBSERVATION.

Nomb. 81. Nous ne connaissons point en France le serment de ca-
lomnie ; on n'exige pas même le serment des avocats dans chaque cause ;
ils n'en sont tenus qu'une seule fois, à l'époque de leur réception.

De tous les tems, les dépens furent la peine des plaideurs téméraires,
c'est pourquoi les frais de l'instance sont ordinairement à la charge de
celui qui succombe.

----

elle devait être faite à personne ou domicile , *leg. scire oportet*, § 1 , *ff. de excus.*
tut..; c'est de ce jour que commençait à être interrompu le cours de la prescription, *leg. sicut in rem*, *leg. cùm notissimi*, *cod. de præscript.* 30 *ann.*, *leg. pen.*
§ *pen.*, *cod. de recept. arbitr.*

TITRE XVII.

DE OFFICIO JUDICIS.

Suivant le droit ancien, les magistrats ne prenaient connaissance que des affaires *quae in jure fiebant ;* ils renvoyaient à des juges les parties et la cause, lorsqu'il ne s'agissait que d'un point de fait (1); ce qui s'observa jusqu'à la constitution de *Dioclétien* au code, par laquelle il fut établi que les magistrats prendraient eux - mêmes connaissance des affaires qu'ils étaient dans l'usage de renvoyer à des juges délégués, leur défendant de s'en dépouiller en leur faveur à l'avenir, à l'exception de celles dont ils ne pourraient connaître, à cause de leurs occupations publiques, ou de la multitude des procès. Le pouvoir des magistrats est limité à l'observation des lois, des constitutions, des usages ou coutumes (2), selon leur jurisdiction. (3)

---

(1) D'où il suit qu'à Rome les fonctions de magistrat étaient entièrement distinctes de celles de juge.

(2) On doit entendre des coutumes bien établies, c'est-à-dire immémorables, *ut cod. de sacros. eccl.*, *leg. fin.*, parce qu'elles sont regardées comme devant produire le même effet que les lois, *ut leg.* 33, *ff. de legib.*

(3) La jurisdiction se divise suivant le droit Romain, en jurisdiction simplement, et en ce qu'on appelait *imperium.*

La jurisdiction est le droit qu'on a de prendre connaissance des affaires, *jure magistratûs, leg. notionem*, *ff. de v. sig.*, *leg. aït prætor.*, *ff. de re judic.* Le pouvoir ou *imperium* est le droit de puissance armée, *imperium est jus armatœ potestatis ;* il est divisé en *simple* et en *mixte ;* le premier est le droit de glaive, accordé spécialement pour punir les crimes ; le second est le droit qui fut déclaré inhérent à la jurisdiction, pour obliger et contraindre à l'exécution des jugemens, *modica coertio ;* ce pouvoir passait avec la cause aux juges délégués; il y avait à Rome cinq ordres de magistrats ; 1°. *super-illustres;* 2°. *illustres ;* 3°. *spectabiles ;* 4°. *clarissimi ;* 5°. *minimi ;* les quatre premiers ordres avaient *merum imperium ;* le dernier ordre seul avait *imperium mixtum.*

On divise la jurisdiction en *volontaire* et en *contentieuse ;* la première est celle qui a lieu

§ Ier. C'est pour cela que dans une action noxale, si le défendeur mérite d'être condamné, le juge doit ainsi porter la condamnation : « Je condamne *Publius-Mœvius* en dix écus d'or envers *Titius-Lucius*, si mieux il n'aime abandonner l'esclave qui a causé le dommage, » *Publium Mœvium in decem aureos condemno aut noxam dedere*, arg., § 4, *tit.* 8, *et leg.* 1a., *ff. de his qui effud. vel dejec.*, *et leg.* 2, *cod. de noxal. act.*

§ II. Lorsqu'il s'agit d'une action réelle, le juge doit pareillement, en relaxant le défendeur, condamner le demandeur : mais s'il condamne le défendeur, il doit ordonner la restitution de la chose, avec les entiers fruits, *leg. certum est, cod. de rei vind*, *leg.* 2a., *cod. de fructib. et litium exp.* (1), auquel cas la loi 58, *ff. de rei vind.*, porte, que si le condamné à la restitution, ne la fait point, sous prétexte qu'il ne le peut, tandis qu'il aurait la chose en son pouvoir, il peut être dépossédé de la chose, des fruits, des dommages et des intérêts par force, par les huissiers, *ut arg., cod. de his qui cal., vel aliis criminib. reos occultaver., leg. fin.*; qui peuvent, à cet effet, prendre des soldats à leur aide, *et militibus in subsidium* : si au contraire, par son dol, il s'est mis hors d'état de faire la restitution, il doit être condamné en autant que la partie jurera qui doit lui revenir, suivant la fixation faite par le juge, *ut ff. de dolo,*

---

entre des personnes qui réclament une même chose, *v. g.* l'adoption, l'affranchissement : tous les magistrats sont compétens pour connaître de ces causes ; la contentieuse est celle qui se rend en connaissance de cause, et entre des personnes opposées, comme toutes les actions : tous les magistrats ne sont pas compétens pour en connaître.

On divise encore la jurisdiction en *ordinaire* et *extraordinaire*; la première est celle qu'on a par le droit de sa charge, *jure magistratûs*; la seconde est celle qu'on n'a qu'en vertu d'une loi spéciale, *v. g.*, la dation de tutelle.

On divise enfin la jurisdiction, en *propre*, en *déléguée*, et en *prorogée*, *in propriam, in mandatam et in prorogatam* ; la première passe au magistrat avec sa charge ; on exerce la seconde au nom d'un autre magistrat; on exerce la troisième au-delà du terme fixe du consentement exprès de toutes parties.

(1) Suivant la loi 28 *videamus generali.*, § 4, *in faviana*, *ff. de usur.*, cette restitution des fruits devait également avoir lieu, quand bien même il n'aurait été ordonné qu'une simple restitution, *nam et verbum* RESTITUAS *plenam habet significationem ut fructus quoque restituantur*; ce qui se rapporte encore à la loi 133, *in condemnatione*, § 1, *ff. de reg. jur.*

leg. arbitrio, § 1 , *ff. de in litem jurand.* , *leg. videamus* , *§ penult.* , *ff. ad exhib.* , *leg.* 3 , § 2 , *et inf.* § 3 , *in fin.* : mais si réellement il peut faire la restitution , et qu'il n'y ait point eu de dol de sa part , mais seulement de sa faute , *ut ff. de dolo* , *leg. arbitrio* , § 1 , *ff. de in litem jurand.* , *leg. videamus* , § *penult.* , *et ff. ad exhib.* , *leg.* 3 , § 2 , il ne peutêtre condamné qu'à la valeur de la chose : mais si le possesseur déclare qu'il ne peut , dans le moment , faire la restitution , et que ce ne soit pas pour éluder , *sine soustractione* , le juge doit lui accorder un certain délai , moyennant caution qu'il paiera tous les dépens , dommages et intérêts , au cas qu'il ne restitue pas la chose au tems fixé. Il en est de même à l'égard des fruits , pour l'action universelle , *in rem* , qu'on appelle *pétition d'hérédité* , que pour la pétition des choses particulières ; c'est-à-dire de l'action spéciale *in rem* , dont nous venons de parler , *ut res ipsas restituat cum fructibus.* Dans l'une et l'autre action , il s'agit d'un possesseur de mauvaise foi , *si praedo fuerit ;* il est non-seulement condamné à la restitution des fruits perçus et consommés , mais encore à celle des fruits qu'il aurait pu percevoir , et qu'il n'a pas perçus par sa faute , *leg. si fundum* , *leg. certum est* , *cod. de rei vind.* : si , au contraire , il est possesseur de bonne foi , il n'est tenu ni des fruits qu'il aurait négligé de percevoir , ni de ceux consommés avant la contestation en cause , *leg.* 1ª. , *cod. de petit. haered.* , parce que le possesseur de bonne foi est regardé comme le véritable propriétaire , quant aux fruits , *quoad fructus pro domino habetur* , *leg. qui sit* , § 1 , *ff. de usur.* , *leg. bonae fidei* , *ff. de acq. rer. dom.* ; il suit de ce principe , qu'il est tenu de tous les fruits extans , et de ceux qu'il n'avait point consommés avant la contestation en cause , *ut leg.* 22 *certum* , *cod. de rei vind.* ; lorsqu'il y a contestation en cause , *pares sunt omnes possessores* , parce que le possesseur de bonne foi commence à être dans la mauvaise foi , du moment qu'on attaque son titre ; c'est pourquoi il est , comme le possesseur de mauvaise foi , tenu de tous les fruits perçus et consommés , et même de ceux que , par négligence , il n'a pas perçus depuis la contestation en cause , *post litem inchoatam* , *ut leg.* 1ª. , *cod. de petit. haered.* , *leg.* 22 *certum* , *cod. de rei vind.* , *et leg.* 2 , *cod. de fructib.*

Nous observerons , relativement aux fruits , qu'il faut entendre la
restitution ,

restitution, sous la déduction de la semence et des frais de culture, *fructus non intelliguntur nisi deductis expensis*, leg. *si domino*, § *ult.*, leg. *haeres furiosi*, *ff. de petit. haered.*, leg. *quod in fructus*, *ff. de usur.*, leg. *fructus*, *ff. solut. matrim.*, leg. 1, *cod. de fructib. et lit. expens.*; ce qui doit avoir lieu, tant en faveur du possesseur de bonne foi, que du possesseur de mauvaise foi, *sed etiam in praedone*, *ut leg.* 36, § *ult.*, *ff. de petit. haered.*, leg. *fundus qui*, § *ult.*, *ff. famil. ercisc.*

§ III. Il ne suffit pas, dans l'action *ad exhibendum*, que le défendeur fasse l'exhibition de la chose, mais il doit l'exhiber encore avec toutes ses dépendances, c'est-à-dire avec tout ce dont le demandeur aurait profité, si la chose eût été représentée dès le commencement de l'action; c'est pourquoi, si pendant que le défendeur diffère de faire l'exhibition, la chose a été prescrite, le demandeur n'en doit pas moins être dédommagé, *nihilominùs condemnabitur in id quod actoris est*, leg. *Jul.* 9, § *proinde* 6, § *ad exhib.*; si au contraire c'est *pendente lite*, que commence et finit la prescription, et qu'il y ait lieu à condamner le défendeur à la restitution, le juge doit ordonner l'exhibition de la chose et des fruits intermédiaires, *praetereà fructuum medii temporis rationem debet habere judex.* Si le défendeur prétend ne pouvoir faire l'exhibition dans le moment, et qu'il demande un délai, le juge doit le lui accorder, s'il a un juste motif, *si sine soustractione postulare videatur*, moyennant caution qu'il représentera la chose à l'expiration du délai; mais si, refusant l'exhibition de la chose, il ne donnait pas une caution, il doit être alors condamné en tous les dommages, ensemble les intérêts, dont le demandeur a souffert la perte par le refus d'exhiber la chose, *ut leg. Julianus*, § *fin.*, *ff. ad exhib.*, et leg. 5, *ff. de in litem jurand.*

§ IV. S'il s'agit d'une action en partage, le juge doit assigner à chaque héritier en particulier une chose particulière; et si cela ne peut se faire sans préjudicier à l'une des parties, celle qui est le plus avantagée doit être tenue en une certaine somme d'argent pour indemniser l'autre, afin de parvenir ainsi à une égalité parfaite, *ut leg. Mœvius*, § *ult.*, *ff. famil. ercisc.*, § 2°. Si l'héritier avait recueilli tous les fruits d'une hérédité, il devait être condamné par le juge à payer l'indemnité à son co-héritier, non-seulement des fruits perçus, mais encore des fruits

consommés , ou autres effets détériorés faisant partie de la succession ,
leg. non est quod , et leg. penult. , ff. fam. ercisc. Si l'un des co-héritiers a fait de bonne foi des dépenses pour les choses héréditaires , il
peut les répéter de son co-héritier pour sa quote-part , soit par l'action
famil. ercisc. , soit par l'action *negotiorum gestorum , leg. ex parte, in
ppio , ff. leg. filiae , § 1 , cod. famil. ercisc. :* ce qui doit s'observer de
la même manière , lorsqu'il s'agit de plusieurs co-héritiers.

§ V. Il en doit être de même du partage d'une chose universelle ,
haereditatis , que d'une chose particulière , *communi dividundo,* c'est-
à-dire que , lorsqu'il s'agit du partage d'un fonds qu'on puisse diviser
commodément , le juge doit en adjuger une portion égale à chacune des
parties : si cependant l'une des portions se trouve plus considérable ou
plus précieuse que les autres , il doit condamner le co-héritier qui la
possède à indemniser en argent les autres co-héritiers. Si enfin la chose ne
pouvait être divisée, comme lorsqu'il s'agit d'un esclave, d'un cheval, etc. ,
la chose entière doit être adjugée à l'un des contendans , qui est alors
condamné en une certaine somme d'argent envers l'autre , *leg. si famil ,
ff. famil. ercisc., et leg.* 3, *cod. commun. divid.*

§ VI. Lorsqu'il s'agit de l'action en fixation de bornes , le juge doit
examiner s'il est ou s'il n'est pas possible que les terres reprennent leurs
anciennes bornes , *quàm olim fuissent distincti agri ,* ou s'il convient
de les rendre plus apparentes et plus solides , ou s'il faut nécessairement
pour cela prendre du fonds de l'un au préjudice de l'autre.

Dans le premier cas , c'est-à-dire s'il est possible de remettre les bornes
telles qu'elles étaient auparavant, le juge doit adopter ce parti par préférence , à moins que les parties n'en conviennent autrement. Dans le
second cas , c'est-à-dire s'il n'est pas possible de retrouver des traces de
l'ancien bornage , le juge alors doit adjuger la partie du fonds en litige
à l'un , et le condamner à indemniser l'autre, *nam tunc necesse est ex
alterius agro partem aliquam , alterius agri domino adjudicari , quo
casu conveniens est uter alteri certâ pecuniâ debeat condemnari, ut
leg.* 1ª. *, ff. fin. regund. :* c'est ce qu'entend la loi 2, *ff. fin. regund. ,*
par ces mots : *si fines commodè dirimi non possint , judex controver-
siam dirimat per adjudicationem et condemnationem.*

Si au contraire il convient de rendre les bornes plus apparentes et solides, on doit le faire à frais communs, et en prenant, s'il est possible, *aequaliter*, sur les fonds limitrophes. Mais si on ne pouvait prendre que sur le fonds de l'un, celui-ci devrait être indemnisé par l'autre. On peut aussi poursuivre par cette action aux fins civiles ceux qui, par dol ou par fraude, auraient pratiqué quelque manœuvre sur les bornes ; comme si les possesseurs voisins avaient furtivement enlevé les pierres ou coupé les arbres qui servaient de bornes : le contumax qui aurait par menaces ou autrement empêché l'arpentage des terres en litige, ordonné par sentence du juge, peut aussi être puni en vertu de cette action.

§ VII. L'effet de l'adjudication que fait le juge dans les trois cas dont nous avons parlé, est de faire passer, dès l'instant de la sentence, la chose adjugée dans la propriété de celui qui l'a reçue, de la même manière que s'il en eût fait l'acquisition, parce que, dans ces cas, il se forme par le ministère du juge une sorte d'achat et de vente nécessaires, *ut leg. si pignori, § famil. ercisc.*

OBSERVATION.

Nomb. 82. En France, comme chez les Romains, les juges sont obligés de juger suivant les lois ; ils pourraient être pris à partie, s'ils jugeaient contre les principes de l'équité.

Toutes les dispositions contenues dans ce titre sont reçues parmi nous ; elles furent le fruit de l'expérience, et nos législateurs durent les consacrer.

TITRE XVIII.

DE PUBLICIS JUDICIIS.

Nous avons déjà vu tout ce qui regarde l'intérêt des particuliers ; l'ordre veut que nous fassions connaître ce qui intéresse le public en général.

Ce n'est point par des actions que s'instituent les jugemens publics ; ils n'ont aucun rapport avec les délits publics dont nous avons parlé ; ils diffèrent même si essentiellement entr'eux, qu'il y a pour chacun en particulier une manière de les commencer et de les poursuivre.

§ Ier. Les jugemens publics se nomment ainsi, parce qu'il est libre à tout citoyen d'en poursuivre la vengeance, *leg. 1ª., ff. hoc tit., leg. quamvis, cod. ad leg. Jul. de adult., leg. Cornel. testamentaria, ff. et cod. ad leg. Cornel. de fals.*

§ II. Les délits publics sont divisés en capitaux et en non capitaux : les premiers sont ceux qui mènent au dernier supplice, c'est-à-dire à la mort naturelle, ou l'interdiction du feu et de l'eau, ou la déportation, ou la condamnation aux métaux, *ut leg. 28, in ppio, et § 11, leg. 8, § 1, et seq. ff. de pœnis, et leg. 103, licet capitalis, ff. de verb. sig.* Les délits publics non capitaux sont ceux qui emportent l'infamie avec une peine pécuniaire, ou enfin un châtiment corporel, *hæc publica quidem sunt, non tamen capitalia.*

§ III. Le premier jugement public est celui porté par la loi *Julia*, qui fut faite contre ceux qui se rendaient coupables du crime de lèze-majesté, soit contre le prince, soit contre l'état ; ce crime se divise en spécial et en perduellionat.

Le premier est celui dont se rend coupable un citoyen en s'arrogeant des droits qui n'appartiennent qu'à la majesté du prince ; la loi *Julia* prononce contre le coupable ou la peine de mort, ou la relégation, selon la gravité du délit ; mais la punition ne s'étend pas aux héritiers, *ut leg. 24, ff. de pœn., leg. ult., ff., leg 5, in ppio, et § 1, cod. ad leg. Jul. majest.* Le perduellionat est le crime dont se rend coupable tout citoyen en conspirant ou contre sa patrie, ou contre celui qui en est le chef, *perduellis est qui hostili animo adversùs rempublicam vel principem animatus est , et leg. 2ª. , 3ª. et ult. , ff. ad leg. Jul. maj.* La loi *Julia* prononce contre le coupable la peine de mort; et au cas qu'il fût mort avant la sentence , elle ordonne le procès à sa mémoire , la confiscation de ses biens , et l'indignité contre ses héritiers légitimes , qui sont en quelque sorte frappés de mort civile ; ils ne peuvent succéder à leurs parens paternels , ni maternels, ni même aux étrangers par testament ; ils sont en un mot exclus de toute participation à la vie civile.

§ IV. Le second jugement public est celui qui est établi par la loi concernant l'adultère; elle punit du glaive non-seulement tous ceux qui portent l'adultère dans la couche d'autrui, mais encore ceux qui se rendent coupables de sodomie , *ut leg.* 31 , *cod. ad leg. Jul. de adult.*

Le troisième chapitre de la loi *Julia de adulter.* regardait ce qu'on appelle *stuprum.* Ce crime a lieu toutes les fois qu'on attente , sans employer la violence ou la force, à la vertu d'une fille ou d'une veuve menant une vie honnête, *stuprum est quod virgini vel viduae honestè viventi sine vi infertur*, leg. 6 , § 1 , *leg.* 34, *in ppio*, § 1 , *ff. ad leg. Jul. de adult.* La peine de ce crime était pour les personnes d'une condition honnête , la confiscation de la moitié de leurs biens ; et pour celles d'une condition vile , une peine afflictive avec la relégation , *ut arg.* , *leg.* 7 , *cod. de incest. nupt.*

La loi *Julia* parlait encore d'un autre crime que les lois appellent *lenocinium* , et que nous appelons maquerellage : la peine contre ce crime était plus ou moins forte, suivant la gravité du cas, *nov.* 14 , *et leg.* 29 , § 3 , *ad. leg. Jul. de adult.*

§ V. Le troisième jugement public est la loi *Cornelia* , concernant l'homicide; elle punit du glaive ceux qui se sont armés dans le dessein de tuer ou blesser quelqu'un ; ce dol se présume lorsqu'on a employé quelque chose de meurtrier , *si quis telo usus sit, dolus praesumitur.* Nous disons *si quis telo*, parce que, suivant l'interprétation de *Gaïus*, on doit prendre *telum* pour toute sorte d'armes de bois , de fer ou de pierre , *ut sup.* , § 6 , *in fin., de interd.* Ce mot dérive du mot grec *telon*, *quod manu cujusque jacitur.* Il serait possible de trouver même cette signification dans le grec; car les grecs nomment *deslos* (1) ce que

____

(1) Ce qui dérive de *popo ton balleia.*

nous appelons *telum*, ainsi que l'enseigne *Xenophon* en ces termes : ils portaient de ces sortes de dards, des piques, des lances, des frondes et plusieurs pierres.

On nomme les meurtriers *sicarii*, du mot *sica*, qui signifie dans notre langue couteau.

La loi *Cornelia* punit aussi du glaive l'art de la magie ou vénéfice, c'est-à-dire ceux qui par d'abominables secrets donnent la mort. Elle punit enfin les enchanteurs et les empyriques, qui vendent des drogues toujours pernicieuses.

§ VI. le quatrième jugement public est introduit par la loi *Pompeïa de parricid.* concernant le parricide : elle considère comme tel l'homicide commis contre tous ceux qui se trouvent compris sous la dénomination de parens, soit ascendans, soit descendans jusqu'à l'infini, comme le père, la mère, l'aïeul, l'aïeule, le fils, le petit-fils, etc., *ut ff. de in jus vocand. leg. quique, § fin. et leg. sed si hac, § liberos*; et encore contre ceux qui tiennent lieu d'ascendans et de descendans, comme les oncles et les tantes, les gendres, les belles-filles, les frères, les sœurs, les cousins-germains, le patron, la patrone, *leg. 1ª., in ppio. ff. ad leg. Pomp. de parricid., leg. unic., cod. de his qui parent.* La peine portée par cette loi est différente de toutes celles dont nous venons de parler, *neque gladio, neque ignibus, neque ulli alii solemni paenae, (id est ordinariae) subjiciatur* : le coupable est condamné à être battu de verges jusqu'au sang, et à être ensuite cousu dans un sac de cuir, avec un chien, un coq, une vipère et un singe, pour être ainsi jetté *inter eas ferales angustias*, ou dans la mer, ou dans un fleuve, afin qu'il soit privé de tous les élémens pendant le tems qui lui reste à vivre, même de la lumière du jour, qu'il a souillée, et enfin de la sépulture, *leg. unic., cod. de his qui parent. vel liber. occider.*

§ VII. Le cinquième jugement public est la loi *Cornelia* qu'on appelle aussi testamentaire, concernant le crime de faux. On définit le faux, l'imitation ou la suppression d'une chose vraie, frauduleusement faite au préjudice d'autrui, *leg. 16, § 2, leg 23. ff. de leg. Cornel. de fals., leg. 20, cod. ad leg. Corn. de falsis.* La peine établie pour ce crime est le dernier supplice à l'égard des esclaves ; et à l'égard des personnes libres, la déportation avec la confiscation des biens, *leg. 1ª., § ult., leg. 27, ff. ad leg. Cornel. de fals.*, eu égard à la différence des âges, *leg.* 22, *ff. ad leg. Corn. de fals. ut. ff. de incend., ruin., nauf., leg. pœdius.*

Cette peine a lieu contre tous ceux qui par dol et avec connaissance de cause ont altéré la vérité dans un écrit, récité ou supposé un testament, fabriqué un cachet dans le dessein de nuire, et enfin contrefait une signature, *Paul. sentent. lib.* 5, *tit.* 25, § 4.

§ VIII. Le sixième jugement public est la loi *Julia*, concernant la violence ; on la divise en violence publique et en violence privée ; la première est la plus atroce, elle se fait à main armée, et porte atteinte à la sûreté publique ; la peine portée dans cette loi, à raison de cette violence, était l'interdiction de l'eau et du feu, à quoi l'on substitua la déportation.

La violence privée est moins atroce et sans armes, c'est pourquoi elle n'entraîne pour peine que la confiscation de la troisième partie des biens et l'infamie, *leg.* 1ª., *in ppio, leg. ult., ff. ad leg. Jul. de vi priv.* ; comme lorsque par dol l'on a profité du désordre d'un naufrage ou d'un incendie, pour enlever quelque chose, *leg.* 1ª. *et* 2ª. *ff. ad leg. Jul. de vi priv.* : si cependant on avait enlevé par force, une fille, une veuve, ou une religieuse, le coupable, ainsi que ses complices, serait puni de mort, ainsi qu'on peut le voir au cod. *leg. unic. de rap. virgin.*

§ IX. Le septième jugement public est la loi *Julia*, concernant le péculat et les sacrilèges. On se rend coupable de ces crimes toutes les fois qu'on vole quelque chose appartenant à l'état ou à l'église, ou qu'on dérobe les deniers publics. La peine de ces crimes était la mort, pour les juges qui s'en étaient rendus coupables pendant le tems de leur administration. Leurs complices étaient punis de la même manière ; et l'on était complice, alors qu'on avait prêté son ministère au larcin, ou qu'on avait recélé sciemment la chose dérobée. Il n'en était pas de même des autres particuliers, lorsqu'ils étaient convaincus de péculat ou de sacrilège ; ils étaient seulement condamnés à la déportation.

§. X. Le huitième jugement public est la loi *Fabia*, concernant les plagiaires : on nommait ainsi ceux qui, *dolo et scienter*, retenaient malgré eux en esclavage, des hommes libres, ou bien des esclaves d'autrui, qu'ils empêchaient ainsi de revenir chez leurs maîtres, *ut ff. ad leg. Fab. de plag.* La peine portée par cette loi varie selon les cas, depuis les constitutions impériales ; ce crime emporte la mort naturelle, et quelquefois une peine moins forte, *v. g.*, l'interdiction de l'eau et du feu, la déportation, etc.

§ XI. Le neuvième jugement public est la loi *Julia*, concernant la brigue ou l'intrigue; elle fut principalement introduite pour les cas où l'on cherchait à se procurer des charges par brigue ou par argent. On l'appelait *de ambitu*. Le dixième était celui porté par la loi *Julia repetundarum*. Le onzième était celui porté par la loi *Julia de annonâ*; et le douzième celui porté par la loi *Julia de residuis*. Ces lois renferment plusieurs chefs dont l'infraction n'emporte point la mort naturelle, parce que ces crimes n'étaient point capitaux, mais d'autres peines plus ou moins fortes, selon les divers cas. Le crime *de ambitu* se commet lorsque, par brigue ou par argent, on tâche de gagner les suffrages.

Le crime *repetundarum* se commet par les gouverneurs des provinces, qui, abusant de leur autorité, pressurent les administrés. Le crime *de annonâ* se commet lorsqu'on fait enchérir les vivres au préjudice du peuple.

Le crime *de residuis* se commet lorsqu'on détourne les deniers publics. ou qu'on n'en fait pas l'emploi auquel ils étaient destinés.

§ XII. Voilà tout ce que l'empereur *Justinien* a cru devoir expliquer à la jeunesse, relativement aux jugemens publics, afin de lui en donner une idée générale, et de faciliter ses progrès; mais comme il ne suffit pas de connaître superficiellement cette matière, il l'engage à en faire une étude plus approfondie dans les livres du Digeste, avec l'aide de Dieu.

OBSERVATIONS GÉNÉRALES.

Nomb. 83. Tous les crimes sont publics en France, pour l'intérêt du public en général; mais la vengeance en est poursuivie, au nom du chef de l'Etat, par les procureurs-généraux-impériaux, près les cours de justice criminelle.

Les crimes se divisent parmi nous, comme chez les Romains, en capitaux et en non capitaux.

Nota. Cette matière appartient au code criminel : nous ne pouvons offrir à nos lecteurs une concordance entre les peines admises chez les romains et les peines reçues parmi nous, par la raison que nous en avons déjà donnée Nomb. 67.

FIN DU QUATRIÈME ET DERNIER LIVRE.

D.

E.

F.

G.

H.

I.

V.

FIN DE LA TABLE DES TITRES.

TABLE GÉNÉRALE

DES MATIÈRES,

PAR ORDRE ALPHABÉTIQUE.

A.

AGE

E.

G.

H.

I.

J.

N.

O.

T.

FIN DE LA TABLE DES MATIÈRES.